我在硅谷管芯片
芯片设计公司运营之道

俞志宏 ◎ 编著

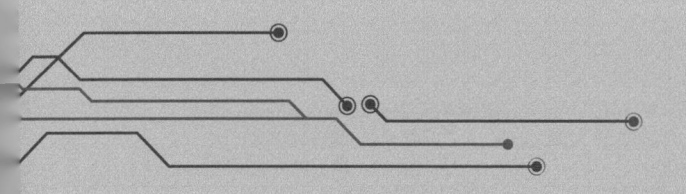

清华大学出版社
北京

内 容 简 介

本书详细介绍先进芯片设计公司在拥有知识产权后委托产业链合作伙伴生产的前提下，公司运营和管理的诸多细节。总结了芯片设计公司从零起步的实际运营操作，具体包括公司组织架构设计、确认目标市场、管理供应链，具体产品的立项、研发、测试，公司的质量管理，IT系统管理，大规模生产和产品营销等内容。

第1章作为入门，解释了一般芯片公司的主要业务类型，此章概述全局，帮助读者全面了解芯片设计公司的发展缘由，以及产业链中所需要的其他环节。第2章介绍了芯片设计公司需要了解的供应链管理。第3章是关于芯片设计公司的组织架构。第4章是本书的重点。作者假想出一家芯片公司，以一个片上系统的数模混合芯片作为开发案例，带读者走过产品开发的各个阶段。第5章介绍了芯片公司的质量管理。第6章讲述了公司生产运营的几个重点方面，包括生产规划、商务管理、各IT系统的介绍。第7章描述了芯片公司的营销体系，包括客户分类介绍、销售组织、销售渠道、销售流程、价格管理、市场宣传等。第8章简要介绍了十类重要电子应用的具体系统，以及相关的芯片市场。第9章是作者分析芯片设计公司的未来和趋势而引发的一些见解思考。

本书适合诸多不同背景的读者。对于具有细分领域充足经验的专家型读者，本书希望让您可以跨专业地对公司整体运营有了解。对于芯片创业者、基层和中高层芯片产业管理者，本书可以提示公司运营中常遇到的问题和相关注意事项。对于芯片产业的投资人和政府背景的读者，本书可从较高的维度了解芯片整体行业。而对于年轻读者，本书对将来的芯片择业方向有所启示。

版权所有，侵权必究。举报：010-62782989，beiqinquan@tup.tsinghua.edu.cn。

图书在版编目（CIP）数据

我在硅谷管芯片．芯片设计公司运营之道／俞志宏编著．-- 北京：清华大学出版社，2024.7(2025.6重印). -- ISBN 978-7-302-66654-7

Ⅰ．F407.63

中国国家版本馆CIP数据核字第20247RM728号

责任编辑：杨迪娜
封面设计：杨玉兰
责任校对：王勤勤
责任印制：杨　艳

出版发行：清华大学出版社
　　　　网　　址：https://www.tup.com.cn，https://www.wqxuetang.com
　　　　地　　址：北京清华大学学研大厦A座　　邮　　编：100084
　　　　社 总 机：010-83470000　　邮　　购：010-62786544
　　　　投稿与读者服务：010-62776969，c-service@tup.tsinghua.edu.cn
　　　　质量反馈：010-62772015，zhiliang@tup.tsinghua.edu.cn
　　　　课件下载：https://www.tup.com.cn,010-83470236
印 装 者：涿州市般润文化传播有限公司
经　　销：全国新华书店
开　　本：170mm×240mm　　印　张：21.75　　字　数：403千字
版　　次：2024年7月第1版　　印　次：2025年6月第3次印刷
定　　价：99.00元

产品编号：097215-01

推荐序

(以推荐人姓氏笔画排列)

孙洪涛　深圳市泰德半导体有限公司　总经理

《我在硅谷管芯片——芯片设计公司运营之道》,是俞志宏先生精心撰写的新作品,继其首部畅销书《我在硅谷管芯片:芯片产品线经理生存指南》之后,作者再次带领我们进入半导体芯片设计公司的领域,分享他在这个充满挑战与机遇的行业中积累的宝贵经验。

在这本书中,作者不仅详细阐述了无晶圆制造厂的芯片设计公司如何规范运营和持续发展,还毫无保留地分享了他个人近二十年的工作经验和行业见解。从芯片公司的业务类型到芯片设计公司的未来,每一章节都是作者对半导体行业深刻洞察的见证。

本书第 5 章特别强调了质量管理在芯片设计公司中的重要地位,以及如何在高压竞争环境中保持产品质量的优势。作者的经验告诉我们,质量不仅是企业生存的基础,更是推动公司走向远方的关键。而在第 9 章,作者展望了芯片设计公司的未来,强调了产品前瞻的重要性。他认为,产品的方向与资本市场的投资方向基本是一致的。资本所投资的行业或企业,看重的是未来,芯片设计公司也应该为未来的机会早做准备。这样的洞察力,无疑为读者提供了一盏指引未来的明灯。

无论您是半导体行业的从业者,还是对这个行业充满好奇的学习者,《我在硅谷管芯片——芯片设计公司运营之道》都将是您不可多得的知识宝库。

祝您阅读愉快。

张竞扬　摩尔精英　创始人兼 CEO

芯片的设计和制造,是这个星球上最精密复杂又激动人心的价值创造之一。在产品开发的生命周期中,芯片设计公司往往要与多家供应商进行紧密的协作,运营水平特别是对供应链的管控,成为核心竞争力的一部分。志宏将其宝贵的芯片运营实践经验凝聚成书,旨在帮助国内芯片设计公司特别是初创企业,减少风险和失误。这也是我们心愿相通之处:希望中国芯片公司可以走得更稳、更好。

钟林　晋江三伍微电子有限公司　总经理

阅读是最美好的驻足，读完《我在硅谷管芯片——芯片设计公司运营之道》一书，让我爱不释手，同时又心生感慨，若早读此书，在芯片创业的路上，会少走很多弯路，少付出一些代价。

这本书凝聚了作者的智慧和经验，深入浅出地讲解了芯片的方方面面。不仅具有很高的可读性，而且还能为读者带来系统性的专业知识和启示。

中国芯片正处在发展的黄金时代，国产芯片也在助力中国科技的崛起和产业创新。如果你正处在芯片行业，阅读这本书，可以进一步了解自己身边同事或者合作伙伴的工作，先有了解才有理解，理解会让工作配合更加平滑；如果你准备进入芯片行业，不妨先阅读这本书，你的疑问或许能在书中找到答案；如果你在自己的芯片岗位上待久了，想尝试其他的工作，转岗之前请好好阅读此书，适不适合读后便知一二；如果你有芯片创业的梦想，在付诸实际行动之前，一定要把这本书仔细读三遍，要么会放弃创业想法，要么会视此书为珍宝。

感谢作者为国内芯片行业奉献出这本好书，关于"芯片"的书有很多，但这是一本真正有价值、有营养的书。

查莹杰　纳微半导体　副总裁兼中国区总经理

过去的十年，中国的芯片设计公司从较而无序的高速发展阶段，到资本市场和需求的逐渐降温，现在开始进入下半场的"淘汰赛"，大浪淘沙后，会留下一些更具创新能力和组织运营能力的公司。比拼的是高效的组织架构、精确的市场定位和产品定义、持续的创新和系统化的品质管控。在全球芯片行业大比拼的时代，俞兄这本关于芯片设计公司运营的著作出现得适当其时，帮助业界得以更有效率地运作，少走大量弯路，非常有价值。

基业长青是永恒的话题，活下来是当下芯片创业者每天必须思考的优先级。

胡黎强　上海晶丰明源半导体股份有限公司　董事长兼 CEO

运营一家芯片公司是极其挑战的。首先芯片的研发周期快则一两年，慢则两三年甚至更久。今天的研发投入到芯片上市，市场是否还有需求，产品是否还有竞争力，都是要考虑的问题。其次芯片的运营管理拉的战线也很长，下游终端品牌客户到 ODM/OEM 工厂，再到代理商渠道；上游到封测厂、晶圆厂，库存总量至少是 6 个月到一年，晶圆制造和封测制造周期也是 3~6 个月。如何管理好库存，既不要缺货，又不要库存滞销，也是挑战。看看国内外上市公司的库存情况就知道有多难。然后就是质量问题，很多高端客户对质量的要求是芯片出问题赔整机，一颗几块钱的 MCU 出问题要赔一台几千元的产品，这也是挑战。难怪高端芯片的国产化进程如此艰难，需要整机客户极大的支持和包容。俞先生在几家美国领先的芯片公司担任多个岗位，相信他的经验可以让我们国内的芯片公司少走很多弯路。

胡运旺　IC 咖啡创始人，芯汇投资创始人

最近几年中国芯片设计的创业公司数量很多、很卷，但大部分公司在瞎创业。因为牵头创业的带头大哥在创业之前大部分是技术专才（技术大拿），少部分是将才（部门总监），创业后并不清楚芯片设计公司的 CEO 需要管理哪些工作，哪些事是重点，哪些事是难点，哪些是易错点，然后一路吃亏、上当、交学费，摸着石头过河。

俞兄这本《我在硅谷管芯片——芯片设计公司运营之道》，把芯片设计公司 CEO 该管的具体的事务系统性地写了 90%，给那些瞎创业的芯片企业 CEO，提供了非常专业的系统性的学习指导。

在此把俞兄的这本书和上一本《我在硅谷管芯片：芯片产品线经理生存指南》，隆重推荐给芯片设计公司的非优秀 CEO 或想以后成为优秀 CEO 的芯片朋友们！

赖长青　瑞萨电子全球销售与市场本部　副总裁

信息时代，芯片如同心脏般泵动着技术的脉搏。《我在硅谷管芯片——芯片设计公司运营之道》便是一扇窗，让我们得以窥见其中乾坤。作者俞志宏，以他深厚的硅谷经验，将芯片设计公司的运营之道娓娓道来，既有宏观的产业视角，又不乏微观的实操指南。

这本书首先带我们回顾了芯片行业的发展历程，从垂直整合型制造商（IDM）到无厂芯片设计公司（Fabless），再到混合模式（Fab-Lite），恰如"江山代有才人出，各领风骚数百年"。随后，深入供应链管理，从晶圆代工厂的选择到 EDA 软件和 IP 的考量，被作者一一道破，仿佛"授人以鱼，不如授人以渔"。在芯片产品开发的全流程案例中，作者从市场调研到产品推广，每一环节都细致入微，宛如"一花一世界，一叶一追寻"。在质量管理章节中，作者对芯片失效原因的探讨，以及如何通过车规认证的分析，更是"千锤百炼出深山"。公司运营，涵盖了生产、商务、IT 系统等，作者以其丰富的经验，将这些看似枯燥的管理知识，讲述得"如切如磋，如琢如磨"。市场营销部分，作者则以"问渠那得清如许？为有源头活水来"的态度，深入探讨了芯片销售的策略和技巧。最终，作者对芯片设计公司的未来进行了展望，提出了衡量公司优劣的标准，鼓励读者"不畏浮云遮望眼，只缘身在最高层"。

　　这本书，像是一份厚礼，不仅为行业的从业者提供了宝贵的知识，也为对芯片行业感兴趣的读者打开了一扇门。《我在硅谷管芯片——芯片设计公司运营之道》不仅是一本书，更是一座桥梁，连接着芯片设计与广阔市场的无限可能。作者俞志宏，以他的智慧和热情，邀请我们一同走进这个充满挑战与机遇的行业，探索其中的奥秘与精彩。

自 序

本书献给我的太太和两个女儿丫丫与妮妮。

我在2021年写了《我在硅谷管芯片：芯片产品线经理生存指南》（清华大学出版社出版）一书。这本书出版后广受欢迎，短短1个月内第一版第1次印刷的数量就已售罄，而后几经加印，至今已有万余册的销售量，还荣获了2021年度清华大学出版社的年度十佳好书奖。这本书获得读者的谬赞，是基于我国目前对芯片产业大规模投资的背景下，从业人员远超过往，对芯片行业有迫切了解的需求。出版之后，我在自己的公众号和微信上收到很多好评和反馈，很感谢读者的抬爱，也很高兴自己能对国产芯片行业有序、健康的发展有一点点间接的帮助。

我的第一本书主要从产品线经理自身的职能角度出发，讲述了产品管理和市场营销较为普遍的工作流程，包括战略规划，营销实践，与公司各部门运作之关联，以及如何赢得芯片生意等内容。虽然有20多万字，然而在成书之际非常意犹未尽，因为篇幅所限，不能在一本书中跳出产品线经理的角度，而扩展开去更多地客观描述芯片公司的产业内外、研发生产、运营管理等方面。因此，我此次又推出《我在硅谷管芯片：芯片产品线经理生存指南》的姐妹篇《我在硅谷管芯片——芯片设计公司运营之道》，其愿望是能够描述芯片设计公司如何从无到有，从开始计划产品，到开创公司组织架构，成功研发，生产和交付产品给客户，不断发展壮大，在广阔的芯片行业内拥有一席之地的整体过程。本书并不是一本关于创业的书，不会谈融资、财务模型、与投资人沟通、创业路演、退出机制等，本书也不涉及如财务、人事、法务等与其他行业共通的运营实务。本书着重于详尽描写芯片设计公司本身的产品战略、运营管理，以及和外部供应商、合作方和客户的共生关系。本书希望帮助读者在群雄混战的芯片江湖里，得以更好地求生存和谋发展。

芯片设计公司（Fabless Semiconductor Company）是一类特殊的芯片厂商（又称无厂设计公司简称Fabless）。此类厂商没有自己的晶圆制造厂，使用外部的晶圆代工厂进行生产，封装和测试也有可能通过外包方式进行。此类公司一般拥有自己的芯片设计的核心知识产权（IP）而委托代工厂生产产品，也可能通过与供应商合作的方式获得所需的芯片技术，也可能拥有生产工艺方面的知识。芯片设计公司因为自己不需要投资掌握生产的全过程，因此公司的资产负担和运营成本不会很重，可以把大部分精力花在与公司生存密切相关的产品创新设计、市场拓展和产品销售上。这样的模式相当灵活，对市场的响应可以很快。少数创业者靠独特的市场嗅觉、研发能力和极少的资本就可以创立一家全新的芯片公司，因而无厂设计公司是近几十年来全球芯片创业公司的主要形式。

近年来，国内的设计公司因为政策和资本市场的扶持而正在高速发展，在两三年间有几千家公司注册了与芯片相关的业务。然而，不可否认的是随着时间的推移，只可能有少部分公司会取得成功（成功的定义可能是每年持续地大幅盈利，被收购，或者上市）。在此领域中有几种非常典型的造成失败的因素：

- 产品并不符合客户的需求，或者产品没有竞争力 —— 客户不想用。
- 只提供了试产的芯片，而没有科学的生产、测试、质量管理和客户支持流程 —— 客户不敢用。
- 缺乏供应链管理和项目管理的经验 —— 客户不能按需、及时地收到芯片。
- 反复更改芯片目标规格，反复流片，无法交付 —— 工程能力不足，或自我定位不对，研发成本过高，无清晰的研发流程，团队管理不善。
- 选择了错误的各类供应商，导致拿不到产能、工艺不过关、IP没法用、可靠性问题、良率太低 —— 芯片根本卖不出去。

今日芯片产业的上下游环节已经极其庞大和复杂，可以容纳上千家设计公司来同时开发产品，然而并没有任何完整的资料来讨论公司的运营问题。虽然不少国内芯片设计公司已经比较成功，但是对于更多的初创公司，仍然有大量技术、商务和供应链方面的问题需要进一步解决和优化。在执行层面上，公司经常会发现"魔鬼"在细节中，虽然晶圆厂、EDA厂商和IP公司已经提供了大量的供应链选项，然而即使对于大型公司，风险、延迟和失误仍然随处可见。过去，任何芯片生产环节中的问题都被垂直整合型的企业在内部解决，然而今天因为高度的分工，很多运营和管理问题必须跨过公司层面来处理。本书中描述的芯片设计公司的种种运营之道，是希望帮助公司在面临错综复杂的产业环境时，可以做出最为科学的决策，最大程度地避免和最好地解决以上描述的种种问题，使得公司可以更健康地发展。本书的目标读者群体是：

- 希望从更宽的角度了解整个行业的芯片设计公司从业人员。
- 拥有工厂但希望外包部分生产产能的IDM公司员工。
- 芯片设计公司的供应商，包括EDA、IP、晶圆厂、封测厂等。
- 芯片销售和代理商。

- 芯片公司的客户，主要是电子厂商。
- 希望了解芯片设计公司运营的投资人、行业分析师和媒体人士。
- 希望能够准确评估当地芯片相关企业的政府人员。
- 开始计划创办自己的芯片设计公司的创业者。
- 希望毕业后投身于芯片行业的学生。

我在电子业界有超过 16 年的工作经验，在硅谷的数家芯片公司做负责全球市场的产品线经理和总监 10 年，对国际上芯片设计公司的一般运作之法和成功之道可算有一些认识，这里将学习心得分享给各位读者。我的祖籍是浙江诸暨（隶属于绍兴），而出生、成长于上海，继承了"绍兴师爷"的气质，甘做各位读者的幕后辅佐之臣，希望对读者的日常工作和国产芯片的日益进步有所帮助。我抱着"要把金针度与人"的心情而写作，能够得到很多读者的回复和认同，足以慰藉自己了。我对本书的写作过程非常享受。

本书假设读者在阅读之前对芯片和电子工程的一般基础知识和基本运作已经有所认识，读过相关课程或有相应职场经验，因此在这本书里没有太过基础的介绍，以免卷帙浩繁，耽误较专业读者的时间。如果部分年轻读者对某些术语感到陌生，这里可能要先行道歉。

本书包括的所有内容、图片，绝大部分出于原创，书中列举了一些写作过程中用于旁证和参考的图书和参考文献。为确保本书物有所值，在我的拙作《我在硅谷管芯片：芯片产品线经理生存指南》中已经出现过的有关产品管理、市场营销等内容，在本书中只是做一些简单引用以使篇幅完整，引用比例小于 3%。书中关于公司和行业的内容主要引自公开资料或市场分析报告。本书内容是基于作者对于行业的认知并总结出的一些公共法则，不涉及具体公司需要保密的技术、产品和市场信息。本书写作的宗旨是分享可适用全业界的职业经验，而非任何具体的商务和产品知识。

芯片产业内容包罗万象，品类繁多，从硬件到软件，从研发到商务，任何人可能极尽其职业生涯，都只能在某一极细分领域上勉强成为专家，转换一个细分赛道就需要从头学习所有的经验。正因如此，本书的许多章节属于我的观察所得，并未切身躬行，不可避免地有浅陋甚至错误之处。我在国外居住已久，中文能力有些衰退，写作时有些内容标注英文更能准确表达，此外全球芯片行业内经常习惯使用英文的科技术语沟通，所以本书在部分重要词汇上同时标注了中文和英文，以供读者对照。如有其他行文不甚通畅之处，都望海涵。

成书之际，再次感谢清华大学出版社的伯乐——杨迪娜老师，希望这次合作仍然成功而愉快。

如西方唯心派哲学家所说："树叶于无人处落下，就没有一点声音，只有在被人倾听时，落叶才会有声"。希望各位读者能够不吝指点和批评，任何留言都是一种鼓励。

俞志宏

2024 年 7 月于美国硅谷

目　录

引　子　关于芯片的 15 种迷思 ………………………………………… 1

第 1 章　芯片公司的业务类型 …………………………………………… 13
　1.1　垂直整合制造模式 ………………………………………………… 15
　1.2　无厂芯片设计公司（Fabless） …………………………………… 23
　　　1.2.1　芯片设计公司的发展 …………………………………………… 25
　　　1.2.2　芯片设计公司的运作模式 ……………………………………… 27
　1.3　混合模式 …………………………………………………………… 32
　1.4　设计公司的其他周边生态 ………………………………………… 34
　　　1.4.1　封装与测试 ……………………………………………………… 35
　　　1.4.2　EDA 软件 ……………………………………………………… 37
　　　1.4.3　知识产权模块 …………………………………………………… 39
　　　1.4.4　设计咨询 ………………………………………………………… 44
　　　1.4.5　市场和销售 ……………………………………………………… 47
　　　1.4.6　物流和其他服务 ………………………………………………… 48
　1.5　本章总结 …………………………………………………………… 49

第 2 章　设计公司的供应链管理 ………………………………………… 50
　2.1　芯片制造 …………………………………………………………… 51
　　　2.1.1　芯片制造简述 …………………………………………………… 51
　　　2.1.2　选择晶圆代工厂的考虑事项 …………………………………… 54
　　　2.1.3　代工合同举例 …………………………………………………… 59
　2.2　封装和测试 ………………………………………………………… 63
　　　2.2.1　选择封装形式 …………………………………………………… 64
　　　2.2.2　选择封装和测试厂家 …………………………………………… 67
　　　2.2.3　芯片的验证和测试 ……………………………………………… 71
　　　2.2.4　自动化出厂测试的开发 ………………………………………… 73
　2.3　EDA、IP 和咨询 …………………………………………………… 75
　　　2.3.1　选择 EDA 的考虑事项 ………………………………………… 75
　　　2.3.2　选择 IP 的考虑事项 …………………………………………… 76

  2.3.3　选择设计咨询服务的考虑事项 …………………………… 80
 2.4　从白纸到芯片——芯片的立项和开发流程 …………………… 82
 2.5　从芯片到终端——电子产品的生产流程 ……………………… 86

第3章　从初创公司到成熟公司 ……………………………………… 91
 3.1　公司定位 …………………………………………………………… 91
 3.2　建立团队 …………………………………………………………… 94
  3.2.1　产品市场团队 ………………………………………………… 95
  3.2.2　工程团队 ……………………………………………………… 97
  3.2.3　运营团队 ……………………………………………………… 103
  3.2.4　销售团队 ……………………………………………………… 104
 3.3　组织的各个阶段 …………………………………………………… 106

第4章　芯片产品开发的全流程案例 ………………………………… 109
 4.1　战略阶段 …………………………………………………………… 110
  4.1.1　选择细分市场 ………………………………………………… 111
  4.1.2　了解市场和寻找机会 ………………………………………… 113
  4.1.3　概念设计和需求调研 ………………………………………… 114
 4.2　产品决策阶段 ……………………………………………………… 116
  4.2.1　定义与规范 …………………………………………………… 116
  4.2.2　确认各供应商 ………………………………………………… 120
  4.2.3　成本核算 ……………………………………………………… 121
  4.2.4　商业计划书 …………………………………………………… 122
  4.2.5　产品路线图 …………………………………………………… 125
 4.3　产品研发和量产阶段 ……………………………………………… 127
  4.3.1　仿真与设计 …………………………………………………… 127
  4.3.2　流片及样片 …………………………………………………… 129
  4.3.3　路测与量产 …………………………………………………… 131
  4.3.4　项目管理 ……………………………………………………… 132
  4.3.5　发布和推广 …………………………………………………… 136
 4.4　新产品开发全流程总结 …………………………………………… 138

第5章　质量和可靠性管理 …………………………………………… 140
 5.1　介绍和定义 ………………………………………………………… 141

目录

5.1.1	芯片失效的原因	143
5.1.2	客户的要求	145
5.2	芯片可靠性管理初探	148
5.2.1	澡盆模型和失效率	148
5.2.2	加速老化	151
5.2.3	可靠性测试	152
5.2.4	系统功能安全	157
5.2.5	FMEA	164
5.3	公司质量管理初探	169
5.3.1	产品开发中的质量管理	169
5.3.2	生产质量管理	177
5.3.3	故障分析	179
5.4	"车规认证"是怎么回事	181
5.4.1	公司认证	181
5.4.2	芯片认证	184
5.4.3	内部管控	185
5.4.4	应用场景	191
5.4.5	客户规格	192
5.5	本章总结	193

第 6 章 流程和运营 ………………………………………… 195

6.1	流程和运营简述	196
6.2	生产运营	198
6.2.1	供应链管理	198
6.2.2	生产排期管理	203
6.2.3	产品生命周期管理	213
6.3	商务运营	216
6.3.1	销售运营	216
6.3.2	财务运营	219
6.3.3	客户支持	220
6.3.4	智慧产权管理	221
6.4	运营 IT 系统	222
6.4.1	ERP 类系统	223
6.4.2	MES 类系统	226

    6.4.3 SFA 类系统 ········ 228
    6.4.4 CRM 类系统 ········ 230
  6.5 本章总结 ········ 231

第 7 章 芯片营销简介 ········ 232
  7.1 芯片营销的名词梳理 ········ 232
  7.2 芯片公司的客户 ········ 234
  7.3 市场开发的概述 ········ 239
  7.4 内部销售的组织 ········ 241
  7.5 外部销售的渠道 ········ 243
  7.6 芯片销售的步骤 ········ 250
  7.7 代理商与原厂的爱与恨 ········ 255
  7.8 芯片的价格 ········ 259
  7.9 大客户管理 ········ 262
  7.10 内部业务会议 ········ 264
  7.11 市场宣传 ········ 267
  7.12 网站建设 ········ 268
  7.13 走向海外市场 ········ 270

第 8 章 十类电子产品的系统简介和相关芯片市场 ········ 273
  8.1 传统燃油车和电动汽车 ········ 275
    8.1.1 市场简述 ········ 276
    8.1.2 主要趋势 ········ 277
    8.1.3 架构举例 ········ 279
  8.2 新能源 ········ 280
    8.2.1 市场简述 ········ 281
    8.2.2 主要趋势 ········ 282
    8.2.3 架构举例 ········ 283
  8.3 物联网 ········ 283
    8.3.1 市场简述 ········ 285
    8.3.2 主要趋势 ········ 285
    8.3.3 架构举例 ········ 287
  8.4 手机和计算机 ········ 288
    8.4.1 市场简述 ········ 288

	8.4.2	主要趋势	290
	8.4.3	架构举例	291
8.5	通信设施		292
	8.5.1	市场简述	294
	8.5.2	主要趋势	295
	8.5.3	架构举例	297
8.6	数据中心		298
	8.6.1	市场简述	298
	8.6.2	主要趋势	299
	8.6.3	架构举例	301
8.7	测试与测量		301
	8.7.1	市场简述	301
	8.7.2	主要趋势	302
	8.7.3	架构举例	303
8.8	工业自动化		304
	8.8.1	市场简述	304
	8.8.2	主要趋势	305
	8.8.3	架构举例	307
8.9	医疗电子		307
	8.9.1	市场简述	308
	8.9.2	主要趋势	308
	8.9.3	架构举例	309
8.10	AI芯片		310
8.11	从模拟到数字，以及未来		311

第9章 芯片设计公司的未来 313

9.1 2019—2022年的芯片短缺和短暂繁荣 316
9.2 2023年以后的全球芯片市场长期展望 318
9.3 如何衡量一家优秀的芯片设计公司 321
9.4 基业长青 324
9.5 写在最后：变化是永远的主题 324

书中英文缩写关键词 328

书中部分英文芯片公司名称 330

后记 331

引 子

关于芯片的15种迷思

看的书多了,感觉凡是长篇大论,总是要由小事、小文章引出,作者才能自己渐树信心,文章才有循序渐进、渐入佳境的效果。作为本书的引子,我整理了一些来自各行各业的同学和朋友近年来垂询关于芯片的几类问题和我的个人见解"愚说"如下。

1. 芯片主要用于手机和计算机吗?

愚说:智能手机确实是芯片的第一大应用,智能手机里芯片的价值大约是全球芯片销售额的两成。不过在现代社会,基本上用电的装置或者设备,都会用到复杂程度千差万别的各类芯片。像手机、计算机等,因为对性能的极端追求和对尺寸的极度限制,部分核心元件必须用到非常复杂、高度集成且昂贵的芯片,然而其中也会用到较为廉价的小芯片。至于我们平时所接触到的家用电器、汽车、仪表、游戏机、视频监控等,如果把盖子打开,无一不是各种芯片在背后各司其职地默默运转,来做信号处理、数据存储、计算、通信、传感、电力变换等复杂任务。2021年,全世界芯片销售额达到了5800亿美元的历史新高,而且10年内的目标是1万亿美元。可以说城镇居民每天接触的设备中,加起来可能有数以千计,从高端到低端的各类芯片,比如,一辆普通的燃油汽车,就需要上千颗各类芯片,而电动汽车的需求更是需要翻倍。

2. 芯片是需要投资数十亿乃至上百亿人民币的昂贵项目吗?

愚说:这句话是部分正确的。

芯片行业数十年来已经发展成为非常庞杂的产业链。其中如专门负责制造生产的晶圆厂,必须规模化经营,必须采购极其昂贵的设备,建起建筑标准极高的厂房,研发复杂的先进生产工艺。新建的晶圆厂即使只使用成熟工艺,采购二手的生产设备,只加工8英寸(1英寸=25.4mm)大的较便宜晶圆,仍然需要十亿级别人民币的投入,而如果要做业界最先进的12英寸晶圆,则各项开支急剧上升,需要几百亿级别人民币的投资,加上庞大的工程团队,复杂的工艺研发过程,面临难以计数的困难。

而芯片设计公司则运营形态完全不同,设计公司将制造生产完全外包给晶圆厂,而自身则专注在创新的产品设计、供应链管理、销售和客户支持上。其创业门槛和启动投入较低,甚至某些特殊情况下仅需几个高手就可以拥有自己的产品。成功的设计公司拥有独特的产品特色和市场嗅觉,其销售毛利往往超过做代工的晶圆厂,有时只需要几千万人民币的投入,就可以开始设计一些简单产品而生存得很好。当然也有一些专注于需要较先进工艺的芯片而需要亿元级别投资的设计公司,但是总体来说,开创一家芯片设计公司,并不需要像开设晶圆厂那样花很多钱,而且即使不成功,投资人在很早期就可以止损。

我们今天所看到的国内在两三年间涌现出的数千家注册了芯片相关业务的公司,大多数应该是设计公司。未来的几年,我们会看到行业发生很大的变化。

3. 芯片公司可能长期亏损,盈利十分困难吗?

愚说:现在有一些熟悉互联网的投资人进入芯片投资的领域,认为可以重复互联网的经验,通过降价补贴、垄断市场、提高价格的打法来抢占芯片市场,也许可以先亏损再盈利。然而芯片公司属于销售产品给其他公司的 toB 行业,优秀客户需要的是长期合作伙伴,并不纯粹考虑价格。像苹果、华为、谷歌这样的大公司,对自身采购芯片的价格要求定得不低,就是希望能够吸引有能力、有资质的供应方,如果压迫的供应商利润微薄,那么只有低端的厂商才有兴趣。

有一些芯片公司,自身的产品没有特色,所处市场处于红海竞争,只能通过低价来抢市场。其公司整体可能亏损,但是销售额可能做得很好看。这样的公司因其基因和品牌形象的限制,很难有长远的发展。如果一家芯片公司销售数字已经很大,持续多年出货量以亿元人民币为单位,然而仍然亏损或者毛利极低,那么去这家公司工作的人和做财务投资的人就要非常小心,因为其产品的竞争力很可能不强,或者必须大量投入研发以保持市场地位,其盈利往往以牺牲企业员工的利益为代价。要注意的是,不能带来巨大盈利的研发是无效的创新。

还有的公司从一些著名厂家挖来一些人撑起门面,刚刚建立就号称要成为中国的高通、英伟达而开始大量烧钱。其实业界领先的公司,无不是从较简单的产品开始打造,在几十年间从易到难积累了庞大的产品序列和知识体系,而逐渐成为业界领袖,个别人离职无损其分毫。这样的初创公司往往开始就要做非常复杂,涉及生态的 SoC(系统级芯片)或者大型处理器芯片以吸引投资人,但其长期的亏损可能是不可避免的。

更有甚者,是国内的资本去欧美洽谈,投资收购了部分毛利低或者亏损,面临淘汰的产品线,转而利用国内外的信息差和国内对科技股的高估值,重新包装冲击上市,我自己就有好几次被问到能不能牵这样的线,而科创板这样的上市公司也不是个例。这样的公司,上市是其终点,只能割股民的韭菜,不太可能长期盈利(但是,收购产品线以补充自己现有的成功产品线,往往有好的结果)。

欧美近年来比较成功的芯片初创公司,一般都是找到一个很小的客户痛点,通过打造专门产品而一炮而红,这些公司一般需要的投资轮数很少,一两次流片以后就足以开始盈利,投资人的回报非常丰厚。

总之,芯片行业无疑需要研发,但是研发的目的是盈利(即使是为了解决芯片技术卡脖子的问题,企业生存仍然是最基本的需求),优秀的芯片初创公司,总是很快就开始赚很多的钱,这样的公司如果不是需要急剧扩大规模,根本不需要上市。

我最近读到的《梁启超家书》中说:"一发手便做亏本营业,易消磨志气"。芯片公司最好不要抱长期亏损的心。

4. 中国芯片产业非常落后,而先进的芯片工业主要集中在欧美地区吗?

愚说:应该说,中国的芯片公司在代工制造和少部分产品设计上世界领先,而欧美国家和亚洲的日本、韩国(以下简称欧美日韩)在垂直整合型的公司和产品的多样化上领先。

在纯晶圆代工方面,中国台湾地区的台积电在市场占有率方面长期占据世界第一的位置,而且遥遥领先,上海的中芯国际、华虹,台湾地区的 UMC(联华电子公司)、Vanguard(世界先进)、PSMC(力积电)也都排在世界前十位,客户遍及全球;而欧美在晶圆代工方面,能拿得出手的不过是格罗方德、X-Fab 等寥寥几家,市场占有率也不高(值得关注的是,英特尔正在加大投资建厂,打算进入晶圆代工行业);韩国的三星水平极高,类似于台积电,三星专注于先进制程,而不像台积电覆盖较广。

在封装测试领域,中国台湾地区的 ASE(日月光)同样是世界第一,而江苏长电、南通的通富微电、甘肃的天水华天都位居世界前十位。封装测试界排名世界前列的公司几乎都在东亚和东南亚。封装测试相对毛利水平略低,然而先进的封装设计同样富有科技含量并需要研发,并非是低附加值产业。在该领域欧美国家无法替代。

在产品方面,目前中国的芯片公司还是以国产替代为主,少数公司在部分细分产品种类上(如半导体照明、MEMS 麦克风、功率芯片、氮化镓芯片等)可以排到世界前几位。

欧美日韩较为领先的芯片企业,主要是将设计、制造、生产、测试等环节全部垂直整合的超大型 IDM 公司,如英特尔、三星、SK 海力士、美光、德州仪器、

ADI、英飞凌、意法电子、瑞萨电子等。这些公司有几十年历史、两三代工程师的技术和产品积累，形成了庞大且完整，覆盖全工业界大多数终端应用的芯片组合和品牌联动效应。目前，国内如华润、士兰微之类的垂直整合型公司，形成历史较短，在细分的产品领域有一定竞争优势，但在跨越多条产品线的整体规模上尚难与国际大型的 IDM 匹敌。不过，国内的 IDM 公司近年受到资本的加持，制订了宏大的发展战略，未来非常可期。

在芯片设计方面，华为海思一度排名接近世界前十，后来由于受限使用台积电代工，排名下滑严重，不过其产品主要供华为使用，在整体电子业界影响较小（苹果有规模很大的芯片设计团队，然而也只供自己所需）。在前十位的设计公司中，有中国台湾地区的联发科（Media Tek）、联咏科技（Novatek）和瑞昱半导体（Realtek），其余为美国品牌，最知名的是高通、博通、英伟达和 AMD。而国产芯片设计公司虽然加在一起的产值相当可观，然而其力量非常分散，未来希望看到更多并购案，从而诞生更有影响力的厂商。

就更广泛的芯片产业来说，在芯片公司的供应商方面，如设备、材料、工程软件等，欧美日韩因其先发优势，目前处于领先地位。

5. 芯片设计是中国非常缺乏的技术吗？

愚说：这个观点不能算对。在芯片设计方面，以华为海思为例，已经可以设计世界上最为复杂的处理器芯片，完全站在与世界前列平起平坐的地位。对于大多数的芯片种类，著名的外版设计类教科书早已被翻译成中文，很多欧美日韩的芯片公司在中国也有设计分部，而且晶圆厂的工艺也是对所有客户公开的，因此芯片设计与程序设计一样可以公开学到，而在这方面国内每年培养的人才总量也不在少数，基本上对于任何类别的芯片，在国内总能找到做过相关项目的设计人员，而对于高端人才，在海内外都是很稀缺的。当然，一时间国内肯定没有那么多有经验的设计人员可以满足数千家设计公司的需求。

从经验角度看，在芯片设计技术方面可能我国整体上还有所欠缺。芯片设计特别是模拟设计部分，非常看重经验，只有最有经验的模拟电路工程师才能设计出最好的性能。可以说，这类工程师是越老越吃香。有些高端的模拟芯片可以卖出 90% 以上的毛利，就是因为其定义新颖，性能稀缺。而数字芯片已经有很多开源的架构和业界标准，许多供应商提供可买到的 IP 和可移植的模块，设计数字芯片的门槛已经今非昔比，但是在数字芯片领域有所创新则非常困难。

基本上来说，只要是书本上能学到的知识，中国人都不差。我们缺乏的是书本上不体现的知识、经验、管理水平和体系。比如晶圆厂所需的芯片制造和工艺是比设计更加缺乏的技术，因为其技术只能从实际项目中来获取，而且只有整个团队经过多年磨合，多轮失败的尝试以后才能形成真正的战斗力，而不像编程或芯片设计，从书本中就能学到很多。实际产品和工程开发有很多书本上没有的内容，需要长期探索。

我们所缺乏的还有时间。卡脖子的领域如工程软件、精密化工、设备制造等，假以时日都可以突破。但问题是客户都有现成的方案，很难停下来花多年的人力、物力和冒风险去试用这些新途径。这些方面如果全靠市场经济自行调节，则很难有所突破。

6. 国家大基金应该重点扶持芯片设计企业吗？

愚说：可能我们需要明确的是各类扶持基金是需要短期盈利的，还是可以不计回报地解决卡脖子问题，因为这代表两种截然不同的投资方向。

如需要短期盈利，应该投资较快出业绩的芯片设计公司，尽量确保供应链的完善，这样的投资如果眼光准确，盈利退出是较快的。当然如果进入电信等特殊应用，仍然面临被国外制裁的风险。

如需要解决卡脖子问题，应该投资于难度更大，需较长期限才能见效的仪器设备、精密化工、光学器件、工程软件等需要长期试错，长期供应链配合的行业。对这些行业的投资应该由中央来牵头制订计划。

历史上，欧美的半导体企业经常受政府扶持，从过往的成败事例看，政府如果要挽救那些规模庞大、竞争力却不强而开始下滑的公司，则往往失败；政府如果扶持那些已经有技术优势而需要资本化的公司，或者需要将高超创意转变成产品的创业者，则往往有好的结果。

7. 大量投资就可以快速发展芯片吗？

愚说：芯片行业不同于大基建或互联网这样的规模经济。我见到在芯片投资热潮下，某初创公司老总说："突然投资机构给了很多钱，不知道怎么用法"。对于很多初创公司，拿较少的钱比拿得多要好。

芯片公司应该做"更聪明"而不是"更大量"的投资，要做符合自己公司定位和目标市场的投资，否则只会累死自己而公司不见发展，这需要有战略和战术的眼光。芯片行业的特点是其永远在高速发展的，今天一台薄薄的 iPad 的计算能力已经超过了 20 世纪 90 年代比冰箱还大的克雷超级计算机，每台激光打印机的数据处理能力都能超过 NASA 当年载人登月的处理器。即使引入巨资，如果只是仿照前人的成功经验重复投资，等到产品出来之时，已经被更有眼光的竞争对手又抛到后面，大量失败的芯片产品是在产品战略和管理上出了严重问题，而不是资金缺乏或研发不力的问题。有公司花了大量投资来购买 EDA 软件，四处购买 IP 和设计服务，最后流片做一颗复杂的 SoC 芯片，但是功能和性能仍然是照抄对手,居然不能做出任何创新。

关于如何打造成功的芯片产品,更多内容在本书中会进一步讲述。

8. 芯片只与电子工程和计算机专业有关吗?

愚说:事实上芯片行业需要各种各样的人才,而且很多完全不必懂得如何用电烙铁或者写程序。

比如,芯片设计公司很重要的是项目经理和供应链管理的人才,就不需要懂具体技术,而需要懂得管理、善于沟通、富有责任心和能够应对复杂局面。

我见过国内最好的芯片销售之一,本科是旅游专业毕业的。德州仪器最有名的产品经理之一,原来是音乐专业的,其功夫全在后天修行。

芯片公司的大量职能,如法务、财务、采购、客服、人力资源、市场宣传等,都可能在企业里扮演相当重要的地位。造就一颗大卖的芯片,其实是一个群策群力的系统工程。

9. 能够研发两弹一星,怎么还搞不好芯片?

愚说:两弹一星是全国统筹下做的大型战略项目,可以全国一盘棋,不计投入,只求成功,不需要利润形式的商业回报。但是芯片公司并不是倾其全力,设计出了某一颗优秀芯片就算作是成功的。世界领先的芯片公司,或者拥有数万种不同产品,覆盖了绝大多数电子应用;或者不断推出业界最先进的拳头产品,拥有世界范围的周边生态企业。其单个产品的复杂度或许远不如两弹一星,但是其重在产品广度和持续的投入。芯片搞好的唯一衡量标准,就是持续很多年,毛利高、销售额高、大量地赚钱,任何纸面上光彩熠熠的研发成果,最后永远是以赚多少钱来衡量其成效。投资人如果弄不清一家公司的技术到底是否领先或靠谱,只需看其赚多少钱即可见分晓。没有公司会拥有优秀产品,面向优质客户,而不想卖尽可能高的价格。

在研发之外,即使我们雇用了业界最强的技术人员,艰苦攻关以后终于把一颗符合客户需求的优秀芯片放在其桌上,仍然会面对客户一系列的发问:

① 我为什么要买你这颗芯片而不是从其他家买呢?

② 你们在哪里生产的?产能有保障吗?

③ 你们质量如何保证?测试标准有哪些?

④ 有没有能用来测试的参考板?

⑤ 有在我的应用场合成功应用的经验吗?

⑥ 价格是多少?能满足我们目标价格吗?

⑦ 什么时候可以量产?

⑧ 后续的产品计划是什么?

⑨ 有没有整体解决方案?

⑩ 有没有支持客户设计的技术团队？
⑪ 销售流程是什么？使用的代理商是我们批准的吗？
……

芯片技术发展的前提是找到相应的市场。整个半导体工业的历史也是一段市场、销售和供应链管理不断进化的历史。当大量客户愿意付出高昂的代价来购买某家公司的芯片，这家公司才算是成功。希望读者看完这本书后，更有信心来回答以上客户的这些问题。

10. 芯片公司应该多多益善吗？

愚说：欧美从20世纪60年代半导体产业开始飞速发展，其间曾经诞生了难以计数的芯片公司和周边专注于设备、工程软件、EDA、IP等企业。经过几十年来的大浪淘沙和收购兼并，留下来的芯片相关公司都具有相当规模。比如，德州仪器从1996年开始，收购了多达14家半导体公司和部分竞争对手，其中Unitrode、Burr-Brown和National Semiconductor的三次收购案，直接让德州仪器成为全球模拟芯片销量第一的公司，并且在近20年都保持领先地位。现在欧美虽然也有一些芯片初创公司，然而其整体的投资规模与互联网行业差距很大。在欧美日韩，芯片行业已经是类似汽车、化工、制药这样非常成熟的产业，小公司成长成巨头的空间已经很小，比较好的结局是被收购。

中国的芯片公司目前也面临同质化的问题，往往如小米这样的大公司开始招标时，有多家芯片公司会按照一模一样的规格，用来自同一供应链的芯片去竞争。这样的红海竞争对社会资源和自然资源是一种较大的浪费，作为投资人应该更多鼓励和支持强强联手的收购兼并，而非推出一个又一个做类似产品的公司来互相内卷。比如，国内目前做快速充电器芯片的公司不止十数家，然而都按照同样的USB快充标准，这样很难有创新的可能。

未来在中国，我认为有不限于如下的三类芯片公司会取得成功。

（1）电子公司自己孵化或控股的芯片公司。比如我们看到美的公司控股的两家芯片设计公司，2021年已经生产1000万颗MCU（单片机）芯片。因为美的自己就是使用MCU的大客户，规格需求完全清楚，那么这样的芯片公司，至少都有规模稳定的大客户使用群体，可谓旱涝保收，而且随着进一步发展，芯片产品可以辐射到全行业。其他类型的电子公司，如小米、比亚迪等，对于自己用量最大的部分芯片做出投资，非常合理且有意义。

（2023年哲库解散，在外人看来，是扩张太快而没有合理战略。Oppo如果先招个几十人的小团队，从小芯片开始，比如投几百万美元先做一颗PMIC，以Oppo每年出货近5000万台手机的体量，使用自有PMIC每台手机估计能节约0.5美元以上，甚至能卖给其他客户，世上还有更合算的投资吗？据说哲库3年招了一千人,不客气地说,这是富士康招工的做法,对研发来说,需要的只是极少数的精兵强将。)

(2) 外资在中国的芯片团队自行独立。如前所述,芯片的供应链和客户往往已经在亚洲,如果芯片设计和其他工程团队仍然在亚洲的话,那么这样的团队已经没有必要再给欧美的管理层打工。这样的本土团队参与过科学的管理流程,成功的希望很大。比如上海的南芯,创始人来自德州仪器,提前看到了市场机会,又了解芯片的具体运营,短短数年已经赴科创板上市。

(3) 真正解决卡脖子问题的海外收购或海归团队。我所了解最好的案例,是 2008 年南车时代电气收购英国 Dynex 公司。英国公司拥有国内当年没有的铁路用高压、大功率 IGBT 芯片技术,然而可能受限于市场,发展相当一般。南车用非常便宜的价格解决了卡脖子问题,然后在中国建厂,将此技术完全吸收,依靠广大的中国市场来发扬光大。考虑到南车可能有国资背景,此收购案的风险和难度可想而知,但是这个团队迎难而上,做成他们原本可以不做的事情,虽然我不知道当年主事的人是哪几位,但真是要击节赞赏!如果哪天结识的话一定要握一握手。

对于海归,最可能成功的是有足够领导力带整支队伍回来的人。最令人佩服的如硅谷前辈,带整支队伍海归的,通用材料公司前副总裁,中微公司的尹志尧先生,可惜也无缘结识。

11. 国产芯片公司的产品策略是否应该以国产替代(进口芯片)为主?

愚说:国产公司初创时的产品战略,往往是参考市场上缺货严重的海外芯片及相关客户,但是客户在寻找替代方案时,其目的主要是在缺货时寻求替代品,或作为万一被禁运时的备选方案,其真正为提高产品性能的意愿不高。因此如果遇到海外厂商可以顺利供货时,继续维持该客户的难度就比较大。而且多年以来,在禁运名单上的中国厂商早已主动出击寻求非欧美的供货商,现在尚存的国产替代的机会少或者难度较大,或者经济回报不行。华为扶持了相当多的国产芯片设计公司,但有类似体量的国产客户还是太少了。

某些国产厂商,立足点不是替代进口芯片,而是纯以低价,在低端市场上替代其他国产芯片。以替代低端国产芯片为口号的公司,走得不会太远,只有看准新市场,产品有创新之处的公司才能获得高毛利,企业才能自足,独立地健康发展。

有一种见解,认为中国是全世界芯片的第一大市场(2021 年芯片进口额达 4400 亿美元之巨),因而国产取代的成长空间是极大的。但实际上,其中有较大部分是欧美公司做出的采购决定,而由其在中国的代工厂进行实际采购,因而国产芯片公司较难接触到此类市场(其中仅苹果就通过中国的代工厂进口了几百亿美元芯片,进而采购成品)。实际由中国电子公司选型、设计、进口的份额较难统计。事实上国内芯片设计公司有很多高水平的人，研发能力完全不比国外同行差，奈何如华为这样的高端客户不够多。

这就引入下个问题。

12. 芯片公司应该主要服务内需吗？

愚说：尽管中国是世界最大芯片市场，然而现在看到很多哪怕是稍有规模，尚未上市的国产芯片公司都纷纷到海外设点。仅限于我所知道的，在硅谷就有20家以上的中国芯片厂商，除了中芯、华虹这样规模已经很大的晶圆厂，还有包括矽力杰、希荻微、英诺赛科、汇顶等十多家芯片设计公司，以及芯原微电子、高云半导体等涉及多类型业务的公司。其出海的原因，主要有这么几点：

- 国内的晶圆厂有不少客户本来就在欧美，至少占到10%～20%。在当地有必要设销售和客户服务中心。不少国产芯片公司和IP公司也开始在海外销售。
- 国内市场竞争激烈，而且商业环境经常不理想。比如不少厂商会去反向挖掘某芯片的供应链信息和设计细节，来整体抄袭，所以能看到几家国产公司以低于成本的价格在拼命抢某个大客户的订单。如果将销售战场转移到海外，对手变成欧美公司，希望也许还大一些。
- 某些芯片在海外的市场要大于国内市场，比如数据中心、医疗仪器、汽车电子等。主攻这些细分市场的公司，更有主动出海的需求。
- 国内的人力成本极高。因为现在国内芯片公司极多而有经验的人才奇缺，工作几年的芯片设计工程师已经喊到百万年薪，这个价格已经高于欧洲和美国东部的平均工资，也许只低于硅谷，但是在欧美能雇用到更有经验的人才。

此外，出海的益处还有海外销售平均毛利更高，更易寻找合作和收购兼并的机会等。

硅谷不少芯片公司，使用全部出于亚洲的供应链，雇用亚洲的工程师来服务全球客户，而利润大多留在美国，这样的好日子可能不会再持续太长时间，很多竞争对手正在前来的路上。

13. 华为这样的公司应该收购芯片厂来生产所有自己需要的芯片吗？

愚说：曾经有报道说华为可能与中芯国际合作来建晶圆厂，进而生产自己所需的芯片，后来被辟谣。电子大厂培养自己的芯片设计公司是非常合理的战略，然而一般不会经营自己的晶圆代工厂，这是由于：

- 芯片设计公司的形式相当灵活，可以使用来自不同代工厂的不同工艺，来生产规格迥异的产品，很少有代工厂拥有从最先进到最成熟的全部工艺。
- 电子大厂有自己的产品周期，比如每两年出新一代的消费电子产品，在更换设计的期间许多芯片的需求量都需要调整,有些芯片不再采购,有时需要引入新的供应商等。但是晶圆厂为了利益最大化,必须尽量全产能100%运转,因此电子厂很难与单一晶圆厂同时在生产计划上匹配。晶圆厂一般也不希望只与单一大客户合作,在产能吃紧时甚至会推掉一些生意以平衡风险。

- 华为及其关联公司在进口所有美国产品和技术之时都需要向美国商务部申请许可,而目前对先进制程的芯片生产技术,华为是受限使用的。同样,目前全世界任何晶圆厂,包括中芯国际,都需要向美国申请进口一些关键产品、材料和设备,因此华为即使不是与中芯合作,转而寻求与三星或台积电合作建晶圆厂,仍会受到与目前一样的限制,并不从根本上解决问题。

14. 发展第三代半导体可以弯道超车,完全取代现有的芯片格局吗?

愚说:我的产品线曾经发布过几颗氮化镓芯片的驱动和控制器,和全球几家著名的氮化镓公司都有合作,我还在氮化镓的参考书 *GaN Power Devices and Applications* 中写过一个小节,另外我对碳化硅也算了解,所以大概还有一点发言权。

所谓第三代半导体材料,其实是国内炒作出来的名词,好像暗示可以取代传统的硅基材料,其实是误导的。发明此类材料的欧美业界事实上并没有这个名词,而称为宽禁带材料,是半导体发展的一个分支。

碳化硅目前只能用于高压的功率器件上,主要增长市场来自电动车。而氮化镓除了高压功率器件,还可以用于低压器件、光电和射频器件上,应用略广。

碳化硅在电动汽车、轨道交通、工业电机、光伏逆变等应用上替换传统的IGBT、高压MOSFET等功率器件已经非常成功,特斯拉在要求最严格的电动车主逆变器上将一直采用的IGBT全部换成碳化硅器件,在车载充电器里也使用碳化硅二极管,就是最好的证明。碳化硅的应用市场非常成熟,正在稳步取代一些传统的功率器件。现在有消息称,特斯拉将减少碳化硅用量,但主要出于成本而非性能考虑,而且据朋友介绍,相关项目仍尚未成熟。

氮化镓应用更广,在AI时代对能源的需求驱动下,有望增长较快。

总体来说,宽禁带材料在未来数年会成长为几十亿美元的市场,但是完全取代硅器件仍然是不现实的。

在宽禁带半导体的发展上中国不亚于任何国家,但这个赛道只是芯片工业的分支而非主干。欧美的芯片行业比我国多了近两代人的积累,不可能把最有潜力的市场拱手相让。而我国的企业也只能迎难而上,在已有的赛道上努力创新,努力追赶。

15. 芯片设计主要的难点是在设计上吗？

愚说：实际上，芯片的研发设计虽然重要，然而只是企业成功的一环。列举一些在设计之外，公司会遇到的典型问题，这些只是芯片设计企业可能遇到问题的1%。

（1）设计出了芯片，也拿到了客户订单，可是供应链产能不足，不能向客户交付。

除非是必须使用最先进工艺的少数产品，芯片设计公司可以采用多家代工厂的标准工艺，将自己的芯片产品在多家流片来应对供应链风险，当然这也意味着运营和研发费用的提高。在产能不那么紧缺时，有多家选择可以促成代工厂之间的价格竞争和工艺优化，对设计公司比较有利。

更进一步的做法是，设计公司可以雇用工艺专家，与代工厂签订保密协议，优化自己独有的工艺。此外，在封装和测试环节，未雨绸缪事先找到多家供应商和提前获取足够设备也很有帮助。

（2）市场窗口很短暂，新产品需要很快推向市场。

芯片上市时间对于多数芯片产品非常重要。如苹果、英伟达、华为这样的大客户，会指定某项目需要工程样片，预备生产和正式量产前，必须交货的截止日期。因为这些大客户往往有两三种备用方案，我方一旦误期，很可能会将业务拱手让给竞争对手，最坏情况下甚至可能上大客户的黑名单，永不再被考虑。

除此以外，对于最新颁发行业标准下的应用，谁最先开发出解决方案，谁占得市场先机。

有时，在芯片尚未成熟时，甚至冒险也要开始推广。我曾经遇到某大客户说："看起来你们的芯片性能很好，而另一家的问题很多，但是我们已经试用另一家几个月了，现在没有精力再改试你们的方案"。过了两三年，公司终于拿回这个客户。

为了缩短芯片上市时间，我们需要在开发阶段做好项目管理，确保效率最优地开发。

（3）产品的市场寿命可能短暂。

芯片设计行业的困难在于逆水行舟、不进则退。除非公司的品牌特殊，否则很少有高毛利的产品拥有很长的市场寿命。即使有一些长期而稳定的客户不需要最新的芯片方案，然而我们的供应链也会随着时间的推移而可能变得脆弱。

（4）客户需要越来越低的价格。

近两年因为疫情影响，芯片价格普遍有所提升。不过在正常的年头，电子产品的价格总是随时间推移而下降，比如相同配置的个人计算机可能每两年的售价就要随着新的机型出现而下跌一定比例，而终端产品价格的下跌总是一定程度上要转嫁到芯片的采购价上去。这就需要芯片设计公司不断优化自己的供应链而降低成本。

(5) 人力资源更难获取。

在国内芯片工业井喷的时代，可用的经验人士越来越稀缺，即使是初出茅庐需要培养的人员，其要价也往往难以承受。一些融资能力较强的公司总能以更高工资将成熟团队拆分，对行业实属不利。不像送外卖的人员可以各行各道，任何高科技的团队总需要多年的磨合锻炼过程，成熟团队一旦拆开就再难聚拢。

(6) 产品路线采用成熟工艺，则竞争者可能仿冒。

国内做模拟、电源和某些数字芯片等的创业公司普遍使用中芯、华虹、台积电的标准工艺，此类芯片往往不需要外购 IP 或复杂开发工具，加上对知识产权不够尊重的大环境，催生不少在法律边缘游走的反向工程公司。此类公司一多，导致低端市场存在大量竞争者，无人得利，而高端市场则缺乏敢于创新的正向设计公司。

(7) 产品路线采用先进工艺，则开发风险不能接受。

许多公司希望设计使用先进工艺的高端数字芯片，其开发成本往往以数千万美元计算。现在，各类先进数字 IP 和设计服务已经较为完善，实际上只要有足够的钱，开发能够工作的高端芯片风险已经比较小了。

然而高端芯片不能仅靠使用先进的代工厂工艺和标准 IP 来显示差异性，产品使用 3nm 未必比 7nm 更卖得出去。芯片本身必须得有功能或性能上的创新，解决客户的实际问题，大幅提升系统性能才能有竞争力，而销量和毛利又必须极高才能维持团队持续的运营。商业回报需要覆盖庞大的开发成本和团队成本，才是基于先进工艺开发的真正风险。

(8) 客户需要系统级解决方案。

除了像苹果、谷歌这样的公司对自己的设计有完全的掌控权，要求供应商更多按其要求来开发个别器件以外，大量的芯片客户如今选择与芯片公司结成战略联盟的方式，希望供应商能够提供从传感、模拟、到运算、执行等全方位的芯片解决方案。如此则该客户的体量倍增，更能得到芯片公司的重视，得到针对性开发的可能性，得到更好的价格和技术支持，以及简化自身的供应链管理。只提供某一细分产品种类的芯片公司往往有产品深度，却缺乏广度，因此产品必须有特别优势。

第1章

芯片公司的业务类型

本书主要是讲芯片公司的运营,在第1章,我们先解释一下芯片公司的整体产业链。

芯片行业有其历史发展的周期性,基本是与经济周期相对应。在经济景气时,消费者更愿意买电子产品,有更多工厂修建,更多汽车被造出来,大量的应用场合都会用到芯片;反之,在经济下行时,消费能力骤减,芯片行业也随之黯淡。当全世界的老百姓们觉得钱不太经花,于是将买新手机和新汽车的计划一再拖延时,基本上就代表了芯片工业的低潮和世界范围的经济危机即将来临。图1.1显示了全世界半导体芯片近25年的销量趋势,在2001年和2008年两个世界经济低潮时,芯片产业有30%~40%的严重下滑,然后又反弹向上。2021—2022年是芯片行业史上增长比例最大的年份,在2023年截稿时,又转而向下,很有可能是又一轮经济下行的开始。不过无论如何,芯片工业总是在震荡向上的。

芯片的开发和制造在过去的30多年里发生了翻天覆地的变化。在30年以前,绝大多数芯片公司都拥有自己的晶圆厂,业务模式非常单一。而今天,拥有自己芯片产品的公司基本可以划分为这样三种业务类型。

(1) 垂直整合制造模式(Integrated Device Manufacturer,IDM)。

这是芯片公司最传统的类型,它们拥有自己的芯片设计团队和制造工厂,而且还集成了封装和测试的全步骤,自行安排生产,研发工艺和划分资源。代表当属英特尔、三星、美光、德州仪器等。

(2) 无厂芯片设计公司(Fabless)。

这些公司把芯片生产的部分交由晶圆代工厂和封测厂执行,自己着重于芯片定义和设计、建立芯片生态、研发知识产权、系统整合、服务客户等非制造类的任务。此类设计公司如高通、博通、英伟达、苹果、华为海思等,也是这本书讲述的重点。

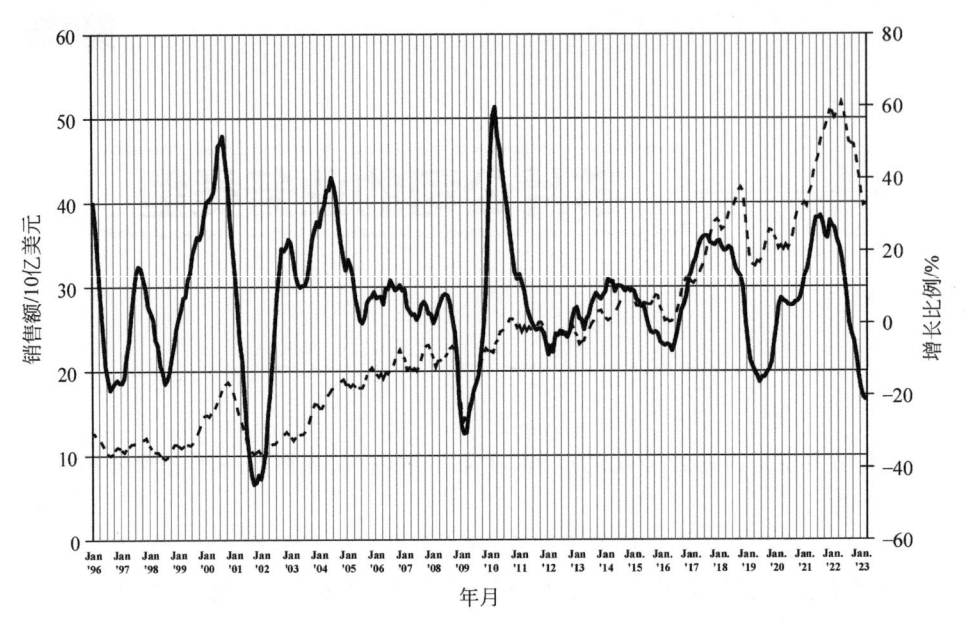

图 1.1　全世界芯片每月销售总额(虚线)和增长比例(黑实线)

注：数据来自 semiconductors.org。

(3) 混合模式。

许多 IDM 有大量的产品线分支，但未必都能使用公司自有的工厂生产，而可能需要外包部分业务到代工厂去。采用混合模式可以获得额外的产能，或者使用某种自己尚不具备的工艺，这样 IDM 可以延缓到未来再决定是否要投资额外的产能或自行研发工艺，如此比较灵活。此外，如果 IDM 收购或兼并了 Fabless 公司，也不一定要让被收购方转移到自己工厂生产，因此也可算为混合模式。

事实上，现在很少有完全纯粹的 IDM 公司，多数都用一些混合模式，比如英特尔也是台积电很大的客户。

这三类公司拥有自己的芯片产品和品牌，除此以外，晶圆代工厂(Foundry)是为除了 IDM 以外的两类公司从事生产服务的。因为代工厂并不发布自有品牌的芯片产品，因此代工厂的客户并不把代工厂视为竞争对手。芯片代工不同于消费电子代工。富士康虽然能帮苹果代工，但其主要是做组装测试，附加价值并不高，富士康本身不具备苹果的软硬件开发能力和生态系统，苹果也有多家代工厂选择。而台积电等先进代工厂，要做自己的芯片设计和品牌而成为 IDM，其实是完全可以的，但是它们却选择了与众多设计公司合作的道路，这样做非常艰苦，但是道路却也更加宽广。我曾经和代工厂朋友感叹道："真的很难想象世界上还有比你们辛苦的生意!"然而这也是芯片产业生态中丰富多彩之处。

这一章首先就前三类公司逐一说明,其次就代工厂和芯片业界其他类型的公司分别介绍,使读者对芯片产业的上下游有所了解,以便阅读后续章节。

1.1 垂直整合制造模式

像英特尔和三星这样的大型芯片公司,传统上被统称为 IDM。IDM 一般拥有生产芯片所有的资源,包括制造设备、封装设备、测试设备、超净工厂、各种生产工艺、各种设计工具和一切所需的基础设施。IDM 又拥有自己的芯片品牌、设计和应用工程团队、市场和销售团队等。

随着技术的不断进步和客户的更高要求,IDM 需要经常改进生产工艺。在市场开始变得景气时,IDM 需要提前增设厂房,购买设备和增加生产能力;而在行业进入下行周期时,则需要想尽办法让工厂满载运营。不同于传统制造业的机器可以使用相当长时间,芯片制造设备投入既昂贵,折旧费用也极高,因此晶圆厂非得努力把设备运营时间全部排满不可。IDM 的运营方针总是围绕一句话:"把产能填满"。可想而知,IDM 在研发成本以外,需要很大的运营开支。每位 IDM 公司的高层领导必然需要多花一点时间思考资本开支的问题,而同时牺牲一点考虑产品路线的时间,或者少花一点与大客户交流的时间。

IDM 的规模一般十分庞大,能够在形成规模化经济以后,在制造技术和产品成本上胜过无厂的竞争对手。比如德州仪器,在多个国家都有自己的晶圆制造厂和封测厂(多已转型为先进的 12 英寸厂),也有一支庞大的工艺团队。德州仪器不像其他 IDM 必须拥有最先进的制造技术,其他竞争对手只需要使用代工厂的成熟工艺,就可以仿照生产出大量性能接近德州仪器的产品,然而无厂的竞争对手需要付钱给各个环节的供应商,因而在产品成本上还是难以与德州仪器相比,结果就是德州仪器不但可以给出业界最低的价格,同时还能赚取不菲的毛利。对于规模极大的 IDM,很少有足够的代工厂可以满足其产量的需求,因此寻找合作对象也并非易事。

硅谷老派的 CEO 们大都是拥护 IDM 这种模式的,他们希望拥有自己的物理学家、自己的工艺、自己的制造能力,打造自己的护城河。在 20 世纪 90 年代,因台积电的横空出世,无厂模式(Fabless)开始兴起,AMD 的创始人 Jerry Sanders 有次在许多芯片巨子出席的午宴上,用他最有感染力的语气说:"你们好好地听我说:真男人是有厂的!"那天下午不少接着他发言的 CEO 都是用无厂模式的，被老前辈吓了一跳，于是赶紧在台下偷偷地修改自己的发言稿（来自 Silicon Valley the way I saw it）。当时 AMD 在与英特尔竞争处理器业务，整合设计和工厂对 AMD 是有必要的。但在 2009 年，AMD 将自己的制造部门独立出去，成立了格罗方德，转而向格罗方德和其他代工厂采购晶圆，可想而知维持自己的晶圆厂并保持竞争力是多么困难。英特尔的 CEO Pat Gelsinger 现在仍然坚持要造更多的厂，资本投入很大，导致英特尔多年以来第一次亏损。

业界从早期大多数公司都是 IDM，到兴起大量无厂的芯片设计公司，其中经过了 20 年以上的发展过程，而且出现了下面几个关键性的变化，才使得 IDM 开始变得不再是唯一的业务模式。

(1) 较早的工厂投资费用不高，但是快速发展的工艺需要更大投资。

如图 1.2 所示，在 1970—1980 年，当时先进的晶圆厂只需要数千万美元的投资；然而根据著名的摩尔定理，芯片工艺不断突飞猛进，而工艺复杂度的增加意味着制造成本呈指数级上涨。到 2020 年时，最先进的晶圆厂需要百亿美元以上的投资，而且需要不断投资以保持竞争力，导致全世界有财力和魄力投入建造最先进晶圆厂的 IDM 公司已经屈指可数。好比特斯拉非得建成产能很大的厂才能平摊成本，让每辆车的价格有吸引力，先进晶圆厂如果要保证价格能够为客户接受，必须建得规模很大，而大多数 IDM 即使有资金能够建这样的厂，也很难有足够的生意来填满这些厂。比如，一家需要 100 亿美元来建的最先进工厂，每年光运营和折旧费用就可能要 10 亿美元以上，那么就需要每年 20 亿～30 亿美元的销售额才能填满产能而且有一定毛利，这样的销售额如果全靠卖同一家公司的芯片，不太容易。

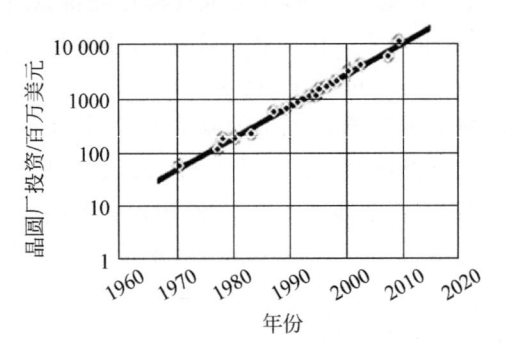

图 1.2 历年建造（当时最先进的）晶圆厂的投资额

注：数据来自 Futrfab 公司。

对于不需要追逐最新工艺的 IDM，可以继续使用折旧完毕的老晶圆厂，如果在工艺、服务、良率、质量等方面做得好的话，毛利并不低。许多老的 8 英寸甚至 6 英寸厂都能赚钱。

(2) 早期的芯片型号少，但是后来的芯片的类型和具体型号增长极快。

AMD 早期的公司口号是"为了不断增加的复杂度添砖加瓦"（Building blocks of ever-increasing complexity），芯片工业早期的产品只是呈现极简单功能的逻辑或模拟电路，客户如果要实现略复杂的功能，得买大堆芯片，如使用砖瓦一样搭建出一个很庞大的系统级电路。不过对于 IDM 来说，因为这时芯片型号很少，只要满产开工就行，生产计划很容易完成。

然而随着产业发展，终于客户不再满足只有砖瓦了！客户希望能把更多功能放在芯片上，让他们的系统设计更加简单，这样逐渐出现了大量不同型号各有特色的芯片，还出现了根据客户需求而打造的特殊芯片如 ASIC（Application Specific Integrated Circuit，专用集成芯片）、ASSP（Application Specific Standards Part，专用标准芯片）、SoC（System on Chip，系统级芯片）等，这可算打开了潘多拉的魔盒。一个只有很少人的设计公司，如果有好的想法、好的设计，就可能比庞大的 IDM 更满足客户需求。IDM 总是倾向于做普适性强而数量很大的芯片，因此 IDM 与客户诉求未必能完全吻合，英特尔虽然生产总体体量很大，其芯片的具体种类和型号却不如规模大的无厂公司丰富。当某些 IDM 随自身业务发展，需要增加大量芯片型号以后，仅靠自己工厂较难安排生产。

(3) 通用设计工具的兴起。

IDM 曾经一直把所有的芯片设计工具掌握在手里，只有限地开放一些知识产权（IP）和工具给客户，比如，英特尔过去授权其处理器架构给其他公司，这些公司只能长期跟随而不能形成太大威胁。然而加州理工学院的 Carver Mead 教授和 Lynn Conway 在芯片设计理论上的贡献和其出版的教材使得芯片设计不再是保密知识。随即在 20 世纪 80—90 年代，商用的 EDA 设计软件和芯片 IP 产业开始兴起，设计公司可以使用第三方的设计软件，开发出的 IP 完全归自己所有，大大增加了开发的便利度。现在很多客户寻求 ARM 的授权或使用开源 RISC-V，不用重复发明轮子，将自己的创新电路模块整合成为 SoC 芯片，形成自己独特的产品。

(4) IDM 的建厂经验不再保密。

IDM 的工厂运营离不开对制造设备的采购，以及与设备制造商共同研发的生产工艺。在 20 世纪 70—80 年代，IDM 在经济周期进入缓慢增长和衰退期时，IDM 的很多人才进入了设备厂、材料厂或工程咨询公司，他们给购买设备的客户提供附加的生产工艺的方案，让建晶圆厂的技术门槛不断降低。此外很多 20 世纪 60—80 年代早期移民美国的人也在经济衰退中回流亚洲，给中国台湾和新加坡等地开展代工业务提供了最早的一大批有经验的人士。

(5) IDM 不必完全覆盖全生产链。

随着摩尔定律带来的前期建厂和运营成本的急剧增加，IDM 开始考虑外包部分制造环节。相对简单的封装和测试工序是 IDM 为了节约人工费用而最早开始外包到亚洲的业务，其中最早的是在 1963 年，Fairchild 在香港建立封装部门，随后德州仪器、摩托罗拉等跟进。在 1968 年已经有专做封装的安靠半导体（Amkor）在韩国创业，开始时仅有数台机器，今日已发展到数万员工。在更核心的晶圆制造方面，1987 年台积电的横空出世，带动了晶圆代工的整个产业。此前有联电，此后有中芯国际、世界先进、格罗方德等代工厂陆续成立。早期 IDM 公司的 CEO 如 TJ Rogers、Andy Grove、Ray Stata 等群星，几乎都懂得半导体物理和芯片制造工艺。而随后的芯片设计公司的 CEO，可能懂得芯片架构和设计、客户的具体应用和系统要求，甚至可能是市场或销售出身。他们考虑得更多是提供解决方案，而把制造的部分放心地交付给代工厂来负责。因此 AMD 的口号当时就逐渐从"为了不断增加的复杂度添砖加瓦"改变到"高品质的计算正在改变我们的生活"，很显然已经从关注生产到更加关注其终端应用。

最后，IDM 要尽量 100% 占满产能。这是因为晶圆厂的设备和人工极其昂贵，运转成本很高，因此让生产线空着的成本和工厂满载运营的成本相差不大，这好比飞中美航线的飞机无论有没有装乘客，整趟飞行成本都差不多。建起一座新的 12 英寸芯片厂每周需要加工几万片晶圆才能形成规模效应而盈利，然而 IDM 即使有资本来兴建，也未必有充足的业务量能够填满这些厂。全球经济不断波动，在经济好时管理层很难遏制建新厂的冲动，而在经济下行时新厂又不可能随时关掉卖掉，要保证满足产能非常困难，这就有很大的财务隐患。

业界发现可以由两类其他业务模式来覆盖 IDM 模式的不足：芯片设计公司不必建厂，而晶圆代工厂可以专注于制造而不必设计产品，可以去全世界搜集客户来最大限度填满产能，将市场波动和产能供需失衡的风险减到最小。这样的合作方式可能是最为健康而低风险的，因此从 20 世纪 90 年代以来，代工厂和设计公司互相协助，使得设计公司的整体销售额已经接近 IDM 50% 的地步，而且差距在不断缩小，如图 1.3 所示，而且大多数有厂的 IDM 都有一定的生产任务交给其他代工厂。代工厂和设计公司的生态系统，在芯片工业历史上的重要性，可能不亚于集成电路的发明本身。

晶圆代工厂（Foundry）。晶圆代工厂的定义是："100% 帮助芯片设计公司生产芯片的工厂"。代工厂是 IDM 和设计公司之间的微妙角色，其必须采取中立方式，不与任何客户产生直接或间接的竞争。客户可以使用代工厂自身的标准工艺和各种 IP 来设计自己的产品，也可以借由代工厂的设备员工和采购第三方 IP 来开发自己的工艺。

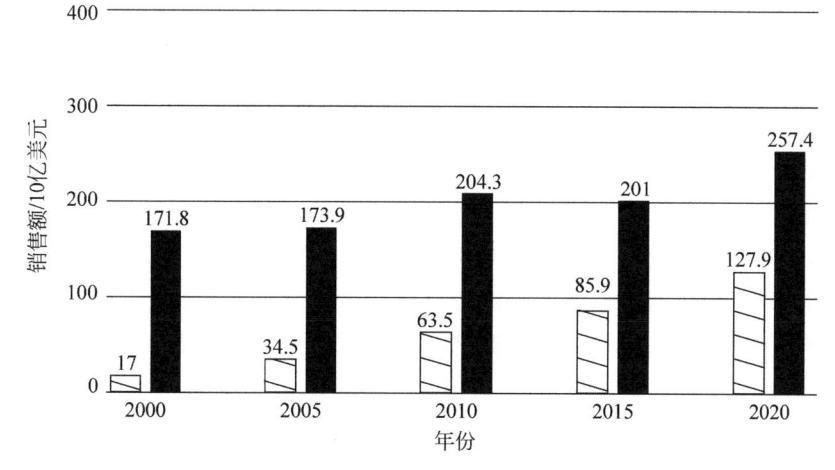

图 1.3　IDM(黑色)与设计公司(虚线)历年销售额对比

注：数据来自 Statista。

在 20 世纪 60—70 年代，部分美国和日本的 IDM 公司在生意下坡，产能无法填满时，曾经将一些自己的产能租给其他公司，算是对代工外包业务开了个头。然而当经济开始转好时，这些产能又可能被收回，而且其中还可能有产品和知识产权上的利益冲突，因此这样的模式只是一时的权宜之计，算不上是创新的变化。在 20 世纪 80 年代，中国台湾的工业技术研究院和当时的飞利浦半导体(现在为 NXP)合作成立了芯片界第一家纯粹的晶圆代工厂——台积电(联电虽然成立在先，然而当时仍是 IDM，后来才切分业务)。

台积电公司创办人张忠谋先生是晶圆代工商业模式最重要的先驱之一。张忠谋先生曾经在德州仪器一路做到负责所有芯片业务的副总经理，后来回到台湾创业。张忠谋先生看到了世界上很多中小规模设计公司虽然没有经验和资金来建设自己的工厂，其产品的思路却很有潜力(1985 年，开创纯设计公司的费用估计是 500 万～1000 万美元，而开创 IDM 则需要 10 倍的资金)。当时最早的成功芯片设计公司如 Xilinx 和 Chips&Technologies 已经成立，虽然作为 IDM 副业的晶圆代工业务已经存在，但是要建起一座大型晶圆厂只是纯粹为了提供代工服务，可谓是业界非常惊人的举措。晶圆代工厂的英文是 foundry，在字典中与金属加工车间同名，其运行的商业原理也是一样。比如，今天我们要把一个金属件车成某种形状，就可以找到加工车间询价，我们自己不用学操作机床，而过段时间就能收到加工好的产品。同样，如果我们需要芯片来卖给客户，可以向晶圆代工厂询价，把自己的设计上传，过几个月就会收到刻印在晶圆上、数量不一的芯片，而不需要太操心芯片到底是怎么做出来的。

张忠谋先生推崇的台积电的核心价值是正直、承诺、创新、合作。他宣布台积电将不在公开市场上销售芯片，绝对不与客户竞争，台积电只处理流程中的制造部分，至于设计及销售则由客户自行负责。张忠谋先生也建立了稳健的 IP 安全保障的措施，使客户的设计和商业机密不致泄露。张忠谋先生的远见，是认为需要与设计公司建立真正的合作关系，才能经得起时间的考验，而因此揭开了晶圆代工商业模式的序幕。而与代工业建立同样惊人的是整个代工生态系统的建立，除了生产以外，芯片设计公司同样也需要成熟的设计工具，IP 和其他服务，才能真正帮到设计公司。几乎与台积电、联电等成立的同时，Cadence 也成立了，并逐渐成为当时唯一提供芯片设计工具的 EDA 大厂。如今设计公司可以购买各类设计工具和现成的 IP，设计好芯片再交由台积电生产，设计公司负责的是芯片定义、设计和销售，而代工厂则完全负责晶圆加工，有时还加上测试、封装等部分。张忠谋、李国鼎、曾繁城等前辈的伟大之处，不仅是创立台积电和其他代工厂，而且是作为传道者和助推者，使上下产业链的大量从业者抱有共同信念而建立起晶圆代工的整体行业。

为了保证持续的竞争力，代工厂在"硬"的方面必须持续购入制造设备，扩展生产空间，培养成熟的运营团队，确保水电和各种精细化工耗材的供应来保障工厂能够 24 小时持续地运营；而在"软"的方面代工厂经常与 EDA 和 IP 供应商洽谈以扩大合作伙伴，研发更好的工艺使得自己生产的芯片可以尺寸更小和性能更佳，提供更多验证好的 IP 以方便客户开发，了解终端市场的普遍需求以更好优化自己的工艺，以及保持一支有经验的客户服务团队以解决各种突发问题。从我与不少代工厂的长期接触来看，拿到投资、花钱买设备是每家厂都会做的，但是这里"软"的部分，才是真正使代工厂成功的关键。比如，许多竞争成熟工艺市场的 8 英寸晶圆代工厂，可以说其制造成本、产能和价格都差不多，但是有些晶圆厂生意好到未来两年的产能都被一抢而空还可以加价，有些却愿意降到成本价来填产能，这里"软"的竞争力就起到决定性因素。对于芯片设计公司，很难轻易切换代工厂，需要长期而深入的合作关系，因而在硅谷谈到代工厂，往往称其为"代工厂合伙人"（Foundry Partner）而非"供应商"（Supplier），但是我们自己的客户（各大电子厂商）才不会把我们叫作合伙人！

在晶圆代工发展的早期，代工厂有一系列设计规则和器件参数发给设计公司，而设计公司则发回设计文件，其中可能有一些少数标准的器件库可以从第三方 IP 公司买到，其关系较为简单。而现在的大型芯片已经极为复杂，为了更好地服务设计公司，需要预先准备更多设计工具、IP，甚至设计服务，因此台积电等代工业大厂更加注重建立开放、创新而协作的平台（Open Innovation Platform，OIP），如图 1.4 所示。代工厂的核心仍然是在基础制造、工艺和器件，培养大量生态系统内的 IP、EDA、设计服务等产业伙伴以对接客户。这里的

IP在客户开展设计前就已经开发和验证完毕,使得设计公司可以快速迭代而专注于自己的创新。具体的内容,可以参见台积电和中芯国际等网站。

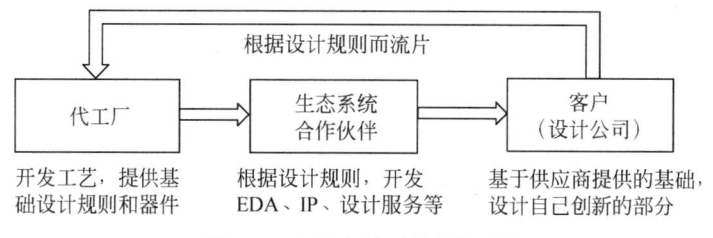

```
           根据设计规则而流片
    ┌──────────────────────────┐
    ↓                          │
  代工厂  ──→  生态系统    ──→  客户
               合作伙伴         (设计公司)

开发工艺,提供基   根据设计规则,开发   基于供应商提供的基础,
础设计规则和器件   EDA、IP、设计服务等  设计自己创新的部分
```

图 1.4　台积电的开放创新平台

图1.5显示了2015—2025年芯片代工业务的实际和预计成长速度,将从500亿美元增长到1500多亿美元。其中还有一部分是IDM代工,这些IDM仍有特殊工艺或产品,而出售其制好的晶圆,例如,三星就既是IDM,旗下又有代工业务。

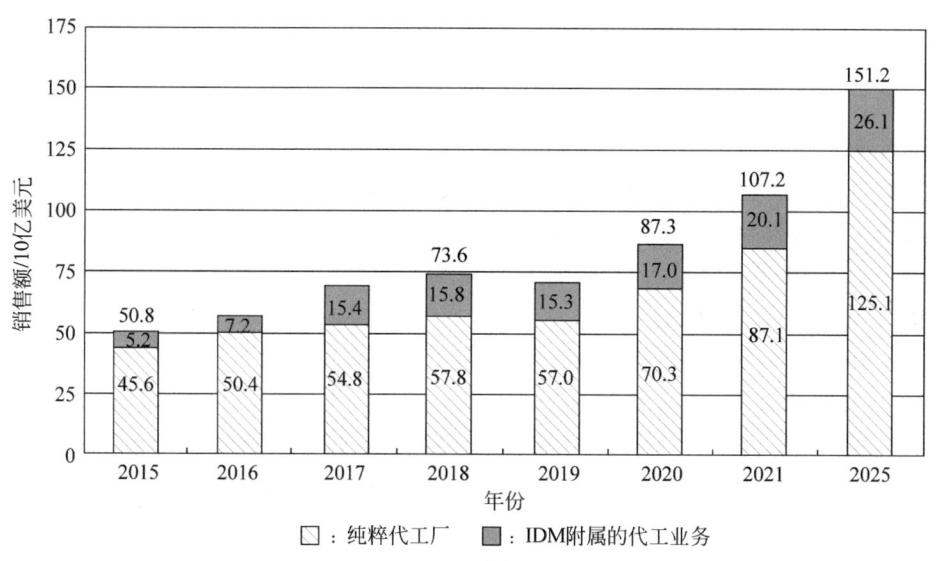

年份	纯粹代工厂	IDM附属的代工业务	总计
2015	45.6	5.2	50.8
2016	50.4	7.2	—
2017	54.8	15.4	—
2018	57.8	15.8	73.6
2019	57.0	15.3	—
2020	70.3	17.0	87.3
2021	87.1	20.1	107.2
2025	125.1	26.1	151.2

图 1.5　代工厂销售额及预测

注：数据来自ICinsights。

在1987年成立时,台积电比主流IDM还落后两个技术节点,随着从业人员的艰苦奋斗,在20世纪90年代初,已经只落后一个节点,客户蜂拥而至,而到了成立10年以后,台积电已经追上了大多数IDM。而多数IDM至少有部分业务转为代工厂生产,而在今天,台积电已经在制造科技上领先,现在对于新兴的AI处理器和手机SoC这样需要最先进制造技术的产品,只能找台积电或三

星定制（而且属于遥遥领先）。这点在其他已经成熟的制造业是很难想象的，比如，贴牌加工汽车的公司怎么可能比奔驰和宝马的制造技术还要先进呢？然而在技术飞快进步的芯片产业却能成为现实，因为同一公司很难在产品创新和制造革新方面同时做到世界前列。很有意思的是联电，它在1980年成立时还是IDM，到1995年却转身成为完全的晶圆代工厂，甚至把原来的设计部门还全部独立出去，留下的公司只专心于制造方面。其分家出去的几家设计部门如联发科、联咏都相当成功。类似的著名案例还有AMD与格罗方德分家，同样都是将设计和制造互相分离。

到2020年，几乎所有IDM都或多或少地需要代工服务。除了台积电以外，其他多数代工厂在较成熟的工艺节点上已经有不亚于IDM自己的制程。代工厂的另一发展途径是不追求先进工艺，而关注于模拟、电源、微机电、简单处理器、传感器等所需的成熟工艺，对这些器件一般制程28nm以上足够，而55nm、90nm、130nm和180nm等各个技术节点可能都有足够大的市场。如以色列的高塔、中国台湾地区的世界先进、韩国的东部高科和美格纳等都是这样的典型，对于大多数的芯片类型，只需要够用的工艺就好。中国大陆晶圆厂在成熟工艺上增长很快，如中芯国际、华虹等，市场占有率稳步增加，未来前景非常光明。尽管是成熟工艺，因为其建立和运营成本不高而市场广阔，如果在"软"的方面建设较好，那么毛利相当可观。晶圆厂未见得一定要做3~7nm等先进工艺才能非常成功。对设计公司来说，很简单的准则是在产品成本可接受的前提下，选择更先进的工艺；而在满足基本性能需求的前提下，选择成本更低的工艺，从中取得平衡。

如今硅谷的半导体从业者感受到了危机，正在推动重新投资芯片的国家法案，不但要维护IDM的声誉，而且放下身段，要从代工业者手里抢市场。Atmel（现被Microchip Technology收购）前CEO John East曾经讲了一个很有趣的故事，是关于他如何向英特尔前CEO Andy Grove请求借用产能而被拒绝。而今英特尔却拼命招兵买马，准备利用计划中的多家新建工厂来大踏步进入晶圆代工业务。晶圆代工产业有很多值得浓墨重彩来描述的关键人物和发展节点，代工厂1.0和2.0模式也有值得书写之处，然而本书的重点是在芯片设计公司方面，因此只能简单说明。晶圆代工产业距今发展还不到40年，也许再下一代的代工业从业人员，可以写一本很有趣的历史书。

到2023年，全球晶圆代工厂市场占有率前五位分别是台积电、三星、格罗方德、联华电子、中芯国际，其中台积电一家就占了60%，前五家公司以外的其他公司加起来只有市场的10%。

图1.6显示了泛电子产业历年来一些标志性的进化历程。1947年晶体管

发明,1956 年肖克利半导体实验室的建立,代表了芯片技术从实验室开始走向商业社会,随即飞兆半导体(又称仙童半导体)、德州仪器、摩托罗拉、英特尔等芯片公司相继成立,这一路的公司开始都是 IDM,在随后的道路上有一部分如英特尔、德州仪器、美光等仍然沿袭 IDM 模式直到现在。与此同时,西门子、飞利浦、IBM、东芝、索尼等系统公司纷纷进入电子业时代,从 20 世纪 70 年代开始,IDM 开始将封装和测试工序以自营或外包的方式搬迁到东亚和东南亚,今天在欧美日韩已经鲜见大规模的此类业务。1987 年台积电建立,标志着晶圆代工业和芯片设计公司行业开始大规模兴起。20 世纪 90 年代以后,EDA 和 IP 业开始大规模兴起。

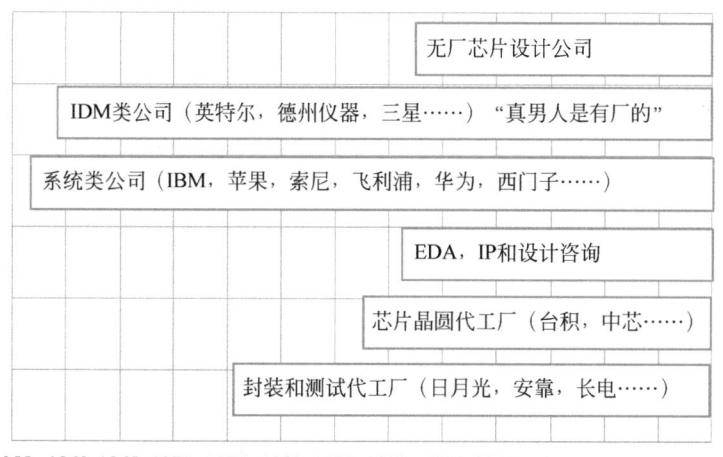

图 1.6 泛电子产业标志性的进化历程

1.2 无厂芯片设计公司(Fabless)

前文已介绍,专门进行半导体芯片研发与设计,而不从事生产、自己不拥有晶圆加工厂房的公司称为无厂芯片设计公司(简称芯片设计公司或设计公司),这些公司是晶圆代工厂的主要客户。设计公司依赖代工厂生产产品,因此产能、生产工艺和其主要的产品成本都受制于人,但优点是不必自己负担兴建、营运晶圆厂的庞大成本。

在 20 世纪 80—90 年代,无厂的设计公司模式还被某些人士认为是取巧的机会主义,最早的设计公司大约是在 1984 年开办 Chips & Technologies 公司,其在图形处理芯片上能与 IDM 竞争。随后,风险投资因为看到代工厂的陆续开创，从而开始投资于设计公司，众多 IDM 中有经验的工程师和市场经理靠自己独特的产品想法就可以独立出来开自己的设计公司，于是小型设计公司纷纷出现，到 20 世纪 90 年代中期，如英伟达、博通、赛灵思这样的纯设计公司已经取得了商业上巨大的成功。

IDM 和设计公司最根本的区别，其实是对资源的控制和利用。垂直整合的 IDM 对所有生产资源和设施都有直接的控制，而设计公司的商业模式则完全是对来自各供应商的资源的整合。今天，设计公司需要的主要供应商包括而不限于晶圆加工、封装测试、知识产权模块、EDA 工具等。本书的主题就是在芯片设计公司的环境中合理整合这些资源，开发独特的产品，解决来自技术、商务甚至文化上的问题，从而取得成功。

今天全球芯片的供应链和生态系统已经极其庞大，比如：

(1) 设计公司：据中国半导体协会统计，2021 年国内芯片设计企业的数量已经达到了 2810 家。据 GSA 统计，全球范围内仅是上市的芯片设计公司就有 140 家之多（尚不包括科创板）。

(2) 晶圆厂：全球 8 英寸晶圆厂已经有 200 座出头，规模更大的 12 英寸厂也有约 130 座，其中有相当一部分产能可以提供给设计公司使用。

(3) 封测厂：较为分散，不少并未上市而难以统计，Yole 调研机构有全球前 25 家封测厂的排名。特别是测试部分的准入门槛并不高。

(4) EDA 公司：维基百科统计了来自 26 家公司的几百种 EDA 软件工具，还没有中国新兴公司的产品加入。

(5) 知识产权模块（IP）：仅台积电一家代工厂的 40 余家 IP 合作伙伴，就能够提供几千种 IP。

芯片设计公司的优势是能够从大量选项中找出最符合其技术和商务需求的供应商们，而不需要从头去研发所有环节。芯片设计公司依靠供应商们现有的资源，而聚焦于提升自己的竞争优势，比如芯片架构、软硬件开发、设计能力、功能定义、系统方案、质量和成本等。设计公司可以根据自己在技术、价格、服务甚至地域方面的需求，较自由地选择供应商，是其成功的关键之一。比如我最近找到两家较信任的著名封装厂对某种标准封装报价，一家出于未知原因，报价是另一家的三倍之多。而对 IDM 来说，因其必须优先考虑使用自己的封装厂，如果该封装不是平时用量极大的话，成本甚至可能高于外部工厂的报价，这只是供应链上的一个简单案例。

今天有大量的芯片类型具有很高的集成度，如 SoC、SiP、Chiplets、ASIC、各种模块等。每家设计公司需要制定自己的产品战略，其除了制造外包以外，还可能向第三方取得一部分的芯片 IP，然后集中力量研发自己更有竞争力的部分,再集成到一起。实际上芯片工业之所以在过去的30年有飞速的进步,芯片设计公司和代工厂的生态功不可没,因为百花齐放的设计公司主要的任务就是创新,而IDM要兼管制造,很难带动整个公司前进。

芯片从只是一个概念到最后成为产品销售给客户的全过程中,包括大量步骤,简单来说有定义、设计、版图、仿真、验证、流片、封装、验证测试、环境测试、生产和物流交付等,其每一个步骤都需要与供应商发生交互联系。

1.2.1 芯片设计公司的发展

最早的一批芯片设计公司中著名的有Chips & Technologies、Altera(阿尔特拉)、Cirrus Logic(思睿逻辑)、Xilinx(赛灵思)和Qualcomm(高通),开始时因为还没有完整的晶圆代工产业,它们仅使用IDM的盈余产能。在代工厂刚兴起时,全球所有芯片设计公司的需求加在一起还填不满台积电的一家工厂,然而随着设计公司不断建立,IDM建厂投资越来越难,芯片设计公司成长飞快。其中思睿逻辑在仅仅成立10年后,就成为第一家销售额突破10亿美元的芯片设计公司。随着代工厂开始兴起并提供了更充足的生产资源,如Broadcom(博通)和NVidia(英伟达)等更加成功的公司开始出现,而英伟达是在创立后的第8年就达到了销售额突破10亿美元的成就。

今天,有近20家芯片设计公司达到或超过每年10亿美元的销售额,如表1.1所示,这还不包括各IDM的产品线中外包制造的部分(仅瑞萨收购的Intersil、IDT、Dialog等芯片设计公司,合并销售额即远超10亿美元,ADI等公司除了使用自营工厂以外,外包制造的份额可能有数十亿美元)。而超过1亿美元销售额的小型芯片公司更有上百家之多。

表1.1 2021第一季度全世界销售额前十位的芯片设计公司列表

公司	总部	销售额/美元	盈利/美元	毛利率/%	净利率/%
高通	美国	7 935 000 000	4 503 000 000	56.7	22.2
博通	美国	6 610 000 000	4 057 000 000	61.4	22.6
英伟达	美国	5 661 000 000	3 629 000 000	64.1	33.8
联发科	中国台湾	3 789 421 623	1 701 912 723	44.9	23.9
AMD	美国	3 445 000 000	1 587 000 000	46.1	16.1
联咏科技	中国台湾	924 080 000	403 276 000	43.6	22.3
赛灵思	美国	850 987 000	570 403 000	67.0	22.1
美满科技	美国	832 279 000	418 141 000	50.2	−10.6
瑞昱	中国台湾	818 035 000	366 345 000	44.8	13.1
群联电子	中国台湾	451 690 000	133 304 000	29.5	13.1

注:中国大陆排名最高的兆易创新和汇顶科技可排到第18位和19位——据Global Semiconductor Association统计。

专门由设计公司开发的早期芯片代表是 ASIC（专用芯片）。此时的电子系统公司为了自身的竞争力，经常希望定制开发自己的芯片，但无意进行大规模的芯片制造（惠普、GE、HP、安捷伦等老牌电子公司都曾经有自己的芯片部门），而 IDM 当时对这些专用芯片不太感兴趣。这些电子公司懂得自己的需求和具体应用，因此可能会自行设计，也可能找厂家来设计芯片。在代工厂还未兴旺之时，很多设计工具诸如 EDA、IP 内核、生产工艺、元件库等都未齐备，这些设计部门、设计公司往往需要从头开发一切，再找 IDM 的多余产能进行生产。但到了 20 世纪 90 年代初，整个代工的生态已经初具雏形，考虑到 IDM 的各种不便因素，ASIC 芯片就投入了晶圆代工的怀抱。

20 世纪 90 年代以来是手机和个人计算机开始飞速发展的时代，芯片需求也突飞猛进。许多代工厂开始兴起，并且联合 EDA 公司进一步投资于 IP 和更完善的工艺设计库（PDK）。同时封装业也取得大量成就，可以倒装、多芯片封装甚至叠装，新发明了多种支持大量引脚、大功率、高频等的先进产品。

近年来，晶圆厂不断突破先进工艺的上限，而云计算、数据中心、5G 通信等更高要求的应用不断凸显。为了应对客户不断提升的各种性能要求，芯片的复杂度也不断提升，流片成本和光罩成本不断上涨，给了芯片设计公司很大的资金压力，不过也有了无限的产品想象空间。近年来欧美芯片公司的潮流，是由芯片设计公司作出重要创新工作，而后被大型公司收购。从 IDM 模式到芯片设计模式如图 1.7 所示。

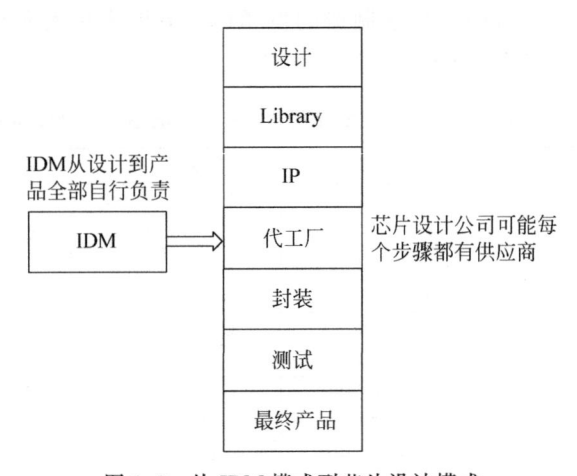

图 1.7 从 IDM 模式到芯片设计模式

1.2.2 芯片设计公司的运作模式

从晶圆厂的角度来看,作为客户的芯片设计公司一般可划分为两种主要的运作模式。最典型的一种模式称为COT(Customer-Owned Tooling,客户拥有工具)模式,即开发所需的软件(EDA、IP)和硬件(设计文件、掩模)等归客户自己所有。另外一种较不常见的是ASIC模式,又称特殊开发模式。

1. COT模式

简单地总结COT的运作模式如下:

(1) 在制造方面,与最适合自己的晶圆代工厂、封测厂、软件、智慧财产等供应商合作,并具备资源整合和项目管理的能力。

(2) 在产品方面,公司管理自己的芯片架构和设计,自己做建模和仿真,创造自己的基于芯片本身的产品特色,验证自己的产品可靠性,测试产品的性能指标,与各供应商联络并安排流片和生产的进度。

(3) 在销售方面,公司营销自有品牌的芯片,处理与经销商和客户之间的各种联系。

COT模式下的芯片设计公司需要处理多重的联系,以下做简单分析。

(1) 与晶圆厂的联系。

芯片设计公司以GDSII格式将自己的设计发送给晶圆厂,然后向其购买加工好的整张晶圆、或者购买已知合格芯片(Known Good Die,KGD),或者购买在交钥匙模式下完全封装和测试好的成品。晶圆厂对芯片能否销售给最终的电子厂商客户不负责任,而只对制造工艺和流程负责,其工作是保证芯片能够在所用工艺下实现其设计时预计的各类功能和各项性能指标。晶圆厂一般同时负责采购掩模,所需费用由芯片设计公司支付。

(2) 与封测厂的联系。

芯片设计公司如果不与晶圆厂以交钥匙模式合作,则需要将待组装和测试的晶圆或芯片寄给封测厂,并向后者购买封装好、测试好并印好元器件型号的成品。一般来说,规模较大的芯片设计公司不愿采用交钥匙模式以保持多重选择。

此外,芯片设计公司在初创时还可能将故障分析、反向分析、开发量产测试程序、环境测试等工作都外包给不同的供应商,公司稍具规模以后这些工作一般都收归自己进行。

另外一类供应商是FIB厂商,在流片后如果芯片有一些性能瑕疵,其可用聚焦离子束技术做范围有限的修补。基本每家芯片设计公司都有固定合作的FIB厂家。

其他与测试相关的供应商还有 EMI 实验室、高频测试实验室、各种工业标准的测试公司等,因不同芯片类型而异,在此不能一一列举,在第 5 章质量和可靠性管理中有进一步说明。

(3) 与 EDA 和 IP 供应方的联系。

某些晶圆代工厂可能提供在自己生态系统中的 EDA 和 IP 解决方案,然而芯片设计公司还是很有可能去寻求第三方 IP,再应用到目标代工厂的工艺中去。这些 IP 可能包括处理器、内存、模拟、通信协议等。

(4) 与运营和物流方的联系。

芯片的运营和物流方面包括与众多供应商的日期协调、打包拆包、贴标、报关、仓储、税收、查验、退还、程序刻录等细节。中小芯片公司往往没有全球团队来处理全球的物流问题,因此也可能与专业处理芯片物流的公司合作。

设计公司的供应链管理,其复杂度随芯片项目的特质而变化,而可总结为如图 1.8 所示,每个单独的设计项目,都可能有完全不同的管理项目。对于每年设计项目较多的公司,同时运营不同项目的供应链是很有挑战的工作。设计公司通过使用不同 EDA 软件和购买 IP,得到从晶圆厂、封测厂而来的成品,将其销售给电子厂商,这是对整体流程最简洁的说明。

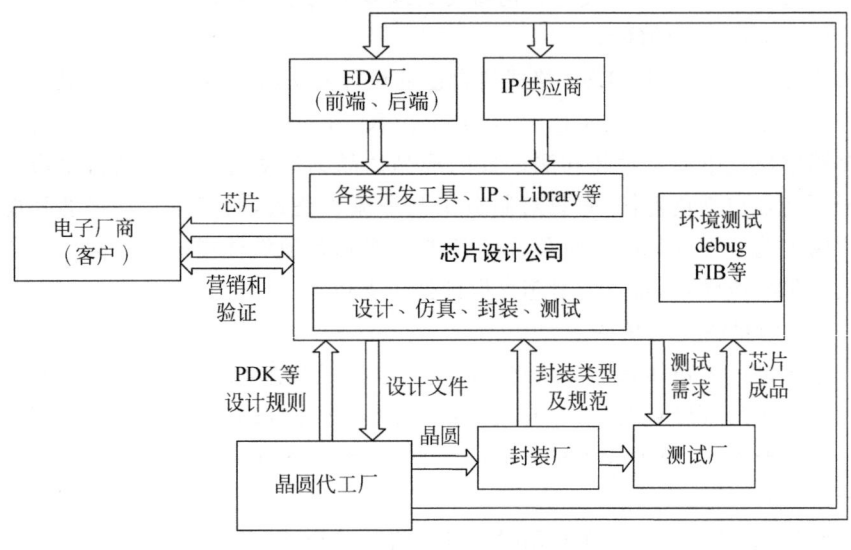

图 1.8 设计公司的供应链管理图例

2. ASIC 模式

设计公司的另一种运作模式是成为 ASIC 特殊芯片公司(设计 ASIC 既是一类公司的单一业务,也可能是大型 IDM 公司的分支业务)。

此种方式需要客户先确定好自己想做的芯片的规格,有时还要事先完成一部分自己擅长的仿真、验证、设计等工作。客户经过洽谈以后,将自己所需的规格和已经完成的部分设计交给 ASIC 公司,再向后者购买最后完成的芯片。ASIC 公司一般先要收取一次性工程(Non-Recurring Engineering,NRE)费用来启动项目,然后再根据销售的芯片按颗收费。也有 ASIC 公司只负责设计工作,而生产销售工作则由客户负责,这种情况下的公司定位偏于咨询服务(1.5.4 节继续讨论咨询模式)。

ASIC 公司定位独特,一般与其客户都是长期合作,毛利也比较可观,因为承接项目不多,并不需要庞大的营销团队,而是主要靠用户的口碑相传。许多大型 IDM 或芯片设计公司有自己的 ASIC 部门承接外界的芯片定制业务,如瑞萨、英飞凌、ADI 等都有此类业务,提供大量 IP 包括处理器 IP、内存 IP、多媒体 IP、网络 IP 和模拟 IP,或基于这些 IP 的定制款芯片供客户选择和洽谈。比如某网络终端的大型电子公司,对具体应用非常了解,该客户自己定义了某大型芯片的需求规格,因自己的工程能力尚不够,因此其公司将规格发给瑞萨,由后者的 ASIC 部门完成前端设计、后端设计、封测、生成产品并销售给该客户。总体来说,ASIC 协作方式的一些特点如下。

(1) ASIC 公司负责芯片物理设计,不负责芯片的应用层面(换句话说,ASIC 公司只要达到了客户的目标规格书要求,能够保质保量地生产就算履行合同,而不负责该芯片是否在整体系统中正常运作)。因此一定的 NRE 总是有必要的,保证项目不会因客户的芯片定义和实际需求的问题而导致亏本。ASIC 合同有时对每年的最低用量也有一定要求。

(2) ASIC 公司设计该芯片所需的元件库和各类 IP,可能自有,可能还需从第三方取得。

(3) ASIC 公司在完成定制芯片以后,一般受协议限制所以不能在公开市场上自行销售,当然协议可以不设此限制,但一般来说最初的客户总会要求一定时间的锁定期,锁定期内不能卖给其他客户。

(4) ASIC 公司可能只负责设计部分,而由客户负责封装测试和后续产品化的工作(如果客户拥有最后的知识产权),也可能根据客户的需求每年供应量产芯片。

(5) 除了客户有特殊规定以外,ASIC 公司一般直接与所有供应商对接,而客户不接触供应商。

ASIC 协作模式大致分为以下 5 个阶段。一般 IDM 自有的 ASIC 服务可以包括所有项目,而小型 ASIC 公司则可能只负责一部分。

(1) 可行性分析:包括收集需求、收集 IP、功能确认、商务合同等。

(2) 项目设置：包括立项、确定日程、性能细节确认、系统优化和架构制定。

(3) 开发：包括数字、模拟、混合信号、版图和验证。

(4) 制造：包括 GDS 文件、工程样片、晶圆生产、封测、系统级验证和环境验证。

(5) 物流：量产确认、客户服务、故障分析、良率优化等。

图 1.9 显示了 ASIC 公司与其客户和供应链的典型关系。

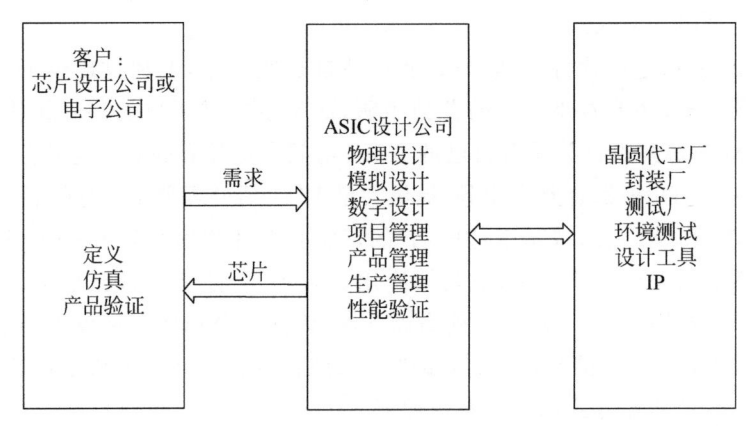

图 1.9　ASIC 公司与其客户和供应链的典型关系

3. 模式选择

初创的芯片设计公司，可能会犹豫究竟是采取 COT 模式还是采用 ASIC 模式，其区别和影响主要如下。

(1) COT 模式一般投入更大、规模更大。ASIC 公司一般规模较小，发展慢，但是也不需要多少人，前期投资需求不大。有些 ASIC 公司虽完全没有名气，盈利却也很好，基本不用宣传。

(2) 采取 COT 模式对于芯片设计公司有完全的把控，而 ASIC 模式就没这么灵活。

(3) ASIC 芯片基本只有少数几家客户需要，相应地所收取的毛利较高，当然有丢失此客户的风险。客户一般不会去转投他家，而往往是客户自己的目标市场不再需要该 ASIC，或者中途退出而改用 FPGA 等方式。

(4) ASIC 模式下可以提出交钥匙方案，只收取前期较大的 NRE 费用，对后面的生产销售不再跟进。有少数的芯片设计公司不想自己长期养研发团队，因此将研发向 ASIC 公司外包。但 COT 模式下只要客户还在购买小批量芯片，就还得继续生产，久而久之公司产品极多，供应商极多因而管理难度急剧上升。

(5) COT 模式下设计公司对设计和生产的全过程更能亲自掌控。ASIC 模式下较难处理供应链风险,对供应链的管理和议价能力较弱。

这里举例说明更适合采取 COT 模式和 ASIC 模式的两类初创设计公司。

(1) COT 模式的初创公司。

公司举例:数个创始人,各自擅长前端、后端、架构、软件、工艺、市场销售等,靠自有能力可以快速流片,快速迭代。

目标客户:消费类、汽车类、工业类、通信类的厂家……

公司发展目标:上市、继续发展或被收购。

(2) ASIC 模式的初创公司。

公司举例:几个高手芯片设计工程师,原来都是同事,长期与某代工厂合作,后来集体辞职,独立出来开公司,通过老关系接单,只需要较少的营销人员。

目标客户:不愁钱的系统公司希望做较复杂而昂贵的芯片,对需要的芯片规格和要求比较有把握,却有自知之明,决定不自己培养完整的研发团队。计算下来如果向专业 ASIC 公司采购芯片仍然比完全外购芯片要便宜,而且更加贴合该系统公司的需求。

公司发展目标:被收购(ASIC 公司往往被 IDM、晶圆代工厂或 EDA 厂收购,以作者目前的了解,好像没有历史悠久的 ASIC 公司。创业者完全可能收购后过几年再开一家 ASIC 公司)。

非常典型的一个小型处理器 SoC ASIC 公司的组织架构如图 1.10 所示,此公司开发出的特殊 ASIC 芯片由客户自行组织生产和营销(因不涉及生产,此公司也可定位成 1.5.4 节的咨询模式)。

图 1.10 小型 SoC ASIC 公司的组织架构

总之,选择哪种模式是基于各家设计公司或各条产品线的自身条件、能力和限制的,如投资人的目标,对知识产权的需求,创业者对自身发展的期望,等等。如果公司需要研发具备核心竞争力的产品,需要自己的知识产权,每年开展许多项目,希望培植公司自己的开发团队,那么就更适合 COT 模式。

在同一设计公司,完全可能有多种模式在多种产品上同时运行,而公司需要做的战略决定就是多少设计工作和后续的产品支持工作需要在内部完成,以及多少需要外包给其他公司。在今天庞杂的芯片生态环境下，许多公司可以为设计公司提供各类服务，而如何选择它们就需要非常审慎地决定。比如，像 ADI 这样的大型 IDM 公司同时也有许多产品线以 Fabless 模式运行，大多数业务是 COT 形式，而作者的团队也经常收到来自工业、医疗和消费类客户希望开发 ASIC 的需求。大型公司很难接受业务潜力较小的 ASIC 业务，即使对方愿意支付 NRE 费用；而小型 ASIC 公司则可以填补此类市场的空白。

本书主要介绍完整的 COT 模式的设计公司的运营，ASIC 模式在运营方面较为简化。

1.3 混合模式

前文中介绍了 IDM 模式、代工厂模式和无厂的设计公司模式，以及无厂芯片模式下的 COT 形式和 ASIC 形式。然而实际的公司运营并不是非黑即白。因芯片设计公司的产品种类异常繁多，对于上规模的公司，很难在同一制造、合作模式下管理和制造所有的产品。就如张忠谋先生曾说的一样，如今世上已经没有完全纯粹的 IDM 公司。

以下介绍 3 类芯片设计公司的其他表现和合作形式。

1. 混合模式

大型公司往往因为收购兼并、历史传承和业务需要而混合多种运营模式。比如德州仪器虽然是非常著名的 IDM，但是据 2020 年年报，其仍然会向代工厂采购 20% 的芯片产品和外包 40% 的封测服务。

IDM 使用混合模式较多出于以下原因：

（1）在经济形势好、产能吃紧，而没有资金计划或来不及新建工厂时，IDM 可使用代工厂产能以补充自身产能的不足，当然这只能建立在工艺比较类似的基础上。事实上除了存储等特殊芯片，大部分代工厂的工艺已经接近或者超出 IDM 的平均水平，如果未雨绸缪做好计划，IDM 完全可使用代工厂生产与自己工厂同样的产品。

（2）有一些大型 IDM 需要从成熟工艺到最先进工艺的多重组合。这些 IDM 可能继续运营自己拥有的、折旧完毕而运营成本较低的老工厂，继续使用成熟工艺，但是有很多多年积累下来特殊的器件设计，使得公司能够保持与同类产品的性能优势；而同时为应对摩尔效应带来的压力，使用来自代工厂的先进工艺来设计先进数字芯片而不用自己投巨资建设先进工厂。

（3）当经济形势下滑，工厂出现剩余产能时，可以出售一些自己的产能，进入代工模式。

(4) 代工厂有时拥有 IDM 没有计划或者来不及开发的制造技术、器件和 IP。事实上这往往是工艺相似的一些代工厂抢生意的重要卖点，比如我从前的产线所需要的隔离器件就只有一家代工厂可以提供，要是自己做可能得多花一两年时间。

(5) IDM 可能收购无厂设计公司以补充自己的产品线，这些设计公司可能出于各种原因需要继续沿用以往的供应商。

如今其实大多 IDM 并不那么纯粹，多少都在使用代工厂的业务，甚至英特尔和三星也是如此，英特尔就是台积电非常大的客户。大型芯片公司几乎每年都有一定规模的业务重整，经常能看到出售老旧生产工厂、淘汰产品线或者收购兼并新业务的消息。使我忧虑的是很多已被欧美淘汰、毛利极低、市场萎缩的产品线被包装一番以后，又回到国内的科创板。

2. 虚拟 IDM

芯片设计公司的另一种模式称为虚拟 IDM，代表了一种比外包更为深入的密切合作。此模式下的设计公司拥有自己的工艺设计，要求晶圆厂能够导入此特殊工艺，签订严格的保密协议，并且后续能像是同一家公司那样精诚合作，可能共同优化工艺、试产芯片，互相派驻人员等。有些芯片设计公司有自己的工程师和技术员驻扎在代工厂来管控自己的生产，等于是只租赁代工厂的设备和厂房。虽然有这样的合作关系，但是因为工艺是设计公司自有的，其在需要的情况下（如优化价格、增加产能时）可以随时与其他代工厂合作而增加自己供应链的灵活度。

虚拟 IDM 的优势是能够持续优化工艺，以满足自身芯片设计的需求，而使用代工厂普适的工艺平台往往无法达到性能、成本等总体的最优化。比如某代工厂的 90nm 标准工艺需要兼容数字、模拟、电源等多种芯片的制造，那么其可能不太愿意因为模拟芯片可以少用几层金属，就为其专门做优化，除非该模拟芯片的业务足够庞大。像 TI 和 ADI 的自研工艺，有在自己工厂生产的，也有在虚拟 IDM 模式下制造的，都为其自身的产品且已经优化了数十年以上，还有不同工厂可供选择。我自己看过一些细节，认为这两家最优的一些性能在代工厂还无法实现，有时很古老的工艺，可能有特殊的器件在最新的工艺上还无法支持。

读者可以想见，虚拟 IDM 的合作形式对设计公司的实力有一定要求。从前我与著名的代工厂上海华虹配合，华虹表示对客户的筛选方法就是需要对工艺非常了解，甚至要具有修改工艺的能力，这样华虹才愿意去配合。其实华虹也是借此来挑选自己的客户，希望客户品质较高，合作比较成功。否则如果代工厂对所有初创公司照单全收，都去支持，那显然非常浪费资源，而客户如果都使用同样的工艺，就只会造成在价格上而非性能上的内卷，对代工厂有害无益，代工厂也希望客户是比较赚钱的高端类型。

3. 共享 IDM

此种模式又称 CIDM，其愿景是由不同设计公司投资建立工厂，并且产能共享，分担风险，甚至可以分享 PDK 和其他设计资源。

曾经类似此概念的案例是新加坡 TECH 合资公司，由德州仪器、新加坡政府、佳能和惠普共同投资来生产存储器，技术来自德州仪器，而佳能和惠普可以得到产能的保证，但其似乎不太成功，最后该合资公司被美光兼并。国内青岛的芯恩公司在推进 CIDM 的模式。

以作者的浅见，很多代工厂的设备和硬件都类似，其造成显著差异的往往是需要保密的 PDK、IP、工艺、质量和其他软实力。几大股东集资来造厂看似比较美好，但是如果各有其他利益的实业，似乎很难形成资源的共享，肯定有利益冲突之处。诚然，台积电当初成立的初衷，是为中国台湾几家初创设计公司成立一个可以共享生产资源的工厂，而不是为每家各建一家工厂，但是情况已经今非昔比了，今天的设计公司不再为生产资源发愁。

1.4 设计公司的其他周边生态

芯片行业的上下游生态极其复杂。从代工厂的角度，其需要考虑仪器设备供应商、晶圆、气体、材料供应商，甚至水、电等更上游的供应。而从设计公司的角度，则需要更多地考虑下游供应商，以满足产品设计和生产方面的需求。

Chip War 一书里列举了下面这样非常典型的上下游生态实例。

一颗典型的芯片可能由一家日本公司拥有（软银），以英国的公司 ARM 提供的处理器 IP 作为基础，由位于加州和以色列的工程师（英特尔），使用欧美公司提供的 EDA 软件（新思科技、楷登电子、西门子等）来设计芯片。设计文件被发送到中国台湾（台积电），使用日本提供的晶圆和特殊化学原料加工。加工设备主要来自一家荷兰公司（ASML）、一家日本公司（东京电子）和三家加州公司（应用材料、科磊和泛林）。加工好的晶圆被发送到位于越南或菲律宾的封测厂，最后所有芯片被发送到中国，完成智能手机或计算机的总装和测试，再发售到全球。

本节中对设计公司关心的各重要生态环节，除代工厂以外，做概括性的产业介绍，而在第 2 章和第 4 章中则就设计公司更关心的事项，如如何选择供应商，注意事项，合同示例等更详细的内容继续深入探讨。

1.4.1 封装与测试

当晶圆代工厂加工好晶圆,使一张晶圆上呈现数量不一的芯片之后,多数情况下不能直接交付给客户(也有特殊客户要求的是晶圆产品),而需要经过封装和最终测试程序,才能交付给客户并焊接到电路板上,最终与物理世界相接应。笼统来说,在晶圆厂的工序称为前道加工(Front End),而封装测试和其他工序称为后道加工(Back End)。

顾名思义,封装工序分为"封"和"装"两部分。封是指晶粒需要被包裹在某种包装之内,该包装提供对内的保护,而装是指晶粒需要被装在准确的部位上,按照设计好的连接方法与外界的引脚和散热盘连接起来。封装需要解决有关电气、机械、热传递和可靠性的大量问题,是 IEEE 电子工程师协会的重要技术分支,有其专业的国际期刊和会议。

图 1.11 显示了一种封装示例。这种封装称为打线的 QFN,其中的晶粒由不同的胶合剂黏合到铜质的引线框架上(Copper Paddle 或 Copper Lead Frame),晶粒表面特制的焊盘(Solder Pad)由金线或铜线焊接(Wire Bond)而连到外部的引脚上去。最后用不同类型的环氧树脂(黑色常见)来塑封整个包装,并留下各引脚和散热盘暴露在外,方便与外部电路板焊接。仅 QFN 类型的封装,根据模具的变化,就可以形成不同的长宽、厚薄、引脚形状、引脚数量、打线、凸块、倒封或去掉个别引脚等,有很多可能性,而且常常可以定制。即使设计公司使用了两家封装厂生产的同一封装,往往在细节上也有一点区别(比如我见过两家厂的区别是所用丝印的字体不同),但不至于影响最后焊接。

图 1.11 典型打线的 QFN 封装
注:图片来自长电科技官网。

标准的后道加工流程有如下的主要步骤:

(1) 晶圆背面研磨和抛光(Back Grinding),便于降低热阻,使表面完整如镜因而便于封装。

(2) 晶圆划片(Wafer Saw/Wafer Dicing),将一颗颗晶粒(Die)各自分离开来。

(3) 裸片附着(Die Attach),将每颗晶粒贴到各自的引线框架上去。如果之前晶圆有探针测试的步骤,则这里根据晶圆图,仅使用合格的晶粒。

(4) 打线(Wire Bond),将晶粒与各引脚连接起来,常见的线有金线、铜线和铝线。金线更容易通过后续环境测试,然而成本也高。

(5) 如果需要使用倒封工艺(Flip Chip),则在晶圆划片前需要加一步培植焊料凸点的过程(Bumping)，此步骤可以在晶圆代工厂或封装厂完成，切割后不需要打线，而是翻转晶粒，直接与封装上的基板贴合，融化焊球而使电气连接完成。

（6）用环氧树脂塑料填满封装(Molding)以与外界隔绝，防止水汽或杂质进入。

（7）对于引脚伸在外面的封装（如 SOIC、MSOP、TSOT 等），有时需要加一步引线成型的步骤(Lead Forming)，使其引脚符合客户需求。

（8）最终测试(Final Testing)，测试制造完毕的芯片的电气特性是否满足数据手册各种参数的最大、最小限制，将符合标准的芯片挑选出来。

这里的最终测试是出厂时每颗芯片必做的测试，与前述晶圆级别的探针测试，以及后文将要提到的只挑选一部分芯片做的可靠性测试不同。

此流程中也可能包括对封好芯片的编程工作，以及调整某些参数(Trimming)的步骤。

（9）在产品表面激光丝印产品型号、生产日期和批次号码(Lot Number)，方便用户辨别。也可以在测试前进行。

（10）指定烘烤条件，将芯片做编带和卷盘(Tape & Reel)或其他类型的包装(Packing)，方便客户自动化焊接处理。

此流程并未涉及如 Chiplets 等更复杂多样的先进封装类型，许多芯片和模块类产品需要更多工序并将不同器件封在同一封装内。

芯片 IDM 不会百分百利用内部工厂来处理封测的问题，特别是德州仪器这样有十几万种产品的 IDM，其可能使用的常规封装至少就有几百种，而其中有些封装的日常使用量并不大，没有必要自己购置所有的封测仪器和工具。IDM 们比较愿意独立开发先进封装以形成差异化，而把较简单、普适性的封装需求外包到亚洲专门的封测厂去。

封装测试领域与芯片制造领域一样，有几种不同类型的公司：如自己有厂的封测公司，无厂的特殊封测的咨询、方案和服务公司，以及提供封装厂部分组件、原材料，如引线框架、测试插座(Socket)、负载板(Load Board)和电路板的供应商。多数情况下，芯片设计公司只需要与有厂的封测公司对接，而后者再与其他服务公司及组件供应商接触以形成整体的解决方案。

一般来说，封装厂同时也提供测试的服务，一站式服务省去一步物流环节，较为便利。然而，很多芯片设计公司在达到一定规模以后，往往选择自建测试中心，这样公司掌握了出货的最后环节，可以更负责地监控产品质量并更快发现产品的问题。测试中心同时也是芯片行业建造代价最低的工厂，对环境和厂房的要求不高。虽然最小的芯片设计公司是几个人就可以开的皮包公司，但有一定自己的测试能力还是比较容易取信于大客户的。

后道的封测外包行业比起前道的芯片制造行业更加分散，是劳动密集型行业，全行业的具体工厂几乎在东亚或东南亚。2021年全球前十的封测厂家是日月光、安靠、江苏长电、矽品、力成、通富微电、天水华天、京元电、南茂和顾邦（台积电也做封测，但仅限于先进工艺所需，所以未列入独立的封测工厂表单）。封测厂家的统称是OSAT（Outsourced Semiconductor Assembly and Testing），OSAT的统一代称在国际交流中非常常见。

随着电子产品不断被要求实现更强大的功能并具有更小的尺寸，扇出晶圆级封装和3D堆叠封装等先进封装的成长速度在未来几年会非常快，而普通封装的盈利空间会被进一步压缩。

芯片封装是非常复杂的行业，仅常见的封装种类就可达到数百种之多，而各家所用的工艺、模具、步骤、材料和供应商又做法不一，远远超出本书所能覆盖的范围，读者可移步其他更专业的参考书。我曾经负责一些需要先进封装步骤如3D堆叠的芯片，这样的项目需要设计公司与封装厂形成互信的合作关系才可能成功。设计公司达到一定规模以后必须要有自己的封装管理团队，而产品线需要选择合适的封测合作方。

1.4.2 EDA软件

电子设计自动化软件（简称EDA）可比较狭义地定义为一系列纯粹用于芯片设计、仿真和验证的软件工具，而广义的EDA还要包括智慧产权授权行业（IP）和其他用于系统级电路设计仿真的软件工具，其甚至包括电磁场、有限元等工程软件（任何复杂电子产品的设计都要有电、磁、热、机械等多方面的设计），因此并没有非常严格的划分。EDA产品的用户包括IDM、芯片设计公司和广泛的电子工业，可用于设计应用于众多场合的电子产品。本书中谈到EDA时，涉及的只是芯片设计时所需的EDA软件。

EDA行业全球最强的三家公司分别是西门子（主要是其收购的前Mentor Graphics——明导国际）、新思科技（Synopsys，2021年销售额42亿美元）及楷登电子（Cadence，2021年销售额27亿美元）。这三家占据了全球市场的3/4以上，几近垄断的地位。近年来国产EDA也有一些可喜的公司出现，将来可能在世界舞台有一席之地。

全球EDA行业从20世纪80年代起步，至今的总体规模只有100亿美元（不算IP市场），不到所有芯片相关行业规模的1%，然而其像大象的心脏一样，虽然小，却是整个行业的关键拼板。EDA的发展，大致经历了以下几个阶段。

第一阶段：20世纪70年代中期之前，芯片工艺较为初级，芯片设计都是如工程制图一样的画法，没有自动化可言。20世纪70年代中，出现了如惠普等几家制造设备的公司，让工程师可以在屏幕上制图，再用磁带保存下来，用绘图仪打印出来以后再去按图制造芯片掩模。直到今日，磁带已经变成云存储，而绘图仪已经变成光刻机，但是芯片送去晶圆厂生产还是叫作"出带"（Tape Out）。这时EDA公司销售的其实是硬件，软件只是附送产品，芯片公司都附带自己的CAD部门开发自用软件。但此时，行业即将发生变化，诱因是因为一本书。

第二阶段：1980年加州理工的Carver Mead和施乐公司的Lynn Conway写了Introduction to VLSI Systems一书，将设计集成电路的细节第一次公之于众，引得无数大学、研究机构和电子公司来设计自己的芯片。随着工艺进步且器件密度变高以后，靠人工画图来连接它们变得更加困难，而且人力来验证和仿真这么多连接也变得不可能，这时就催生了更细分的EDA公司，如做前端电路连接和仿真及后端做版图的不同公司。Mentor Graphics在这时期于1981年成立。

第三阶段：20世纪80年代到20世纪90年代中期，芯片公司认为全靠内部开发设计软件的经济负担很重，而开始更多向外部EDA公司采购。这时Synopsys和Cadence正式成立，其中Cadence收购的一家公司Gateway Design发明了用于数字电路建模设计的Verilog语言，该语言至今仍在数字电路设计中发挥重要作用，被认为是EDA行业历史上数百次的收购中最为成功的案例。

第四阶段：用硬件描述语言做逻辑综合（Synthesis）使得数字芯片设计可以更加抽象化，因而得以飞快发展，到现在仍然是主流设计方法。在2000年左右，EDA工业大致划分成定制设计、电路连接、仿真、验证等几块业务。

第五阶段：在此之前设计公司需要用到多家EDA软件才能完成产品设计，因为没有一家公司拥有完整的业务解决方案，此阶段中EDA公司不断收购兼并，已经可以提供一站式、系统性的服务。Synopsys历史上收购了近百次，Cadence本身就是多家公司合并而成，收购超过70次，而Mentor Graphics收购了约50次，这时Synopsys的规模超过了Cadence并且保持至今，Semiwiki网站上有所有EDA收购案的历史记录。在EDA的历史上，大量小公司做出了创新贡献，大公司会等到它们的技术为市场所接受，然后就迅速收购它们以扩充自己的版图。至今在硅谷仍有相当不少的EDA和IP初创公司。

EDA的历史演化十分繁复庞杂。这是因为EDA可以改进的细节随着工艺和代工厂的演化而指数级上升，这些改进又带来实际的商业利益，许多工程细节会很快从讨论的话题到学术论文再到形成一两个初创公司并商业化，直到初创公司被更大的公司收购并整合到其自己的产品组合中去。芯片设计的EDA虽然只有电路制图、逻辑综合、仿真、验证等几个大方向，但是其带动的细分方向却成百上千，即使是EDA公司的资深工程师，终其职业生涯可能也只是一个大方向方面的专家。

如今来自上述 EDA 三强公司的产品组合已经非常丰富,几乎覆盖了芯片设计的所有方面,然而每家公司还是有相对更加着重的方面。比如新思科技在数字芯片设计和 IP 产品上较为专注,楷登电子则在模拟、数模混合和某些特殊 IP 较为知名,西门子在验证、逻辑综合、数字后端等领域比较领先。

今日 EDA 产业不再只是销售单一的 EDA 软件,而更多地将软件授权和拥有知识产权的电路设计整合为模块并将其以功能扩展包的形式出售,其同时还能够提供更多芯片产业整体的软件服务。比如西门子旨在发力数字工业的广泛解决方案,收购明导只是其数字工业大局下半导体方案其中的一环,此整体方案还包括智慧生产、封装设计、产品生命周期管理等。

作为 EDA 公司和广义上的工业软件公司,当西门子等类似的大型企业软件公司面对华为和苹果这样的大客户时,它们希望从微观上可以提供芯片设计方案,且范围逐渐扩大到机电一体化设计、热设计、磁设计、电路板设计、机械设计、产品设计,乃至更宏观的物料仓储管理、采购管理、工厂运营管理、供应商管理、物流管理等,有无限的深入合作和业务设想空间。

这里引用一段明导国际前 CEO 和主席 Walden Rhines 的讲话。

"EDA 的增长历史是由全新的设计挑战而驱动的。早年间的电路设计和仿真软件迅速地增加了电路板设计、芯片排放布置和物理验证的功能。在近十年,EDA 的进步是出于全新的需求:包括 IP 的销售、验证,为生产而设计,等等。当芯片设计进入 14nm、7nm 级别以后,我们面临全新的物理设计问题,如可靠性、电迁移、热效应等。汽车和宇航应用可能会面临更大的变化。我们还有多久可以仿真整台汽车或整架飞机的全部电子电路?肯定还要很久。但是能够用在汽车工程、生产和服务的诸多功能已经齐备:如设计和优化电气连接,验证可靠运作,验证安全功能,管理性能与成本的取舍,并且提供庞大的数据库。这些将会是未来十年 EDA 工业的主要驱动力"。

1.4.3 知识产权模块

什么是知识产权(IP)?IP 可以包括非常广泛的范围,包括专利、版权、商标、商业机密、著作权等,而在芯片行业,较狭义的 IP 特指的是某些集成起来,可以通过授权而整体迁移使用的芯片模块,其设计和制造本身有其科技含量而作为知识产权,简称 IP 模块。

曾经所有的芯片公司都通过大量的专利、商业机密和防火墙来保护自己的电路设计、工艺制程、封测经验等,仅在特殊场合才可能授权其他公司使用自己开发的技术。然而今日芯片工业的业务模式百花齐放,我们看到比较知名的电子公司即使毫无芯片研发的背景，也往往都能在较短时间内发布自己的复杂芯片产品，这样的盛况离不开知识产权模块这个特殊业务。

曾经电子产品中的所有元器件都是单独一颗颗的，比如处理器、内存、电源、传感器等，但是今天这些元器件往往可以集成到一颗大芯片上而称为片上系统(System on Chip, SoC)。集成度高了以后，往往带来更小的整体方案尺寸、更好的性能和更低的功耗等优点。SoC 是和 IP 模块的业务模式相辅相成的。有这样一大类公司，其主营或兼营的业务就是研发和销售各种各样的 IP 模块，它们的客户通过授权和采购 IP 模块，可以避免重复研发，再加上自己一些独特的创新，就可以很快地形成有竞争力的产品。而 IP 模块厂商首先不需要厂房，其次不用管理具体芯片型号，与其说是芯片公司，不如说是软件公司更为接近。

1. IP 模块业务模式的诞生

IP 模块的业务模式是建立在 ASIC、EDA 和代工厂的多重基础上的。首先，EDA 公司提供了很多公司可以共享且标准的设计工具；其次，代工厂和其标准制造工艺的出现，使多家芯片公司的设计可以方便地迁移和共享而不需要重新调整工艺；最后，IP 公司把研发内容包装成各种不同的器件库以供客户选择。

在代工行业兴起以前，芯片公司研发所有自用的 IP，很少会去借助外力，然而对于许多属于业界通用的标准如 USB、PCI 接口等，即使研发出来也毫无差异性，反而需要人力来维持这些通用设计，在切换工厂和工艺的时候也许还得把这些标准单元再重新设计一遍。在 20 世纪 90 年代经济低谷时，许多公司裁撤了自己维护标准 IP 的研发团队。

如前所述，因为晶圆代工业的兴起，大量有特制芯片需求但没有设计经验的系统公司，专注于产品差异性的 ASIC 公司，以及需要标准设计 IP 的 COT 芯片设计公司也兴起了。这时又恰逢很多维护标准 IP 的团队出现在求职和创业市场上，所以在很短时间内市场上就形成了一种新的产业，那就是创造标准 IP，但此时不是为了个别公司，而是通过代工厂和其他途径卖到各种所有可能的客户中去。

最早的晶圆代工厂只是纯制造，然而为了提供附加值，随制造而附加的高质量 IP 就显得很有竞争力。实际上直到今天，许多代工厂可能只是运行成熟工艺，使用类似的生产设备，加工一样的 8 英寸或 12 英寸晶圆，成本和运营是类似的，其差异化的部分，往往只是自己附加的 IP 的丰富和先进程度。比如今天某家初创公司有非常新颖的芯片定义，其需要在最短时间内推出产品，这时拥有最多 IP 选项的代工厂就成为首选。在 20 世纪 90 年代末，一家名为

Artisan 的 IP 公司与台积电合作，如果客户使用台积电代工，就可以使用 Artisan 的全部 IP 产品。Artisan 从前的商业模式是一次性收取一大笔授权费用（License Fee），而这时改成按每张晶圆收取特许权使用费（Royalty Fee），意即客户支付台积电的每张晶圆的加工费用，如果使用其 IP，就有一部分成为 Artisan 的收益，这样降低了使用授权的门槛，而使台积电的工艺更具吸引力，对于所有相关方都有益处。于是这样的模式迅速传播（至今很多芯片的商业计划中还要列出是否开发费用里包括了 IP 授权或特许权的费用）。如今很多代工厂都宣传自己具有非常丰富的 IP 选项，而且也确实做了很多优化和验证的工作，但是绝大多数 IP 仍然来自更专业的 IP 公司。

很多 IP 公司的产品是诸如通信协议的物理层、内存接口、收发器等标准化的产品，在 20 世纪 90 年代，有极多提供这样标准 IP 的小公司渴望在市场上有一席之地，而很多 SoC 的客户渴望有类似微处理器这样的核心芯片也能成为标准 IP。20 世纪 90 年代末，由苹果公司和英国 Acorn 公司合作又分拆出来的微处理器研发部门 ARM 正式在纳斯达克公开上市，到今天 ARM 是全世界商业上最为成功的 IP 公司，占据整体 IP 市场高达 40% 的份额，对从低端到高端的微处理器应用场合都有极大影响。ARM 的历史不长，其技术路线和沿革却源远流长，读者如有兴趣可参阅更具体的资料。另外，微处理器 IP 非常知名的还有开源的 RISC-V、英特尔和 AMD 授权的 x86，老牌处理器厂家如瑞萨等近年也开放自己的微处理器内核给客户。广泛意义上的处理器范围还包括图形处理单元（GPU）、神经网络处理器（NPU）、数字信号处理器（DSP）、微处理器（MCU）等，读者可自行深入了解其中区别。

总之，当处理器内核、内存、标准器件库、通信、外设、接口等曾经独立的芯片都成为可买到的 IP，由任何初创公司通过晶圆代工厂而设计制造非常复杂的大芯片就成为可能。而在 20 年以前，像小米和美的这样的系统公司要拥有自己的大芯片还是完全不可想象的事。

IP 市场的从业者包括纯粹供应 IP 的公司和用 IP 来增强自身业务的公司，其生态关系见图 1.12。

纯 IP 供应商：包括处理器 IP、接口 IP、内存 IP、特种 IP、通信 IP、模拟 IP、应用相关 IP 等。

用 IP 来增强自身的公司包括以下几种。

EDA 公司：很显然如果没有庞大的器件库和 IP 库，EDA 公司就很难销售自己的设计工具，很多小型 IP 公司都是被 EDA 公司所收购的。目前 Synopsys 和 Cadence 两家 EDA 公司，在 IP 市场的营业规模仅次于 ARM。

芯片设计公司也对 IP 市场有兴趣，这是因为有些开发好的技术可以通过

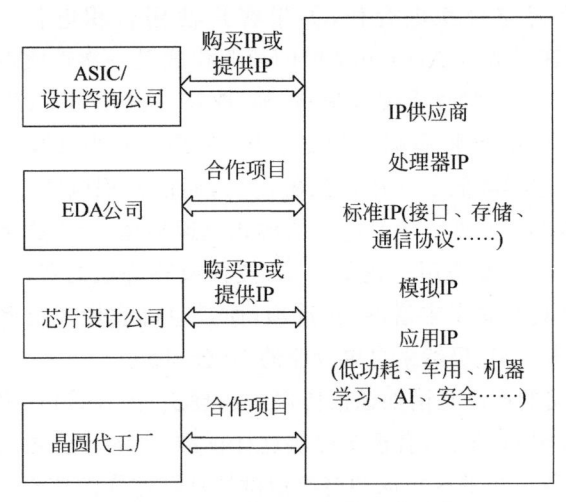

图 1.12　芯片 IP 业务的生态示意

授权去实现除了销售芯片以外更多的商业价值。通过高定价和对客户、代工厂的掌握,也可避免客户直接在产品上竞争。比如 Dialog 半导体,虽然其主业是销售成品芯片,但也授权销售包括模拟前端、时钟、数据转换、电源、射频、传感器等在内的近 500 种 IP。

ASIC 或设计咨询公司：既可能是 IP 公司的客户,也可能开发自己的 IP,还可能将第三方 IP 集成在自己的芯片里再转售。

晶圆代工厂：如前所述,多样化的 IP 可以提供标准工艺以外的附加值。

2. IP 市场的现状

目前市场上的 IP 产品可大致分为以下几类：

（1）软 IP。

软 IP 就像我们在计算机上用 C 或者汇编写的一段可以编译出来实现某种功能的语言,在芯片设计上软 IP 一般以 RTL 的形式来实现,也可能是网表（Netlist）。软 IP 可以比较容易地在不同代工厂的工艺之间迁移。传统的软件版权往往以同一个版本卖给千万家而不需要多少技术支持,而软 IP 卖出版权只是开始,其重点是如何集成在客户终端的芯片里,以及相应的技术服务。

（2）硬 IP。

硬 IP 顾名思义,可以直接应用到物理芯片的设计生产中,经常以 GDSII 的形式出现,并且伴随着某种特定的 EDA 软件和特定的代工厂工艺。硬 IP 经常像单独的芯片一样有数据手册来列举其性能。硬 IP 一般较难在不同代工厂中迁移。为了取信客户,供应商可能提供 FPGA 版本以供客户做前期的性能验证。模拟 IP 如 ADC、DAC、电源等几乎都是以硬 IP 的形式来提供。

（3）综合型。

很多 IP 必须以软 IP 加硬 IP 的综合体来实现。比如很多工业标准的 IP，类似蓝牙、WiFi、USB 等，都有其软件和硬件的部分，随标准的不断更新，可能软 IP 的部分也需要同步更新，而硬 IP 的部分则随芯片而固化。处理器也是很典型的综合型 IP，虽然有很多的软 IP 部分，然而也会被特定的工艺固化，许多中低端的处理器 IP 可能从 $0.18\mu m \sim 90nm$ 的成熟工艺再到 $28nm$ 的较先进工艺都能支持。

IP 市场除了 ARM 一枝独秀以外，其余的公司和产品的前景只能说整体有增长，然而还是处于群雄混战，各有擅长的状态。很多小型 IP 公司不断被代工厂、EDA 公司和芯片设计公司并购，而这些公司的雇员也完全可能随时独立出来自己开 IP 公司。目前的 IP 市场有以下特点：

（1）仅为满足工业标准的 IP 更难盈利。比如 USB、PCI-e、PMBus 和 MTP/OTP，这些 IP 本身为了满足固定的工业标准，除了报价和质量以外，其功能不需要差异性。代工厂可能有多家 IP 供应商提供一样的产品而互相竞价，客户也很难稳定留存。此类 IP 供应商在历史上淘汰了很多，现在主要作为 EDA 或代工厂的附属 IP 提供。

（2）竞争者难以复现的 IP 才能稳定地保持高毛利，如高端处理器、存储、高速通信、高精度模拟等，一般需要在标准工艺以外附加谈判。

（3）多种商务销售渠道和形式。EDA 公司或 IP 公司可能通过代工厂来收取授权费和特许使用费，也会直接与芯片公司营销和接触。具体在后边谈到与 IP 供应商谈判时会继续说明。

比如，最近我看到硅谷这里由几位资深华人开办的某小公司，其主营产品是基于 DSP 实现的高速 SerDes 互联 IP 产品，主要应用于 5G、数据中心、网络设备等领域。今天假如某 AI 芯片公司需要设计大型的片上系统产品用于这些领域，而不想花多余人力，也未必能够从头开发必备的一些标准 IP 产品，那么就完全可以向这家公司采购。如果此 AI 芯片的销售数量已经非常大，希望提升毛利而不想继续花太多的 IP 授权使用费，那么可以干脆把这家小公司买下来，随后使其产品退出市场以使 AI 芯片更有竞争力，或向其他不构成威胁的厂商继续销售 IP，选择多样。

今天当芯片 IP 有更多选择，而芯片内容变得更复杂时，寻找、评估和采购 IP 变得更耗时和更复杂。一颗芯片完全可以选择几种来自不同厂家的不同 IP 模块，这些 IP 模块之前的验证工作又可能基于不同代工厂的不同工艺和不同硬件平台，每家 IP 公司的商务条款和技术能力又不尽相同。其 IP 的技术成熟度、技术支持，能否在不同代工厂中迁移，多快能集成到最终产品中去，都会成为芯片设计公司需要关心的问题。因此,设计咨询业务就应运而生。

1.4.4 设计咨询

如1.3.2节所述,在ASIC运作模式下,需要芯片的公司先确定好自己的需求规格,并且完成一部分仿真、验证、设计等工作,再将规格和已经完成的部分交给ASIC公司,向后者购买制造完成的芯片,最后再完成自己收尾的验证测试工作,其每年都可能采购一定数量。

然而ASIC模式对很多客户公司仍然不算友好。首先ASIC公司知道自己是客户的唯一选择而可能对芯片标价很高,而客户可能还是偏向于自己拥有和营销最后的芯片产品,只需要ASIC公司提供一次性的设计服务,不希望向后者长期购买。为满足这样的市场需求,一大类设计咨询公司应运而生。

设计咨询公司与ASIC公司的宗旨有一点类似:给客户公司(芯片设计公司、IDM甚至电子系统公司)提供专业的芯片研发和生产服务,其主要的区别就是咨询公司本身一般不销售实体的芯片给公开市场或私下的客户。有时,咨询公司提供整体的芯片设计,称为交钥匙服务,更多时候,咨询公司会只被要求负责前端或后端,以及处理工艺和生产相关的问题。因为这样的咨询模式只需要工程师和极少数业务人员,其组织比起芯片设计公司更为精简,是一种非常小而美的业务模式。当然,代工厂、EDA公司和IP公司如果提供主营业务以外的设计咨询服务,在商业上也非常自洽。

向看到这里的读者提问:为什么芯片设计公司有可能销售自己的IP给其他芯片公司,却不会提供芯片设计咨询服务?可以思考一下,我的想法放在本章最后星号(***)处供参考。

图1.13显示了芯原公司的芯片定制服务的流程。在客户给出需求以后,芯原可以帮助客户规范定义,集成内部自研与来自第三方的IP,并提供验证、实现和定制服务。芯原还与全球多家晶圆厂合作,为客户提供最合适有效的解决方案。芯原还拥有高清视频、高清音频及语音、车载娱乐系统处理器、视频监控、物联网连接、数据中心等多种一站式芯片定制解决方案,面向消费电子、汽车电子、计算机及周边、工业、数据处理、物联网等应用领域。芯原创始人戴先生本人的家族有长年的海外的创业和高管经验,极具国际视野,作者经常在硅谷感受到芯原的影响。

我们可以假设这样一个案例:一家安防电子产品公司,对具体应用非常了解,有自有的产品设计方案,但是因为使用进口芯片较多所以有断供的风险。因此解决方法一是寻找国产替代;二是可以自己孵化芯片设计公司,总结出一些具体需求,使用芯原的设计服务形成产品,自己把控供应链、测试验证和质量

一站式芯片定制服务

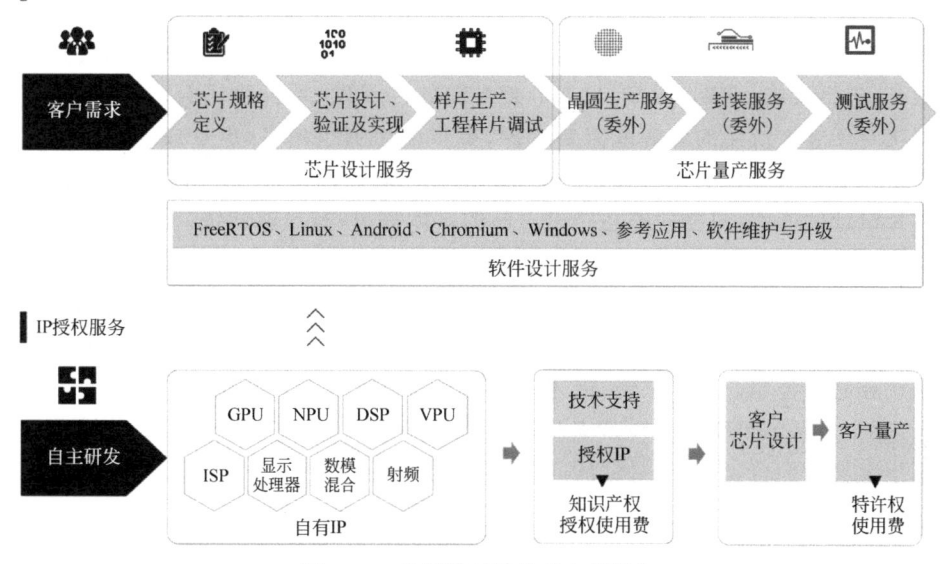

图 1.13　芯原公司的芯片定制服务
注：本图来自芯原公司官网。

管理。因为该孵化公司的第一家客户就是母公司，因此有足够耐心来迭代产品，如此则不难取得一些成绩，甚至此芯片子公司以后可能自己做强、做大并拆分上市。这条路径在商业上完全自洽而且人人得益。

今天设计咨询的市场大致是这样的：

（1）IDM 公司可做主业之外的 ASIC 业务，我所了解的包括 ADI、瑞萨和三星。

（2）设计咨询公司生态非常兴旺。

代工厂和 EDA 公司一直与设计咨询公司深度合作，包括收购、入股、孵化等（中芯国际在硅谷的销售办公室隔壁就有一家咨询公司）。我熟悉的一家咨询服务公司 First Pass Engineering 刚被 EDA 大厂 Synopsys 收购。作者在三星电子的代工论坛上更是看到有几十家设计咨询公司之多，可能大多都在三星流过片。

（3）基本没有非常纯粹的 ASIC 公司，它们多少都会兼做一些 IP 销售和其他业务。

（4）设计咨询未必只做设计，有时大型公司会使用咨询公司做仿真、验证、测试开发等工作，等于是合同工（当然这些合同工要价可不低）。

（5）有一些帮助小量芯片试产，提供多项目晶圆（MPW）和开源 IP 整合的服务公司。

设计咨询业的生态如图 1.14 所示。从基础的设计外包到 IP 供应商；到使用这些 IP 而提供的设计服务；到一站式定制的芯片；到集成度更高，包括不同 IP、数模混合的 ASIC 或 SoC 定制芯片；最后到全方位的硬件加软件的设计和服务（包括架构、前端、后端、代工、OSAT、软件开发、系统验证等）。每上一个层次对于客户应用的理解就需要越深，提供的增值也越多，更加成为客户的合作伙伴而非可取代的供应商，当然代价也就越高。而对于客户来讲，即使没有芯片设计的能力，只要能够总结出自己的具体需求，有足够的钱，而且有真实终端客户的话，那么就不难拥有可以卖出去的芯片产品，当然具体量产仍然需要有自己的团队。但是如果客户完全不懂行，那么咨询公司也许就未必愿意接纳这样的客户，因此多数情况下，发起设计需求的客户本身即是颇具资质的电子公司或芯片公司。举例来说，前述安防电子公司想拥有自己品牌的芯片是完全合理的，但是如果哪家房地产老板心血来潮想进军芯片行业，那么我估计芯原可不太愿意配合，这不光是钱的问题（见 2.4 节）。

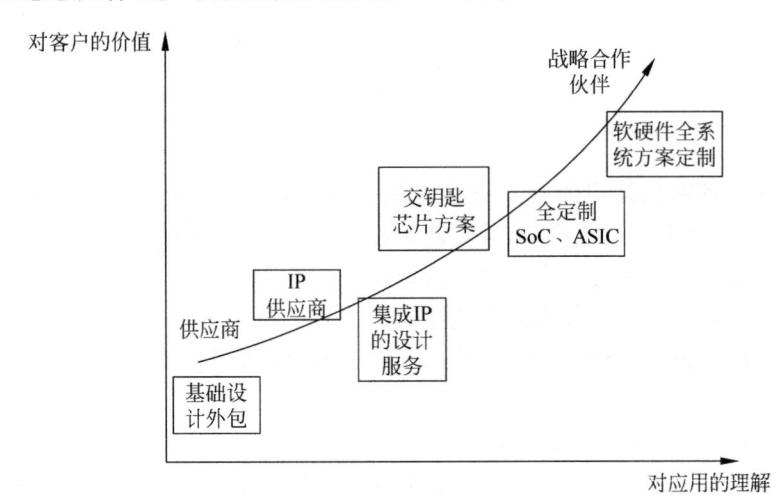

图 1.14 芯片设计咨询的价值曲线

总之，晶圆代工也好，EDA 也好，IP 也好，设计服务也好，各家大型公司在做好自己核心业务的同时，也在不断横向越界，提供新的服务以更深度地绑定客户，给客户提供更多附加价值。小型 IP 或咨询公司如 eMemory 等则立足于自己最具经验的部分，在纵向做深做透。小而美的模式固然可以过得很好，但大公司收购兼并小公司以扩大自己的业务范围，也经常在发生。

晶圆代工厂、设计咨询和芯片设计公司三者的依存关系如图 1.15 所示。提供 IP 业务的厂商也可能提供设计咨询服务或培养第三方咨询公司。

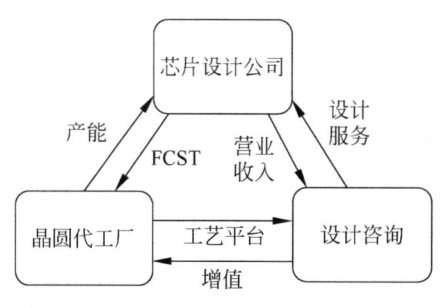

图 1.15 代工厂、设计咨询与设计公司

1.4.5 市场和销售

虽然大多数芯片公司都拥有自己内部的市场宣传和销售团队,然而站在产业的角度,又有很多公司具有市场或销售的功能,而服务于芯片设计公司。首先来看市场类公司,其相对较为简单,包括以下几类。

(1) 市场情报公司。

今天我们如果希望投资于某类新产品,就需要有相关的市场信息来佐证我们的判断,此类公司可能会提供我们所需要的市场情报。

比如我手上有这样一份微处理器的全球市场报告,包括市场综述、市场动态、市场机会,细分的 8 位、16 位和 32 位处理器市场分析;根据应用、客户类型、地理位置分类的市场解析;行业的趋势和挑战;各竞争对手的财务状况、主要产品、最近动态等。这样的报告虽然要价不菲,但是对于我们撰写新产品的商业计划,了解未来产品商业回报的前景,避免走上错误的投资道路很有帮助。

(2) 市场咨询公司。

在前者的基础上,有一些咨询公司可以做更有针对性的服务,如深入了解细分市场,寻找和分析客户资源,竞争对手分析,供应链管理等。在欧美当然有麦肯锡、波士顿咨询等知名公司提供半导体方向的整体专业咨询服务;也有很多小型咨询公司,由个别半导体高管在职业过渡或将近退休时建立,其竞争优势是自己的人脉和经验。国内近年也有一些此类公司出现。

(3) 市场网站和技术杂志。

我有一些订阅的专业网站、市场报告和技术杂志,可以使我了解最近的行业新闻,并且搜索供应商和其他需要的信息,有时我也向他们投稿。这些网站和杂志的主要盈利方式是以泛电子领域的公司投放广告为主。

(4) 市场营销公司。

我们可以找到非常专业的高科技营销公司,甚至是半导体芯片方面的专业营销公司。这些公司可能的业务范围包括：

① 公司市场战略咨询，品牌设计。

② 正规的技术写作，如数据手册、选型手册、技术文章等。虽然芯片工程师往往也能自己写，但是有些真的写得惨不忍睹，很需要有人好好梳理润色一下。逻辑条理清楚的技术文章和手册，对于芯片的销售非常加分。

③ 展会的布展，制作宣传视频。

④ 专业广告宣传，如在线广告、印刷广告、网站设计、搜索引擎优化、社交媒体等。

⑤ 渠道和分销商的管理和宣传。

专业的工作还是需要交给专业人士。芯片设计公司需要专人来负责这些市场营销方面的工作，然而自己招人还需培养员工并承担福利、保险等额外花销，而且不一定随时都有工作可做，因此对于规模不大、财务较有压力的设计公司，不一定需要自己建立团队，可以向第三方来购买这些市场服务。

销售类公司更为复杂，主要的公司包括以下几类。其具体的介绍在 7.5 节"外部销售的渠道"中，这里暂且只列其名录：

(1) 授权分销商。

(2) 目录分销商。

(3) 独立设计公司(IDH)。

(4) 独立分销商。

(5) 销售代表。

1.4.6 物流和其他服务

芯片的销售和运营不可避免地需要处理很多琐碎的事情，比如其供应链往往遍布全球，可能在客户拿到芯片时，该芯片已经在全世界不同工厂中周游了几圈，涉及大量运输和仓储的问题，因此芯片设计公司很有必要尽早与专精于芯片物流的公司合作。此类公司的职责可能包括：

(1) **运输**：打包贴标、ESD 保护、安排运输方式、收发管理、危险品物流等。

(2) **仓储**：包括库存管理、仓库保管、物料清单(BOM)管理、退货换货管理等。

(3) **芯片后端**：各类编带(Tape & Reel)的重新拆分、烘烤和真空包装、程序刻录、激光印标、晶圆储存及销毁管理。

(4) **其他服务**：展会物流、实验室搬迁、化学品、金属和仪器回收、贸易合规服务、进出口报关清关及货物保险。

芯片设计公司的业务比较壮大后，可以考虑自己建立全球的仓储和物流管理团队,方便服务全球客户,但是增加了人员开支却总不如专业的物流公司那么高效,因此还是需要许多的外包工作。世界上有许多IT供应链的外包服务公司,其中某些公司规模极大,而半导体物流只是这些公司的众多业务之一,而在第7章会提到的大型授权分销商也提供此类服务。

1.5 本章总结

在本章里简短地介绍了芯片产业各个环节的工作性质,以及其在产业内的分工。对于芯片设计公司,在研发以外,其主要的运营就是对产业链中各个环节进行管理和互动,在下面的章节会继续展开。

*** 为什么芯片设计公司可能销售自己的IP给潜在竞争对手,却不会提供芯片设计咨询服务?

愚说:首先,芯片设计公司如果自己也有芯片具体产品,不会销售最先进的IP给对手,以确保对手离自己还有几年的技术差距。其次,可以从成本上打击对手。再次,如果使用类似IP的公司较多,等于培养了自己的生态系统,将来可从其他业务上获益,因此销售一般的IP完全可行。著名的处理器、存储等芯片公司等都有IP销售业务。

但是提供咨询服务只是一次性买卖,对运营成本较高的芯片公司来说不是长久之计,反而浪费自己宝贵的工程资源。而纯粹的咨询公司团队较小,不卖具体产品,是可以纯靠设计赚钱的。

第2章

设计公司的供应链管理

现代管理学之父彼得·德鲁克曾经说过:"创业者无非是将资源从低产出的领域转移到其他高产出的领域"。打造完整、有效、可持续的供应链,以及最为有效地利用资源,是芯片公司能够做到持续盈利的前提。

作者在日常的工作中体会到,芯片公司在自身的供应链方面,永远都有可以提高的地方。比如,全球很多晶圆代工厂能提供看起来类似的成熟工艺,但是不同公司的服务水平、设计工具、已有 IP、器件性能、工艺稳定程度、工艺良率、价格和质量等各种细节却千变万化,而芯片设计公司本身也不太可能与所有这些代工厂一一洽谈并把它们了解一遍,其往往还是使用设计团队的管理者自己比较熟悉的供应商,因此在选择上未必能做到最优化。同样,全球有大量芯片封装厂,我们也很难把每家提供的数十乃至数百种封装类型的细节和要求报价全部去了解一遍。再加上测试、EDA、IP、代理商等,各种上下游的选择太多,步骤太多,让产品线管理变得十分艰辛。一颗芯片的生产可能要飞过几千到几万千米的路,如图 2.1 所示。

选择合作方需要花费大量的时间精力和金钱,设计公司难以寻找多重选择,总是希望有长期合作,然而合作方随着时间推移又可能发生各种变化,因而设计公司的供应链是较为不透明且较支离破碎的,也很难做到在所有时间段内都是最优化的。很多设计公司只有一家代工厂和封测厂可以合作,一旦遇到外部变化就显得非常被动。曾经我方有一家选定的晶圆厂已经密切合作了一年之久,但在我方初次流片前其突然加价 30%,这时如果我方继续跟进,则最终的产品毛利要滑落到目标之外,而如果放弃,则前期工作就全部打了水漂。类似问题在工业界不是偶发。

这其中其实有创业的空间,美国和中国都有公司希望将芯片生产的供应链更简化、更透明地提供给芯片设计公司,靠服务来盈利(中国有摩尔精英)。这种模式的难点在于首先需要与供应链上可能的合作方都要保持良好联系,这就

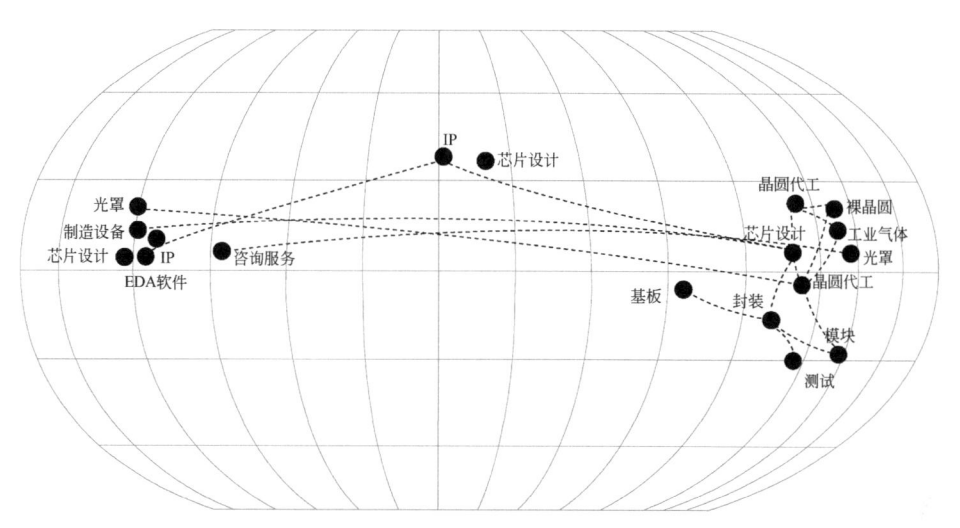

图 2.1　一颗芯片的生产可能要飞过几千到几万千米的路

需要一支不小的团队；其次公司本身也需要一定的工程经验，从流片到量产的流程管控都需要专家级知识。总之，全球虽然已经有不少公司提供 ASIC 业务或设计咨询服务来解决从设计到生产的全过程问题，但是尚未有公司能够做到为客户提供并优化来自全世界的非常庞大的供应链组合。

未来，最成功的芯片设计公司会保持其最有竞争力的部分并且持续投入成本，而把所有不造成与竞争对手差异化的需求都以可靠而低成本的方式外包出去。将来应该有更多公司可以提供全球性地、从芯片设计到制造的垂直整合的供应链服务选择，而不限于某几类芯片，也不限于个别代工厂工艺或个别封装厂能力。

本章的内容是芯片设计公司如何选择供应链的合作方，以及合作的重要注意事项。

2.1　芯片制造

2.1.1　芯片制造简述

本节先对芯片制造做一个简单的概述，以引出下文的代工厂选择等内容。

芯片制造的细节步骤极其复杂，不是本书所能覆盖的，作者这方面的知识也相当有限。大概在台积电或者中芯国际，许多专家一辈子也只能对某些工序深入了解，而对其他只是泛泛。然而对于芯片设计公司，掌握芯片制造技术的专家并非必需(当然规模略大以后,常常有负责优化生产工艺的团队)。作为产品线总监,我把所了解的很有限的制造知识总结如下,因篇幅所限,只能讲一个大概。对于制造方面,读者可以去参考更加详尽的专业书籍。

这里定义:只存在于晶圆上的芯片暂时还不能叫芯片,而应该称为晶粒(Die),只有最后封装完毕以后才能称为芯片。希望读者自明。

晶粒总是在一片圆形的硅材质的晶圆(Wafer)上,靠一层层不同的材料堆叠而成。比较流行的晶圆尺寸有 8 英寸或者 12 英寸两种直径,其他更小的尺寸只在较老的工厂或特殊工艺下才存在。12 英寸的晶圆上大概有 70 000 mm^2 的可利用面积。如果晶粒极其小,如长宽各 1 mm,那么整张晶圆在理想情况下就可以出产 70 000 颗晶粒(一般总有一小部分不能正常工作,在探针检测之后可以正常工作的比例称为良率(Yield Rate))。如果晶粒较大,如长宽各 20 mm,那么整张晶圆最多只能造 148 颗晶粒,这样的晶粒可想而知成本较高。12 英寸晶圆面积几乎是 8 英寸的 2 倍多,而两者的加工时间和步骤在同样的工艺下却差别不大,因此投资 12 英寸晶圆厂主要是为了降低芯片的制造成本(然而 12 英寸厂的建造初期投入要大很多,这主要是因为设备差异),12 英寸厂往往产量规模也较大,所用工艺也偏先进。

来自 ASML 官网:最重要的芯片生产步骤共六步,并且此六步随芯片不同的复杂度而可能反复十余轮甚至更多,加上其他准备步骤,可能有数百个小步骤之多。

(1)递交芯片设计:芯片设计公司将设计以 GDSII 形式传给代工厂,通知其可以开始加工,此步骤就是"流片"。

(2)掩模制作:代工厂通知掩模生产厂家根据此设计开始制作掩模,此成本由芯片设计公司自己出,随芯片复杂度而区别极大。芯片设计公司不必烦恼掩模的制作过程。掩膜成本基本上是流片费用中最大的组成部分。

(3)沉积:从一张非常纯净、打磨得非常平滑、清洁过的硅晶圆开始,很薄的电介质材料(取决于所需芯片的性质)被沉积到晶圆表面,形成第一层需要被"显影"的材料。

(4)涂光刻胶:晶圆在沉积后被涂上一层薄薄的光刻胶。

(5)光刻:由光刻机产生不同波长的紫外光(还是取决于不同芯片的性质),穿过掩模的光照射到相应位置的光刻胶使其曝光而产生化学变化,而未曝光的部分则保持原样,使得掩模上刻好的图案被转移到晶圆上。

(6)刻蚀:光刻后用干法或湿法蚀刻掉暴露出来的部分,使这层呈现一种3D结构。

(7)掺杂:硅单质的导电性介于导体和绝缘体之间,此时用大量不同的离子来轰击晶圆，以改变其导电程度。

此后多余的光刻胶被清洗掉，再次重复整张晶圆涂光刻胶、换掩模、光刻等流程，直到所有晶圆上的工作完成。此流程可能需要花费数周或更久。

（8）封装：此时要将晶圆切割成一颗颗的晶粒，这些晶粒会被安放到导线框架（Lead Frame）上，用铜或金的绑线绑起来或用倒封的方式与框架上对外的引脚焊接起来。如果是用倒封的方式，此前需要增加一步长凸块（Bumping）的步骤。此外，也有基于基板（Substrate）等其他基底材料的封装，可能封装多于一颗的晶粒和其他器件，也有更复杂的 3D 封装等，在此不再详述。

（9）测试：在封装步骤之前，可能要在晶圆上做探针测试来做一些基本检测，以在早期检查出有问题的芯片。对于成本较高的产品，加探针测试可以节约不少成本。

在封装以后，必须做出厂的最终测试。最终测试一般用自动化的测试机台，可以测量数据手册上的多数重要参数，以保证出厂时这些参数都落在数据手册规定的范围之内。芯片公司有时需要制定自己的测试方案并设计测试硬件来自行测试，也可外包给封测厂负责。做完最终测试以后，芯片制造就告一段落，而芯片则可以进入库存或寄送给客户。

有必要指出的是，芯片制造过程与芯片是否在最终电子产品里正常工作，以及是否满足客户要求是完全没有关系的。打个比方，芯片制造就好比是一台高端打印机，只负责将文员送给打印机的文件以规定的方法来印到纸上，保证输入即输出，而且该打印机还能自动查错来保证文件的语法通顺（通过前期仿真和验证），但是如果领导不满意文件内容，那么也不是打印机的责任。

图 2.2 显示了典型的芯片制造厂内部景象。在该厂房里的员工必须身穿兔子服（bunny suit）似的全身隔离服，以防止外界带来的任何污染。芯片制造

图 2.2　芯片制造厂内部一角

厂内部非常干净,俗称"超净间"——不用说一点灰,连一根头发都不应掉在地上。超净间里的空气被一刻不停地过滤循环,每几秒钟就全部过滤一遍。事实上,虽然制造芯片的仪器非常昂贵,但是维持厂房里干净程度的设备成本也不能忽视。除洁净度以外,温度、湿度、静电、震动、磁场等也要被合理控制。

为什么制造厂需要这么干净?因为最先进的晶粒上一个小晶体管开关只有3~5nm宽,而一根头发的宽度就有十万纳米,显然一根长头发掉在正在制造的晶圆上会把大部分晶粒都损坏掉,同时,即使是一粒最小的灰尘,也会影响加工的效果。如果一个晶粒或一张晶圆受到污染,那么只能报废处理,没有修复的可能。

芯片制造厂的建造成本是很高的,最便宜的类型(成熟工艺,二手设备,8英寸线)需数亿美元,而最昂贵的类型(先进工艺,12英寸线)耗费可达百亿美元。其运营成本也极其高昂,台积电在用电和用水方面都是中国台湾地区首屈一指的大户。然而光有钱还不行,建造制造厂还需要花时间培养和磨合出一支协作良好、技艺精深的技术团队,这可能要花一二十年来积累,也是花钱和挖墙脚也培养不起来的。建造芯片厂之前,一定先要有全盘完善的计划,能够迅速制造和销售大量的芯片才可能盈利,台积电近年的新厂,需要先和客户签好供应合同才开始投资建造。每家代工厂一般每个月都要出产数万至数十万片加工好的晶圆才有盈利的规模效应。而德州仪器近来在犹他州和德州都有新的12英寸厂将要完工,因此放出低价的消息,希望先抢到更多市场来保证新厂开工即有大量业务。

2.1.2 选择晶圆代工厂的考虑事项

芯片的生产总是从晶圆加工开始,因此对于芯片设计公司而言,选择代工厂并管理和维护与其的关系必定是成功的关键因素。芯片设计公司选择代工厂是比较复杂的过程,虽然不少代工厂在工艺、质量方面的数据非常优秀,拥有大量知名客户,但并不代表他们能够平均地照顾每个中小客户。对于名气实力还不够大的设计公司来说,只能靠自己来确保代工厂能够支持自己的流片设计和量产排期,而不可能指望自己有苹果或者高通在代工厂得到的优先级和技术支持。作者曾经联系过海内外十几家代工厂,从中选择过几家来生产不同产品,因而本节探讨一些在选择代工厂时需要考虑的一些方面,以及开始联系时需要准备的一些基本情况。

1. 代工厂还是IDM?

在代工厂以外,IDM也可能会提供代工平台,或在产能利用率不高时释放一些多余产能给其他公司使用。三星大约是最著名的IDM和代工业务各擅胜场的公司,甚至还销售终端产品(智能手机)。其 IDM 部门在处理器和存储方面独步江湖,代工业务却总让客户有信任问题,不如台积电承诺永不与客户竞争,因此业界经常建议三星考虑是否拆分代工业务。此前的先例如联电和 AMD 都将设计和制造拆分,中国台湾的计算机公司们从前都是自有品牌与代工业务并举,后来也都分开。

选择偏重于 IDM 的公司作为代工伙伴有这样几点潜在的风险:

(1) 一般情况下,IDM 自有产品业务的毛利要高于代工业务,其提供的代工工艺较自家产品使用的工艺略落后;

(2) 在产能吃紧时,IDM 可能会收回代工产能自用;

(3) IDM 不如纯粹代工厂那样对第三方 IP 的管理使用更有经验;

(4) IDM 如果看到客户用自己产能调试出的工艺或产品大卖,很难抵挡去抢生意的诱惑。

如果 IDM 开出的条件非常诱惑,或者希望 IDM 来投资我们的设计公司,或者只有这家 IDM 有某种特殊工艺,或者与 IDM 在产品方面的利益互不冲突,那么选择 IDM 来代工还是合理的。我认识的某国产芯片公司使用某 IDM 来为它们代工,为了两者的紧密配合,甚至把公司整体搬迁到该 IDM 旁边,但双方的产品组合互不冲突,因此是可行的。

纯粹的代工厂可能有非常先进的多种不同工艺和完善的器件库,而且它们只为客户生产芯片,而不卖自有品牌的芯片与客户争利,因此我们芯片设计的智慧财产也比较安全。代工厂有专门的客户服务团队,对于生产中出现的任何质量或良率问题都可以快速响应。因此,选择代工厂来加工芯片仍然是大多数情况下的选择。剩下的一些问题是有关产能、技术实力、价格、支持和交情的关系。

2. 产能问题

在 2020—2022 年这段时间里,产能是客户询问芯片设计公司的第一大问题,在极端情况下,有时只要芯片公司能够保证在三四个月内交出所需芯片来,那么价格、性能等问题甚至都不重要。绝大多数已知的代工厂的产能早已被预订一空,甚至连 2023 年的都被订满,即使代工厂一再加价,设计公司一再付加急费,都很难拿到足够的芯片。作者甚至知道某家著名的美国芯片大厂,都因为不能及时交货而被三星这样不应该得罪的大客户加入黑名单。正常年景下,设计公司采购的晶圆越多,价格肯定相应便宜,然而在产能奇货可居时,买得越多反而越贵,而且也不一定能买到。

业界目前遇到的产能问题,在 9.1 节中有较详细的解释。在未来的日子里,无论产能是否吃紧,设计公司都需要未雨绸缪,培养好关系,取得代工厂对产能的承诺。

在接洽代工厂前,可以预知一些对方的产能利用情况,大型代工厂多数已经上市,可以从其财报得知产能利用率、每月生产多少片晶圆,以及根据其不同工艺而生产的晶圆数量。如果我们所感兴趣的工艺不占其产量的多数,可知该工艺的产能和后续技术支持等也会受限。

此外,产能一方面受设备材料等影响,另一方面也被其管理能力制约。因此接洽时也需要询问其管理 IT 系统和客户支持系统,对重要客户或紧急订单,有时需要增加额外的人为关注,有时下的订单被延期甚至取消,这也不足为奇。

3. 能力问题

在调研工艺时,需要列出我们希望设计产品具有的特性,然后验证该代工厂是否有能力或者有经验做类似的产品,这项调研也需要涉及晶圆之外的工艺。比如,如果产品需要在后端做倒装工艺,则需要询问代工厂是否有过支持此种后道工艺的经验。

对于类似的 8 英寸或 12 英寸晶圆、$0.18\mu m$ 到 55nm 的成熟工艺,不同的代工厂仍然可以从产能、业界口碑、器件库和 IP 的丰富程度、生产良率、参数稳定程度、价格和质量管理能力等不同维度上来与竞争对手产生差异。比如曾经我们想做一类芯片,需要在某种工艺上试制特殊器件来满足其需求,几家代工厂的标准工艺报价非常类似,然而有一家代工厂已经有这种现成的器件可供客户选择,而其他家的回答都是只能先做做看,唯一有现成器件的这家当然就成为我们的首选。

除非我们必须用最为先进的制造工艺,这样全球可能只有 2~3 家代工选择,否则其余大多数芯片都有 5~10 家甚至 10 家以上的晶圆代工厂可去洽谈,而因精力所限,设计公司只会在前期接触后挑选少数厂家再深入了解。

4. 关系问题

对于初创的芯片设计公司,很有必要在询价之余,努力说服代工厂表明自己的业务是很有前途的,即使自己已经是知名公司,但是代工厂对该具体芯片产品是否有足够销量仍可能怀疑。这里很有必要培养良好关系和建立深刻印象,使代工厂不光可以划分产能和提供优惠价格,而且会动用工程资源来解决流片或生产上会遇到种种类似良率低下的问题。

即使在产能不太紧张的年头,也不能假设代工厂肯定愿意接下我们的订单。和所有生意一样,代工厂最喜欢的是高毛利、高数量,而且很可靠的业务。而对于那些前景可疑,有一单没一单的生意,哪怕没有被拒绝,也很可能被排到很低的优先级。比如比特币挖矿芯片曾经是先进代工厂的心头好,因为其使用先进制程,毛利很高,只从事单一功能,又数量极大;然而随着政策变化,挖矿芯片前景波动频繁，因而代工厂后来接单比较谨慎，不太愿意把产能都给挖矿芯片，现在这个市场已经萎靡。

为了培养关系，很有必要在建立初次联系以后，就去拜访代工厂，与对方的高层和业务人员会面，像面向投资人一样来介绍自己的业务，这对于以后的深度合作会很有帮助。英伟达在规模不大的时候，就已经与台积电有很深度的互信关系，而后者也一直深信前者的未来前景。

5. 支持问题

支持的良好与否是在代工厂自我介绍的PPT上没法描述的，而且支持也随着客户性质的变化而变化。比如我曾经引进公司的一家韩国代工厂，其在流片后某种特性不能让我们满意（但是还算在标准工艺的误差范围之内），然后其多次微调工艺参数，并数次免费试产，终于大幅改进这种特性的稳定程度。当时我们对这家的能力还不太满意，觉得浪费了时间在帮这家改进工艺，直到后来在其他产品上用的其他代工厂，对于合理要求的回复很迟，也没什么支持，才想到前一家的好处。如果试生产的成果就非常满意，肯定是最好的结果，但是芯片的大规模生产经常会遇到突发问题，那么持续的支持就变得非常重要。

代工厂的支持意愿和其他无法量化的评价标准只能靠业界口碑来衡量，因此我们有必要经常与同行交流。在芯片行业中，今天是竞争对手，明天也许就有合作机会。不少代工厂有时来硅谷开宣讲会，如果在座人数很多，互动比较积极，大约这家厂的口碑不会太差，而不能全靠网上资料。

6. 价格问题

晶圆的价格与设计公司的品牌、每年预计使用晶圆的数量、晶圆尺寸、工艺性质、所用金属层数、代工厂对业务的毛利要求等都有关系，因此并没有可以简单归纳出来的业界标准价格。代工厂提供的增值服务如IP、设计和封测等也可能被捆绑到价格中。

我们在可能的情况下总要接触至少2～3家代工厂来进行工艺和价格的比较，这样至少能估计出以后随着业务增长可以得到的合理价格。

代工厂是按照每片晶圆的整体制造成本来报价的，而我们支付的实际价格还与工艺的良率相关。在合同上可以规定好根据某些重要参数必须达到的最低良率，而我们也应该更偏向使用更有业界口碑，能够持续改进工艺和良率的厂家。或者，我们可以只购买测试良好的KGD，而不考虑良率影响，但是如果良率非常低，则未来可能有供应风险。

7. 地域问题

地域一般是不太引起关注的话题，在有可能的情况下，我们希望尽量避免有地震或者地缘政治风险的地区，然而很多时候也别无选择，大部分代工厂都在全球的地震带附近，因此代工厂建新厂选址时应该有避免此类风险的考虑。

如果代工厂有当地的销售办公室，甚至技术服务中心的话，对设计公司要方便很多。如国内的中芯、华虹等，在硅谷就有销售和技术服务办公室。

8. 小批量问题

如前所述，大型代工厂一般不太愿意支持没名气、与自己也没什么商业联系的初创公司，除非自己产能闲置，或者认为该初创公司较有前途。这样的初创公司在初次流片、小批量试产的时候，很容易不受关注。对于小批量的产品，有以下2种做法。

（1）多项目晶圆（Multi Project Wafer，MPW）道路。

MPW是晶圆厂安排的将多颗使用相同工艺的不同芯片合并在同一张掩膜上去流片的特殊项目，因为芯片规格尺寸不同，不可能排得很紧凑，所以每张晶圆可出产的芯片不多，但是基本上对于第一次工程样片的测试验证的数目就已经足够了。晶圆厂会周期性地通知所有客户MPW的机会，这个过程英文形象地叫作班车（Shuttle），因为周期性发车。该次制造费用由所有参加MPW的客户按照自己项目占晶圆的面积来分摊，这可以减少流片成本，所以芯片公司非常喜欢用。比如我方有次芯片设计有仿真不确定的地方，就用MPW同时做了好几个微调的版本以做最后确定。

MPW从成熟制程到先进制程都有代工厂可以提供，比如三星就愿意提供14nm FinFET的MPW给科研机构和学校使用，或许是亏本买卖，但是等学生们毕业以后，建立起来的关系就可能未来有结果。

（2）使用做样片的服务公司。

对于有些机构，它们或许连正版的EDA软件也买不起，没有与大型代工厂接洽的渠道，或者只需要做一点科研用的少数样片，那么可以找专业做试样服务的公司如EuroPractice、Efabless等。它们支持开源的EDA设计软件和集成了很多开源或收费低廉的芯片IP，也提供MPW流片的机会，项目成本非常之低。Efabless还提供大型代工厂的元器件库和大量在社区内共享的参考芯片设计。如果我今天要试做一颗基于开源RISC-V架构的试样芯片，增加自己设计的某些功能，还需要检验其成果，那么可能用试样公司是很便捷的方式。试样服务公司还可能提供一站式的后端封测服务。当然，用样片服务公司做出来的芯片，其性能未必卓越（免费的东西一般都缺失很多内容），一般不具有量产以后的竞争力，因此中型以上规模的公司很少采用。

9. 寻求报价

当我们选定1~2家代工厂作为接洽目标以后，就要拿到书面的报价合同。

一般总是芯片设计公司先从接触代工厂在当地的客户经理开始(有一次是在代工厂做销售的高尔夫球友主动问我:"要不要看看我们的工艺?")。2.1.3 节中有代工厂合同的具体同意事项和商业合同举例,代工厂名字和价格当然隐去。

代工合同总是先描述具体的工艺,2.1.3 节的案例中是典型 $0.18\mu m$ 的 BCD(Bipolar、CMOS 和 DMOS)工艺、1 层 poly、2 层金属、5V 供电和 I/O,以及 18 层的掩模/光刻步骤,此外一些额外的步骤可能有附加成本。

工程流片前总有一笔需要支付,不可退还的 NRE 费用,此费用包括需要支付给掩模公司的掩模制造成本、试验晶圆的成本和相应的工程费用。掩模制造的费用和所需时间,随工艺的复杂程度而大相径庭。

试制晶圆可以不用同时做很多片(比如量产批次可能一批做 25 片晶圆,试产时可能只需要 6 片),但是相应地,每片晶圆的价格比量产时晶圆的价格要高一些。

晶圆的价格还可能根据不同批次的生产优先级来决定。除了试制批次以外,还有紧急批(Hot)、异常紧急批(Super Hot)等(大型代工厂可能有四五种优先级),可以插队安排生产。当然紧急批次的报价也会比较高,甚至可能是普通批次的数倍之多,有时这个价格可能被芯片设计公司转嫁到陷于严重缺货的终端客户头上。最为紧急的优先级甚至可以让产线上其他的生产都停下来,专等此优先级的晶圆优先完成。

在使用新工艺初次试制晶圆时,代工厂还要求芯片设计公司除了试制批次以外,还要跑 4 个边缘批次(Corner Lot)以确定工艺窗口充分,以及此芯片在工艺发生一定偏差的情况下可以正常工作。试产晶圆可能还要规定晶圆通过测试的条件(Wafer Acceptance Test,WAT)。

报价还可能根据客户需要而包括附加的服务,如探针测试、IP 费用和晶圆产出以后的后道服务。

代工厂往往会询问客户在未来 6 个月到 3 年内对某芯片的产量预估,虽然这个一般不会落实在合同上,但是会作为报价的参考。考虑到芯片公司与代工厂必须考虑长期合作,而有经验的代工厂业务人员对行业现状也十分熟悉,因此过多吹嘘自己的市场前景并没有意义。

2.1.3　代工合同举例

以下代工标准条款是引自某代工厂的标准客户条款,代工报价合同是标准合同举例,只列出了条款和合同中较需要引起注意的部分,而常规内容如支付、保密、保险等则省略。在签字之前,芯片设计公司的产品线负责人需要与法务部门共同审核合同的具体条款。以下为了行文简略,代工厂称为"本厂",而芯片设计公司则称为"客户"。举此案例是为了给读者一点感性的认识。

1. 代工标准条款

（1）工作描述。

① 本厂根据客户要求从事制造工作。

② 客户同意支付所有根据双方签字合同规定的产品价格、NRE 和其他费用。

③ 对任何依据代工合同进行的芯片设计，上述的费用需要在附加合同中由双方签字同意。

④ 客户需要自行获得所有所需的技术许可。

⑤ 客户需要自行做版图前后的仿真工作，根据本厂工艺设计规则出具最后的流片数据。

⑥ 在本厂和客户双方签字同意后，本厂将开放相关数据库。

（2）原型。

① 客户需要支付芯片最初工程样片的所有相关费用，包括制造、测试硬件，程序开发和各许可证费用。

② 收到原型芯片后，客户有 30 天时间进行检查。

③ 在检查时间段内，如果客户拒绝原型芯片，并且拒绝原因是出于和版图后仿真结果有较大差异，则本厂将自行出资来检查并纠正此差异。

④ 在检查时间段内，如果客户拒绝原型芯片，而本厂认为该芯片的性能与版图后仿真结果一致，则此原型仍应该被视为接受，而客户仍然需要支付第二次流片修正的 NRE 和其他费用。

⑤ 对原型芯片的任何改变的费用由客户负责，包括而不限于掩模的重新制作。

⑥ 客户应该提供本厂对于产品要求的一切设计数据，客户可以要求本厂代为采购掩模。

⑦ 本厂不应为客户掩模的设计负责，然而客户可以要求本厂将掩模设计交由其他公司负责。

⑧ 客户如为每颗满足设计规范的芯片支付相应款项，则本厂将进行相应生产安排。

⑨ 客户应自行安排，或与第三方公司安排晶圆测试、封装、性能测试和任何其他晶圆级和产品级的环境测试和验证，以完成芯片的检验工作。客户一般应在三个月之内向本厂通知相关的检验结果。

（3）产品采购。

① 客户应如合同规定的价格和最小采购量向本厂发送订单。

② 客户应告知本厂产品打包的规格。

③ 在客户书面回复工程样片的性能可接受之前,本厂不接受正式量产芯片的订单。

④ 如客户未曾书面回复样片性能可接受,而事先已经下了量产芯片订单,则此订单被视为风险订单。对风险订单本厂基于敬业态度仍然监控一切晶圆生产的过程,然而客户必须接受风险订单下晶圆的任何性能指标。客户在30天内可以取消风险订单同时承担已经发生的损失费用。

⑤ 每个月的预计订购晶圆数相比上个月应不增加或减少50%,客户也应遵照合同规定的最小订购数。

⑥ 客户应当提供本厂未来6个月需要晶圆的预期数量,并应在每月第7日更新此预计。

⑦ 如客户要求加速处理生产,本厂将合理对待此要求,而客户应承担相应费用。

⑧ 寄送之前,本厂将保证以客户规定的批号来标识晶圆,并做外观检查和标准参数的抽查工作。

(4) 生产停止、取消和重启。

① 客户可通知本厂暂停正在处理的晶圆,限期为30天。

② 如果客户取消订单,客户应支付取消费用。

③ 本厂可在客户的要求和支付费用之后重新启动生产。

④ 如果生产曾经重启两次以上,或延续30天以上,则本厂不对本批次的良率、可靠性和其他性能指标负责。

(5) 其他。

① 本厂保证产品不应有原材料和制造方面的缺陷,在产品送达12个月之内产品应仍然保持原有的设计规格。本厂对任何有瑕疵的产品所具有的索赔责任不应超过客户所支付订单款项的100%。

② 客户应保证自身的芯片设计不侵犯任何知识产权。

③ 生产周期是基于每2.5天加工一层。

④ 本厂最少批次是25片晶圆。

⑤ 如果客户在任何一个月不能满足订单/预测至少95%的情况下,则本月价格将至少上涨25%。

⑥ 基于有限的设备数量,除非由双方同意,否则客户预测需要的产能不得超过最初估计的1.5倍。

2. 代工报价合同

代工工艺细节如表2.1所示,NRE费用如表2.2所示。

表 2.1 代工工艺细节

工艺节点	晶圆尺寸	技术	光罩/光刻步骤	核心和I/O供电	特殊加成	工厂
0.18μm BCD,1P2M,5Vn/pMOS,100V LDMOS/EDMOS 及 EPI/DTI,汽车级验证	8 英寸	0.18μm BCD	18/18	5V/5V	EPI	X

表 2.2 NRE 费用

工艺名	NRE	掩模费用	工程晶圆费用
0.18μm BCD,1P2M,5Vn/pMOS,100V LDMOS/EDMOS 及 EPI/DTI,汽车级验证	X	X	X
额外 HR Poly 层	X	X	X
MIM 电容	X	X	X
加厚表面金属 2μm	X	X	X
加厚表面金属 3μm	X	X	X
加厚表面金属 4μm	X	X	X

说明：NRE 费用包括掩模费用、加工实验晶圆的费用和加工支出。工程实验批次最少每次接受 6 片晶圆。

在量产批次开始前，客户必须跑过 12 片晶圆，包括 4 个方向工艺偏差的实验，以确定产品可以稳定量产。

量产批次一次跑 25 片晶圆。晶圆价格及额外选项如表 2.3 和表 2.4 所示。

表 2.3 晶圆价格

工艺名	数量(晶圆/月)	每片晶圆价格
0.18μm BCD,1P2M,5Vn/pMOS,100V LDMOS/EDMOS 及 EPI/DTI,汽车级验证	X	X

表 2.4 额外选项

工艺选项	每片晶圆额外价格
额外 HR Poly 层	X

续表

工 艺 选 项	每片晶圆额外价格
MIM 电容	X
加厚表面金属 2μm	X
加厚表面金属 3μm	X
加厚表面金属 4μm	X

3. 所用时间

(1) 数据库准备：从收到 GDSII 文件后的 7 天之内。

(2) 掩模制作：从制造商收到需求后的 7 天之内。

(3) 原型：收到掩模后，一层需 1.5 天，如需 EPI 则另加 3 天。

(4) 量产：一层 2.2 天，如需要 EPI 则另加 3 天。

以上合同，仅针对晶圆加工的部分。许多代工厂现在都能提供交钥匙的方案，常见的有 5 类：

(1) 晶圆加工、加探针测试。

(2) 晶圆加工、加探针测试、加封装、加 ATE 出厂测试。

(3) 晶圆加工、加探针测试、加修调(Trim)。

(4) 晶圆加工、加长凸块、加探针测试。

(5) 晶圆加工、加长凸块、加探针测试、加封装、加 ATE 出厂测试。

2.2 封装和测试

在选好代工厂加工晶圆以后，下面的步骤是晶圆的探针测试(Probing)和分拣(Sorting)、切割成晶粒(Dicing)，以及后续的封装和测试。这些步骤统称为后端处理。本节主要谈的是最后的封装和测试部分，统称为封测。在大规模量产测试之前，还有性能验证和环境测试的部分，在 2.3 节细说。

芯片公司的封测有以下几种典型运营模式：

(1) IDM 全部自营。

(2) 芯片设计公司将封测全部外包到一家或多家公司。

(3) 芯片设计公司仅将封装步骤外包，然后自己购买测试设备，开发测试程序，并由封测公司员工做具体测试(这里等于是租用了封测公司的场地和人员)。

(4) 芯片设计公司仅将封装步骤外包，而拥有自己的测试基地和相关员工。

由上可见，除了 IDM 自营以外，封装的步骤因为属于固定资产较重的投资，一般芯片设计公司会选择外包。而测试的步骤因为是出厂前的最后关口，直接影响到产品出厂质量，因此很多芯片设计公司会选择(3)或(4)的模式，将测试的核心部分掌握在自己手里，避免在最后关口有外包厂家工作不尽责，而导致产品大面积退货的情况发生，许多大客户会对测试的落实有一定的要求。另外的因素是，很多国内的地方政府希望芯片设计公司有可以具体落地的工厂，而不希望是"皮包公司"样式的全外包类型，而建设测试中心是芯片设计公司在工厂投资方面耗资最少的选项。

2.2.1 选择封装形式

当我们联系好晶圆代工厂并签署相关合同之后，就是安排封装和验证/测试的工序了。当晶圆被切割为许多晶粒以后，必须被密封和包装在某种特定的封装内，并以不同方式与外部物理连接，这就是所谓的"封装"步骤。

封装在供应链中是非常重要的一环，从芯片的定义阶段就必须做科学的决策。首先，封装的选择决定了芯片能否满足电气、机械、热管理、可靠性等需求。其次，封装还决定了芯片能否从成本和性能上形成竞争优势。比如在很多应用上能看到的多芯片的模块(Multi Chip Modules，MCM)或片上系统(System on Chip，SoC)，就封装了多颗不同芯片在同一模块里。模块化的封装的好处包括了减小系统尺寸，提升响应时间，增强性能，使客户使用方便，等等。然而多颗芯片封装在同一模块里，使得热管理和处理信号干扰的难度又进一步提高，而且多芯片封装可能需要不同的制造设备、模具和加工工艺，就更容易出现质量问题。

封装与芯片制造的历史同样悠久，从最早只有金属罐(Metal Can)、塑封和体积很大的DIP(Dual In-Line Package，双列直插封装)封装，到今天已经有数千种类型且复杂到数千引脚的封装。图2.3显示了数十年来封装工业的一些最重要的封装类型及其出现的时间，其中的大多数几十年后仍然在使用，总体来说很多传统封装类型永远不会被淘汰，工业界的趋势还是在走向更小的整体体积。

从20世纪70年代DIP发明以后，四边都有引脚的QFP封装出现，比DIP更窄的SOP出现。20世纪80年代末的PGA封装和20世纪90年代的BGA(Ball Grid Array)封装是非常重要的发明，使得整颗芯片的下方都可以密植引脚，使引脚极多的复杂芯片不至于体积过大。QFN封装则是在SOP的基础上将引脚内收，不暴露在外而减少尺寸。2000年发明的CSP和WLP则可以看作是更小的，可以用更密集引脚分布的封装，在手机和其他对尺寸要求严格的应用中广泛使用。晶圆级CSP和WLP封装可以说是最小的封装解决方案，因为没有封装的外壳，其芯片整体尺寸基本与晶粒尺寸一致而又有对外的连接。在

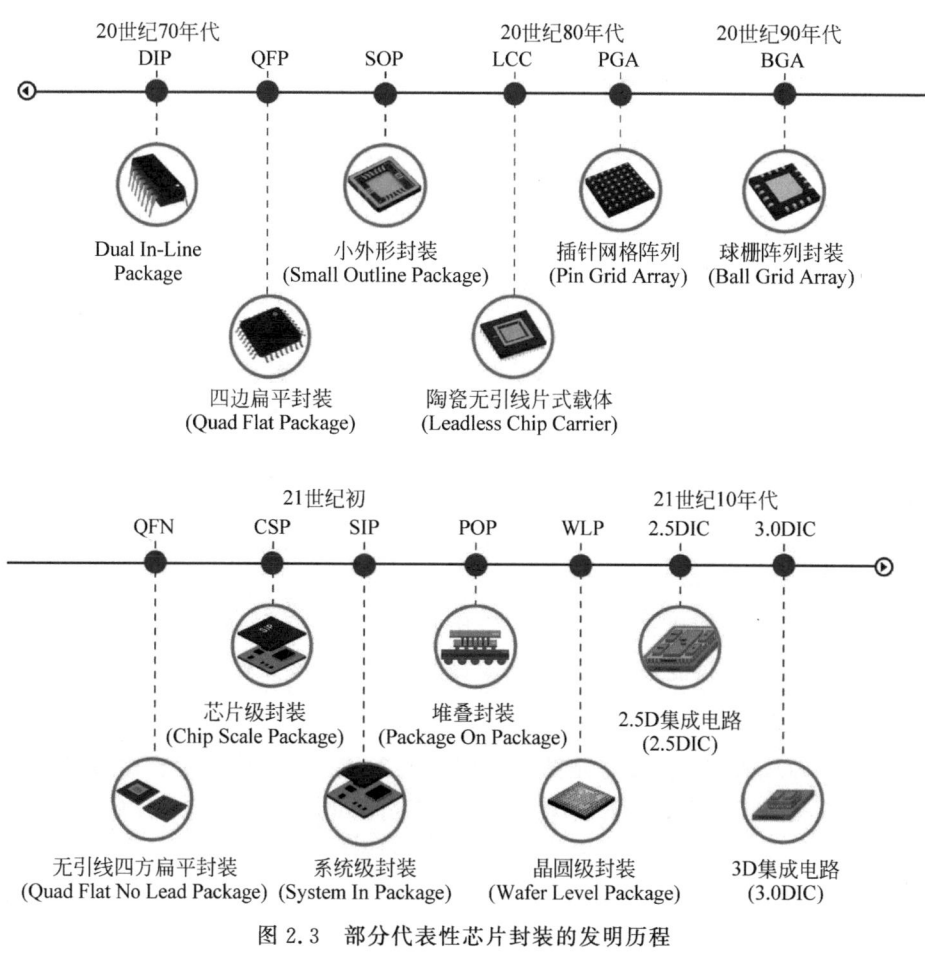

20世纪70年代: DIP — Dual In-Line Package

QFP — 四边扁平封装 (Quad Flat Package)

SOP — 小外形封装 (Small Outline Package)

20世纪80年代: LCC — 陶瓷无引线片式载体 (Leadless Chip Carrier)

PGA — 插针网格阵列 (Pin Grid Array)

20世纪90年代: BGA — 球栅阵列封装 (Ball Grid Array)

21世纪初: QFN — 无引线四方扁平封装 (Quad Flat No Lead Package)

CSP — 芯片级封装 (Chip Scale Package)

SIP — 系统级封装 (System In Package)

POP — 堆叠封装 (Package On Package)

WLP — 晶圆级封装 (Wafer Level Package)

21世纪10年代: 2.5DIC — 2.5D集成电路 (2.5DIC)

3.0DIC — 3D集成电路 (3.0DIC)

图 2.3　部分代表性芯片封装的发明历程

注：本图来自 AnySilicon。

复杂系统方面，大量的 SoC 芯片、模块类芯片需要平铺或堆叠多颗晶粒或芯片，而集成在同一颗大芯片内部，这样又催生了无数特制的 2.5D 和 3D 新封装。

下面列举几点在定义芯片时选择封装需要考虑的问题。

1. 具体应用

手机、笔记本电脑、汽车、工业、家电等不同应用对于芯片封装的偏好和限制非常不同。比如，手机的电路板制造工艺非常复杂而高端，内部设计必须极其紧凑，其又有严格的制造和质量控制体系，可以接受芯片使用引脚非常紧密的 CSP 和 BGA 封装；然而家电产品内部有足够的空间，需要简单的制造工艺以节约成本，那么就只愿意用引脚外露，间距也较不紧密的其他封装。而对于大部分的高端芯片，只能用某些特殊封装才能凸显其性能，许多 SoC 一类的大芯片只能采用 CSP 和 BGA 等封装。

2. 开发成本和制造成本

开发成本需要一次性或多次投入，而每颗芯片的制造成本则影响产品毛利，对芯片公司而言两者都需要注意。封装的开发需同时考虑电气、机械、热传导等问题，这些问题各有其对应的 EDA、CAD 软件和有限元仿真工具，有时为对应客户的特殊需求，或者我们的芯片要彰显某特色，需要研发特别的封装。封装厂因为不同的模具和设备需求，可能会收取少则几万美元，多则百万美元甚至更高的开发费用。有时比起盯住一家封装厂而支付很高的开发费用，不如多看几家，也许就有现成的方案或比较好的报价，有些封装厂可能更精于 BGA 型封装或模块型产品而有更多的开发经验。封装厂的水平与晶圆厂同样也有高端和低端之分。

开发成本也可能影响到每颗芯片的封装成本。举例来说，许多芯片需要先贴到引线框架上才能完成封装，而引线框架又有蚀刻（Etched）和冲压（Stamped）两种方法。冲压法需要一次性的较大的投入去做模具，但是冲压模具做好以后，每颗芯片的成本就有一定比例的下降。因此在芯片预计销售量很大的时候，封装厂可能会提醒说现在投资做冲压的框架比较合算。

3. I/O 数量

如果芯片的定义需要一定数量的信号输入/输出口，那么封装显然就要提供正好或者多于这个数量的引脚。然而也有情况是需要先限定芯片的封装，然后再来定义能够最大限度发挥这个封装性能的芯片

4. 整体尺寸

芯片的长和宽是很容易理解的限制，然而在很多应用上，芯片的厚度也非常重要，诸如手机、平板和笔记本电脑，都对芯片的厚度要求越薄越好而且有最大限制。对于像数据中心、5G 通信的某些芯片，如光通信等，对于性能的要求逐年增加，然而系统里却没有多余的空间，芯片公司的新产品定义就可以多开脑洞，思考能否通过不同的封装和整合方案来做得再紧凑一点。

5. 散热

很多芯片因为处理大量计算，或者本身就是处理电源的芯片，所以大量散热。在封装界有很多人都在研究基于一定的尺寸限制，如何更好地将热散发出去。基于芯片封装的热管理，包括风冷和水冷的应用方案，也是全球电子业界相当大的一块业务。

比如特斯拉的电动跑车 ModelS 逆变器方案，需要用到大量的电源功率芯片 IGBT，其原来是用 IR 的 SuperTO247 标准封装，自己研发焊接工艺，性能已

经相当好。后来在 Model3 上又和供应商一起研发了特殊封装只供自己使用,其目的之一就是不断改进散热,进而用较少的元器件就能实现强劲性能,同时温度降低也提高了系统的可靠性。对于传统的功率芯片 IDM,很难在芯片制造工艺本身取得重大突破,而更可能在先进封装上下苦功夫以取得客户青睐。

6. 性能和可靠性

即使是同样的尺寸限制,有些封装技术的性能和可靠性仍然要高于其他的类别。比如长凸块再反贴(Bumping+Flip Chip)的工艺可以节省绑定线,在减少系统寄生电感,提升高频性能的同时,也可以提高可靠性。即使这样的工艺比传统打绑定线的封装要贵一点点,但因为物有所值,客户也会认可。

7. 竞争对手

近年来国产芯片的一大突破口是以国产替换欧美日韩芯片,在替换过程中客户往往希望能够封装一致,甚至引脚的排列方式都一模一样(脚对脚替换),这样客户有了备用的供应商,而系统所需改动也很少。对于客户来说,当然欢迎有简单替换的多家供应商选项,事实上欧美大客户在近几年供应链紧张时,也纷纷启动了脚对脚替换行动。

我的意见是:在芯片定义时,我们需要调研在目标市场和客户处用量最大的竞争者芯片,应该不排斥与其脚对脚替换,但是当我方芯片有足够差异性时,那么脚对脚替换只是一个优先级较低的考虑项目。

8. 环境限制

很多芯片应用于较为严苛的环境中,如汽车行业,因此可能需要选择不同的封装材料,有关汽车的验证标准在 5.4 节中有详述。

2.2.2 选择封装和测试厂家

从物流和责任的角度,将所有后端的芯片处理需求(主要是封测)全部交由一家公司完成是很合理的决定。这样从晶圆代工厂处理完毕的晶圆可以直接运送到封测厂,处理完一系列任务以后直接再寄到客户处,免得再产生多余环节,而且追究质量问题时也比较方便。一般来说,测试环节的准入门槛相对晶圆加工和封装来说较低,测试不需要多少研发工程师,测试环节只需要少数测试工程师基于某 ATE(Automatic Test Equipment,自动测试设备)来开发,针对某芯片的具体测试程序,再加上较多操作员就可以了(工程难度较大的是设计 ATE 测试设备的厂家),因此封装厂商往往不吝于投资建设测试厂房以提升附加值。图 2.4 为测试厂房的典型情形。

选择封测厂家有以下一些重要的考虑方面:资质、服务、价格、处理时间、产

图 2.4　芯片测试厂房一瞥

注:本图来自网络。

能、关系等。

(1) 资质。

资质、能力和覆盖范围无疑是选择厂家时最重要的因素。常见的封装,包括不同的引脚数量,可能有几千种之多,没有封装厂家能够覆盖所有的类别,它们总有擅长和不擅长之处。然而封装厂即使并没有某种我们感兴趣的封装,也一般不会轻易拒绝潜在的生意,其业务团队往往希望芯片公司可以支付不菲的封装开模费用,这时我们就要考虑是继续合作,还是寻找其他厂家。

除了拥有大量可选封装种类以外,封装相关的技术研发也非常重要,诸如长凸块、模块化封装、堆叠封装、晶圆级封装、扇出封装等,视具体芯片的不同要求而定。对于较先进的芯片或较复杂的模块,可选择的封装厂数量较少。

从测试的角度而言,芯片公司的测试工程师需要从芯片的预期规格来确定合适的 ATE 测试设备、探针和其他所需软硬件,然后寻找具备这些条件的测试工厂。如果芯片的引脚极其之多,处理器极为先进,时钟速度非常之快,或者芯片是某类特殊芯片,如内存芯片,就需要确保测试工厂具备测试这样芯片的资质。

测试能力的范畴还包括测试板的设计制造,有时这样的测试板需要满足高速、多层、高温、大功率等极端条件的测试需求。如果芯片公司本身尚不具备极有经验的设计工程师,那么需要咨询测试公司是否提供测试板的服务。

(2) 服务。

封装厂除了常规的封装和量产测试以外,可能提供的服务还有对机械结构和热环境的设计仿真、环境测试、探针测试、测试程序开发、X 光分析、故障检查等。比如我现在负责的芯片模块业务而对接的某些封装厂,除了模块结构设计和封装以外,我还要求对方提供整体的三维设计图、PCB设计、不同的材料选型和热仿真的服务,如果厂家在早年计划提供模块封装业务时没有未雨绸缪先安排好这些服务,那么竞争力肯定就较弱。

总体来说,对于很小的普通封装,很多地方都能做,封装厂的毛利肯定不高。为了多盈利,唯一的办法就是研发更先进的技术并给客户提供更多的附加值。

(3) 价格。

封测的每一步骤,包括长凸块、打线、封装、测试、物流等的成本都需要加到晶粒的成本上,成为每颗芯片最终的成本,进而影响产品毛利,因此封测部分的价格当然非常重要。这里要注意的是因为封测厂各自的生产资源、生产情况和对具体客户的报价指导方针都不一致,很有可能报出的价格差距很大,因此对封测价格务必要多比较几家,以得到更多的市场价格信息。

(4) 处理时间。

封测所需处理时间和具体的封装及测试类型有关,但是我们对大致需要的时间要心里有数。我们当然不希望哪天在晶圆厂加急订单买到的晶圆在封测环节需要花上几个月时间。在接触封测厂时,有必要了解在正常和加急处理时需要做的手续和预计的处理时间。

(5) 产能。

封测环节在切换不同芯片时所花的额外时间是没有产出的,因此封测厂会尽量连续不中断地去处理大客户的生产,而延迟小客户的排期。在需要的芯片数量较少时,我们需要和封测厂多次确认其计划安排生产的时间;在需要的数量大时,我们尽量使用产能较充足的工厂。

(6) 关系。

关系也是我们决定封测厂的重要因素。这家公司我们以前是否合作过?当时的合作愉快吗?对方如果是上市公司,最近是否有不利的新闻被披露?可以向行业里其他资深人士侧面打听一下对方的亲身体会。

在我们决定了使用某厂之后,需要与对方的业务负责人和其他重要员工建立良好的工作关系。关系的背后其实是信任。在封测产能需求旺盛时,工厂总是愿意先满足与自己建立起良好信任的客户,而对于没开过会,没见过面,只以邮件联系的客户,就算服务差一些也不会有心理负担。

供应链厂家一般不回绝生意,但是如果我们看到过高的报价,或者很难得到技术支持,那么可以想到我们的生意也许对方不一定感兴趣,因而要未雨绸缪。

(7) 快封。

有一些中小规模的厂家不具备大规模封装的能力,他们的商业模式是接很小批量的订单,但是可以快速交货,使客户可以提前验证样品的性能。此类厂家一般坐落于客户较多的上海、深圳、硅谷等地。因人工成本较高而无法运营大规模封装工厂,但是离客户距离很近,有物流快捷的便利,业界一般称为快封厂。比如我们可能与某大型封装厂签订正式的商业合同,而与小型快封厂签订简单的服务合同,在晶圆厂寄出晶圆时,可能大部分寄到大厂,而少部分寄到小型快封厂,小厂可能提前数周甚至两三个月就提前把封装好的芯片寄给我们。

表 2.5 是一些从封装厂发来的较简略的前期接触问题,由芯片设计公司回答,以此来作为报价的基准,双方还要在后续接触中进一步确认更详细的需求。

表 2.5 封装厂典型问卷

问卷调查的问题	信息填写
晶粒长、宽、厚	
引脚总数	
工作频率	
目标封装	
封装引脚数	
封装尺寸	
打线种类(金、铜)和直径	
打线数量	
晶粒颗数	
湿气等级(MSL)	
是否需要背面减薄	
是否需要激光开槽	
晶圆尺寸	
每片晶圆大致晶粒数(GDPW)	
塑封料(标准或特别注明需求)	
晶粒贴装材料(标准或特别注明需求)	
特殊工艺需求	
打包形式(tube,T&R)	
应用(如汽车应用,应标明安全等级)	
希望量产时间	
每年预期数量	
如打线图(bond diagram)已备好,请附上	
如封装外形图(POD)已备好,请附上	

具体接洽项目时,就芯片基础信息、背面工艺、凸块工艺、封装和包装形式等具体细节,封装厂还有极为详细的调查表格需要芯片公司的封装团队来负责填写,本书不再详细举例。

2.2.3 芯片的验证和测试

由代工厂加工好晶圆送至封装厂进行封装,做好第一批工程样片并送至芯片设计公司时,离真正量产芯片还需要做很多工作。接下来我们需要确认样片工作是否正常、毫无故障,这一步经常会发现一些问题再送去晶圆厂重新流片,这一步称为"路测"(Road Test)。在确认工作正常的前后,需要做各种可靠性测试(Reliability Testing);多次试产以考查其生产良率;测得各项重要数值,测绘波形以生成芯片最后的数据手册,以及进行出厂测试的设置。

芯片的测试一般分为3类。

(1) 探针测试。

晶圆制造好以后有时会最后增加一道探针测试程序,用于检查每颗晶粒的一些标准特性是否满足需求,探针测试能够检查的项目有限,然而其可以在早期筛选出有问题的晶粒而避免这些晶粒进入后续工序,可以节约整体制造成本。然而增加探针程序本身也增加了工序成本,因此对良率非常高且有把握的产品,常常不安排做探针测试。在安排做探针测试前,OSAT 工厂有相当复杂的综合问卷,本书对探针测试不做进一步描述。

(2) 可靠性测试。

芯片被允许量产而推向市场前,我们必须证明该芯片可以在客户的实际运用中经历各种严苛的运行环境而不致损坏,并且要证明可以在不同批次的生产中都能保证产品的质量。我们通过在不同时期试产的几个批次中提取一定的样品来做可靠性测试,而不必对生产的每颗芯片都做此测试。

(3) 自动化出厂测试。

每颗芯片出厂时都需要经过常温下的电气特性测试,以淘汰不符合规格的芯片。不同于可靠性测试主要依靠人工进行,出厂测试因为数量极大,必须用 ATE 来进行。同时,也可以用 ATE 测试数据得到最终数据手册的参数表。

对于要求较高的场合,有时会做 100% 的高低温出厂测试,确保芯片在任何工作温度下的重要参数都落在规定区间内。因为测试时间显著加长,因而反映在生产成本上也更高。相比之下,要求较低的场合只需要常温下 100% 测试,而高低温性能仅做抽查。要注意,是否符合出厂规格,只与人为规定的各项参数限制有关。即使是一模一样的芯片设计,不同客户要求的出厂参数限制范围有区别,也需要不同的产品型号。

为了更快将产品推向市场,我们需要尽快做一批工程样片然后进行各种验证测试,以便于及时发现和修改问题,然后将改进的设计方案送回晶圆厂再做一批。对第一批实验晶圆,工厂可以安排 6 片或 12 片的工程批次,我们可以付加急费用以提前交货。在特殊情况下,如果工厂同意,可以要求对方先完成一两片晶圆以方便我方做快速验证,而把其他晶圆暂停在中间某步骤——如光刻阶段,这样如果发现一些容易修改的小问题,可以不用从头再来。

一般来说,差不多在设计完成,提交数据给晶圆厂流片的同时,就可以开始布置后续的生产测试开发、环境测试准备等工作。当收到第一批工程样片时,其中一部分被送到应用工程师处进行路测,另一部分被送到测试工程师处在ATE上试验自动测试程序,最后的一部分送到其他测试工程师处进行环境测试。在理想的情况下,在第一批样片中只找到一些无关大局的小问题,第二次流片必定能够全部解决,测试开发工作可以正常推进。而如果在验证过程中不幸发现严重的设计问题,必须改动大部分的金属层甚至封装形式,那么测试的程序开发也会随之暂停,当改进芯片到手以后再继续推进原来的测试流程。在更坏的情况下,可能会需要第三版设计甚至更多改进工作。

验证和测试是相辅相成的过程,有时芯片的基本工作性能已经验证无误,但是环境测试中发现静电释放(ESD)、闩锁效应(Latch Up)、钝化层开裂(Passivation Crack)等问题存在,那么仍然需要回去继续改进工艺和设计。

这里列举一些其他的相关注意事项。

(1) 合作初期——对于刚接触的封测厂,可以先提供一些较简单,或者优先级较低的产品来供这家新合作方来试生产,先将整体的合作程序走通,确保物流、质量等没有明显的隐患,以及所有相关的人都能建立起连接。等到两三个这样的合作周期走完,那时可以考虑给予其更复杂更重要的产品来做。

(2) 测试芯片——对于较复杂的芯片,或者用新工艺流片的芯片,如果时间允许,可以先用MPW的方式流片出来以验证性能和工艺。

(3) 物流问题——将要流片时,询问封装厂是否已经定好引线框架或者BGA基板,什么时候到货,以免晶圆都加工好了还在等封装的材料。

确保晶圆厂和封测厂准备好了接受我们的流片数据和加工好的晶圆。合同、人员、物料等需要提前确认。芯片公司自己也需要准备好接受工程样片。比如测试板要准备好,实验固件或软件也要提前写好。

(4) 时间把控——完整的封装决策从封装设计开始,可能需要数周;然后是请目标客户检查批准,可能需要几小时到几周不等的时间;最后是封装的开模,可能需要3个月或更久。

(5) 一些节约测试费用的办法如下:
① 如可能,尽量避免使用较昂贵的ATE设备。
② 在设计时加入可测性设计(Design For Test,DFT)。
③ 在量产以后经常回顾测试方案,看是否有简化的办法。

④ 在测试方案成熟以后将测试工序迁移去劳动力更廉价的厂家。

⑤ 如果芯片和封装不算贵,而通过前期生产发现良率已经控制得很好,那么可以完全放弃探针测试的步骤以节约费用,而在最后测试阶段直接淘汰坏片。

(6) 测试外包——对于不熟悉测试程序的设计公司,可以外包这些步骤:DFT、ATE 程序、DUT 板设计制造、FIB、探针卡,在较大型的封测厂一般都能提供这些服务,或者能够介绍提供此类服务的厂家。

在验证和测试中,值得注意的一大问题是芯片数据手册规格与其实际最大工作限度和实际应用场合需求之间的关系,如图 2.5 所示。一般来说,实际应用场合的需求范围相对略窄,而芯片标注在数据手册上的规格则相对较宽,能够完全覆盖实际场合的需求,然而此芯片的理论最大工作限度,又比数据手册的规格更宽。举例说明:对于应用在 12V 工业总线下的数模混合芯片,其规格标称一般为 16V,而实际能耐受的电压基本在 24~26V。而在出厂测试时,可能将所有限度低于 20V 的芯片全部淘汰(因其落于较低的区间,可能有可靠性相关的长期隐患)。留有必要的余量,对于质量和品牌的形象较为有利。

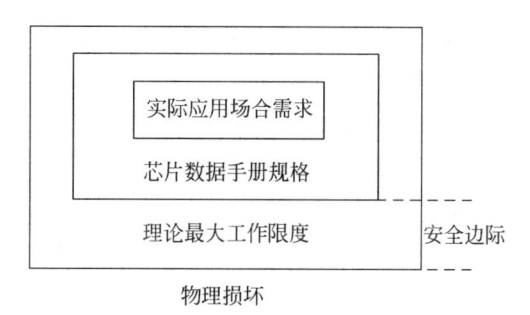

图 2.5 实际应用场合需求、芯片数据手册规格和理论最大工作限度三者的联系

此外,芯片设计公司往往还有对特殊实验室的需求,因为相当多的测试项目并非常规需求,而相关设备价值高昂,还需要全职专家人员,所以往往向第三方实验室求助,如失效分析、材料分析、X 光扫描和其他非破坏分析、TEM 测试、FIB 修改、电化学分析、ESD 测试、EMI 测试、射频测试等。国内外都有不少相关资源。

2.2.4 自动化出厂测试的开发

对于可靠性测试,一般是芯片设计公司自行开发和执行,在本书 5.2 节"芯片可靠性管理初探"中继续详述。以下则简述一些自动化出厂测试问题。

当芯片设计公司没有自己的测试工厂而外包全部测试项目的时候,在开发相关测试流程时可能会面临较大挑战，如可能会导致成本上升，推出市场时间过久，以及没有被发现的质量问题。准备测试计划是为了提供足够的信息使测试厂家得以准确地报价，主要包括提供详细的需要测试的清单，以及相关的芯片信息（不必是全部芯片手册——特别在需要保密的情况下）。

测试清单包括了量产时需要进行的所有测试（注意，并不包括数据手册上的全部内容），并提供外围电路设置情况，以及对每项测试所期望的最大、最小值范围。除了对芯片本身性质的描述以外，测试工程师还需要制定以下内容：

(1) 默认测试设置条件。

(2) 测试程序的开发步骤。

(3) 测试设备。

(4) 温度测试范围。

(5) 外部测试工厂。

(6) 目标测试时间——在量产数据足够丰富以后，有时可以省略某些测试以节约时间。对于某些规格细节，只能靠芯片设计本身来保证，而不必或不能测试。

(7) 测试价格目标——测试工厂会根据所需机台类型、折旧、人工，以及每颗芯片的目标测试时间来报价。

(8) 测试硬件和软件的拥有权——特别是在可能转移到其他工厂的情形下，设计公司最好能够拥有所有相关的软硬件（这也是设计公司最好能自行开发测试能力的原因之一）。

(9) ATE测试机、分选机、探针台等设备选择。

(10) 芯片插座和相关硬件设计——封测厂可提供此类服务。

(11) 质量指标——芯片公司需要定义测试成功的指标。

(12) 目标良率。

(13) 项目开发时间和时间节点。

以这些内容作为基准，可以向多家测试厂寻求报价并签署最终合同。如果设计公司没有专职的测试工程师，而依赖于测试工厂开发所有的相关方案，则对方可能需要收取一定的测试咨询和开发费用。一般来说，因为测试工厂对芯片的了解总不如设计方深刻，而且设计者与第三方测试者就工程细节交流起来总没有那么直接方便，所以芯片设计公司即使没有自己的测试厂房，培养一支自己管理测试的团队还是很有必要。

芯片设计公司成长到一定规模以后，往往选择建立自己的测试中心。此时需要的已经不是测试厂，而要转向联系提供测试设备的公司。这里的测试设备主要用于可靠性分析和自动测试。另外，设计公司或IDM的规模成长到一定地步以后，如果芯片有一定的特殊性（处理器、内存等），而且需求量巨大，那么它们甚至会与设备公司定制研发测试设备。

2.3　EDA、IP 和咨询

本节讨论供应链中 EDA、IP 和咨询这三部分的大致考虑事项。

2.3.1　选择 EDA 的考虑事项

EDA 的选择主要是基于技术和商务的判断，取决于我们做什么样的芯片设计。其决定的因素可能是基于模拟、数字或混合信号芯片的设计，设计的复杂度和要求工艺的先进性，以及是否包括封装和整体设计等。此外，因为三大 EDA 公司的产品组合已经十分完善，所以公司的设计工程师对哪些软件工具比较熟悉，也是决定的重要因素（很多 EDA 公司会赞助校园的电子设计大赛，这样学生毕业时已经对其软件十分熟悉）。对 EDA 和 IP 的需求随着芯片的复杂度不同而有很大区别。

EDA 的重要性在于其直接关系到产品推向市场的时间，并帮助我们集成和管理复杂的芯片乃至系统设计。今天芯片公司的客户希望把超级计算机放在口袋里，这样高度集成化的需求需要多维度，集成了数字、模拟、射频、片上系统等多类芯片的解决方案，以及同步解决其他技术和商业上的问题。比如，从技术角度，EDA 与工艺相结合的共同进步可以降低芯片功耗，提供信号和电源完整性分析；从商业角度，其可以帮助提高生产良率。

从芯片设计的角度，设计师需要 EDA 工具来帮助电路设计、仿真验证和版图设计。设计可能需要数字、模拟和混合信号等多重工具，也可能需要多重的验证环节。在初步设计完成之后，可能需要其他工具来设计芯片的封装，搭建电、磁、热等环境仿真。最后，在生产前后根据对工艺的逐渐了解和数据累积，可能需要工具来改进"为生产而设计"（Design for Manufacturing，DFM）。

根据设计芯片的种类、设计复杂度和目标市场，芯片设计公司可以咨询各大 EDA 公司来选择合适的工具和服务。芯片公司需要的 EDA 主要是 IP 和器件库、连接模型、设计规则检查（Design Rule Check）、工艺设计库（Process Design Kit，PDK）、设计和版图软件，各种电气、机械、热传导、有限元等仿真软件等。在作者的有限认知内，大型 EDA 公司的工具库已经非常完善，比如 Synopsys 在大部分情况下可以完全对标 Cadence 的工具，反之亦然，只有很少的情况下才需要考虑其他备用方案。因此芯片设计公司各产品线基本都选择绑定某家 EDA 公司来提供大部分的工具，而很少切换。

一般来说,越来越多的公司更偏向于完全使用同一家 EDA 大厂的全套开发工具(即使是非常大的芯片公司也这样),而较少在中间插一个其他家的软件,出现后者的情况往往是出于某些历史原因,因而需要内部编写一些脚本来将不同的 EDA 连接起来,但如此做就较难获得 EDA 厂家的全力支持,出了问题容易扯皮。而 EDA 大厂当然也乐于提供和支持全套开发工具而不是零碎地出售和支持。(这点原本是我参考其他资料初写本书时的设想,后来在某次硅谷活动中我咨询了某 CPU 厂家负责开发软件生态的华人主管,对方同意此说法)。

以下是选择 EDA 时的某些考虑因素。

(1)**IP 和器件库**。此两者可以说是芯片设计的拼图。设计师从器件库里选择现成的器件使用到自己的设计上,而不用从最基础的开始搭建整个设计。比如今天我们的 SoC 产品需要一个处理器器件,可以自己接洽,也可以由 EDA 或晶圆厂提供集成好的、来自多家 IP 供应商的此类器件。IP 和器件多数能应用在多家晶圆厂,IP 如果是拼图,EDA 工具就是拼图的方法和规则。

(2)**PDK**。PDK 是基于某具体工艺的器件的集成,基本每家代工厂根据自己工艺的特性,都有不同的 PDK。其中包括更具体的器件模型、连接模型、版图准则、设计规则检查等。特别是在设计模拟电路时,应该比较不同代工厂的 PDK,找到性能更优越、尺寸更小的器件。

(3)**集成步骤**。比如我们做多块芯片的片上系统集成,可以从一家到多家 EDA 公司、多家 IP 公司、多家代工厂来达到集成目标,也可以用较少的供应商,或许有最优解。

(4)**价格**。EDA 工具可能从学校使用的最便宜或者免费的版本到百万美元等级,价格可能是限制一家公司在一定日期内,有限或不限数量的使用权限。

(5)**培训和支持**。是否提供多次前期和项目中期的培训?工程支持如何进行?

(6)**EDA 和代工厂的联系**。EDA 公司与晶圆代工厂和封装厂的联系应该非常密切,帮助客户在代工厂流片,帮助代工厂建立工艺模型,帮助设计师做器件仿真,帮助封装厂建立封装模型和仿真等。代工厂可能有合作更紧密的 EDA 供应商。

2.3.2 选择 IP 的考虑事项

芯片设计时的一大重点问题是需要在内部开发 IP,还是到外部市场上去购买。这取决于芯片规格、IP 是否现成、价格、供应商是否可靠、验证结果,以及 IP 供应商合作的代工厂。如果芯片上的某种特性是我们新产品造成差异性的核心,可能更应该自行开发。以下是一些在产品计划阶段关于 IP 采购的重点。

1. 寻找

寻找 IP 可以从各大代工厂、EDA 公司和 IP 咨询的网站上寻找,资源很多。但是难点是如何决定该 IP 是否合适我方的目标应用和目标产品。在寻找阶段我们可能主要关注的是需要什么样的功能、哪里去买和多少价格,很可能会忽视制造的阶段。但是对于硬 IP 来说,在哪里制造和其他关于 IP 的问题一样重要。

在寻找阶段,作者的推荐是使用 design-reuse 网站,此网站目前已经有来自 450 家的供应商,超过 16 000 种的 IP。其将 IP 种类分为 13 大类:模拟和混合信号、内存控制、图形处理、接口、处理器、内存和逻辑、安全、多媒体、有线通信、无线通信、汽车、平台型和其他类。用户还可以按照工艺和代工厂来筛选。另外一家是 chipestimate 网站。

比如,我在 design-reuse 网站的其他/其他分类下浏览时,找到一个挺有意思的智能检测——司机开车时是不是在打瞌睡的 IP。据网站信息,此 IP 由瑞典的一家专精面部识别的公司 Visage Technologies 开发,属于软 IP,即只是一套程序,基于 Xilinx 的 Zynq-7000 SoC 平台。客户可以用推荐的摄像头套装,使用 Xilinx 的标准开发板和开发工具,装入此 IP,就可以较方便地自行验证此产品的特性。我想这样的软 IP,可以适用于车厂或 Tier1 供应商基于 Xilinx 做一套电路,给自己的车增加产品特色;也可以由芯片设计公司绕过 FPGA,使用该 IP 已验证兼容的 ARM Cortex-A9 处理器 IP,通过 ARM 授权而开发专用的 SoC 芯片,转而卖给车厂。

这样多种的商务模式就非常有趣。从另外的角度来看:车厂或 Tier1 厂家由此绕开芯片设计公司,通过其他设计资源而独立开发芯片产品同样是商业逻辑自洽的,因此现在有不少原来汽车或电子业的公司跨界来做自己的芯片。然而如果多家 SoC 芯片公司用类似的 IP 开发产品,卖给同样的车厂客户,那么可能就需要寻找其他造成产品差异性的办法。当车厂们可以自己通过 IP 授权和设计咨询公司来做自己的芯片时,芯片设计公司又如何自处呢?

2. 验证

验证 IP 产品能否从技术上和商业上适用于自己的目标芯片规格,是比较复杂的过程。需要接洽 IP 供应商,了解其成熟度、商业模式、技术可转移程度等细节,其中有一些需要了解的重点。

(1) 形式。

如果是软 IP,那么芯片公司需要了解用什么样的形式可以验证,是否可以通过通用的处理器或 FPGA 使用,还是只限于其他特殊形式。如果是硬 IP,芯片公司则需要考虑性能的比较，是否能够转移到自己想用的代工厂和工艺上，以及相关的风险。不论是哪种形式，都需要 IP 供应商有现成的平台和参考设计，以便于快速验证其性能。

（2）功能和质量。

① IP 是否满足功能和性能指标的要求？

② 是否有其他客户已经使用过？如果是的话他们已经出货多少片包含此 IP 的晶圆？

③ 供应商的相关业界和项目经验如何？

此 IP 是如何被验证的？是否有经过业界标准的高温、高湿度、ESD、latchup 等测试？（我看到一家由香港科大数位博士开办的 Easylogic 公司，其提供的产品是快速工程修补 IP，网站上提供了不少具体客户拍摄的视频成功案例）

（3）类别及应用。

如果是购买处理器 IP，那我们的芯片究竟是服务于什么应用，需要什么样的处理器？比如 ARM 就有几大系列从高端到低端的不同处理器。

如果是购买模拟或混合信号 IP，要了解此种工艺是否适合自己的产品。比如同样是 USB Type-C 的物理层 IP，如果需要高速数据传输，我们可以找到 Synopsys 提供的基于台积电从 5nm 到 16nm 工艺的此类 IP，但是如果我们只是想做颗 USB 快速充电器的芯片，那么就要简单很多。

（4）技术可转移程度。

芯片公司如果需要采购硬 IP，那么需要考虑该硬 IP 能否迁移到自己想用的代工厂和具体工艺上。如果该硬 IP 是来自 IDM 或者代工厂，那么迁移的可能性就比较低，或者可能需要谈技术转让。如果必须使用不可迁移的硬 IP，那么当代工厂产能有限或 IDM 不愿配合时，芯片公司就会遇到很多麻烦，因此这里还需要斟酌。

3．商务问题

（1）IP 厂商可能以不同形式来收取 IP 使用费。

如果是软件或服务型 IP，则根据具体源代码来收取一次性费用。

如果有硬件的部分，常见的是根据使用此 IP 的芯片数量来收费——很容易可以通过合作的代工厂来追踪。在较少见的情况下，也有按流片次数、订阅模式等不同的收费方式，总之都可以按需洽谈。

如果芯片公司对自己芯片的销售前景很有信心，又希望降低前期费用，那么可以与 IP 公司谈特许授权费模式（Royalty Based）。这种模式下有前期的一次性费用和基于芯片产量的费用，后续随着芯片销售数量的增大，达到事先规定的一定阈值，那么每颗芯片费用可能降低，也可能折扣掉前期费用。这种模式和芯片销售类似，1000 片芯片和 100 万片芯片的价格差几倍很正常。

IP 公司还可以提供订阅模式，客户可以在一段时间内使用该特定 IP 或该公司的所有 IP 来开发任意产品，这种情况下客户常常是代工厂。IP 厂商经常与代工厂深度绑定，提供自己所有开发好和验证好的 IP，供其与标准工艺一起绑定推广供客户选用，而代工厂在客户量产以后则与 IP 厂商分成。这样 IP 厂商得到了免费的品牌助力和市场宣传，代工厂则更增加了工艺竞争力，客户也喜欢已经在工艺上验证过的 IP，因此是皆大欢喜的合作方式。

(2) IP 厂商的其他盈利手段。

IP 厂商的其他盈利手段有：IP 的版本更新和修改费用、帮助客户项目落地的 NRE 费用、客户支持费用或者因为 IP 绑定了其他 IP 而产生的其他费用。在谈判时应该询问的问题是：

① 如果工业标准发生变化，是否可以免费更新？

② 如果代工厂工艺发生变化，是否会影响 IP 性能？IP 公司是否提供迁移 IP 的服务？

③ 该 IP 配套的 EDA 工具是什么品牌？版本更新时如何支持 IP？

④ 对使用该 IP 的芯片，是否能够提供一些服务，如免费查找故障等？

这些问题都可能引起比较复杂的谈判。

(3) IP 使用许可。

① IP 的使用许可规定了买家的使用权利和范围，包括是否可以使用、复制、修改和分销的权利。

② 使用许可规定了如果买家使用设计咨询服务，那么咨询公司能否使用这些 IP。

③ 复制许可是为了防止买家有意无意地泄露 IP 细节。

④ 修改许可规定了怎样的修改可以接受。

⑤ 分销许可制定了如 ASIC 客户等能否继续向其他客户销售此 IP。

(4) 合同的其他细节。

① 如何来界定客户同意产品可用、接纳产品并应该付款的标准。

② 包括在预付款里的基本产品维护和支持条款。

③ 出现专利冲突时的赔偿条款。

④ 使用 IP 的芯片出现相关的功能或质量问题而造成财产损失时的责任认定。

我们来看如表 2.6 所示的一套有关 USB PD 协议的 IP 的报价和服务选项（其中的报价数字隐去）。此 IP 有几种不同的授权模式，客户可选择只开发一颗还是多颗芯片,只需要 GDSII 文件还是全部源代码,是否需要包括验证平台,技术支持的时间和限度,等等。这些选择最后就影响了价格。

表 2.6　某 IP 公司对 USB PD 协议 IP 的报价和服务选项

指　标	单一许可证		多重许可证	
	仅 GDSII	全套产品	仅 GDSII	全套产品
类型	单一产品	单一产品	单一工艺节点的多种产品	多节点,多产品
交付商品	最终 GDSII	非加密的全部源文件	最终 GDSII	非加密的全部源文件
额外交付	无	FPGA 验证平台	无	FPGA 验证平台
源代码	加密	提供	加密	提供
执行时间	4～5 个月	4～5 个月	4～5 个月	4～5 个月
技术支持年限	2 年	2 年	3 年	3 年
免费咨询小时	200	200	300	300
咨询收费	40 美元/小时	40 美元/小时	35 美元/小时	35 美元/小时
价格	隐去	隐去	隐去	隐去

综上可见,IP 的选择是比较艰难的过程。当我们计划开发一颗复杂的大型芯片,最佳的办法是独自设计一些最有竞争力、最具差异化的功能。可以使用一些符合工业界的通用标准,不需要有差异性的硬 IP 以避免"重新发明轮子",而优化一些软 IP,设计自己的全新功能以提升芯片的性能和客户体验,这样能够达到最高效的开发效果。

IP 的使用大概率伴随着大量技术讨论,最终还是看供应方的支持力度,所以在接洽时一定要了解对接的渠道,是否有该项目专属的工程师,双方将来如何共同进行故障分析,以及如果供应方将来被收购则 IP 如何迁移等,这些都是需要讨论的议题。

2.3.3　选择设计咨询服务的考虑事项

如 1.5.4 节所述,对于任何体量的芯片或电子公司,都可以使用外部的设计咨询公司补充自己的能力,专注于自己创新的部分,而尽快将产品推向市场。

选择此类公司时,大致有以下几点值得思考的地方。

1. 清楚地定义自己的需求

如图 1.14 所示,许多具较强资质的咨询公司可以只做一部分工作的外包,也可能做规模宏大的系统级开发。那么作为客户,应该清楚地说明自己只是找咨询公司来补充自己,还是需要其承担重要部分,或者需要将全部项目包给对方负责。对于技术细节的要求,同样最好在接触前就已经较为明晰,这样才能更快推动项目进展。

举例来说,曾有家欧洲客户来找我的团队定制 SoC,其要求是将其产品电路板上所有芯片都尽可能集成起来以缩小方案面积。但是其出具的技术规格相当含糊,感觉对方的决心和技术能力不足,将来可能造成的问题远比回报要大,因此我们就拒绝了。现在读者应该了解,为什么 1.5.4 节中说如果房地产老板想进军芯片行业,咨询公司一般不愿合作。

2. 列出一些接触对象

选择咨询公司时,最重要的条件就是对方的经验。对方必须对我们感兴趣的产品和技术有充分的开发历史和具体项目经验,而且最好对市场也有一定认识。如果对方的经验非常丰富当然很好,但最重要的是做过类似我们需要的产品。此外,对方应当与相关的代工厂等也有深度联系,最好用过我方也同样熟悉的工艺。

曾经我在公司内部设计团队遇到难题时,也接触过外部咨询公司,对方虽然在处理器设计上很有经验,却坦言并未做过我那时需要的技术,但是可以尝试。

3. 商务条款是否合适

如果该咨询项目需要公司高层审批,那么应该了解所需费用的选项,选项一般包括:

(1) 按人工收费,先估计大致所需人工,再一直工作到项目完成为止。

(2) 固定价格,如要求变动则需重新议定。

(3) 前期 NRE 费用,加上基于芯片出货量的授权费。

初创公司最好不要接受授权费方式,因为涉及产品毛利,在将来公司上市审计时会有麻烦。

4. 评估项目管理

任何咨询项目的开展都需要对方公司在整个项目上有带头人,其应了解咨询项目的具体流程,以及项目如何评估和推进,双方需建立一定信任。

5. 确定项目弹性

虽然前期接触时应当有明确的项目要求,但是如果项目耗时漫长,期间可能市场发生了变化,因此产品也须有所调整。我方需要了解在需求变化时的沟通渠道和项目节点。

6. 了解对方的质量管理和保密条款

为了尽可能避免合作以后出现的不愉快情况，应由双方的质量和法务部门共同签署合作条款。

7. 了解优先级

芯片公司如果本身具有一定的设计能力，选择咨询公司只为加快研发速度，那么就需要了解对方的人力资源是随时待命还是要等一定的时间。

8. 寻找旁证

最后，应该向对方公司了解之前项目的信息，不妨向对方了解其合作历史是否愉快。事实上，我们经常与同行聊天互换信息，因为圈子很小，任何人脉都有意义。

2.4 从白纸到芯片——芯片的立项和开发流程

图 2.6 芯片设计公司的供应链整理

对芯片行业各类业务类型的公司和供应链的整理可以总结为如图 2.6 所示。在日常工作中，芯片公司不同职务部门接触的供应链公司也有所偏重。比如芯片设计师接触更多的是晶圆厂、EDA 和 IP 公司；项目经理和生产运营经理比较熟悉的是晶圆厂、封测厂、物流和供应链公司；销售和现场工程师（FAE）主要对销售类公司比较熟悉；产品市场人员则应该对产业链上所有环节的公司及其在公司运营时的作用影响，都有一定了解。

对整体供应链的介绍至此，应该梳理一下作为芯片公司，从开始规划一颗芯片，到整合全部供应链，再到开发产品，最后到芯片量产销售的大致流程（这里不涉及使用咨询服务）。

1. 发现和规划目标市场

对于不同类型的芯片，其应用的市场可能非常狭窄，如专门用于医疗或航天的芯片，也可能像很多模拟和电源芯片一样可以用于从消费类到工业类的大量应用。然而目标市场的宽泛与否，并不对芯片是否大卖有决定性作用。芯片公司可能为苹果或谷歌这样的大客户特别定制一颗专属芯片，而赚得盆满钵满，而另一颗芯片可能适合多达数百家客户，却因为市场价已经低到无法盈利而导致失败。对初创的小公司而言，其往往只需要专注某特殊市场，开发一类产品平台和一颗芯片并做到极致,这样才能够建立起公司形象和产品的护城河而开始迭代,而如果只追逐普适性的大宗市场,在成本和销售的覆盖度上则无法与大公司竞争。对于比较成熟的大公司,其往往有多条产品线已经非常成功,拥有较高的市场占有率,因此需要横向去其他目标市场再进行开拓。

2. 市场分析

在确立了感兴趣的细分市场以后,我们需要开始做市场的分析。这里主要需要明确三个数据:TAM、SAM 和 SOM。

- TAM(Total Available Market)——某产品或服务在市场中的总量。
- SAM(Serviceable Available Market)——在一定地理和其他条件限制下,作为生产这颗芯片的公司,可能接触到的市场总量。
- SOM(Serviceable Obtainable Market)——在 SAM 的基础上,SOM 更为保守。意思是本公司有能力赢得的市场。

三者关系如图 2.7 所示。举例来说:对于做模拟和电源芯片的初创公司,TAM 是公司有类似德州仪器的规模时可以看到的全球整体市场,SAM 是公司在上海和深圳两地的销售基地可以覆盖的局部市场,SOM 是公司基于自己的品牌、技术和销售网络而有信心得到的市场份额。

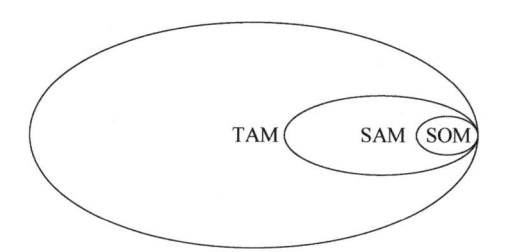

图 2.7 TAM、SAM 和 SOM 的关系

3. 竞争对手分析

从以往经验出发,我们已经了解了在目标市场上占据全球领先地位的数家芯片公司,通过分析对方已经量产的产品,我们还可以大致了解到对方产品的竞争优势,甚至可以推导出对方近几年的主要业务发展方向。分析对手时不必过于在意小公司的产品,因为一般来说大公司的产品受众较广而较有前瞻性,而小公司则往往只局限于局部市场。

4. 制定产品路线图

在做好前期的市场和竞争对手分析以后,产品线总监、市场经理应该制定未来三到五年间简单的产品路线图。因为客户很少会对昙花一现的芯片感兴趣,总是希望看到芯片公司在某特定市场有持续的投入。任何芯片都有引入期、增长期、成熟期和最后的萎缩期,而每个阶段可能短至半年到一年(特别对应用于消费类电子产品的芯片更是如此)。因此,如果缺乏持续投入,一款芯片总会逐渐被市场淘汰。对于成功的产品路线,应该可以让增长期来得更快、势头更猛,要尽量拖延萎缩期的到来,在萎缩期到来前在适当的时间点及时推出更新换代的产品。芯片行业和时尚行业的一个共同点是:永远是新产品才能引起兴趣。

5. 新产品调研

在制定出一定的产品路线图后,产品线总监、市场经理对第一颗产品的大致规格和未来的技术发展路线有了一定了解,此时产品线总监应该准备一定的材料可以拿出来与熟悉市场的公司销售和FAE讨论,拜访行业里占据领先地位、较乐意分享的客户来调研对新产品的想法,同时在内部与负责研发、封装、测试等的部门进行初步的接触讨论。

6. 确定供应商

在不断修正对产品和路线的计划后,产品线总监/市场经理应该与研发和工程部门共同确认设计和制造此类芯片的主要供应商。包括晶圆厂、封装、测试和可能的IP供应方。对于需要长期、大批量采购的供应商,需要先完成一定的流程手续,包括供应协定、保密协议(Nondisclosure Agreement,NDA)、资质认证、验厂、合同签署等。对于较不重要的供应商,可以从少量的直接采购合同先开始。选择的标准和注意事项在前文已经有总结。需要选择的供应商可能包括:

- 工艺相关:PDK、MPW、工程样片和规模生产。
- 各IP(处理器、内存、模拟等)。
- EDA:前道、后道、物理设计、验证和设计服务。
- 封装测试:量产封装、快速封装打样、环境测试、性能验证、自动化测试和故障分析。

对于初创的芯片公司,需要得到各类供应商的广泛接受(以晶圆厂和封装厂最为优先)。其接受度由多重因素决定,主要与细分市场是否健康发展、产能和需求的吻合度,以及具体供应商的业务情况有关。总之,每个供应商都希望客户是潜在的市场赢家,对于初创的芯片公司,说服客户购买芯片之前,说服主要的供应商来配合自己工作是更加重要的。

有时因为市场波动,供应商可能态度上发生很大的变化,曾经有家代工厂对于同样的8英寸晶圆的标准$0.18\mu m$工艺在两年之内报价上涨了近三倍。但是在两三年之前,该代工厂却还在降价找新客户,希望能将产能填满。初创的芯片设计公司很难应对这样的变化,最好的办法是设置"代工厂管理总监"一职,其理想的人选是代工厂的资深业务和销售人员,如此更能加强与供应链的联系。

7. 具体芯片定义

定义需要综合市场方面的意见，以及设计、工艺方面是否能够满足功能、成本和性能的可行性分析。芯片定义需要产品线经理首先确定"Money Spec"——必须满足的基础规格，如无法达到则不能满足市场要求，如微处理器的处理速度、内存芯片的容量、电源芯片的电压电流规格、信号链芯片的精确度等，这样的基础规格一般不需要很多条。

其次由系统/架构/定义工程师（不同公司叫法不同）来做一些基础的架构设计。这里芯片公司可能要确定目标芯片中哪些部分是主要创新而需要自行设计的，哪些部分是需要自己设计但不需要造成差异化的，以及哪些部分可以采购市场上已有的 IP。这里也需要做一定的设计验证和系统仿真，芯片的整体系统需要被建模，以对照芯片的设计仿真结果，第三方的 IP 也需要先得以验证。对于较复杂的芯片或全新的工艺，可能需要先对某些子系统做测试芯片（Test Chip）。因此前期的准备工作可能十分繁杂。

在架构设计之后，系统工程师需要逐渐制定芯片的其余规格，以撰写芯片的目标规格书（Initial Objective Specification，IOS）。IOS 文档描述了芯片的详细属性、系统框图、所有接口、主要电气参数、引脚功能、封装选型等。IOS 的最后确定，需要产品线经理、设计工程师、工艺工程师、系统工程师、应用工程师、产品工程师、封装工程师、测试工程师等多人的讨论。有些公司将 IOS 称为技术需求文档（Technical Requirements Documents，TRD），含义基本一致。

8. 商业计划书

紧接着芯片定义的流程是撰写芯片的商业计划书并得到公司高层的批准，这里详细的内容和格式可参考本人拙作《我在硅谷管芯片：芯片产品线经理生存指南》一书。

9. 具体芯片设计

具体芯片设计需要事先谈判好 NDA 和代工合同，取得 PDK、设计规则和其他所需设计材料。在流片前夕，需要接触晶圆厂以提前布置流片时间，确定流片细节，包括递交具体设计文件，以及所需要的其他附加服务如晶圆探针测试、长凸块、封装等。以最后递交的 GDSII 文件为成功流片的节点。

10. 项目管理

从芯片定义的阶段开始，公司就需要开展项目管理。这里包括立项、供应商管理、物流协调、流片管理、日程管理等事项。项目管理的最高境界是整个芯片开发的流程没有无故浪费的资金和时间。

测试是从拿到封装好的芯片之后就要开始，包括性能验证和环境测试。

在芯片接近量产时，需要提前开始产品推广以抓住市场机遇。

在克服所有性能和质量相关问题而最后宣布量产时，要开始进一步的量产管理。需要了解产品在未来销售的趋势而提前做出生产安排。

11. 产品发布

最后，需要向公司在世界范围内的销售、FAE、代理商和其他合作伙伴通知此产品已经正式量产，并制订相应的营销计划。而在推广和赢得客户以后，需要估计其需要芯片的数量和时间，以组织具体生产。

芯片开发全流程如图 2.8 所示，比较具体的内容，留待第 4 章中展示的假想具体项目案例，再做进一步拆解分析。

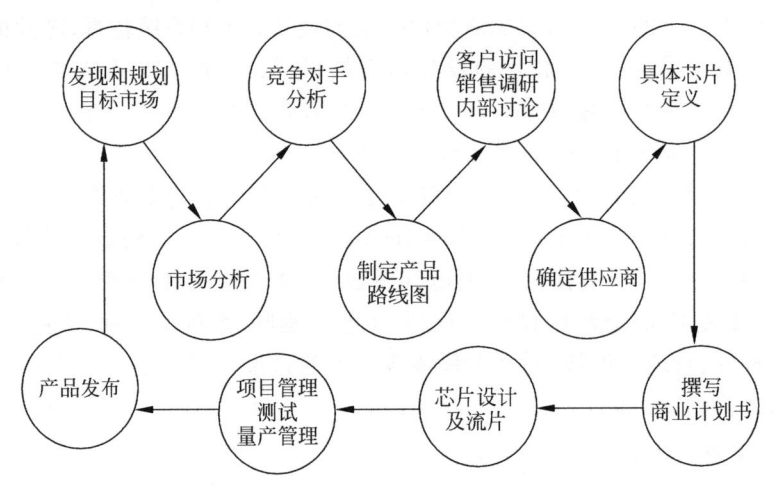

图 2.8 芯片从概念到量产的流程

2.5 从芯片到终端——电子产品的生产流程

2.4 节介绍了一般芯片从概念到量产的简短流程，本节继续介绍电子工业各类主要的企业及其分工情况，以及这些企业从使用一颗颗独立的芯片，到生产出终端电子产品的历程。

在几十年前电子行业仍然处于较早期时，厂商如英特尔曾经自己设计和生产芯片，围绕芯片做整机计算机，开发自己的操作系统和应用软件，做相关的生产和测试设备，形成垂直整合。其优点是提供了整体的解决方案；缺点是随着规模增加，所需投资极其浩大，而任何环节都不能有生产、质量或设计上的明显短板，供应链几乎毫无弹性。

公司壮大以后，很难继续采用垂直整合的生产方式，这既不经济，更无必要，反而杜绝了与协同力量合作的可能性。为了保证自己的竞争力，大型公司一般选择保持自己最核心的设计制造部门，而把其他相对重资产、附加值不高、或需要大量低端劳动力的环节都外包出去。比如英特尔最早做的是内存芯片，后来专攻处理器芯片，处理器芯片可以卖给一切主板、计算机、服务器、通信等客户，变成工业界的基础单元，而英特尔以其自身的技术实力可以保证产品的极高毛利。相反，计算机的硬件部分却是很难差异化的，戴尔、惠普等开始做个人计算机时仍然盈利颇丰，而随着竞争者的加入，个人计算机利润渐薄，因此不得不转型做其他更有利可图的业务，而把计算机的具体生产继续外包到其他厂家。又以苹果为例，其规模已经非常庞大而现金又极多，但是仍然不会考虑去收购其主要的芯片供应商台积电，或者终端产品的主要代工厂富士康等，前者主要是因为太过重资产，又与其主营业务不吻合，买下来可能会流失很多担心保密问题的客户；而后者是因为代工厂的毛利太低，不值得去收购，反而与多家不同工厂合作更让对方有危机意识，而苹果也能效益最大化。然而，苹果并不吝于收购芯片、软件甚至游戏公司，以增强自身的核心竞争力。

总之，在电子行业垂直整合的结构已经分崩离析以后，任何大型公司都花极大力量来外包并维护和优化自身的供应链，而任何初创公司都可能切入其某一细分的设计或生产环节从而获得成功。

今天，智能手机已经司空见惯，而很少有人会思考打造一部手机所涉及的复杂生产环节。仅在电子元器件方面，手机公司就需要管理大量的元器件供应商，比如几十种芯片、PCB、被动元件、连接器、机械件等。在生产制造方面，又需要管理组装、测试、EMS、ODM 等各类厂商。在经营生态方面，还需要管理 App 开发、软件服务等。因为其生态极其的参差多样，几乎所有电子厂商都需要外包其部分设计、制造和生产环节。

这里可能要对电子产品制造工业 OBM/OEM/EMS/CEM/ODM 的定义做一个介绍，实际上因为各家公司经常有多样业务，因此不太容易很精确地归类，很多资料的定义也不尽相同。

OBM（Original Brand Manufacturer，自有品牌制造商）。此类公司经营对外的产品品牌一般以面向消费者的产品为主，如苹果、小米、OPPO 手机等。OBM 的定义中一般不包括制造，但可能拥有强大的设计和工程整合能力。比如虽然苹果是全球采购芯片的第一大终端客户，但是一般不直接下订单买芯片，而是通过下面所说的 OEM 和 ODM 来采购。

OEM（Original Equipment Manufacturer，原设备制造商）。此类公司为委托代工厂，本身不具有对外销售的品牌。比如，鸿海为苹果代工，生产能力极强，但是我们在市场上看不到鸿海牌的手机，这里鸿海就是 OEM 类公司（鸿海近年也有很多业务转型）。

CEM（Contract Electronics Manufacturer，合同生产方）。与 OEM 的定义类似（有些资料的定义不同，不将 OBM 而将 OEM 定义为品牌拥有方，将 CEM 定义为代工方）。

ODM（Original Design Manufacturer，原设计制造商）。ODM 在 OEM 的基础上，增加了自身的核心技术和设计能力。比如三星为苹果提供 OLED 的显示技术和产品，包括设计和制造部分，那么三星的此项 OLED 业务就可算作 ODM。

EMS（Electronics Manufacturing Services，电子制造服务）与 CEM 的定义类似，但是一般加上更多增值服务，如软件、物流、供应链管理、产品设计服务等，代表有伟创力、捷普等公司，这些公司的业务类型更加多样化。

注意，以本人的经验：对于技术含量较高的电子产品，如手机、计算机等，做出采购何种芯片决定的大约 90% 是 OBM 和 ODM 公司，其他 OEM 等公司可能在某些特殊情况下建议其客户切换某芯片，但很少发生。因此我们去鸿海和伟创力推广适用高端手机的芯片是没有多少意义的，即使他们规模很大，也确实采购大量手机芯片，但他们不能做此类采购决定。

而对于技术含量偏低的电子产品，其他品牌商不一定需要技术团队，只注意营销即可。比如宜家向 OEM 公司采购大量灯具，而宜家显然只需要很多电工，对 OEM 使用什么芯片并无兴趣去干涉。如果质量问题较大，来年改换一家 OEM 即可。因此对此类适合灯具的照明芯片，只需要接触 OEM（对高端照明，则需要接触车厂和 OBM）即可。再举一例，伟创力曾经为耐克代工其可穿戴运动手环，耐克估计不会培养内部硬件团队，可能只提出要求，而产品本身由伟创力设计。

图 2.9 显示了比较重要的一些芯片到电子产品的供应链环节及其互相的联系（设备、材料等晶圆厂上游的供应商在这里省略）。这里芯片设计公司向芯片代工厂、封测厂等外包生产过程，也向 EDA 公司、IP 供应商、ERP、SAAS、云服务商等公司购买软件、IP 和 IT 服务，而设计公司可能向 OEM、OBM、ODM 等多类公司销售产品。封测厂可能同时向芯片代工厂、设计公司、IDM 等提供服务。PCB 和基板供应商会供应封装厂，而其较大的业务可能是供应 EMS、CEM、ODM 类客户，提供电路板等产品。最终，由拥有品牌的 OBM 类公司向消费终端发货，普通消费者一般只能接触到消费终端和 OBM 品牌，而可能对背后的种种供应链缺乏认识。

如果涉及工业类、汽车类产品制造，还要加入一级、二级供应商（Tier1，Tier2）。比如，芯片公司需要先卖芯片给汽车 Tier1 供应商，如博世、大陆、德尔福等公司,由后者组装成汽车电子产品再卖给汽车公司。在汽车供应链里,车厂和汽车电子供应商都有采购芯片的决定权,也各有合同生产方,生态链更为复杂,本书不能尽述。

在本书7.2节介绍芯片行业的客户时,还会对产业链的上下游做具体的解释。

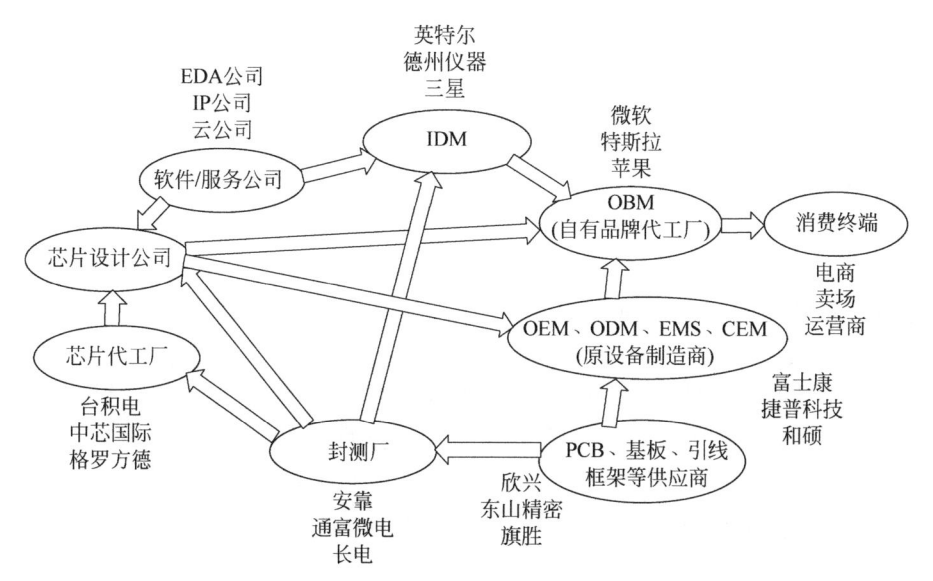

图 2.9　芯片至电子产品的供应链环节及典型代表公司
注：箭头出发处为供应商。

从一颗颗芯片到生产出终端电子产品的具体历程大致如下：

消费类终端电子产品在量产前1~2年就要开始设计(取决于产品设计难度和市场要求),而工业、汽车类产品的研发周期会更长。以电动车公司为例,整车公司提出系统级别的规格,并将其拆解为重要系统的规格需求而传达给Tier1级别供应商,以产生子系统规格。Tier1供应商或通过自研,或通过进一步下达子系统规格给Tier2供应商,来确定子系统内部电子电路的规格。最后,由Tier1或Tier2的硬件设计师制定所需的各类芯片规格。

硬件设计师们作为芯片公司的客户,一般有长期稳定的合作方式。通过沟通以后,客户们会要求拿到感兴趣的芯片样片、参考设计等资料。在一系列来回的技术支持、价格谈判,以及性能验证以后,客户会通知芯片公司,考虑在下一代新产品中使用这颗芯片。

在得到小批量的芯片样片以后,Tier1、Tier2供应商会将其制成相应的电子电路、子系统电路等,再进一步集成到更大系统中,造样车。这里的每一步都需要详细的验证过程,如图 2.10 所示。每一步都可能需要事先的小批量试产。

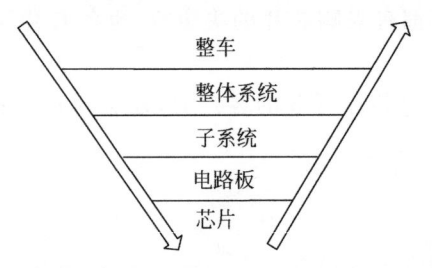

```
整车
整体系统
子系统
电路板
芯片
```

图 2.10　从整车到芯片:需求的下达,以及向上验证的过程

当汽车公司一切验证通过,决定量产以后,会开始逐级下达需求。最后芯片公司得知从某年某月开始,预计需要每月某种数量、某种型号的芯片。这时芯片公司的销售会通知产品线经理已经赢得该客户,随后销售在生产预测系统中输入相应数据,在产品线经理批准以后,由生产策划团队将此客户数据输入生产系统,来规划后续芯片的生产时间。

在陆续收到来自各家的芯片并入库以后,Tier1、Tier2 电子公司根据终端车厂对市场的销售预计,来组织各工厂生产最后的电子产品以推向市场。因为流程繁复,所以较为复杂的电子产品所需研发时间一般要以年来计量。如果某些客户需要特别定制尚未发布的芯片,则整个研发流程可达数年之久。

第3章

从初创公司到成熟公司

在芯片设计公司初创之时,研发工作显然非常重要。然而研发设计工作是芯片公司成功的必要条件,而不是唯一的充分条件。在本章,我们有必要讨论成功的芯片公司运营所需要的各类关键职能,以及随着项目增加而需要扩展的人员数量等细节。

本章首先讨论的是工程方面的组织结构,包括架构、设计、软件、版图、定义、验证、应用等具体职能。其次介绍运营和支持的组织结构,包括产品工程、封装、测试、工艺、生产策划、质量管控等方面。最后展示的是整体的业务部门,包括产品线经理、市场经理、商务拓展、销售、FAE、系统方案、营销传播等方面。

对于初创公司来说,几乎很难也没有必要建立拥有以上职能的团队,如果太早雇佣所有这些人员,那么烧钱太快,很多人刚来可能也无事可做,认识人都来不及;但是如果太晚开始招聘,又可能严重耽误项目进度。因此这些职能的人员何时需要加入团队,也是本章讨论的话题。

3.1 公司定位

在考虑建立芯片类的公司时,其根本性的问题是先决定公司的性质。我们如果不考虑做销售类或者方案类公司,而希望拥有芯片知识产权和产品的话,也仍然有诸多选择,如销售IP,提供ASIC,成为纯设计公司,成为IDM等。比如,今天我们突然有一类创新产品的想法而希望成立自己独立的公司,通过设计、仿真、验证等确认自己的想法无误,而又找到了能提供生产工艺的晶圆代工厂,其后可以通过一系列技术和商业的思考来决定成立什么性质的公司。创业者需要比较主要竞争对手,建立初始团队,撰写商业计划书等吸引天使投资人的兴趣。比较基础的思考包括:

(1) 这个产品想法能否实现?

（2）实现想法的资金需求是多少？能否吸引外部投资人得到足够的启动资金，启动资金能否维持至少两到三次流片的费用？是否可拿较少的钱而承担较多风险，还是拿更多的钱但减少股权？能否以银行贷款代替股权融资？

（3）我作为创始人，在公司的角色是什么？公司还需要哪些人才？应该到哪里去找，找到以后能否吸引他们加盟？

（4）做原型芯片最少需要多少开发人员？包括芯片设计、软件设计、版图、验证、仿真、定义、应用等。能否找到身兼数职的高手？

（5）市场在哪里？TAM、SAM 和 SOM 的规模？主要潜在客户是哪些？

（6）竞争者是谁，他们的规模如何？为什么我方可以胜过竞争者？

（7）我方的销售策略是什么？自己培养销售来做直销，还是通过代理商或其他合作方销售？

（8）每年的销售量预计多少，单价多少，成本多少？

（9）供应链合作伙伴分别是哪些厂家？他们的合作诚意如何？在出现问题时能否找到替代？

（10）什么时候能够得到客户的销售回款？什么时候能够产生正向的现金流？

（11）商业计划书是否自洽可行？

考虑这些问题的同时，我们需要探讨公司的定位问题，如图 3.1 所示。首先，我们需要就自己对新产品的设想做一些工程验证，在产品想法验证以后，我们首先考虑的是能否成为一家专门销售 IP 的公司。IP 公司的优点是规模可以非常小，仅几位工程师，加上一个销售即可成立。只要产品曾经流片和验证过，就可以开始销售 IP。其资金压力较小，毛利却可能很高。当然，其缺点是很多客户都可能需要技术服务，很难使公司高速发展，而且因为没有自身的终端芯片产品，产品掌握在客户手里，自己没有主动权，很难把销售额做高。最后，要保护知识产权不被抄袭也是比较困难的工作，需要与 EDA 或晶圆厂深度绑定。

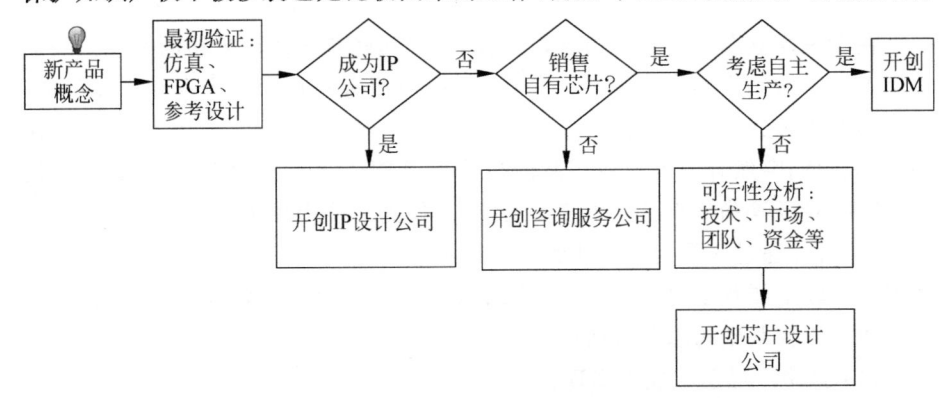

图 3.1　公司定位的考虑

我们试做单个芯片设计项目与单个 IP 服务项目的收入比较如表 3.1 所示（这里的金额全为假设）。对单价相同的芯片，IP 公司只能收取可怜的 10% 使用费，销售额差了 10 倍。然而 IP 公司只需要提供一些服务而不需要承担生产任务，其毛利率和净利率实为可观，除了最开始的流片验证以外，完全不需要大量人手。如果我们有 10 个这样的项目，那么我们的目标可能是成为一家净利 2000 万美元、300 人的中型芯片设计公司，或者是一家净利 600 万美元、20 个人的小型 IP 公司。

表 3.1　芯片设计公司与 IP 公司的收入比较

项目类别	单个芯片设计项目	单个 IP 服务项目
单颗芯片价格/美元	10	10
IP 使用费率/%	0	10
年销量/万颗	100	100
销售额/万美元	1000	100
毛利率/%	50	80
毛利/万美元	500	80
人员数量/个	30	2
营运成本/万美元	300	20
净利/万美元	200	60

虽然芯片设计公司规模较大，看似比较光鲜，但是考虑到生产运营的庞杂头绪、风险和资金压力，对创业者来说选择小而美的 IP 服务项目未尝不是好的选择。况且，国内很多芯片公司非常内卷，很难在产品概念上创新，毛利很难达到 50%。

如果不考虑成为 IP 公司或设计服务公司的话，下面的选择就是成为芯片设计公司（无厂），还是选择建厂而成为 IDM，此外根据选择的产品种类不同，所需要的投资区别非常大。比如同样是选择建厂路线，投资做 8 英寸的功率元器件厂比起 12 英寸的先进工艺，投资可能要相差十倍到几十倍，而难度等级和团队数量也完全不在一个量级。本书以下主要涉及的仍然是（无厂的）芯片设计公司模式。

作为芯片设计公司，最初的产品定位也十分重要，产品定位决定了需要融资的多少，走向市场的时间点，销售策略、公司形象等一系列后续会影响公司的问题。关于产品，我们需要考虑是数字芯片、模拟芯片，还是数模混合类芯片，以及需要什么样的制造工艺等问题。

这里重点讨论的是最初的产品如何形成差异性的问题，如果产品没有差异性，就不存在创立设计公司的必要。该问题可以分为两大类选择，这两大类选择可细分出具体细节如下。

1. 第一类：已经存在的标准、市场和客户

（1）提供高度集成化，比如将较多离散元件集成为 SoC 或模块方案。

（2）解决客户的实际应用问题，比如客户现有方案无法通过某些测试标准，以及使用其他芯片出现一定故障率等。

（3）提升客户产品的基本性能，比如降低能耗，提高精确度，提高响应速度。

（4）降低客户的成本。注意这里节约的是系统其他零部件的成本。比如，通过加入新功能，使客户使用的电池寿命（成本）得以大幅增长，这就是很好地降低客户系统成本的方法。如果目标只是单纯提供更便宜的芯片，则降价是人人都会做的事，显然不是持久优势。

（5）国产替代。与（4）同理，国产替代不应单独作为投资的理由，因为可能被其他国产替代掉。

2. 第二类：全新的标准、市场和客户

（1）提供基于全新工业标准的方案，如 WiFi6、UCIe 等。

（2）增加全新功能，比如基于标准 ARM 核，但是扩展功能到具体应用。

（3）增加新的市场，比如将影音解决方案移植到车载应用。

（4）革命性的新解决方案，比如曾经的手机指纹芯片。

对于选择第一类途径的公司，最重要的是快速投入市场，快速迭代，客户往往已经有类似的芯片在投入使用，因此验证相对容易，销售可能突然上量，要提前就做好供应链的布局。这样的公司较为重要的是芯片定义、研发和供应链管理。

对于选择第二类途径的公司，其困难之处是可能先要培养市场，产品设计可能跟着标准演进而改变，客户量产在更远的未来，甚至需要公司提前布局，加入适当的产业联盟以影响标准的细节。这些工作都可能造成产品需要更长的时间才能推向市场，然而第二类途径的公司是产业的领导者而非追随者，更有可能取得巨大的成功。这样的公司需要更具战略眼光的领导者，更充分的资金储备和更完备的职能体系。

3.2 建立团队

不同规模的芯片设计公司，几乎都非常像早期英特尔的组织结构，如图 3.2 所示。其由高层管理向下，分为元器件事业部、微计算机事业部、系统业务事业部三个横向的业务组织。而在纵向有销售、生产、技术开发和行政管理等数个部门。这是典型混合型的组织，在纵向上，销售部门管所有区域、所有产品的销售，生产部门管所有生产，因此有限的资源可以按照公司的优先级来调节和共享。而在横向范围，各产品事业部集中力量做好自己的产品，服务自己的客户，各事业部可能以合作的形式提供整体的客户解决方案。

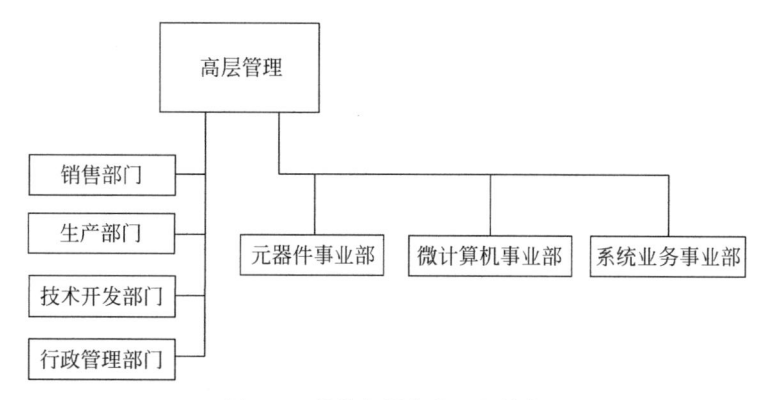

图 3.2 英特尔早期的组织结构

注：本图来自 *High Output Management*。

在公司规模做大以后，横向组织不断开枝散叶，增加自己的产品组合，纵向组织也在不断成长。下面就成长到一定规模的芯片公司的组织做进一步探讨。

3.2.1 产品市场团队

对于稍大规模，不止一条产品线的芯片公司，管理层没有办法自己来做所有产品线的细节管理，因此必须建立多个横向的业务部门，其下属有不同的芯片产品线，具体的某一业务部门则如图 3.3 所示。

图 3.3 芯片公司业务部门架构示例

自业务部门副总裁以下，每位产品线负责人管理整条产品线中一切与业务相关的内容，包括新产品定义、应用、产品生命周期、营销、客户支持等各层面，可以说是公司内部此种业务的 CEO。比如，本人曾经作为工业业务部门下属的某产品线总监，管理的整个团队对年销售额数亿美元左右的芯片业务负责，在更上层的业务部门，副总裁级别的高级管理层可能负责数个产品线，而多位副总裁下属的所有业务则构成全公司的年销售额。而产品设计部门归属于各业务部门，与各条产品线合作开发产品。另外有运营团队负责整体业务部门的生产、运营、客户支持等，或者运营团队也可以放在全公司的层面上对所有业务部门负责。

当全公司产品极多而达到数万种以上时，如德州仪器，每个业务部门副总裁（或称 VP，或称总经理）管辖下的大多数工程部门，等于是内部的子公司而与其他部门共享生产资源，一般可由业务部门的名称看出其所覆盖的产品范围。这样的业务部门简洁易懂而容易管理，销售和 FAE 可能一看到某芯片就想起这是某某负责的产品，很容易建立起联系。业务部门的具体各产品线负责人需要定义产品、计划产品，与设计团队共同开发、定价、推广，解决一切问题。总之对一切与产生销售额相关的内容负责。

通常产品线负责人管理的市场营销方面的职位中有市场工程师、商务拓展经理和战术市场经理等。市场工程师负责协助和分管部分产品的产品定义、商业计划书、产品推广等。商务拓展经理分布全球各主要区域，与产品线和当地的销售和代理商对接，帮助当地的销售来推广此产品线的芯片。战术市场经理负责报价，客户样片支持，整理代理商，催发货日期，支持其他客户相关日常事宜。该市场团队如图 3.4 所示，随市场的广度和规模而增减人手。

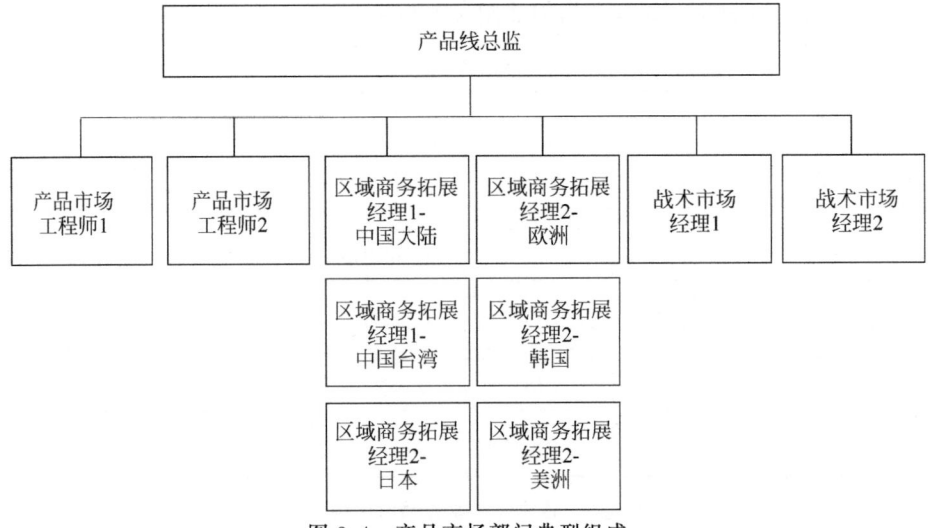

图 3.4 产品市场部门典型组成

产品线负责人一般还需要管理部分工程团队,包括设计、定义、应用、客户支持等职能,比如我同时管理产品线的市场、定义和应用团队,而设计团队的负责人则与我平级,共同向上汇报。

有关产品市场团队的描述,还可进一步参考图书《我在硅谷管芯片:芯片产品线经理生存指南》,这里不再赘述。

3.2.2 工程团队

芯片开发需要各类背景的工程人才,每个业务部门可能都有垂直的工程团队。在每条产品线下,一般有仿真、定义、验证、应用、客户支持等人员。芯片设计和产品工程师可能直属业务部门,而工艺开发和封装测试等可能属于公司层面。

图3.5显示了工程团队的典型直属关系。首席技术官(CTO)层面可能负责公司所有的技术发展战略、芯片设计、产品架构、工艺技术开发和软件开发。其下的设计经理、总监可能在设计层面向上汇报的同时,也汇报给所对应的产品线总监或副总裁,成为技术和商务两方面的双线汇报。

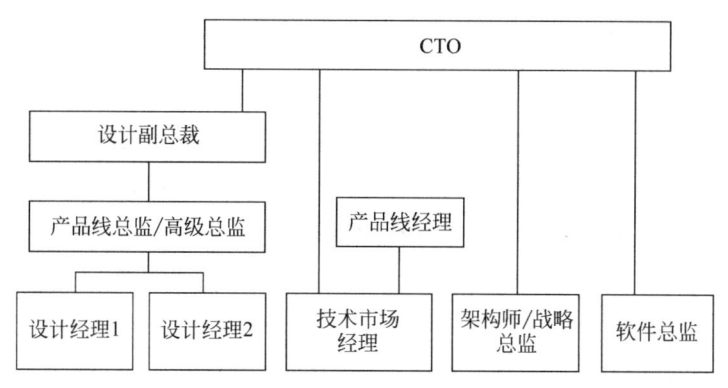

图 3.5 工程团队直属关系示例

注:同一职位仅举一例。

1. 芯片设计团队

芯片设计根据芯片产品线种类的不同、处理信号类型的区别,选择不同背景的工程师。较粗略地划分,可以根据是模拟芯片、数字芯片,还是数模混合芯片来召集不同的团队。

(1)数字芯片团队。

数字芯片团队包含如下。

① 系统架构师。

一般在设计较复杂的数字类芯片时,如 xPU、SoC、较高端 MCU、DSP、

FPGA、大型 ASIC 时需要的架构师。其职责包括系统定义，搭建顶层的架构，建模仿真，寻找并确定 IP 和供应商，管理设计任务的分工合作。系统架构师经常由资深的数字设计师晋级而来。

② 前端设计师（又称数字设计工程师）。

前端设计师根据芯片设计要求，使用各种 EDA 和编程工具来完成具体的 RTL 设计。此外还包括额外的工作内容如信号完整性分析、时序分析、DFT 设计等方面。因为不同模块的设计难度不同，具体任务分工也不同，所以数字芯片设计对资深和刚入门的工程师都有需求。

③ 验证工程师。

验证工程师顾名思义，需要使用 EDA 中的验证工具，设计验证方法，来验证芯片性能是否符合要求。该职位对软硬件能力都有要求，而且需求人数很多。验证工程师熟练以后可以进阶成为资深数字芯片设计师。

④ 后端设计师。

其工作内容包括从 RTL 到 GDSII 的设计，对各模块做布局，使用自动工具布线，检查设计法则等，最后输出版图文件。后端设计师也因为难易程度不同，同时需要资深和入门工程师。

⑤ IP 团队。

其包括开发内部可共享的基础 IP 团队和验证外部 IP 团队。如果做一颗相对简单的数字芯片，可能需要 1 位架构师，3~5 名前端设计师，3~5 名验证工程师，2 名后端设计师。对于芯片规格较复杂，又不愿多买 IP 的情况，需要的人手会大量增加。

（2）模拟芯片团队。

模拟芯片的设计团队构成较为简单，一般只需要前端和后端工程师即可。对于最为简单的模拟类芯片，甚至 1 位前端和 1 位后端工程师就已经足够。对复杂的大型模拟芯片，如手机处理器中专用的多路电源芯片，则可划分任务模块，由多位工程师同时开展设计。

然而，如果需要开发内部专用的特殊模拟工艺，或者结合数字与模拟，则需要扩大团队规模。此时需要额外的 PDK 开发、器件建模团队。此外按不同产品需求，还可能需要特殊工具开发、仿真模型开发、特殊封装开发、热传导仿真、混合信号设计架构等团队。

要注意的是，数字芯片有许多标准 IP、标准的设计和仿真工具等，易于将设计任务细分而模块化，因此可以靠堆人的方式加快设计进度。然而模拟芯片的设计与工艺非常相关，来自其他代工厂和工艺的经验不太能照搬，模拟设计的性能又经常受设计师个人水平影响，甚至可能形成个人风格，因此不能简单地认为模拟芯片多加人就能更快成功,这反而可能更影响效率(打个比方,多位一流围棋手同时坐在一边下棋,往往还不如一个人下棋)。

(3) 数模混合芯片团队。

数模混合芯片需要以上提到的所有设计师。此时的架构师需要同时了解模拟和数字部分,必须思考哪些部分可以来自外界 IP,哪些部分必须自研。数模混合芯片的仿真和验证可能是较大的问题,很难做全局统一的仿真,在仿真速度和精度上可能有一定妥协,有此类疑惑的读者可向 Cadence 等 EDA 公司咨询解决方案。

2. 芯片定义团队

芯片定义的工作,可想而知十分重要。其任务是确定当芯片在未来量产时,有其客户和市场,并且公司有合理的盈利回报。

芯片定义是为将要研发的芯片定义合适的目标规格,此规格既要有足够的创新深度和竞争力以确保芯片有销售前景,又不能过于困难而难以实现;既需要了解应客户要求而必须达到的性能细节与自身主观希望达成的目标,又应该考虑哪些次要的规格不妨放宽。定义时有必要了解竞争对手的主要规格,同时又要明确自己公司的制造工艺和供应链的优势和限制。芯片定义从源头上决定了将来芯片能否在商业上成功,有时我们看到有芯片成功流片,也通过了一切测试,然而市场销售反响惨淡。究其原因,就是在早期芯片定义规格的过程中出了问题,这样即使设计工程师水平再高,大量的劳动仍然等于白费。如果一颗芯片成功研发出来却卖不好,那就会对业务部门的整体士气有不小的打击。

芯片定义工作因为需要种种技能和知识,需要多方位的分工和沟通,往往不是一个人能够决定一切细节的。不同公司具体负责芯片定义的职位名称不同,而数字和模拟芯片负责定义的职能也不同。我将定义的工作分成概念、架构、细节三部分,描述如下。

(1) 概念提出者。

产品市场经理、产品线总监。芯片产品的概念总是先由产品线总监提出,其出发点可能是基于目标市场的动向、产品路线图的迭代、目标客户的具体需求、工业标准的变化、竞争对手的动向、内部团队的建议等,通过各方面市场调查和客户访问而定。产品概念不需要过于具体,但是有必要制定必须要达到的规格,即 money spec,即产品达不到这些规格就没有钱可以赚,这些规格只需要有 5~10 条即可。举例:产品线总监如果希望使用集成的 32 位单片机做电机控制芯片,那么这里的 32 位单片机就是 Money Spec 之一,而 8 位或 16 位单片机就达不到要求。至于使用哪一家的单片机 IP,则可能是后续集体探讨的结果,不必在概念阶段决定。产品所需较新颖的功能也应在概念阶段提出。

(2) 架构制定者。

在概念提出以后,我们需要做整体项目的可行性分析,供应商选择,芯片的上层架构分析和整体芯片的上层仿真,负责人还可能拜访一些核心客户以得到客户支持。在数字芯片领域,此负责人为系统架构师。而在模拟芯片领域,一般称为技术市场经理或者系统工程师。

(3) 细节定义者。

细节定义者的职位一般称为应用工程师,从初级到非常资深的评级都有,详见下文。

3. 芯片应用团队

产品线组织里人数最多的可能就是应用工程师(Application Engineer, AE)团队。

在芯片项目的初级阶段,应用工程师的任务是定义新芯片的一切细节,撰写芯片目标规格文档,做部分系统仿真,做竞争对手分析,与产品线经理讨论芯片的具体参数和功能,以及参与少量的客户访问。在流片得到工程样片之后产品将要量产之前,应用工程师也要负责发现设计问题并提出解决方案,还要做产品验证,数据手册撰写,用户指南撰写,程序烧录器设计,验证板设计等工作。在芯片量产以后其又需要帮客户制定产品参考设计,解决系统问题,与销售和FAE做产品培训,等等。总之,AE团队是衔接产品设计与客户销售相关的工程部门。在芯片量产以后,各区域的销售和FAE如果需要报价则会去找产品线经理,而如果有技术问题则会来询问AE,可见AE的重要性。

AE团队因为需要的人数和具体任务众多,因此经常会根据学历和工作经验来具体划分职责。具体可以按下述方式划分。

(1) 按照芯片复杂度划分。

较复杂的数模混合芯片——资深AE;较简单的纯模拟芯片——初级AE。基本上AE的进阶总是按照芯片复杂度而递增。

(2) 按照职责划分。

芯片开发前:定义,仿真,制作目标规格等任务——资深AE;

芯片开发后:产品验证,制作数据手册,制作参考板——中级AE;

芯片量产后:客户支持,查错,修改参考板等——初级AE;

产品培训:中级或资深AE。

(3) 按照区域划分。

比如上海的AE团队支持当地研发的芯片和当地客户。

值得指出的是:尽管客户支持不需要AE具有太强的技术背景,然而公司帮助客户解决问题的能力，支持中的态度，响应时间，负责程度等直接关系到客户对公司的认可，进而会影响到销售额，因此建立起有责任心的客户支持团队非常重要。

4. 工艺开发团队

多数芯片设计公司在草创之时，只能使用晶圆代工厂的标准工艺和 PDK 器件进行开发，如果产品本身的定义没有明显特色，则很容易在性能上与竞争对手相似，从而陷入同质化竞争。因此有前瞻眼光的公司，经常在工艺上有所创新。

在模拟和电源芯片方面，代工厂的标准工艺如果在业界口碑非常好，往往产能有限而价格高昂；而如果其工艺较差，则自然我方最后的产品竞争力不强甚至有质量问题。因此最好的办法是与有足够产能保障的代工厂合作，与其签订排他保密协议，用自己的工艺团队来开发专属而有竞争力的工艺。而晶圆代工厂也会鼓励这种模式，因为如果很多客户都只是使用标准工艺而互相杀价，对代工厂本身也会造成损失。对工艺有一定掌控能力的客户与晶圆厂能起到相辅相成的作用，即使有排他协议的限制，晶圆厂工艺团队的能力也得到了锻炼。

数字芯片不一定需要另外研发工艺。但是数字芯片所需 IP 众多而代工厂未必能全部配齐，因此芯片设计公司可能需要自己的工艺整合团队。

当公司较为壮大时，需要有负责工艺管理的职位对各类工艺、EDA 和 IP 做统筹管理，建立数据库整理已有 IP，方便在新设计上重复使用，同时追踪供应商的产品更新，并解决各类问题等。

5. 产品工程师

在芯片从概念走向最后量产的过程中，必须有一个中间管理阶段，其具体负责人就是产品工程师(Project Engineer, PE)。PE 一般身兼数个芯片项目的管理，负责安排每周的周会，确保项目节点的按时完成，调配相关的资源，协调内外各部门和供应商的合作，等等。其不一定需要技术上很懂行，但是必须有责任心，只有对细节非常重视的人才能胜任产品工程师的职责。

如果说市场和研发是负责使芯片在技术和商业上胜过竞争者的话，那么产品工程师就是负责使芯片能够被大规模地制造、测试，最终交付到客户手中的协调者。优秀的产品工程师在产品定义的早期就可以检查和提醒团队在芯片定义中，是否存在阻碍大规模生产测试的隐患。

比如，我的团队曾负责某模块产品的新产品定义。在过程中曾经有产品工程师提醒我们采用某种结构的设计可能导致无法测试，或者会增加非常多的测试研发费用，使得项目预算无法承担。后来在进一步与封装厂讨论时，果然发现了这样的问题，也因此避免了错误的产品定义。

在一个项目的商业计划书被批准以后，产品工程师首先应该建立一个该项目专属的、汇总一切细节的内部网页，用于各部门随时更新自己所负责的内容，比起用电子邮件的散漫方式要有效率得多。此网页可包括以下几大部分。

（1）市场。

其包括有管理层签名的商业计划书影印本、竞争者分析报告，未来还可能放产品推广文档等。

（2）应用。

其包括给客户的数据手册（Datasheet）、参考板文档、应用文档等。一般在芯片快量产前要全部准备好。

（3）设计。

可以包括芯片的最初设计规格（Initial objective Specification，IoS）和芯片的各版本设计文档，包括设计的检查清单、仿真结果、版图设计文档等。

（4）项目管理。

此处需要包括的内容有：团队成员表、每周周会结果、项目时间表、流片日期和记录、流片采购订单、封测采购订单、最终芯片成本明细、量产前检查表、软件版本信息等。

（5）产品测试。

此处可包括测试程序文档、测试硬件和电路板资料、自动化测试数据、可靠性测试的计划和结果等。

（6）产品验证。

包括芯片各版本的验证计划、验证结论、芯片问题的结论和修改方案等。

产品工程师每年的 KPI（关键绩效指标）中一部分是成功量产了多少产品，一部分是项目是否都能按照预设节点完成，还有一部分是是否出现客户对质量的负面意见及其解决情况，其他还可能有对良率或成本的正面影响等。

6．封装和测试团队

对于较大规模的芯片公司，其经常使用的芯片封装可能少则几十种，多则数百种，又有多家封装厂选择，每家制造规格又不尽相同，因此需要成立封装方面的研发和管理团队。封装团队掌握较多业界资源，不断接触新的供应商，提供给产品线很多选择，同时在先进封装的研发方面，与产品线互相配合来启动研发项目。当然在公司较小、封装数很少时，则不需设立该团队。

测试工程师则几乎是必备的部门，如前所述，测试包括探针测试、可靠性测试和自动化测试三类。其中探针测试更多在代工厂进行而不需设计公司过多的介入，自动化测试可由设计公司自行开发测试硬件和程序，再由拥有设备的测试公司进行量产测试,或者也可以外包测试设计的部分。而可靠性测试则最好由设计公司自行采购相关设备,在自己场地上运营。因这两类测试的需求,设计公司有必要建立相应的工程团队。

上述的产品工程师、封装和测试团队一般不属于某一产品线,而归属于更大的业务部门,或直属于公司,因其资源和成果适宜于全公司共享,从而可调整优先级以使全局利益最大化。

3.2.3 运营团队

运营团队涉及较多侧面,不限于生产工艺、产品工程、工厂运营、质量管理、智慧财产、生产策划等内容,介绍如下。

1. 工艺团队

工艺管理者可以从技术和运营两方面来双线汇报给 CTO 和运营高级副总裁。工艺技术副总(简称工艺副总)的职责主要是代工厂管理,以提升供应链管理和产品开发的效率。其职责可细分为以下几部分。

(1) 辅助芯片设计。

设计部门和工艺部门应该经常沟通,保证以最高效的运营来选择工厂,安排流片和生产事宜。

(2) 生产工艺。

工艺副总需要评估目前和潜在的代工厂的各项指标能力,包括器件库、设计规则、流程、IP 和比较分析。工艺副总同时主持公司自有工艺的开发和改进工作。工艺团队也需要定期实地检查代工厂的运营和质量情况。

(3) 工程样片。

因为制造工程样片时经常是第一次走基于新工艺或新 IP 的整体流程,因此工艺团队有必要在样片阶段全程保驾护航。

(4) 工艺合同和法务。

工艺团队需要管理和执行与代工厂的采购和合作合同,并从中协调。工艺副总必须与各代工厂负责人建立良好关系,了解各部门运作,以促进合作。

(5) 流片管控。

包括建立一套代工厂的质量评估标准,工艺的数据库管理,生产周转时间、产能、价格、良率的管理,谈判和协调。

总之,工艺团队需要能够完成多重工作,必须集谈判者、协调者、问题解决者、工程师、项目经理和战略工作等多重任务于一身。

2. 生产策划团队

芯片公司从赢得客户以后,到安排生产,再到客户接收到具体芯片,这一部分生产的预测和规划由生产策划团队完成。

在销售说服客户在下一代产品上使用我方出产的芯片以后，必须及时与代理商跟进，了解客户具体投产的时间点和预测所需数量，并提前在系统中输入，以方便生产团队提前安排。生产团队不只要安排晶圆投产，还要安排后续的封装、测试和物流环节，确保在与客户约定的交货时间前可以交付足够的芯片。当生产的芯片多达数万种，代工厂家有数十家的时候，生产策划团队的工作就非常繁重困难。更具体的对生产预测和管理的介绍，请参考本书的6.2节。

3. 产品工程团队

产品工程团队负责所有新产品从得到批准以后，到最终投入量产的全过程管理。其职责已在3.2.2节详述。产品工程团队可能双线汇报给业务部门和工程运营团队，由前者安排具体的项目，而由后者调配具体人力资源到每个业务部门。

4. 智慧财产团队

此团队负责公司的专利、著作权和产品设计的数据库管理、云服务和相关的保密工作，同时还可能管理从外部供应商授权得到的EDA开发工具和IP产权，还可能对外销售公司独有的IP业务线。该团队也可能负责供应商审批、NDA、法务纠纷和其他商业合同。

5. 质量和可靠性团队

此团队负责内容较为广泛，包括如下。

（1）质量管理系统：如PPAP、产品变更通知（PCN）、产品合规、公司合规和文档管理。

（2）客户质量管理。

（3）故障分析。

（4）可靠性实验室管理。

（5）前端制造质量管理。

（6）后端制造质量管理。

（7）新产品质量和可靠性分析。

6. 各工厂总经理

很多芯片公司可能处于IDM加无晶圆厂的混合模式，也可能拥有自营的封装厂和测试厂，这些工厂的总经理可能处于整体工程运营组织的旗下。

3.2.4 销售团队

较大规模的芯片设计公司大部分都在全球主要区域设点销售。

芯片销售比较重要的国家和地区如下。

(1) 中国。一般称为大中华区,包括北区(长三角及以北,一般总部在上海)、南区(两广及福建,总部在深圳)和中国台湾。不少公司会增加西区(成都、重庆、西安)并扩增北区(北京、山东等)。此外,杭州、苏州、南京、广州、厦门等地都可能有独立的销售点。

(2) 亚洲其他地区。日本和韩国都有独立销售团队,另外新加坡和印度可能归并为东南亚销售区,并管理来自马来西亚、泰国、澳大利亚的少量业务。

(3) 美国。西部(主要在加州)、中西部多州及东部(麻州、佛州等),有时将德州附近独立为南部销售区,另外各子区域会兼管来自加拿大和南美的少量业务。大型公司如德州仪器、ADI等分得更为细致,如西部即可细分为西北部(华盛顿州、俄勒冈州)、硅谷分部、洛杉矶分部,此外在圣地亚哥、丹佛、科罗拉多等地可能有设较小的销售点。

(4) 欧洲。西欧(英、法、德)、南欧(意大利、西班牙)都有大量客户,一般一个国家设立一个销售分部,有公司会增设东欧区。另外欧洲区也会管理中东及非洲的少量业务。

在任意重点区域,其高阶销售组织架构如图3.6所示。以位于上海的北中国区销售组织为例,从负责整个大区的资深销售副总裁以下(又可称北中国区总经理),可能有负责北京、成都、山东、南京、杭州、苏州等地的子区域销售负责人;有专门负责大客户的销售经理、总监;有负责中小客户、大宗市场和代理商管理的销售总监;有负责现场工程支持的FAE总监;有根据各主要应用而开发系统级解决方案的负责人;有面向特殊市场的销售总监(其影响力可能覆盖到全球——比如,电信市场的销售总监可能负责诺基亚、爱立信、思科等公司在全世界的具体生意);最后,有负责商务运营、销售运营的负责人,负责验证销售机会、协调生产、审批合同、审批代理商等。

图3.6 芯片销售重点区域的架构图

到更上一级,在总公司的层面,市场和销售高级副总裁以下,有管理各国家销售组织的区域总经理,另外包括对外负责宣传营销的副总裁、销售运营副总裁、战略垂直市场副总(制定面向全球垂直市场的销售方案,比如汽车、医疗、工业等),以及面向全球制定和发布产品联合应用方案的总监。

3.3 组织的各个阶段

由 3.2 节所述,我们可以想象到芯片公司的模式与国内盛行的互联网模式(特别是电商、出行、外卖等)不同。后者必须尽快铺开阵地,复制使用同一运营模式,靠规模化来抢占市场,前期的大量烧钱是不可避免的,到后期就可以通过对市场的垄断来涨价盈利。反之,芯片公司属于传统制造业,应该追求的是脚踏实地,从微创新做起,将一颗芯片的设计、一个产品的生产、一个小公司的运营做好,服务到细分市场的客户,待芯片公司有一定的市场接受度,形成正的现金流,然后再来做更高端的产品、更庞大的系统方案,聚集更广阔的生态。欧美较成功的芯片初创公司,很快就能走出依靠风险投资而亏损的阶段,靠最初的一两颗产品就能够自负盈亏,有些较早年成立的芯片公司甚至到上市前都从未融资过。实际上,对于芯片初创公司,如果最早的两三颗芯片都性能不佳,卖不掉或者毛利很低,那么即证明了其产品不符合市场需求,不如让员工及早另谋高就。

对于芯片初创公司,产品、市场和生产无疑是最重要的三要素。通过接触一些中美的芯片初创公司,了解其融资和推出产品的节奏,我们大致可以把这三要素及融资的节奏绘制成图 3.7。

1. 种子轮融资阶段

创始人这时只需要融到少部分钱,出让极少的股份。理想中第一次流片的芯片就能达到目标规格而开始推广,但是公司还是需要稳妥起见,种子轮至少要融到足以支撑两到三次流片的资金(包括掩膜和晶圆成本),拿到可以工作的芯片以争取下一轮投资。

这期间,产品方面需要核心人员入职(架构、设计、定义、应用、版图等),芯片从定义、设计、流片、查错、重新流片,到给客户送样为止。此阶段完成的时间视目标芯片的复杂程度而定,一般需要 6 个月到两年的时间(更复杂的芯片可能耗时数年,但不太适合毫无积累的初创公司)。

在市场方面,公司需要寻找和发现客户,了解客户的共有痛点和问题,来研究合适的芯片方案。在产品定义完成以后,需要让客户背书,以确定未来销售的前景,此时还需完成商业计划以确定芯片的盈利期望,最后在芯片性能验证完毕以后,准备推广和销售材料。

对生产团队,这期间处于预生产阶段,需要完成从流片到样品的流程控制,准备随时可能上量的供应链管理。其还可能需要建立流程和系统,向客户证明自己有支持晶圆厂生产的能力。

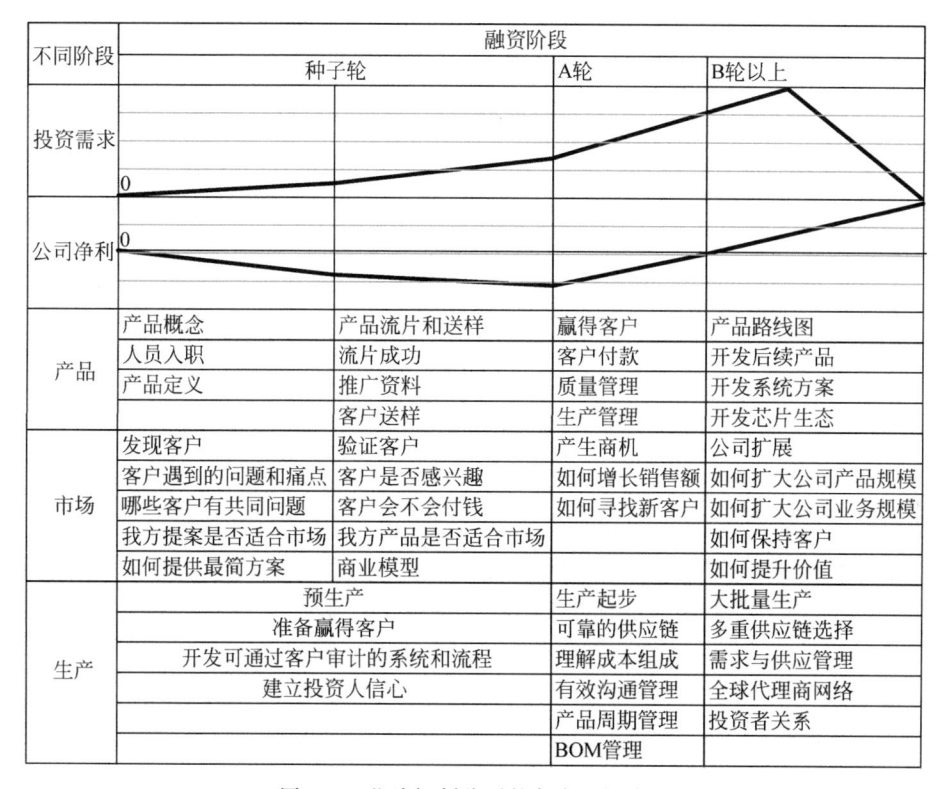

不同阶段	融资阶段		
	种子轮	A轮	B轮以上
投资需求			
公司净利			
产品	产品概念 人员入职 产品定义	产品流片和送样 流片成功 推广资料 客户送样	赢得客户 客户付款 质量管理 生产管理	产品路线图 开发后续产品 开发系统方案 开发芯片生态
市场	发现客户 客户遇到的问题和痛点 哪些客户有共同问题 我方提案是否适合市场 如何提供最简方案	验证客户 客户是否感兴趣 客户会不会付钱 我方产品是否适合市场 商业模型	产生商机 如何增长销售额 如何寻找新客户	公司扩展 如何扩大公司产品规模 如何扩大公司业务规模 如何保持客户 如何提升价值
生产	预生产 准备赢得客户 开发可通过客户审计的系统和流程 建立投资人信心	生产起步 可靠的供应链 理解成本组成 有效沟通管理 产品周期管理 BOM管理	大批量生产 多重供应链选择 需求与供应管理 全球代理商网络 投资者关系

图 3.7 芯片初创公司的各个组织阶段

2. A 轮融资阶段

在 A 轮融资时，公司应该有一到两颗芯片正常工作，满足目标规格，最多只有小纰漏的芯片，最好已经得到客户使用此芯片的承诺，甚至有客户已经付款购买相当数量的芯片。此时公司需要融到资金来扩产，成立更大的团队。此时公司尚未盈利，而且随着团队扩大，资金支出也在增长，纯利还是负数，不过春天不远。

市场方面，应该在已经赢得的客户处寻求如何增加对方的采购量，如何发掘类似的客户而重复成功，如何寻找新的产品和市场机会。

对生产团队，现在需要严控流程，改善生产良率，追求供应链的稳固性，开始优化成本。

要融到 A 轮的钱，投资人很可能在之前就有几个预设的目标需要创始团队来达到，甚至可能有一些对赌条款。

3. B 轮融资阶段及以上

在 B 轮融资阶段及以上，公司已经有未来多年的产品路线图，开始开发后续产品。可以横向开拓以同时研发不同类别的产品，从而形成整体系统方案，或纵向深耕，以提供全系列由高端到低端的方案。公司可能需要考虑开发系统生态，与多家方案开发商合作等以形成整体优势。这时公司已经分工较为明确，不再有一个人身兼多职的情况。

市场方面，需要在保持现有客户的基础上，扩大整体的产品规模，组建面向全球的代理商网络并增大目标市场的规模。

生产团队这时需要有支持大规模生产的能力，包括多重的供应商选择，较科学的供应链管理和生产排期管理，完善的供投资者审核的财务系统，等等。如果创业早期的生产和客户管理方式还非常简单（比如用 Excel 表格管理），那么这时就有必要迁移到更自动化的系统管理。

B 轮时，投资需求仍在增大，但是公司应已走过负债经营时期，现在应该有较大的销售额，并且开始盈利。较为成功的芯片公司从此可以不再需要继续融资而已经有稳定的利润，可以独立一直走到上市而不再出让股份。

当然，这里只是描述非常理想的情况，实际业界有不少水平很高的人开的初创公司，因为各种原因没有办法生存得很好。创业成功与否与天时、地利、人和都有关系，天时可能是公司能否坚持到市场开始爆发的时机，地利是公司与供应链和创业环境的合作关系，人和是能否找到合适的人才并与客户培养互信的关系。国内很多芯片公司产品本身并不落后，但是国内相关客户和市场却尚不成熟，要打入国际大客户的供应链，还有较长的路要走。

第4章

芯片产品开发的全流程案例

本章的目标是解释任意芯片是如何从只在黑板上存在的概念,到最终变成盈利的全过程。比起将业界大公司的基本步骤不厌其烦地解释一遍,不如举一个具体案例来解释产品开发的全流程来得更为生动。这个案例不能是一个作者真实做过的项目,否则有泄露商业秘密之嫌,也不能太过不切实际,需要有一定的市场意义。案例不能太过简单,最好涉及供应链的每一环节,但又不能太过复杂,否则解释具体应用和技术细节就要占去太多篇幅。

一番考虑之后,作者这里想虚构地来做一颗基于 ARM 处理器,数模混合,可用于多种应用的 SoC 芯片。本项目的特征是:

(1) 数字芯片加上模拟芯片的设计。

(2) 需要使用第三方 IP。

(3) 系列产品的首颗芯片定位为适合高端的咖啡机应用。

(4) 系列产品本身适合工业类应用,而未来路线图里有适合汽车市场的产品。

这样从一个系列项目里就能遇到芯片设计、市场营销、芯片供应链和运营的各种主要挑战,涉及数字、模拟、电源、传感器等多方面的应用知识。SoC 芯片的具体设计层面相当复杂,本书的有限篇幅内甚至无法讲述稍微偏细节的部分,因此在设计方面只能简短带过。而在验证、测试等方面,公司实际运营中需要涉及的内容也远多于本人在短短一章中能够描述的部分。需要进一步了解 SoC 类芯片设计细节的读者,可移步 ARM 公司的网站来寻找更丰富的技术资料。

需要强调的是,这个项目是大致可行的,然而仍然是虚构的。实际上,本人没有做过适合咖啡机的 SoC 芯片!但是带领团队开发过许多芯片以后,其整体思路和流程却是普适的,因此适合介绍给读者,这里并未就商业回报、成本等做详细计算。另外,本人写了对此项目几千字的验证和设计说明,后来考虑到自己不可能比专门的芯片设计教材写得更为专业,干脆全部删除,只保留了最简单的衔接过渡。本章用这个项目举例,只为引导读者来理解和走通典型芯片项目开发的流程,不涉及过多技术细节,而如果读者真正考虑来投资做这个项目,则事先说明我并不负任何责任。

为了让本章稍微有趣一点,有必要虚构一个公司。以前看《三曹集》里曹丕的诗"人生如寄,多忧何为？今我不乐,岁月如驰。"这家虚构公司未来可能进军汽车市场,而"如驰"好像是个不错的名字。我不愿用现在流行的加一个"芯"字的方式来命名,感觉很难记住,我们将其称为"如驰系统公司"——因为基于自研的系列芯片而构建的系统解决方案,是比单纯做芯片更有实力的体现。后文可以看到,基于如驰系统公司开发的系列产品,开发者可以很方便地加以各种简单的外围元器件从而形成系统级的终端产品。

如驰系统公司(以下简称如驰公司)初创的时候可以有三位核心人物 E、T、M。E 作为 CEO,其职能是负责整体战略,招募人才,管理供应链等；T 作为 CTO,负责产品架构和研发；M 作为 CMO,管理前期的市场开发和公司发展以后的销售工作。同时,假设公司已经有前端设计、版图、验证、应用、软件、封装、产品和测试工程师若干。

4.1 战略阶段

今天我们看到功能简单的家电产品,已经因为门槛过低而导致过度竞争,生产企业几乎无利可图。家电企业为了向有较高要求的中上游过渡,在设计中增加了多种传感器,可调速的电机控制,人机互动的界面,与手机的通信和其他更复杂的功能,都是为了提升用户体验而增加自己的盈利。比如,变频空调比起非变频空调,其增加的成本相对有限,而售价却可高出几百元。因此不管在何种类型的电子产品中,增加更多的芯片,增加更多的功能总是一种趋势,也相应地对计算力和电力消耗产生了更多需求。像早年的电冰箱功能非常简单,用 8 位单片机即可控制,而现在先进的冰箱有显示屏,能够监控和管理冰箱的库存,能够与手机通信,而且考虑到几乎每户人家都有冰箱,其甚至还可能作为中央枢纽来控制全屋的智能家居系统。这样的话即使使用 32 位的单片机,可能还有点不太够用,自然也就带来了其他存储、通信等芯片的市场机会。

今日市场上处理器的选择极多,虽然英特尔、AMD 等鼎鼎有名,但是对于芯片开发者来说,ARM 处理器却可能是影响范围最大的。不同于其他制造商坚持自有品牌,ARM 的主要商业模式是将处理器 IP 销售给自己的客户,而客户可以基于 ARM 处理器自行设计芯片的其他部分而形成自己的最终产品。

ARM提供了从低端到高端的各类IP核,又提供了开发工具、编译器、操作系统、周边IP库等一系列辅助工具,使得处理器设计的门槛大为降低。事实上大量的国产处理器公司,都使用了授权或开源的各类第三方处理器IP,但是只要在应用层面有所创新,自然也是很好的商业模式。因为ARM形成了影响广泛的生态系统,所以那些传统上牢牢抱住自己处理器设计不放的厂商如瑞萨电子、意法电子等大厂,也不得不因大势所趋而开发基于ARM的产品。例如瑞萨就在已有的RL78、RX、RZ等平台上,开发了基于ARM的系列产品,当然其与之前的产品针对的市场有所不同,以避免打击自己的已有业务。

对于终端电子厂商来说,当然可以使用标准的ARM处理器或任意的其他处理器来设计自己的产品,但是因为这样的处理器并未有特制化的标准产品,一般会需要较多的外围器件和较复杂的系统设计,所以从成本、性能、方案尺寸等方面考虑,这样很难对于某特定应用达到最优化。因此从芯片公司的战略角度出发,为了帮助这样的电子厂商,并同时形成芯片产品的差异化,我们希望基于标准的ARM处理器,研发特殊的周边电路,形成集成度较高,更偏向于定制化的片上系统(System on Chip,SoC),来服务基于某种应用的电子厂商客户。除集成度较高以外,SoC还可大幅简化系统设计,减少外围器件,降低系统功耗,减少整体方案面积,然后因为其核心内容都集成在内部,所以仿冒者也很难照抄终端产品的设计。

片上系统的简单定义,可指将一台计算机的整个系统都集成在同一颗芯片上,包括处理器、GPU、Wi-Fi、蓝牙、电源、模拟等都是可能集成的对象。当然对任意的特定系统也有不适合集成的部分,比如系统所需内存如果过大,就不如采用单独芯片。这些芯片或是因为某元件由特殊工艺制造而无法使用SoC工艺(如MEMS传感器),或是因为某芯片使用非常成熟而便宜的工艺,同时体积又较大(如功率器件),也不适合集成在SoC中。这些都是芯片架构师需要考虑的问题。

从战略角度来看,如驰公司希望做一系列基于ARM内核的数模混合的片上系统芯片,用于较有增长前景的具体应用。

4.1.1 选择细分市场

广义上的SoC可以用于从低端到高端的市场。低端来讲,SoC高集成度的优势很难发挥,而客户可能更在乎的是整体方案成本而偏爱更便宜的单颗MCU做法,因此如驰系统公司要做一些低门槛的小家电、电动三轮车、电动玩具、蓝牙耳机之类的方案显然不行,竞争对手已经很多,而且市场毛利太低,投资人也不欣赏此类业务。而从高端来讲,手机、电动车和5G基站等应用的SoC

又过于尖端,即使我们能够找到合适的代工厂愿意合作,但大客户也很难冒风险来试用初创公司的产品,公司则可能烧钱太多而难见成效。因此从战略角度来看,作为初创公司的如驰系统公司从中端市场切入为宜,这样的市场有高端消费类应用、工业控制、工业互联、简单仪器仪表、简单医疗器械、非安全相关的汽车应用等,这些还可以进一步分为更加精细的市场。这些市场中的客户对供应商有一定要求,但是并非遥不可及,此类客户一般心态也比较开放,愿意试用全新的方案。初创公司先做此类终端市场,得以磨合团队,做一些产品将营业额增加起来,才能立于不败之地。

许多公司的失败,是错误估计了进军更有诱惑力的市场的难度。比如我的邻居和好友 Ted,曾经在某 FPGA 公司做高管。这家公司在低端 FPGA 市场占有率较高,客户众多且盈利稳定,但制定了宏大的进军高端 FPGA 市场的目标。公司设计了性能很具优势的新产品,然而未曾意料到的是其软件工具和解决方案仍然竞争力不足,而且毫无用户生态,很快公司就意识到其无法在高端市场立足。光有好的产品完全不够,公司必须要明确自己能够成功的细分市场。

反之,迪士尼的 CEO Bob Iger 在其自传中说:"要避免进入专卖长号润滑油的行业"。也许某初创公司经过艰苦奋斗,可以成为长号润滑油市场的世界第一,但是这个市场可能一年都卖不了几斤。

在诸多细分市场之间,如驰公司选择的是咖啡机市场。主要考虑的因素是:

(1) 疫情以后的居家办公生活更为频繁。其他白电和小家电可能家庭已经具备,而平时已经养成咖啡消费习惯的居民,可能会开始采购各类家用咖啡机以降低开支。

(2) 据《中国家用咖啡机市场概览》指出,我国每年人均咖啡消费量约为 5 杯,而在美国每年人均消费 363 杯咖啡,日本人均消费 200 杯。相比之下,中国咖啡市场仍有巨大的发展空间与潜力。

(3) 据界面媒体消息,即使在疫情影响之下,截至 2020 年底,中国国内咖啡零售店总量约 11 万家,2021 年前 10 个月新增 2.09 万家。预计 2025 年中国咖啡市场规模将达到 1 万亿元。对于长期的咖啡消费者来说,咖啡机成为既节省成本,又满足咖啡需求的最好方法。

(4) 咖啡机的主控 SoC 芯片可集成的功能包括电源管理、触控屏、水位和温度传感器检测、显示、电机驱动、蓝牙通信等,此 SoC 将来可非常方便地扩展至其他工业类应用产品,来丰富公司的产品。其实大量的工业类应用都有电源+控制+传感+显示+驱动+通信等功能的需求,只是具体的应用细节和要求不同。可以想象咖啡机设备与工业类的水位、气体检测等设备,对所用芯片的类型至少是相似的,将来拓展其他产品线不难。

(5)坦率来说,咖啡机即使发生故障或有质量问题,造成的影响也不算很大,不至于把整个公司乃至创始人都赔进去,适合刚成立的如驰公司用于锻炼团队。咖啡机生产厂家对供应商资质要求也不会太高,因此容易切入。相比之下,如果上手即是医疗或汽车市场,则风险未免过大。

根据咖啡的种类和萃取方式,咖啡机可以分为美式咖啡机、胶囊咖啡机、半自动咖啡机、全自动咖啡机,自助贩卖咖啡机等。对于前两者,系统较为简单,不需要集成多少功能,估计市场价格压力较大,因此如驰公司首先针对的可能是半自动、全自动和增加了贩卖功能的机器市场。

4.1.2 了解市场和寻找机会

在对咖啡机市场了解不深的前提下,我们有必要寻求一些外界的帮助,通过市场公司来了解具体市场是收费不多但是易于收集第一手资料的方法(成熟大公司也需要市场公司来佐证自己的判断)。

我在网上找到了一些中英文的付费市场报告,这些报告都可以通过索取免费目录和样章的方式来确定是否包括自己所需要的内容。对咖啡机市场的深度分析不在此书范围之内。这些报告扫描书后二维码获取。

读者可以想象,作为如驰公司的 CEO 和 CMO,我们现在需要了解的可能有以下一些问题:

(1)半自动咖啡机、全自动咖啡机、自助贩卖咖啡机的主要生产厂家有哪些,他们的研发基地可能在哪些国家和城市? 如何接触这些潜在客户?

(2)中国咖啡机市场仅为 10 亿多人民币,而全球市场有 100 亿美元左右,两者相差巨大。但是全球市场有没有大量的贴牌和代工生产来自中国? 我相信肯定有相当大的比例。这些贴牌和代工厂有多少能够掌控自己的全部设计? 我的猜想是,大部分的客户都可以做自己的设计,所以贴牌和代工厂专注做出口代工业务。因此实际中国咖啡机的市场应该更接近全球市场的规模。

(3)咖啡机的研发模式是怎样的,是否类似一些家电市场:有 Tier1 供应商提供整体电路方案而咖啡机公司只做机械件或者只是贴牌? 哪些公司拥有使用芯片的决定权?

(4)咖啡机的营销模式主要有哪些? 是否有大型经销商和代理商?

(5)咖啡机市场有没有整体供应链的大型展览会? 展览会是公司没有根基的情况下寻找客户的好途径,比如,我发现"中国国际咖啡展览会"可能较有影响力。

(6)咖啡机有没有安全认证的需求? 这可能涉及以后的芯片功能定义。

(7)假设,如驰最终想打进星巴克所使用的咖啡机市场,那么我们只需要联系该咖啡机的生产厂商，还是我们也需要得到星巴克的认可？就我猜测，星巴克也许会在乎咖啡机的芯片主要供应厂商，否则如果出了质量问题频繁返修，影响的是星巴克的形象和收入。

在逐渐了解市场以后，更多的问题会逐渐浮现。对如驰公司的创始人来说，应该在其中寻找到商机，比如：

（1）国内重要的咖啡加盟品牌是否考虑自研咖啡机。
（2）能否通过方案公司和经销商接触到咖啡机客户。
（3）高端咖啡机的技术瓶颈主要有哪些。
（4）现有咖啡机的解决方案如何构成，主要使用的芯片型号是哪些。
（5）各类咖啡机的平均毛利和销售情况。
（6）是否有新兴的咖啡机公司在快速发展。
（7）市场是否有寻求咖啡机的新功能。

诸如此类需要了解的问题可能有很多。

不少芯片公司可能只做国产替代，其一了解到欧美某颗芯片销售量极大就开始仿照，这样的公司不需要太多前期的客户联系，其主要卖点在于价格。但是对于 SoC 或者任意一个较复杂的芯片种类，都需要在芯片开发的早期，就与大客户深度绑定，因而任何能够接触到大客户并且从一开始就留下深刻印象的机会，绝不可轻易错过。实际上如果最初的产品概念被业界最大的三四家咖啡机客户否决了，那么如驰公司这时就该停止产品研发，完全转变产品的定义，甚至切换目标市场。如果说在这些年见客户的经历中本人学到了什么，那就是当大客户难得和我们说些诚心的话时，最好是听他们的，客户对市场的了解往往比我们更加深刻。

至此，如驰公司应该了解到咖啡机市场的一些首要客户，而且知道通过什么样的渠道可以接触到对方的工程设计部门，那么在进行初次接触之前，应该先做一些准备工作，就是设计产品概念和设计需求调研的问卷。

4.1.3 概念设计和需求调研

在接触目标客户以前，需要有一些可以拿出来谈论的芯片目标规格，不可能没有准备工作，两手空空地去，就试图让客户对我们交底。这时如驰公司应该准备一些公司简介，目标芯片的核心性能和指标描述，包括处理器选型、内存、通信、接口、封装等，并且尽量做到了解客户应用的细节。同时，要带着问题去拜访客户。只有让客户感受到我方具有开发此芯片的能力，做好了准备工作和具有诚意，才有可能让客户分享一些关于行业和研发的细节，从而有未来合作的可能。此环节包括这样一些典型的工作要完成：

(1) 竞争对手的应用方案和框图分析。

(2) 客户实际产品分析。

(3) 处理器、内存、通信等核心 IP。

(4) 我方产品的创新点。

(5) 芯片供应链的联系。

(6) 撰写芯片介绍文档。

(7) 撰写客户调研问题。

1. 竞争对手的方案

我们应该研究国际上主要的几家芯片大厂对咖啡机是否有整体的芯片解决方案，借此可以对系统有一些初步的概念。要指出的是大厂方案未必最有竞争力，甚至可能有错误，因而我们需要做自己的判断。我找到了德州仪器、英飞凌、瑞萨、恩智浦对咖啡机应用都有一定的研究和方案推荐，比如英飞凌对咖啡机系统就画出了框图，并推荐了一些可用的芯片。该系统中有电源、处理器、用户控制界面、通信、打奶泡的驱动电机控制、磨细咖啡的电机控制、电流和位置传感器等部分。从瑞萨的框图可以看到，系统中还可以有水泵控制、水流传感器等元器件。这与我们想象中咖啡机的组成元件应该比较符合。有心的读者不妨自行去其官网寻找。

2. 客户产品分析

我们在了解到主要的咖啡机厂家以后，可以去搜寻网上的拆解报告，或者干脆自己动手购买一台咖啡机拆开来分析，以了解主要厂家使用芯片的类型和具体型号。但是如果拆开的设备的生产方就是我们拜访的客户，则显然不给他们展示比较好。

3. 核心 IP 选择

最初的处理器选型可以从 ARM 网站上众多的产品中简单分析得知，比如 Cortex-A 产品线适用于需要繁重计算任务的场合，如手机、电视、计算机等，而 Cortex-R 则适合需要快速实时响应的场合，如存储、摄像、汽车安全控制等。对于高端咖啡机而言，其只需要有屏幕显示、一些外部按钮、一些预设程序、内部的电机控制等。这样或类似的应用不需要大型操作系统，不太需要快速响应，不需要多少内存空间，那么使用 ARM 的 Cortex-M 系列已经足够。Cortex-M 的生态系统有大量从硬件到 IP 的供应商。

在 4.2 节，有进一步对系统定义的探讨。总之，这里我们应该总结好系统的核心 IP，建立好系统的框图，而且开始考虑需要自我研发从而能够建立自己产品优势的细节之处。

4. 芯片供应链联系

对于 ARM,需要提前联系 IP 授权,描述自己的产品(暂定使用 Cortex-M3、M33 或 M4),请 ARM 的销售推荐代工厂,并联系这些代工厂,看对方提供的标准 IP 库是否已经包括自己所需的核心 IP。因为 Cortex-M 系列的广泛应用,不少代工厂应该已经有整合多家第三方 IP 公司的相关流片经验。

5. 撰写芯片介绍文档

前期给客户的介绍文档,总是以不超过三、四页的 PPT 为宜,太过复杂则客户难以关注,只需要介绍核心的内容(集成的功能、提升的性能、系统框图、预计研发和量产时间)。但是我们也应留有后手,如果遇到客户十分感兴趣,而愿意超出原定时间来详谈的时候,我们最好也要有更详尽的资料可以随时提供。

6. 撰写客户调研问题

前期拜访客户时需要准备好调研的开放式问题,总是在做完介绍引起客户一点兴趣以后再询问为宜。这些问题可以包括:

(1)您目前选用的方案大概是怎样的?
(2)是否遇到一些实际应用中的问题我们可以帮助解决?
(3)您是否有一些希望实现的功能而尚未找到相关方案?
(4)您最近是否有新项目的计划,这些新项目在性能上的要求与老项目有何不同?

在进行了足够多的客户需求调研以后,进入下一步的产品详细定义阶段。

4.2 产品决策阶段

根据搜集到的所有市场信息和客户反馈,此时如驰公司可以规划将要设计的芯片的具体细节。任何芯片,不论其复杂度如何,我们需要确定的规格,无非是功能和性能两大类。功能是指芯片可以实现的具体任务,包括计算、感测、存储、通信、信号转换等的功能模块;而性能则由具体数字构成,比如能耐受的电压、处理器的速度、存储器的容量、通信的频率、信号处理的精确性等。在确定功能和性能的规格时,同时需要规划芯片的整体构架,计划实现的途径,确认各家供应商,做好商务规划和对未来产品的一些构思。

4.2.1 定义与规范

制定芯片的目标规格的第一问是"我们需要设计什么产品";第二问是"我们需要建立的差异性是什么"。现在先来讨论第一问。

1. 我们需要设计什么产品

现在很明确的是，我们希望研发不同类别的高端咖啡机的 SoC。我们希望第一代的 SoC 主要具备而不限于以下的基础功能：

（1）集成触摸显示屏的控制和驱动——提升用户体验。

（2）集成电源管理——简化客户系统设计。

（3）集成水泵电机控制——降低系统成本。

（4）集成磨细咖啡电机控制——提升系统性能。

（5）控制加热单元和萃取温度、压力、时间、流量等参数——提供灵活配置。

在未来的产品路线图上，我们考虑增加无线通信的部分。

不考虑集成的部分有高压电源、电机驱动的功率器件、电流和水位传感器、继电器开关。读者应该了解，这些器件因为与处理器使用完全不同的制造工艺，而没有经济意义，甚至不可能集成进 SoC，所以这些器件应该集中在电路板上。

下面举例一些后续的自问问题。

（1）问：系统会用在什么场合？

答：虽然公司未来有进军车规市场的计划，但是目前不需要。咖啡机使用工作场合仅从家用到商用，工作温度不用非常特殊，估计 $-20\sim40$℃。然而当一定的故障发生时（如温度过高或热水泄漏等），芯片可设置一定的报警机制。

（2）问：系统需要怎样的处理速度/选择怎样的处理器？

答：考虑使用较为先进的 32 位处理器，用于精确控温、控时、控水、精确磨碎咖啡豆、通信等。因为咖啡机对延迟不敏感，因此不需太多的实时数据处理。此外，因为咖啡机多数情况是插电使用的，并不考虑进入便携式市场，因此对低功耗的需求不大。

ARM 的架构较为流行的包括低功耗的 ARM v6、较为先进的 ARM v7 和 64 位处理器更为高端的 ARM v8。若以处理器类型来分，又有 Cortex-A、Cortex-R 和 Cortex-M 三类。如前所述，M 系列比较适合咖啡机场合。篇幅所限，下面就 M 系列的处理器选型做最简单的思考。

（1）基于 v6 的 M 系列微处理器。

Cortex-M0：最小的低功耗处理器，适合传感器使用。

Cortex-M0+：相比 M0 进行了有限的改进，适合可穿戴设备。

Cortex-M1：类似 M0，不过更容易与 FPGA 配合开发。

（2）基于 v7 的 M 系列微处理器。

Cortex-M3：适合较复杂的数据处理，如智能家居和其他嵌入式设备。

Cortex-M4：集成了 DSP，更适合数据处理，广泛适用于工业应用。

Cortex-M7：集成了浮点运算能力，可支持更复杂的工业自动化应用。

（3）基于 v8 的 M 系列微处理器。

Cortex-M23：集成了 TrustZone 安全功能，较低功耗，适用于 IoT 和传感器。

Cortex-M33：与 Cortex-M4 的应用类似，集成了 TrustZone 安全功能、浮点运算和 DSP。

Cortex-M35P：比起 M33 提供了更强的安全功能。

Cortex-M55：与 Cortex-M7 的应用类似，集成了 TrustZone、DSP 等，适合机器学习等高端场合。

根据这些总结的信息，考虑是第一代产品，M3 或者 M4 较适合我们的需求。而对未来第二代的 SoC，则需要增加一定的网络通信和相应的安全功能，但是毕竟能够泄漏的信息和造成的破坏极为有限，因此安全功能也不必过于先进，因此可以使用 M23 或者 M33。后续根据开发情况，如果确定浮点运算和 DSP 对于提升系统的性能较有必要，那么 M33 就比 M23 更符合需求。这里还要考虑 ARM 后续的报价情况，如果 M33 和 M4 的 IP 价格差异不大，那么在第一代产品就使用 M33 开发，对开发后续产品显然更为方便。

有些场合可以在 SoC 中集成使用多于一颗的处理器，比如在需要低功耗时使用 M0，而在需要大量计算的时候切换到更强大的处理器，以起到省电的作用，咖啡机应用应该无此需求。

在具体取得处理器 IP 之前，还需要增加其他集成器件，包括可取得的第三方 IP、需要自研的部分，以及验证仿真等部分，这会在后面章节详述。

（4）问：对通信模式的需求是什么？

答：与外部链接的通信模式多种多样，如无线连接就有 WiFi、蓝牙、低功耗蓝牙、ZigBee 等，这与设计复杂度密切相关，我们也不可能追求集成所有的无线连接模块。在未来的第二代 SoC 上，考虑至少集成 WiFi 或蓝牙模块。

其他与外部的有线连接方式如 JTAG、UART、I^2C、HDMI、USB、Ethernet 等也有必要。比如需要 JTAG 接口做验证、测试和编程；HDMI 用来接显示屏；USB 用来接其他外设，I^2C 用来与 SoC 内部其他器件通信，等等。

第一代 SoC 可以考虑只提供有线连接——软件的更新只能在客户工厂完成，而第二代则可能由终端用户自行下载更新。

……

关于这颗 SoC 需求的问题还有很多，篇幅有限不能一一列举。总之 SoC 的系统定义，可以归于计算、通信、安全、电源、存储这几大类。列举并回答这些关于需求的问题——不论是希望客户回答还是自己内部团队回答——可以帮助我们决定、选择和研发有关的 IP 模块。问题关注的内容应该不仅是在性能和芯片尺寸上,也要考虑成本、开发的时间和风险。

我们必须明确哪些功能是必要的,哪些是完全不必要的,哪些功能可以提前预留而暂缓验证,哪些功能是暂不开发而留作未来产品迭代的。我们同样需要明确哪些性能有必须达到的最低限度,哪些性能则没有明确限制,哪些性能又必须要互相取舍来达到综合的最优化。软件开发是比较有自由度而且可以更新的,然而硬件开发花费的机会成本、时间成本和直接投入要大得多,因此前期做系统定义的时间花多少也不为过。

2. 我们需要建立的差异性是什么

我们可能先要定义唯一性和差异性。每颗 SoC 的设计实际上都是唯一的,因为必然有不同的 RTL 描述、不同的 ATE 测试项目和不同的 DFT 设计等。而差异性指的是客户能否通过使用我们的芯片来设计出更有竞争力的系统级产品(如何帮助客户去赢?)。

差异性的问题主要在于:

(1) 竞争对手是哪些公司?具体是什么产品?

(2) 我们希望解决客户什么痛点或改善什么性能?

(3) 能否发明客户尚未预料到的新功能?

(4) 为切换成我们的方案,客户需要如何取舍?

真正优秀的差异性,是客户不惜付出更高的价格,重新设计整个系统,也要采用如驰公司的新方案。如果客户只愿付出更低的价格来使用我方方案,就不能算是真正的差异化。

之前通过客户走访,我方应该对市场上流行的方案有所认识,为了造成差异化而使客户对我方产生兴趣,这里的咖啡机可能有如下的一些特性。

(1) 新的芯片工艺(芯片体积更小、成本更低、功耗更低、更精确等)。

(2) 兼容适用酿造机械的工业标准(如 UL1082)。

(3) 新的软件功能。

(4) 支持体验更佳的用户界面(比如用触控屏代替更容易设计的按钮输入)。

(5) 兼容更先进的电机(如无刷直流、步进电机等)。

(6) 兼容最新的多媒体标准。

(7) 支持咖啡配方和工艺的下载更新。

这里要强调的是,就成本而言,初创的设计公司无论如何都竞争不过大公司,无论大公司是 IDM 还是 Fabless,因此如果毫无产品上的差异化而追求打价格战,是个饮鸩止渴的做法。特别对于 SoC 市场,因为后续的软件和客户支持的需求会很多,必须由产品本身的高毛利来支撑,公司总不可能一直靠一级和二级市场输血而活下去。

最后,我们有这样一些设计目标需要制定。

① 产品性能(处理器选型,如前所述)。

② 内存容量。

③ 功耗和休眠模式。

④ 产品成本。

⑤ 使用工艺和预估芯片尺寸。

⑥ 评估可选择增加的功能。

⑦ 产品可靠性。

将这些设计目标、功能和性能统一汇总以后,会构成本芯片的目标规格书 IoS。负责定义的工程师应与设计工程师沟通,在某一节点达成共识,IoS 不再修改,而设计师的工作目标和绩效标准,就是未来芯片量产时能够完全达到的 IoS 技术目标(设计师的绩效与芯片能否大卖并无直接联系,后者是市场和定义工程师的目标)。

4.2.2 确认各供应商

在定义规范暂时告一段落以后(这只是最初的版本——后续随研发的反馈和市场变化可能在流片前有所调整),我们需要确认各级供应商,一般按照 IP—晶圆厂—封装—测试的顺序进行。

当我们确定了目标系统规格以后,可以列举需要集成起来的模块。设计 SoC 就是把各种系统模块集成起来,在此项目中我们主要需要集成的模块有:处理器、内存、互联、数字协议、时钟、电源、驱动和其他外围器件。这些模块多数可以从供应商方面买到现成的 IP,而对于那些较难买到的,或者希望有革新的,或者报价无法接受的模块,可以考虑自研。对于希望快速流片的公司,往往尽量选择已经开发验证好的 IP 来加快进度,而在后续版本中考虑自研。图 4.1 显示了需要集成起来的主要模块。一般来说,处理器、内存和通信的模块能够买到的居多,而模拟部分以自研为主。

当设计 SoC 时,显然在使用和链接这些 IP 模块之前,先要验证其单独和组合起来的性能。使用 ARM 处理器的优点之一就是其拥有大量预备好的自研和第三方 IP 模块,可以先用 FPGA 来做大量的仿真验证工作。

确定好各类 IP 以后,可以根据 ARM 手册的推荐和各 IP 应用过的工艺,来考虑合适的晶圆代工厂,总是以其中要求最先进工艺的核心 IP 为准。Cortex-M4 和 Cortex-M33 的好处是可以从成熟的 180nm,到最先进的 7nm 工艺都可以应用,这样搭配其他 IP 就非常灵活。比如就 4.2.1 节中列举的第一代 SoC

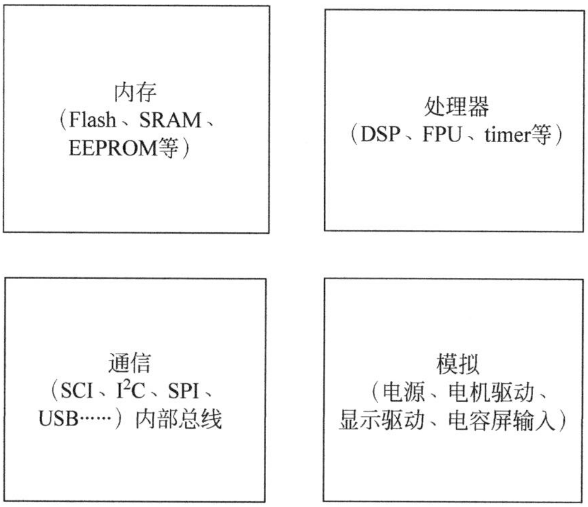

```
┌─────────────────┐    ┌─────────────────┐
│      内存       │    │     处理器      │
│ (Flash、SRAM、  │    │(DSP、FPU、timer等)│
│   EEPROM等)     │    │                 │
└─────────────────┘    └─────────────────┘

┌─────────────────┐    ┌─────────────────┐
│      通信       │    │      模拟       │
│(SCI、I²C、SPI、 │    │ (电源、电机驱动、│
│ USB……) 内部总线 │    │ 显示驱动、电容屏输入)│
└─────────────────┘    └─────────────────┘
```

图 4.1 需集成的主要模块

的大多数功能,用成熟的 90～180nm 的工艺都可以解决。但是未来的产品一旦需要更多内存、更多通信功能等,就需要更先进的工艺,当然也有与成熟工艺合封的可能,不再展开描述。

了解工艺和 IP 以后,可以做简单的布局设计,确定大致的引脚分布和目标封装,以寻找合适的封装厂家。在测试方面,SoC 因为集成度很高而给客户带来了方便,却给自己的大批量测试带来了很大麻烦,在设计时需要考虑可测试性设计,鉴于初创公司未必能得到封测厂很好的合作,可能在设计测试方案时需要提前与 Teradyne、Advantest 等测试设备公司先展开合作。这里同样不再展开描述。

4.2.3　成本核算

芯片的成本分为整体项目的开发成本和单颗芯片成本两类。其区别很好理解,开发成本是一次性的研发成本,而单颗成本是后续每次生产流程平均分摊到单颗芯片上的成本,上市公司的财报里一般称为销货成本(Cost of Goods Sold,COGS)。

一款芯片的开发,涉及的成本如下。

1. 人力成本

如应用、系统、产品、项目、测试、验证和软件人员预估花在此芯片项目中的工资开销。而营销、销售、人力、财务等非技术相关人员的费用不计算进来。

2. 固定资本支出

比如光罩、流片费用、测试方案成本、封装开模费用、测试电路板费用、环境测试电路板费用、新的实验室设备、第三方 IP 授权费、NRE 开发费、软件版权费用等。

而单颗芯片成本的主要构成为：单颗晶粒成本、探针测试成本、长凸块成本、封装成本、出厂测试成本、包装成本、物流成本。另加各工序预计的损耗（Yield）成本和间接费用（Overhead），比如测试下来的最终良率、测试设备的折旧、保险、物流运输等。这些费用可由运营和财务团队决定。某些公司可能因使用的会计准则不同，不把间接费用直接算在芯片成本内，而将其算作公司运营成本。公司在成本里引入损耗和间接费用的重要性是因为报价时能确保公司的盈利，否则可能因报价太低，运营成本过高，而导致公司卖了大量芯片却最后亏损。在芯片成本内如计算较高的间接费用，对公司的报价有一定影响，而最终对公司净利则没有影响。

4.2.4　商业计划书

对于全新的芯片，较有规模的芯片公司都会要求产品或市场经理提供完整的商业计划书，以及召开各高层参与的审批会议，确认项目投资回报率（Return On Investment, ROI）是否可以满足公司的预期，产品是否符合公司的长期愿景和形象，芯片的定义是否足够有竞争力，等等。

对于初创公司，商业计划书可以较为简略，然而仍可视作是所有成员自省的一个过程，因此还是应当具备一定的框架。我们在写计划书时，需要与公司各方面的专家接触、讨论并协调，确保芯片大部分的技术特色已经定义完成，封装和引脚已经确定，验证和仿真结果比较乐观，软件已经初具规模，设计方面有一定把握，成本得到控制，项目周期得以合理安排，销售回报比较乐观，等等。

商业计划书的细节部分，在前述拙作有更详细的描述，这里为内容完整且不浪费篇幅，仅做列举，而省去了全部的详细说明部分。

参与商业计划书制定的成员一般来自以下人员：

（1）产品线经理本人和市场工程师/市场经理（PLM/PM）。
（2）设计工程师/设计总监（DE）。
（3）工艺工程师（Process Engineer）。
（4）技术市场/定义工程师（Technical Marketing/Definition Engineer）。
（5）系统/应用/验证/仿真工程师。
（6）软件工程师（Software Engineer）。

(7) 项目工程师(Project Engineer,PE)。

(8) 测试工程师(Testing Engineer,TE)。

(9) 封装工程师(Packaging Engineer)。

(10) 财务/采购(Financing/Procurement)。

第1页　总结页

总结页,包括项目最重要的财务回报信息。

(1) 项目名称,包括所选的新料号。

(2) 简单一句话的项目描述,比如最新 XX 手机的配套 PMIC。

(3) 目标细分市场。

(4) 主要竞争对手。

(5) 新产品引入(New Product Introduction,NPI)的时间节点,以及目前项目所处的时间节点。

节点1：项目批准。

节点2：项目流片。

节点2.1：项目重新流片。

节点3：收到样片,验证开始。

节点3.1：项目重新开始验证。

节点4：通过验证,开始客户送样。

节点5：通过环境和质量测试,最终量产。

(6) 全新芯片数量(All Layer Mask Sets)。

(7) 金属层改动芯片数量(Metal Change Mask Sets)。

(8) 衍生芯片数量(Derivative Mask Sets)。

(9) 所选用的芯片工艺(Process)。

(10) 预测第一批工程样片到客户手里的时间(First Engineering Samples)。

(11) 预测第一次客户确认会采用该芯片的时间(Design In)。

(12) 预测第一次产生销售额的时间(Design Win)。

(13) 产品的成本(Cost of Good Sales,COGS)。

(14) 预计平均销售价格(Average Selling Price,ASP)。

(15) 销售毛利(Margin)。

(16) 边际收益(Contribution Margin)。

(17) 项目生命周期内的全收益(Lifetime Revenue)。

(18) 项目整体开发成本(Project Cost)。

第2页　产品概览

这里我们主要提供芯片的系统电路、封装引脚和功能参数等形象说明,包括芯片框图和系统电路,以及主要产品功能和参数说明——以不超过6,7条为佳。

第3页　价值主张(Value Proposition)

(1) 产品的差异性。

(2) 产品是否适合公司整体战略。

(3) 是否影响以往的产品销售。

(4) 是否能与公司其他芯片捆绑销售。

(5) 竞争者分析。

第4页　风险(Risk)

(1) 商业风险。

(2) 竞争风险。

(3) 是否是现存的市场。

(4) 技术风险。

(5) 资源/能力。

(6) 工程样片和量产日期风险。

第5页　财务预计总览(Financial Estimate Summary)

需要估计的财务项目如下:

(1) SOM 市场占有率,量产后的第一年到第五年。

(2) 销售额增长,量产后的第一年到第若干年作为该产品全生命周期的销售额,消费类芯片可能周期较短,如3~5年,工业类可能长达10年以上。

(3) 平均销售单价走向,量产后的第一年到第五年,一般每年下滑。

(4) 产品毛利走向,量产后的第一年到第五年,一般每年下滑。

第6页　全生命周期的销售额(Revenue)和平均销售单价估计

这里最重要的两个数字,是整个项目在全生命周期,从开始量产到 EOL 时的预计累积销售额和每颗芯片的平均销售单价,牵涉到整体项目的回报。

第7页　最佳/最差市场分析

在项目开展之后,有很多因素会影响最终的财务回报,比如:

(1) 设计工程师无法达到原来的时间点要求,第一次或第二次流片失败。

(2) 公司销售组织因为市场的变化,对此芯片的推广没有足够的兴趣,或兴趣增加。

(3) 市场价格发生了变化。

(4) 竞争者不再关注此市场,被并购,突然提高价格,产品终止生产(EoL)等。

(5) 主要客户的公司发生了动荡。

(6) 供应商突然有意料不到的变化。

由于这些因素的影响,我们还应该加上最好和最差情况的分析。

第 8 页　供应商分析

在此可以列举不同的料号、晶圆厂、凸块倒封(Bumping)、封测厂、其他合封芯片等的供应商。可列上采购部和研发部门的负责人名字,表明已经认可。

第 9 页　芯片成本分析

具体可见 4.2.3 节——成本核算的相关内容。

第 10 页　芯片项目管理细节

最重要的就是展示各项目节点的预计日期,细节如图 4.2 所示。

计划 → 节点1日期:项目批准 → 仿真、设计、layout → 节点2日期:流片 → 封装,准备第一批样片 → 节点3日期:得到第一批样片 → 电气测试、验证、环境测试 → 节点4日期:开始推广 → 客户推广 → 节点5日期:最后量产

图 4.2　芯片项目各节点总结

第 11 页　芯片总开发成本细节

上节已涵盖。

第 12 页　项目销售额分析

该部分可以展示预计每颗料号的年平均销售价格(ASP),同时列举某几个主要目标客户和其他客户及每个客户预计从项目量产以后每年的销售额、销售价格。该部分还包括可能的 NRE 收入:某些芯片可能应客户要求特制定做,客户可能前期支付一定的工程开销,来覆盖芯片公司一部分的开发成本。

初创公司做完整商业计划书的另一种好处是,很多投资人不一定是技术出身,或者即使有技术背景也很难了解某特定芯片种类的市场前景,但是投资人往往都有很好的金融背景。如果商业计划书显示了很好的预期商业回报和公司上下的信心,那么对取得投资人的信任显然很有帮助。

4.2.5　产品路线图

前述拙作中描述了做芯片产品路线图所需的准备工作、考虑的问题、后期的修改等种种细节。对于任意一个芯片设计公司的产品路线规划,我们总可以用如图 4.3 所示的四象限图来规划。未来产品总是从深度了解客户的需求出发,进而掌握竞争对手的优缺点所在(产品角度、工艺角度、创新技术等方面)。而在内部,公司需要在技术和产品上有创新,有不断进取的远见,同时在制造上确保持续的工艺稳定性、质量保障和低成本。

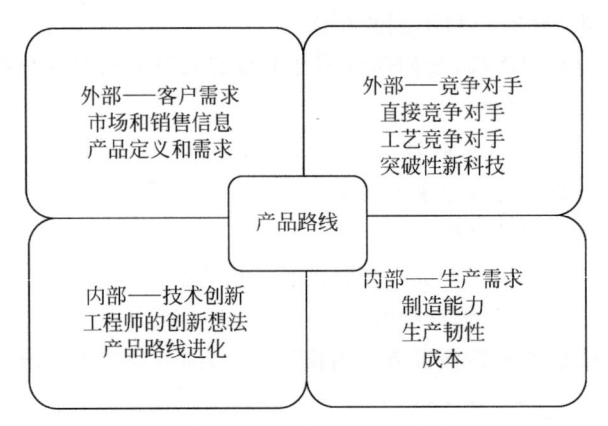

```
┌─────────────────────┐  ┌─────────────────────┐
│ 外部——客户需求      │  │ 外部——竞争对手      │
│ 市场和销售信息      │  │ 直接竞争对手        │
│ 产品定义和需求      │  │ 工艺竞争对手        │
│                     │  │ 突破性新科技        │
└─────────────────────┘  └─────────────────────┘
            产品路线
┌─────────────────────┐  ┌─────────────────────┐
│ 内部——技术创新      │  │ 内部——生产需求      │
│ 工程师的创新想法    │  │ 制造能力            │
│ 产品路线进化        │  │ 生产韧性            │
│                     │  │ 成本                │
└─────────────────────┘  └─────────────────────┘
```

图 4.3 产品路线规划的四象限图

对于高端咖啡机 SoC 芯片的路线规划，这里第一代产品较为简单，并不包括通信功能，考虑使用 Cortex-M4 处理器，而下一代产品则考虑增加通信功能，切换成功能较强大而不需太多重新设计的 Cortex-M33 处理器，考虑如下功能：

（1）集成各类通信模组——简化客户系统设计；

（2）从服务器上下载最新的固件更新——用于远程维护；

（3）能够下载最新的咖啡制作流程——用于不同的咖啡制作工艺；

（4）存储部分常用流程——用于客户定制化；

（5）能够通过 App 点单，能够汇报故障或需要补充原材料——用于咖啡店；

（6）定时制作咖啡——适于家用。

这里我们通过增加通信 IP，使产品可以适用于更先进的贩卖模式咖啡机，且适用场合更广而价格更高。因为其大量地增加的软件复杂度，可视为是新一代产品。在第一、第二代之间，可能做一些较小的过渡性改进，比如改善电机算法、增大内存、兼容其他显示模式、兼容其他用户界面等。

咖啡机可能是如驰公司起家的主要市场，又作为后续产品线研发的主力产品，这里的共同基础是 ARM 的 Cortex-M 系列处理器、传感器和人机界面，以及电机算法和控制。从这三大技术平台出发，我们可拓展出扫地机器人、吸尘器、健身器材、空气净化器等产品，这些终端产品都需要这三类共同基础的 IP。继而如驰公司可以从较简单的家电市场，进入要求难度较高的工业领域，包括楼宇自动化、测量与仪表、消费自动化、工控与机器人等领域，后续还可能进入对产品质量和公司品牌要求更高的汽车市场。这三类的市场，应用已经无限广阔，可谓面临千亿级别的市场机遇。如驰公司的产品路线和技术平台，如图 4.4 所示。

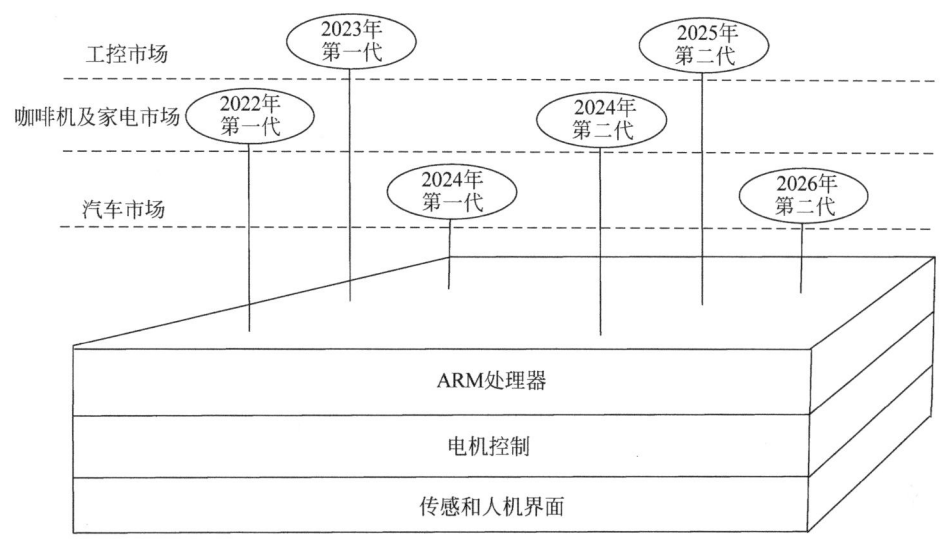

图 4.4　如驰公司的产品路线和技术平台

4.3　产品研发和量产阶段

当大部分的定义工作完成后,就要进入研发阶段。研发阶段分为仿真验证、研发设计(含版图)、流片、测试、推广发布等。在整个产品的定义和研发流程中,有一定的穿插开发的可能,比如在产品定义的同时,就开始做一些仿真验证和软件设计,又比如在测试环节以后,可能因发现问题而回到最初的设计阶段。

因本书主题为公司运营,而芯片的研发细节过多,可用的各种涉及仿真和设计的软硬件工具、EDA 和 IP 选择又太多,故这里只做一些最简单的陈述,不谈论任何具体的设计工具选择。

4.3.1　仿真与设计

因 SoC 系统的复杂性,即使所有的 IP 都能买来,也不能保证其工作特性就与数据手册毫无分别,而组装在一起就毫无差错。最初总要搭建一个用于验证各项功能的原型平台,也可以称为是"最简可行产品",使我们可以验证其性能,根据测试结果来进一步调整开发。当芯片开始最后的版图设计和流片以后,芯片设计已经无法改动,哪怕有任意一个子系统上的某功能出现问题,整颗 SoC 就无法通过最后的性能验收。因此,前期大量的仿真和验证工作不可避免,在实际工程中，验证环节甚至耗时比具体设计更长。SoC 类的大芯片流片成本极其高昂，所以做好充分的前期仿真验证工作，哪怕多花一些时间也十分值得，其中不只是功能验证，还包括性能、功耗的优化和支持。

SoC 包括了各类硬件电路、软件和与外部的通信接口，如果可以搭建起系统级的模型（或者称为虚拟平台），那么理论上可以仿真全部的工作情形，但是实际上因为仿真的软硬件和实际产品的性质不同，所以几乎不可能在很短的时间内仿真到完全的真实情况（就像飞行仿真器简化了大部分的飞机操作和环境，只仿真其核心环节）。系统建模往往可以先建立高阶而涉及较少细节的仿真模型，再逐渐将不同的模块逐渐细化。最后，可以对需要更多验证的子模块进行极细节的验证，而其他继续保持在高阶状态，这样能极大地简化仿真所需的时间。

一部分的芯片验证能以纯软件形式进行，对某些高端 SoC 的验证可能会用到昂贵的硬件仿真加速器，而对于本项目的验证，可以先用 FPGA 做验证。FPGA 可以直接移植 RTL，可以直接用来开发软件，其和最终 SoC 的性能非常相似。

另外一个要点是本项目中大部分的数字 IP 应该在市面上可以直接买到（通过 ARM 或 Design Reuse 网站可查询到多数信息），而模拟的 IP 则多数需要自行研发。

采购来的 IP 和自研 IP 在组合起来之前需要经过大量的验证步骤，包括各自的功能、时序，还需设计两者的互联方式，可以通过软件或 FPGA 来验证，概括如图 4.5 所示。

在设计方面，本项目可以考虑将模拟和数字部分分成两块晶粒，分别研发和流片，再组装成同一芯片（数字晶粒上仍需保留一点模拟部分），这样做的优点是：

（1）高端数字工艺和模拟工艺的成本和工艺完全不同。如果模拟芯片尺寸较大的话，应该用较便宜的成熟工艺分开流片。而且，本项目的模拟芯片可能需要高压或者大尺寸的功率开关，两个都是先进数字工艺所不能支持的。

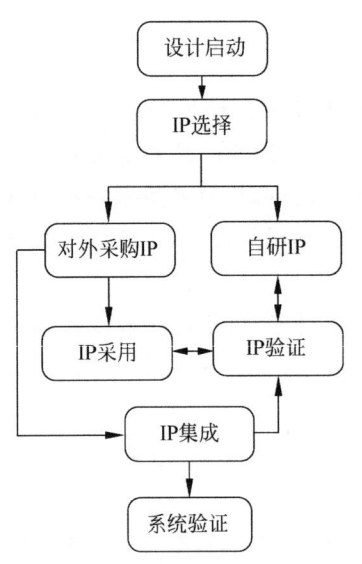

图 4.5 各类 IP 的综合验证过程

（2）模块化：模拟团队可以分头设计，甚至可以提前单独流片以验证性能。

（3）对于噪声、干扰等问题较容易处理。

缺点是：合封的封装尺寸可能略大，封装的难度和成本也相应增加。

对更具体的前端设计流程如架构设计、算法设计等，读者可自行参考相关 ARM 的内容，本书不再赘述。

4.3.2 流片及样片

当前端的数字芯片已经形成了综合好的 RTL 形式，而模拟芯片也完成了电路设计，则后端设计开始进行，其一般由专门的后端团队完成。有时，在后端设计和仿真时也可能发现问题而需要重新回到前端来修正。

后端设计到流片的步骤一般如下：

（1）逻辑综合：把设计代码翻译成门级网表（Netlist）。有时，逻辑综合也被认为是前端设计的最后一步。

（2）DFT：在综合好的网表中插入测试结构。

（3）布局规划：各模块被逐渐安置在具体位置。

（4）电源轨规划：确认各模块供电的来源和大致布局。

（5）时钟树：时钟信号起到数字芯片中实际指挥的作用。

（6）全局布线和优化。

（7）信号完整性分析和电源完整性分析。

（8）对全局版图的功能和时序验证。

（9）与晶圆代工厂的协调，确保互相同意最后流片的大致日期。

（10）与封装厂的最后协调，包括封装形式、打线框架、所用材料等，通知封装厂预先安排封装的日期。

（11）因为光罩和流片的极高 NRE 成本和团队的时间成本，有必要在此时进行一次由架构师和其他核心工程师组织的最后检查，包括仿真结果、IP、可测性、版图、封装等，由各主要负责工程师签字并认可表示。

（12）最后，将版图生成 GDSII 文件，交到代工厂，由后者安排晶圆加工的步骤，我们称为流片。

一般在短至数周，长至几个月的时间内，代工厂会加工好晶圆，发送到封装厂，封好以后发回芯片公司，封装好的芯片即是我们第一次的工程样片。我们希望能够尽快拿到工程样片以做一些基本性能测试，追求速度的同时，要了解到初次生产和最终生产的制造细节可能有一定出入，比如表面钝化工艺（Passivation）和 ESD 设计，这时很可能未臻完善而需要后期优化，甚至初次生产还有一定的良率问题，但是并不影响我们先来测试样片的主要性能。

流片的选择有"一步走"或"两步走"的区别。选择一步走时，等于跳过样片阶段直接进入生产，整张光罩上只有一种芯片。芯片设计公司承担整张光罩的成本，根据不同工艺，光罩成本可能从几十万美元到几百万美元甚至更高。选

择一步走的前提可能是

（1）没有 MPW 的必要。

（2）许多类型工艺不提供 MPW 的选项。

（3）公司对设计的成功很有信心，认为后期最多只需要少部分修改，不会有需要全金属层的改动（那样就需要重做整个光罩）。

（4）公司有足够现金。

（5）很多客户在等样片，而且可能迅速上量，等不及两步走。

选择两步走是制造模拟类芯片或数模混合类芯片时比较常见的做法。一般情况下，初次流片不需要很大数量，最初的样片也可能有较大的设计故障，这时通常可以采取 MPW 流片来降低风险、节约光罩的部分 NRE 成本，以及加快拿到样片的速度。当样片被证明工作良好以后，再投入做整张光罩，因此可称是两步走。晶圆代工厂往往规定每过多少时间，开放固定的 MPW 批次，可在设计阶段就提前几个月登记。但是两步走的做法也有一定局限性，比如：

（1）不是所有工艺都开放 MPW。

（2）拿到的样片比较少（如果预计有客户需要数千颗芯片做测试，那么只能选择一步走）。

（3）一般没有探针测试，质量只能靠芯片公司自己判断，也没有关于良率等工艺质量的信息可供参考。

（4）可能会延迟正式量产的日期。所以这里有一定的取舍问题。

题外话，近来国产芯片公司有一种浮夸之风，送去晶圆厂去流片也要发个新闻稿，而收到样片哪怕主要功能还未验证完毕，也要开个新闻发布会，宣布"顺利点亮"。"点亮"这个词在世界芯片工业上是前所未见的。实际上从流片到量产，都与盈利还有很远的距离，拿到样片根本只是开始。在正常情况下，只有到最后量产，而且芯片性能确属行业领先，才值得去发新闻稿。宣布点亮之类的浮夸宣传只是浪费资金，主要是做给投资机构和政府看的，不是为了客户。

初次流片的工程样片可能还没有进行探针测试的检查，可以在出厂以后由 ATE 测试来检查。

当晶圆加工好以后，代工厂会自动寄送到事先已联系好的封装厂以封成样片，如果需要特殊封装形式，可能会有一些耽搁。对于初次工程样片，有时我们可以使用快速封装服务，这些服务商可以用半手工的方法，快速封装一些很少数量的样片供路测，可能会节约数周的验证时间。此类服务商在海内外都有一些。

收到样片时，总要先目视检验（Visual Inspection）一下表面打印的料号和封装形式是否正确，以及表面的完整性，有条件的话用 X 光设备检查一下内部打线等连接是否完全按照图纸进行，而无可见的瑕疵。这些简单工作做好后，可开始上电做下一步的路测。

4.3.3　路测与量产

半导体测试不像设计业或者 IDM 受到更多关注,然而测试和测量究其本身是一门非常复杂的技术门类,而任何芯片都必须通过全面的最终测试才能交付到客户手里。其涉及的专门设备和仪器是半导体行业较大的一个分支,行业龙头比如自动化测试设备大厂 Teradyne 和 Advantest,年销售额达 37 亿美元和 18 亿美元之多,现在也有较多的国产公司投入该设备研发领域。设备业有极高的技术和商业门槛,研发周期极长,毛利和长期回报也非常可观。

采购来这些仪器而提供测试服务的公司,本身也可构建一个颇大的产业(很多测试服务由封装厂一并提供,因此很难估计具体的市场规模),而且因为其极度专业化,所以也有一定的门槛。在提供封装和测试的服务方面,国内企业毫不落后,如前所述,至少有两三家公司的规模能排进世界前十。

2.2.3 节中已经介绍了收到芯片以后需要做的各类测试,包括性能的路测、探针测试、可靠性测试和量产测试。其中路测和可靠性测试需要手动去设置(当然仍需相关设备),且只需要在芯片量产前抽样进行,而在量产以后除非发现芯片有未知故障,否则一般只需定期抽查。而探针测试和量产测试,则由测试工程师开发基于此特定芯片的测试硬件和软件,再由专门设备来执行,且对每一颗出厂芯片都要测到,全程自动化程度较高。在第 5 章质量管理中,作者会介绍更多的可靠性测试与量产测试的细节,这里只简单讨论路测的部分。

承接 4.3.2 节,这时我们收到了首次工程样片,可能有数十颗到数百颗不等。样片同时需要送到电路板级验证团队和 ATE 测试团队。电路板级的团队主要验证芯片是否工作正常,以及能否提供计划中的功能。当 ATE 测试程序调整好之后,其他所有预留的样片全部送去 ATE 以测试性能指标和分布。

在收到样片之前,两支团队的工程师先要设计好如下的三类电路板及其相关验证程序。

(1) 测试所有性能的工程验证电路板;
(2) 用于环境测试和 ATE 测试的插座测试板;
(3) 送样给客户的参考设计板。

工程验证电路板用来测试第一轮工程样片,此时对外部电路的整体元器件还没有最后确定,所有的信号都需要测量,所有的功能和性能都需要验证。芯片是焊在工程验证电路板上的,各个信号都留有相关的测试点,很多位置留有焊接其他可选器件的位置,甚至可能会有飞线。这块电路板可能乍一看不那么完美紧凑,但的确是推动芯片做进一步修改的基础,甚至以后做数据手册,参考设计时也经常需要从这块板来测量波形等。

对用于环境测试的插座测试板,板上经常有几十个或更多个针对特定测试机而设计的插座。此种插座测试板面积较大也较厚,以免在高/低温和高湿度的环境下发生影响功能的变化。

送给客户的参考设计板为当样片测试结果基本满足预期,可以给客户送样时,设计的板子。这里可以去掉多数测试点,精简元器件,将整体电路做得体积较小,也可以附加公司的其他芯片方案而做成整体系统,甚至做到客户可以直接加外壳形成自己产品的整体解决方案。

在路测时,我们所使用的验证板主要用工程验证电路板。验证过程一般由应用工程师负责,而结果需要反馈给设计师。在路测之前,需要制定一份详细的验证方案,包括芯片所有性能、所有功能、所有规格等书中会出现的参数,而且几乎都需要通过常温、低温和高温下的测试,工作非常繁复(在路测时只需要温度达到稳态,不需要像在环境测试时需要持续几百到上千小时,但是测试项目要较之多得多)。对于本项目的 SoC 芯片,可能同时需要 4~5 人做流片后的验证。同时,应用工程师此时需要基于 IoS 来制定芯片的数据手册,此数据手册较 IoS 更为复杂,包括以下主要内容:

(1) 芯片的功能综述;

(2) 内部系统框图,外围电路;

(3) 芯片各引脚的功能说明和布局;

(4) 参数表;

(5) 使用说明;

(6) 封装尺寸和焊接示意图。

此外,还应该逐渐开始撰写软件和开发工具的使用说明、参考板使用说明、应用示例等。

如果流片之前的验证工作做得足够充分,那么初次样片的工作性能就会基本符合目标规格,不过也总会出现一些小问题,但如果在较不理想的情况下则需要进行大改。很显然,如果每件任务都是线性跟随的而且等到发生再去处理,那么运营效率就非常低,为了避免这种情况许多的验证和修改工作可能要穿插进行,这很考验项目管理的能力。

4.3.4 项目管理

在芯片从无到有的过程中,必须有一个从开始到量产的中间管理阶段,其具体负责人就是产品项目工程师。从项目定义完成并开始设计时,一般就需要其介入。产品工程师的职责是安排每周的周会、设置项目节点并追踪完成度、调配相关的资源、负责内部团队沟通、协调与供应商的合作谈判等。

在项目的商业计划书被批准以后,产品工程师首先应该建立一个该项目专属的、汇总一切细节的内部网页,用于各部门随时更新自己所负责的内容,这比起电子邮件的散漫沟通要有效率得多。此网页可包括以下几部分。

（1）市场：包括商业计划书有全体管理层签名的影印本,竞争者分析,未来还可能放产品推广文档等。

（2）应用：包括内部验证结果、给客户的数据手册、参考板文档、应用文档等。一般在芯片量产前要全部准备好。

（3）设计：可以包括芯片的 IoS 和芯片的各版本设计文档,以及设计的检查清单、设计检查、版图设计文档、验证计划等。

（4）项目管理：此处包括的内容有团队成员表、每周周会结论、项目时间表、流片日期和记录、流片采购订单、最后封测采购订单、最终芯片成本明细、量产前检查表、软件版本信息、其他关联芯片信息等。

（5）产品测试：此处可包括测试程序文档、测试硬件和电路板资料、自动化测试数据、可靠性测试的计划和结果等。

（6）产品验证：包括芯片各版本的验证计划、验证结论、芯片问题的结论和修改方案等。

在项目启动以后,产品工程师需要和产品线经理一起制定每周的项目进度审阅会,由负责各方面的工程师汇报相关进度,提出问题和需要的帮助并制定下一阶段的目标。

此外,产品工程师也应该与产品线经理共同主持项目的 4 次审批会,其分别在产品概念阶段、定义完成之后、在设计完成而尚未流片前、在验证完成后决定是否可以开始推广之前。

在流片以后,应该根据芯片的尺寸,准备好封装一定数量的晶圆：包括给产品工程师用于质量和可靠性检验的晶圆,给设计工程师做验证的晶圆,给应用工程师用于路测的晶圆,给测试工程师用于制定参数表的晶圆。

在应用工程师进行路测的同时,测试工程师需要验证芯片在各种高/低温、湿度、静电、老化等严苛环境下的可靠性。最后,工程师们会将所有发现的问题都列举出来,开项目的评审会。这里对于一些较小的芯片问题,如果可以用外围电路来解决,不影响芯片正常工作的情况下,可以将其处理为不需修改的问题。反之,对于任何使芯片无法达到其主要功能,或某参数与目标严重不符,或者环境测试的某些基本条件不能达到的问题,都需要做失效分析并尝试改进方案。某些问题可以通过 FIB 的方式来快速验证解决方案,否则就需要对芯片的某些组成部分加以重新设计、重新流片,然后重新走性能验证和环境测试的流程(其中部分测试在第二轮工程样片时可以考虑省略)。

在2～3次流片且芯片的性能和可靠性终于通过验证后,生产部门应该做小批量试产,一般可做3个不同时间的批次(Lot),每批有10张或25张晶圆。它们被用来观察某些主要参数的分布是否可以接受差异,是否满足芯片整体良率,如果否则需要与晶圆厂共同对工艺做出改进(也可以在量产以后进行一定的优化)。在基本性能满足要求以后,市场部门应该抓紧时间开始推广。最后,小批量的试产通过后,可以确定最后的生产流程和工艺细节,制定最终版本的数据手册,正式将此芯片列入量产计划。

整个芯片项目在不同阶段,占用不同的运营人力资源,如图4.6所示。

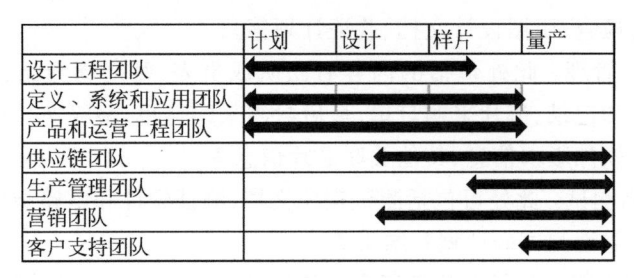

	计划	设计	样片	量产
设计工程团队	←————————→			
定义、系统和应用团队	←————————————→			
产品和运营工程团队	←——————————————→			
供应链团队		←——————————→		
生产管理团队			←————→	
营销团队		←——————————→		
客户支持团队				←——→

图4.6 芯片项目的资源需求

(1)设计工程团队(包括架构、数字、模拟、仿真定义、设计验证、封装设计等)从芯片的定义、可行性分析到样片完全正常工作的各个阶段均需介入。具体介入的时间点根据项目需求调整。

(2)定义、系统和应用团队,在计划阶段主持工作,在设计阶段主要协助仿真和验证,在得到样片后进行系统级仿真,一直跟进到芯片量产为止,然后将工作转交给客户支持团队。

(3)产品和运营工程团队参与计划到量产的全过程,在量产以后将生产计划、良率优化等后续工作交由生产管理团队负责。

(4)供应链团队应该在设计中途将要流片前的一段时间介入,帮助协调流片、封测、合同谈判、产能保障等一系列事宜。

(5)在样片工作正常以后,生产管理团队应该介入,负责客户的样片需求和后续的生产计划(特别对于快速上量的手机等客户,要特别重视),供应链团队和生产管理团队可为同一团队。

(6)在设计中途时,营销团队应准备具体的推广计划,提前了解重点客户的项目需求,并在产品量产后仍继续推广。

芯片从无到有的具体流程,可参考图4.7,其具体细节不再细述。通过项目管理来保持所有工序齐头并进,尽量减少某些部门停下来等的时间,能够最大

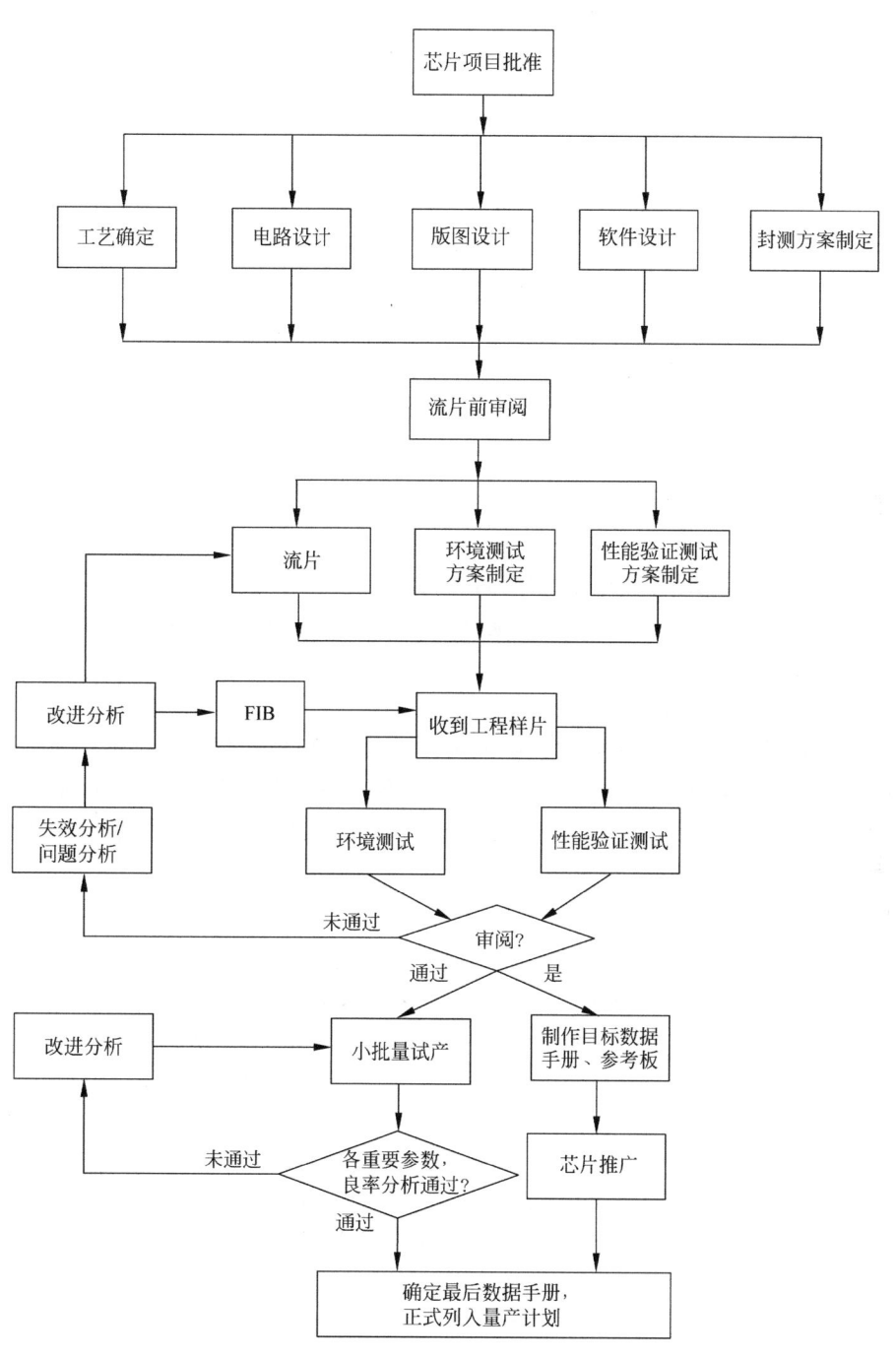

图 4.7 芯片的开发流程

化工作效率。

这里尚未加入有关产品质量管理的步骤,质量管理必须从产品定义到试产,再到量产都要进行,相关内容在 5.3.1 节的"产品开发中的质量管理"中有进一步阐述。

4.3.5 发布和推广

1. 发布准备

在产品就绪并准备发布时,一般有如下全面的客户解决方案需要准备好。

(1)芯片的最终设计文件和各代工合同的最后确认。

(2)代工厂生产的良率和其他数据的检查。

(3)环境测试结果检查和可靠性测试报告。

(4)ATE 硬件设置,测试程序和最终测试结果检查,并做一定的人工测试对比。

(5)根据前期推广的结果和产品线的预期,安排未来生产排产计划。

(6)参考最早的商业计划书,通知最初对此产品感兴趣的销售、FAE 和客户该产品已经量产。

(7)最终产品参数手册。

毋庸置疑,客户没有参数手册无法开始设计,因此参数手册是推广所需的第一条件。有时在工程样片的推广阶段,参数手册并没有完全做好。一般的做法是提供给客户初版的手册,仅列举其设计所需要的必要条件,如功能、引脚说明、参考设计的公式等。

(8)应用说明(Application Note)。

参数手册因其篇幅所限,一般只介绍整体的芯片功能说明,而很难具体说明设计步骤、系统设计方案、版图、编程注意事项、设计案例等。这些细节应该写成应用说明,对于稍微复杂的芯片,一般都应附有参数手册和更复杂的应用手册。

(9)软件文档。

可编程的芯片,都附有 GUI 文件或者编程说明。

(10)仿真模型和客户用来设计外围电路的工具。

(11)公司自己库存的芯片数量和代理商库存。

开始推广时,公司应至少准备几千颗量产芯片,一部分用于公司直接给客户送样,一部分可存放在目录代理商处以便其他客户采购,另一部分用于量产订单。目录代理商一般以较高的价格一次性向我方购买一定数量的样片,后面以极高的毛利慢慢售出。

芯片公司应该至少有专门给客户送样的库存（Sample Warehouse）和专供量产订单的库存（Production Warehouse），两者一般不可互相流通。

（12）硬件参考板和软件参考版本。

对于多数芯片，不论是模拟芯片还是数字芯片，都应该附加参考板，帮助客户在不自己做设计的情况下就可以比较方便地验证芯片的性能。

在产品未量产之前，可以只附加参考板的电路图、BOM 说明和初版软件。在量产时，应该有更具体的功能说明、该参考板的设计步骤、一些测试好的性能指标、版图设计说明、最终版的软件、解释如何编程的视频等更多细节。

（13）全套参考设计和系统验证平台。

此类的设计帮助客户来搭建系统。对于具有不同产品线的公司，现在比较流行的销售模式是集中力量在一系列客户应用上开发全套芯片解决方案，因而得以在单一客户上实现销售额的最大化。观察业界，凡大公司如 TI、ADI、Infineon 等无不如此。

（14）参考报价。

在开始推广时，产品线可以根据不同预计销量给出参考价格，当然在客户报价 1000 颗和 100 万颗时，单价有很大区别。

（15）销售/FAE 培训资料和培训会议安排。

很大程度上，培训资料是与数据手册同等重要的材料，因为在较大的芯片公司，销售或者 FAE 可能各有所长，不一定对某产品线的芯片特别了解，那么我们就需要用培训材料来让销售团队掌握如下几条有助销售的方法。

① 该芯片主要销售的应用领域有哪些？在这个案例下，目前只针对咖啡机市场，但是应该考虑其他需要处理器加电机控制加传感器和人机界面的场合。

② 该芯片的主要竞争优势是哪些。

③ 价格参考信息。

④ 一些关键性能的证明和展示。

⑤ 该芯片的上代版本的成功销售案例。

⑥ 如何申请报价、申请样片和参考板。

（16）客户需要签署的 NDA 法律文件和软件许可等。

准备以上所有资料的目的是清除障碍，使客户更容易地使用我们的产品。全面的产品使用解决方案是令客户满意、赢得生意的必备条件。这样的解决方案越全面，客户越容易自己找上门来，而且其愿意支付的价格也越高。如果读者熟悉嵌入式开发中常用的 Arduino 或 Raspberry Pi 平台的话，就知道其硬件电路板与传统处理器大厂的客户参考板区别不大，然而这两类平台广泛兼容多家芯片，有众多支持论坛、扩展选项、第三方设计、软件包等，因此受众极其广泛，而且几乎不需要任何营销推广。

提供全面方案的另一个方面是，客户如果能自行从网上找到大量资料，则其要求的技术支持和相应的人工费用会大量减少。

2. 发布形式

产品发布一般有如下的3种典型方式。

(1) 定制产品发布。

此类产品只为一两家大客户研发（如典型 ASIC 业务）而对外保密，此类发布只需要设计完成，供应链完备，数据手册完成，保证一定数量的仓储水平即可，没有任何需要公开发布的内容。许多商业成功的芯片从未被外界所知。

(2) 有限发布。

如果公司希望技术资料只对真正的客户公开，而尽量避免让竞争对手掌握其技术规格进而反向研发，那么可以选择有限发布的方式。此时可能需要真实的客户用工作邮件注册账号并得到批准，才能看到较详细的技术内容。此类芯片不由目录代理商销售，一般不做广泛宣传。有时也可以只公开很少内容，如数据手册的前两页，然后提供联系方式。对如驰公司的这颗新产品，采用这类方式应该比较适合。

(3) 公开市场发布。

此类发布，应准备并公开全部数据手册和其他技术资料。国内芯片公司很少有产品能在网上查到全部技术细节，这主要出于保护自身知识产权的考虑。国外老牌公司往往不太在乎，因为竞争对手如果只是跟着其他公司走而没有创新的话，那么也许不用太在意。

在公司正式宣布量产以后，市场营销部门应该接手来做面向客户的广泛产品宣传，此部分在前述拙作里已经覆盖。

4.4 新产品开发全流程总结

作为本章的总结，我们可以描述新产品的开发流程，其如图4.8所示，分为5个阶段。

阶段1(产品概念)：发现客户商机，制定产品概念，大致做出产品功能方框图，并进行市场调研。这时应有一次小范围的审批会，确定此项目是否值得进一步开展。

阶段2(产品计划)：总结技术需求，决定架构、IP、工艺、后端、供应链、IoS目标数据手册，以及商业计划书。这时应有一次各团队集合起来的重大项目审批会，综合项目的技术定义、工艺需求、创新程度、市场情况、成本、供应链等细节,确认此芯片是否值得投资(对多数中小型芯片公司,CEO 和 CTO 都会亲自参加此会)。如审批通过则可进行下一步。

阶段 3(设计):包括设计、版图、验证、仿真、软件、生产计划、测试计划、验证计划等。在设计完成时,应召开由工程团队组成的审批会,决定是否万事俱备,能够流片。

阶段 4(验证):拿到工程样片后,进行测试验证,一部分样片做环境验证。准备最后的数据手册,做更多样片入库。在验证完毕以后,召开如图 4.6 所示的各生产相关团队的审批会,决定能否推向市场。

阶段 5(量产):包括最终技术文档完成、市场推广、客户支持、销售培训和网站建设。

量产取决于不同应用,有的还需要增加汽车级质量管理流程,以及功能安全研究等,在第 5 章继续介绍。

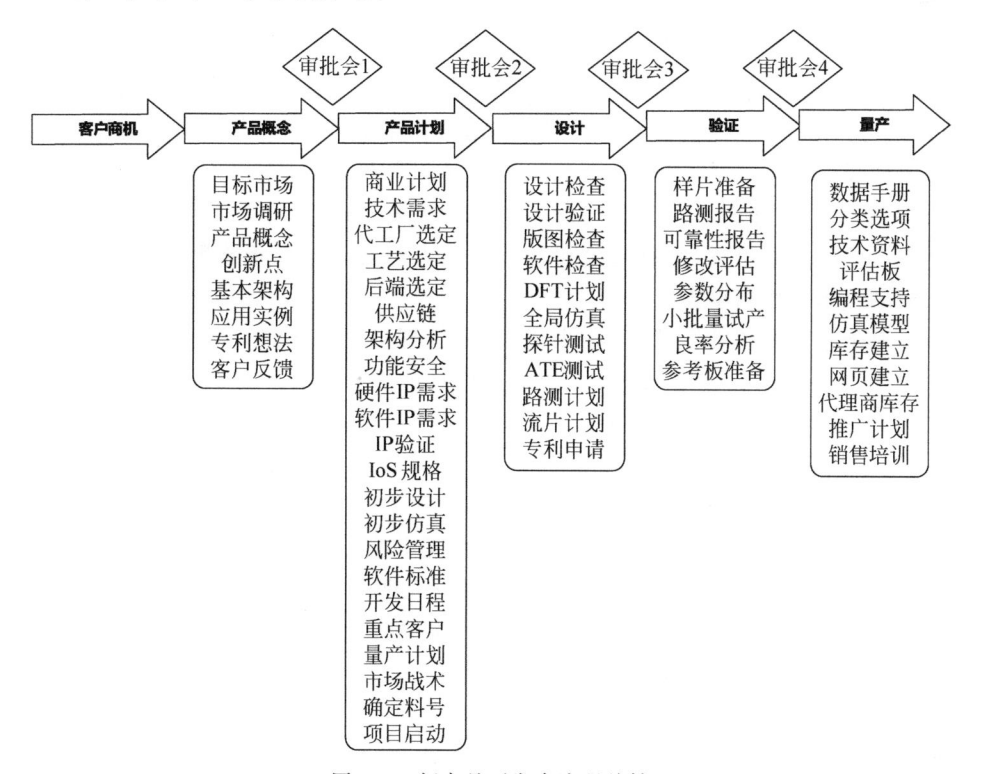

图 4.8 新产品开发全流程总结

第5章

质量和可靠性管理

许多欧美芯片公司的产品性能上未必最为先进，然而却能常年卖出比亚洲产品更高的价格，其中很大的原因就是常年的品牌效应加上牢固的质量管理，使得客户不愿意去切换供应商，特别是高端电子产业如医疗器械、精密仪器、大型工业设备、航空航天等，更是以供应商的质量管理为第一考量因素，而这些细分行业所用芯片的国产化道路则尤其艰难。由前文可见，芯片设计公司无论在中国或美国，经常会使用业务遍及全球的晶圆厂和封装厂，供应链和生产流程可能是相似的，那么为什么有些公司的质量更有口碑，每年出货数亿颗芯片也很少遇到故障而退货，而有些公司却一直陷入与客户的质量索赔官司中，且常常被列入采购黑名单呢？

对于芯片公司的运营，实在来说，质量管理再重要不过。对于相当多的芯片种类，如果都用外部晶圆厂，大公司的设计能力不见得一定强于国产的初创公司，但是客户往往还是倾向于使用大公司的产品，小公司的芯片虽然看似便宜，性能验证下来也可以，但是量产以后却往往造成极大的麻烦，就是其在质量和流程管理方面不能很好地把控。

芯片的质量管理与设计、测试等同样都是非常复杂的专门学科。负责具体生产的晶圆厂和封测厂当然需要大量的质量管理人员，而芯片设计公司也需要此类质量专家来监督和制定相关流程。如果设计公司本身对质量管理毫无了解或并不过问，供应商也容易虚与委蛇蒙混过关，受损失的只是设计公司自己。

本章内容只是出于作者平时在管理产品线业务中的一些认识，而自己并非质量方面的权威人士，肯定有偏颇和不足之处，本章只能管中窥豹，试谈一些对芯片的质量管理、可靠性验证、车规认证等的认识，并做一些对具体测试形式的介绍。对此话题有兴趣的读者，应该进一步参考更为专业的资料。

5.1 介绍和定义

芯片设计公司的特殊性在于：其本身不直接参与生产，然而却需要对任意印有公司标志的芯片负责，因此必须间接和直接地对芯片的质量和可靠性加以管理。芯片是所有电子系统上最核心的零部件，当客户的产品有任何质量问题时，客户总是先假设是芯片造成的问题，不认为造成事故的原因可能是其产品上的其他器件或生产上的问题（实际上大多数故障是芯片以外的问题）。当电子系统出现质量问题时，其造成的影响小到玩具无法工作，大到工厂运营和汽车行驶出现安全事故，甚至造成航空航天方面的失事而对全人类造成损失。

芯片设计公司不拥有生产能力，往往对生产细节也不甚了解，但是却需要与能够直接管控生产的 IDM 公司提供相同质量的产品。当芯片设计公司使用的供应链生态如晶圆厂、封装厂、测试厂、物流公司等都相隔数千里，而且这些公司的股东绝不相同，利益也并不相同时，芯片设计公司应该如何从中协调管理，才能使供应商们一起提供可以令其满意的服务呢？

芯片设计公司需要考核审计供应链上每家公司的质量管理，从 IP、EDA、晶圆加工、封装到测试，需要确保每家供应企业都具备一定的生产管控能力，而不只是表面上看到的都通过了相关工业标准。如果管理得当，芯片产品的质量和可靠性与所有供应商的质量和可靠性完全匹配，产品的质量管理流程完全符合供应商的资质和管理流程，其长期失效率和生产良率就能够达到可接受的成本要求。

首先，我们需要定义一下芯片行业的质量和可靠性。

(1) 质量是什么？

芯片质量的一般定义是，客户收到芯片时，失效的概率。芯片出厂时，需要达到公司制定的可接受质量等级（Acceptable Outgoing Quality Level，AOQL），而客户在收取芯片时，也需要制定和关注自己收货的质量等级（Incoming Quality Level，IQL）。如果收到芯片时，有任意物理性质、电气参数、实际工作状况未能达到数据手册的功能说明，或者超出参数限制的，这样的产品即可视作质量问题，而非只看其是否有物理损坏。

(2) 可靠性是什么？

可靠性验证是指芯片随时间的推移，在客户实际产品中使用的失效概率，又随不同环境因素而有不同的可靠性结果。

对比来说，质量的衡量是芯片刚开始使用的失效概率，可靠性的衡量是因为某些环境因素而导致芯片长期失效的概率。

以买手机为例,如果拿到手的新手机频频死机,那么就是质量不好;而如果出厂几个月后电池衰减,屏幕发暗,与刚出厂时的性能相差甚远,那么就可归结为可靠性不好。而在特殊状态下,比如老款诺基亚手机在多次撞击条件(特定环境因素)之下的可靠程度,比其他品牌手机的质量更好,但是未必在正常状态下的长期可靠性就一定更优,因此可靠性必须在不同条件下去评估。

在芯片行业里,有时客户在测试时就发现某些芯片的性能之间有较大差异,这就可以归因于典型的芯片在设计或生产中的质量控制问题;而如果某些芯片在长期使用下来损坏率较高,则可能是多种情况造成的可靠性问题。

本书对失效、损坏、故障等几个名词加以定义,要强调的是这些定义只是为了行文方便,与其他材料未必一致。

① 失效特指芯片失效,是指芯片无法在正常环境下正常工作,而造成电子系统的问题,往往可能归咎于芯片公司。

② 故障特指系统故障,可能来源于芯片的问题,或其他元器件问题,或客户本身生产中出现的问题。

③ 损坏是因为特殊环境因素而造成的芯片或系统故障,可能由于电压超过限制、环境辐射、高低温变化、高湿度等而产生的。

芯片公司总是在成本能够接受的情况下,努力防止芯片失效,而客户则希望系统在长期运作中不会出现故障,芯片公司对失效负责,但是未必能对客户系统的故障负责。但是损坏却要视具体的客户和市场要求而定,因为很多特殊环境在终端产品工作时不一定会出现。比如,电子玩具丢到水里一定会失灵,但是类似这样的物理损坏并不能归咎于芯片公司或玩具公司,因为玩具并非为适用水下环境而设计,超出了其使用的环境限制。

举例说明,曾经有客户打来电话抱怨说我们的芯片失效,导致其生产的产品出现故障。最后我们花了很多时间,发现客户自己因为焊接不当而造成芯片产生损坏,这就不能归咎于芯片公司。对应的英文:失效应该是(Chip)Malfunction,故障是(System)Failure,而损坏则是 damage,读者可自行体会其细微差异。

要注意的是,无法正常工作未必代表终端产品一定会发生重启、死机、烧毁、爆炸等极端现象,更普遍的情况是某些重要指标在长期使用后偏离正常范围。芯片在无法正常工作时,终端系统可能仍然在工作,但往往伴随过热、噪声、干扰等各种超标问题。比如,一批无故闪烁和一批完全损坏的灯具,对客户来说同样都是不合格产品,往往需要芯片公司来陪同分析故障,最终可能提出的索赔诉求也非常类似。

5.1.1 芯片失效的原因

一般芯片失效的原因可归结于晶粒自身和封装两大类。其具体成因是半导体物理和材料方面经久不息的研究话题,这里只描述一些常见原因和现象。

1. 晶粒本身问题

1) 对电压、温度等耐受不足而导致的电击穿或热击穿

此类问题的产生往往由于电子产品在实际应用中超过了芯片本身标定的范围。这可能是由于电子设计师的芯片选型失误,或者应用中出现了设计时没有预想到的情况,晶粒本身的制造工艺只能保持其达到规格书的性能范围,如果使用中超出其能力所限,则这样的损坏并非失效,而不能责怪芯片生产方。在实际工作中遇到客户抱怨芯片失效时,多数是这样使用不当的情形,但是也有极少部分的质量问题确实是因为芯片本身设计/制造而导致的短期或长期失效,需要芯片公司的高度重视。比如,对可能在低温时运行的电动汽车,就需要严格测试并预判功率器件在低温时的长期耐压变化情况,往往可以要求客户提供足够的设计余量来避免系统故障的发生。

2) 产品本身的性质

芯片工艺本身、晶粒尺寸大小、时钟频率等,对芯片的可靠性有直观的影响。越先进的工艺制程,芯片的栅长越窄,器件电压越低,电子更容易因为辐射而发生跃迁,因此更容易发生逻辑错误。而芯片尺寸越大,统计意义上也更容易发生逻辑错误。因此在高辐射场合,判断产品能否使用的先决条件是可靠性,然后再谈到性能要求。最先进的太空望远镜,其使用的处理器性能不过是20世纪的标准,然而却具备极高的抗辐射能力。如果性能太过先进,一是并无必要,二是在辐射条件下更易出现问题。

3) 静电击穿(ESD)和闩锁效应(Latch up)

静电击穿和闩锁效应在做可靠性测试时是必做的项目,两者出现严重问题时都可能造成芯片完全失效而不可恢复。当设计师使用不熟悉的工艺来设计芯片时,不太容易一次性就能通过这两个项目,往往需要芯片改版才能改善。

4) 制造工艺本身的问题

未臻完善的工艺可能造成长期使用中的质量问题。比如多年前本人遇到这样的情况:在某芯片表面做钝化工艺时(表面覆盖保护介质膜,以防止表面污染),本来用氮化硅的钝化层,在遇到芯片失效后,发现该钝化层在使用中发生了不明原因的破碎现象,导致粒子污染而造成芯片失效,最后在改用聚酰亚胺(Polyimide)材料后,不再遇到此问题。

5）老化

一般来说,客户刚刚使用的芯片产品,一般不会很早就失效,发生早期失效多半是由于在生产时就有一些制造瑕疵,而出厂测试时没有检查出来。时间久了以后,原来工作正常的芯片的失效概率就会因为正常的老化现象而开始上升。造成老化的失效机制有很多种,如钝化层的剥落、电介质击穿、金属迁移、热载流子效应、绑线的机械疲劳、热疲劳等,不一一细表。

2. 封装带来的问题

1）热应力和机械应力

任何封装都有导热系数和可承受的机械力的指标,实际应用中如遇到过热、过度振动等,都可能影响其使用的可靠性。比如以前我们做特斯拉 ModelS 跑车的主逆变器芯片,因为是车用环境,所以必须通过非常严格的振动和其他可靠性测试,而同样的芯片如用于一般工业环境,则符合普通工业标准即可。又比如军工类芯片经常需要 200℃ 以上的最高工作温度,而很多应用只需要 85℃ 或 125℃ 的最高工作温度。因此对于同样的晶粒,如用于不同应用环境,则可能需要不同的封装工艺和材料。

2）封装工艺

封装的过程和工艺也可能会引起失效。比如在打线焊接环节,工程上喜欢用延展性更好的金线,但是价格较贵,如切换成铝线或铜线,价格降下来了,但是通过可靠性测试的难度则会增加。

3）湿度引发的问题

一些封装材料不适合有可能遇到的高湿度的环境。对于车用芯片,需要通过双 85 实验：85℃ 热/85% 相对湿度的 BHAST 和 THD 实验,而制造环节必须采用高可靠性的封装材料。

4）辐射

对于宇航类芯片,其身处的空间环境中存在大量高能粒子和宇宙射线。这些粒子和射线会穿透航天器的外层屏蔽,与芯片材料相互作用产生辐射效应,引起器件性能退化或失效。从芯片的设计角度,可以在设计上增加冗余电路、错误检测和纠正电路；从封装和测试角度,需要使用抗辐射的屏蔽封装、增加特殊测试项目。宇航芯片一般使用较成熟的工艺,因此研发和生产成本不算高,但是因为产量少,所以单价必须定得非常高才能平衡研发成本。

由上可见,造成芯片失效的问题实在很多,即使没有造成完全失效,产品的瑕疵也往往会造成芯片可靠性逐渐下降,导致终端产品出现性能问题,进而对芯片公司造成影响。多年前某家公司研发的照明芯片被某客户用于地铁隧道中的照明,发现安装使用一段时间后灯具会发生闪烁问题。经过反复研究,最后发现确实是由于芯片本身的设计问题,因而客户索取因派遣工人去隧道里更换灯具而产生的昂贵赔偿费用。这件事情本身影响还不算大,但是如果某家公司的业务以一两家大客户为主,那么质量问题就会造成灭顶之灾。

对本小节做总结如下:

① 芯片失效和损坏的原因有很多,但是如果设计得当,使用高质量、高可靠性的芯片,那么在具体产品中失效的概率应该非常低;

② 没有必要使芯片在超出正常使用范围时,还能够正常工作;

③ 除非是宇航应用这样的极其特殊场合,其他终端应用芯片产品都能够承担一个较小比例的芯片失效率。

5.1.2　客户的要求

接下来的问题,是需要了解客户对质量和可靠性的普遍要求,确定如何才算是过关。这里谈到的质量和可靠性,都是基于已经通过了最终 ATE 测试的芯片,其基本的电气性能和封装应该满足数据手册上的规定。然而客户并不仅仅通过数据手册来做能否使用此芯片的判断,所以芯片必须能够在客户的应用场合与客户期待的产品寿命相吻合才可以。

视具体芯片所使用的场合,客户本身对质量和可靠性的重视度有所不同。举几个不同应用的案例。

(1) 宇航类芯片。

因为空间任务单次发射成本太高,而工作环境又极端恶劣(极端高/低温、宇宙射线等)。因此宇航类芯片一般都是不计代价地通过特殊制造工艺来提高质量和可靠性。有时甚至需要人工花大量时间一颗颗测出来,售价极其高昂。军工类别的要求略低,视应用而定。

(2) 汽车类芯片。

如果与行车安全相关(发动机、转向等),那么对质量和可靠性的要求就非常高,可能仅次于宇航和军工类芯片。而如果与安全无关(调节座椅、座舱灯光等),那么一般要求偏低。医疗仪器类似,但是有自己的安全标准。

(3) 工业和高端消费电子用芯片。

因为其工作年限不需要达到 10 年以上,而工作环境也不会太严苛,因此对可靠性要求较汽车级更低,满足正常工业标准即可(著名的手机品牌自有一套质量验证体系,像苹果就极端严格,测试项目极多)。总体来说,手机的退换货较为频繁,而一般情况下无伤大雅(特别对于廉价手机而言),而汽车如果有质量问题,则往往需要大规模召回,成本极高。

(4) 低端消费电子。

如电动玩具,此场合的芯片本身性能要求低,对可靠性更无要求,一般出厂时能用即可,价格越便宜越好。

读者可以想见,对质量要求不高的场合,必然此类芯片也卖不上价格,公司几乎无利可图。因此国内外较知名的芯片厂商,必然追逐对质量要求较高的客户。

无论对质量要求高或低,客户在收到芯片时,总要做基本的收货检查。此时可能遇到的主要质量问题是:极少部分的芯片在电气性能或封装上未满足规格,但芯片公司未能发现并剔除。这里使用的参考值是出厂质量(AOQL)和客户收货质量(IQL),与平时所说的生产良率的概念有所不同。可以举例说明,假如我们安排生产100万颗晶粒:

(1) 在刚加工完毕的裸晶圆上,我们应用探针测试,发现95%(良率)的晶粒可以通过测试,还余95万颗;

(2) 将95万颗逐渐封装完毕后,在ATE设备上进行电气测试,发现有98%(良率)封装好的芯片可以通过测试,还余93.1万颗;

(3) 出厂时和客户收货检查时,发现有0.1%的损坏,有930颗晶粒损坏了。

看起来,好像AOQL和IQL的影响不大。然而,良率是由晶圆代工厂和芯片公司内部控制的。公司本身确实会因为良率而造成生产上的损失,但是客户看不到良率下的损坏,因此对公司的信誉和业务并无损伤。而如果在IQL检查下由客户自己发现问题,那么即使只损失了930颗芯片,造成的对业务的潜在影响可能比因自身良率而损失的几万颗芯片还要严重。(不过有些懂行的大客户,也会要求了解良率,甚至要了解晶圆上坏晶粒的具体分布,以及各生产批次良率的历年变化——因为芯片公司对工艺是否有足够的把控,会反映在良率里)。如果在客户IQL检查时发现任何问题,那么芯片公司就有责任与客户合作来提供解决方案。

在AOQL和IQL检查时经常能发现的问题,大致分为机械封装类和电气类。

机械类的问题如:塑封(Molding)缺陷;料号、日期等打标缺陷(Marking);焊球、引脚等的缺陷;编带(Tape & Reel)中芯片的朝向不对;等等。

比如,我曾经遇到某使用BGA封装的大芯片整个边角上的塑封和引脚全部脱落,这可能是包装过程中出现的问题;也曾经遇到IGBT晶粒在包装在托盘(Tray)上时部分碎裂的情况。当客户收到这样的货品时,就会对这家芯片公司的印象非常糟糕。

针对此类机械类问题，在包装后运输前，应该有 100% 的目视检查和抽查。

电气类的问题比如：ESD 故障、Latch up 故障、测试逃逸、早期失效、因湿气敏感而失效等。

特别对早期失效，在下节会提到质量管理的澡盆模型，一般芯片总是在刚开始使用不久时，失效的概率较高，因此芯片公司在最终 ATE 测试以后，对某些芯片往往还会加一道老化测试（Burn-in）的关卡，在略高于实际应用的环境条件下使芯片工作 24～48 小时，以观察其变化。老化测试多数情况下为抽查的测试，也有极端情况下有客户要求 100% 出厂老化测试。

总之，在 ATE 测试以后，还有必要考虑增加额外的机械和电气抽检，以尽量将潜在的质量问题在客户发现以前就解决掉。

但是我们遇到的另一问题是大型芯片公司往往需要生产数千至数万种产品，并应用于十几万到数十万家客户，完全没有可能了解这些客户的具体工作环境和其对质量和可靠性的具体要求。因此行业协会和芯片公司一般会联手制定一些普适的基础质量规格，如表 5.1 所示。视具体应用和客户的需要，规格可能发生变化。

表 5.1 芯片质量规格的一些例子

芯片质量规格	目 标 规 范
初始故障率	<100ppm
平均失效率	<100FIT
ESD 等级	±2kV HBM
Latch up	JESD78 标准
最低 MSL 等级	MSL3
环境标准	无铅

此外，为了取信于客户，公司需要满足一些质量控制的国际标准如 ISO 9001，如涉及车规级芯片的生产制造则需要额外遵循 IATF 16949。这些国际标准对重要的质量目标有严格的监控、识别、追踪、改善等的衡量标准。这些普适于所有制造业的质量控制标准在网络上已有非常充分的介绍，本书除应用于芯片行业的细节以外，不多着墨。

在大型芯片公司中，有专门负责产品质量的部门。关于生产良率、质量抽检、客户失效分析等报告，需要第一时间汇总到质量部门，再分发到其他部门进一步处理，最后再由质量部门与客户沟通，解答客户的各类要求。质量部门一般汇报到整体运营部门之下，而负责质量的各职能人员与各业务部门具有同等的重要性。

除了基础的出厂质量规格、出厂前最后的质量检查和公司运营的质量控制以外，公司还需要对芯片的长期运行寿命负责，并对长期可靠性进行管理。只要对自己声誉在乎的电子厂商，都会对芯片供应商的芯片可靠性报告感兴趣。因此 5.2 节是对芯片可靠性管理的一些浅显介绍。

5.2 芯片可靠性管理初探

芯片的可靠性管理，有这样几个基本目标：

(1) 通过各类测试，将早期就损坏的失效风险降到最低。

(2) 对客户终端应用的工作环境和安全需求有全面的了解。

(3) 在不提高成本的前提下，延迟失效概率上升的到来时间。

(4) 在不提高成本的前提下，提高在正常工作环境下的可靠工作时间。

(5) 在不提高风险的情况下，确定芯片的相关参数和性能的限制。

(6) 无论因为何种原因而发生失效，都对产生的后果有所预计，并有相关的对应措施。

为此，本节对失效的本质、可靠性的相关测试、失效对系统各种层次的风险，以及具体失效风险的分析和规避，做了一些相关介绍。

5.2.1 澡盆模型和失效率

芯片的质量和可靠性管理的目标，可用传统质量管理的"澡盆模型"加以解释，即芯片的失效率随时间的变化曲线，如图 5.1 所示。当大批量的电子产品初次投入使用时，会有初期较高，而迅速下降的失效率，这个概率称为早期失效率(Early Failure Rate，EFR)，一般以 10^{-6} 来描述(百万分之一)，比较普通的 EFR 可能是千分之一。出现早期失效一般是因为制造过程中极小部分晶粒有微量的瑕疵，在晶圆和封装阶段还未显现电气性能上的差别，而逃过了芯片出

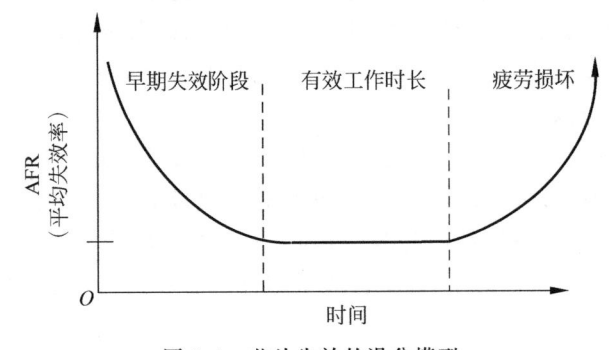

图 5.1 芯片失效的澡盆模型

厂时的最终测试,然而在最终电子产品投入使用的早期就迅速造成失效。(单颗芯片的出厂最终测试时间非常快,只要数秒。理想情况下也许连续测试某单颗芯片时间较长,这样失效率会非常低,但是对于大多数应用,每颗芯片都这样做出厂测试则成本无法承受)。

因此,许多电子厂商在终端产品出厂时,总要经过一段时间,如几十到上百小时的出厂测试,以尽量排除早期失效(测试成本在一台手机几百美元的生产成本中占比较低)。

当度过了早期失效的阶段以后,失效率降到一个非常低的阶段并且能够保持相当长的时间,此时为绝大多数芯片的正常工作时长,直到最后进入较高损坏率的阶段(可称为"疲劳损坏")。有效工作时长之内,平均失效率 AFR 一般非常稳定,只有在大批量下才可能发生极个别随机错误,此时的失效率需要以时间,而非个数比例来计算,FIT 指的是每 10 亿运行小时发生的失效数,或者每 1000 小时的失效率($\times 10^{-6}$)。

这里可能还是不易理解,下面举例说明。比如,某芯片估算下来的 FIT 是 100,指的是每 10 亿运行小时会出现 100 次失效。假设客户制造了 100 万台设备,当持续运行 1 年以后(约 1 万小时),那么总时长为 100 万×1 万小时＝100 亿运行小时,可计算出约有 1000 台设备在一年之内会出现失效(假设此关键芯片失效会直接导致设备失效)。

对于芯片公司,FIT 不用通过客户汇报才能得知,可以通过高温运行寿命测试(HTOL)来估算实际运行中的 FIT。较大的芯片公司在网上有对 FIT 数据和其他质量报告的细节,用于向客户证明自己的质量控制水平。如表 5.2 所示,MicroSemi 公司在 $0.18\mu m$ 制程上用近 3 万颗样品,总时长约 600 万小时,推算出 90% 可信的 FIT 数约为 5.73。当更多样品被测试过极长的时间,芯片公司得以优化工艺,对较大型的芯片公司,每年生产的芯片超过百亿颗,工艺运行较为稳定,往往 FIT 可以控制在 10 以下。对于初创的芯片设计公司,测试样品的数量和时间有限,如果又不幸使用了较不稳定的代工厂工艺,那么反映在终端产品上的 FIT 可能会非常高,所幸对多数商业应用和消费者应用还可以接受。很多大客户往往不愿意接受初创芯片公司出货量不大的新产品,就因为尚未看到基于长期而大量的 FIT 数据,而不敢轻易使用。

而对于医疗、汽车、军事、航空航天等需要更高可靠性的场合,那么就需要更低的 FIT 数据,甚至每颗都需要经过一段时间的出厂测试(不只是耗时极短,开关就一次的 ATE 自动测试)才能确保度过早期失效阶段。显然,如火星车之类的应用产品没有任何试错机会,每颗芯片都是精挑细选过的。

表 5.2　Microsemi 公司（为 Microchip 收购）2019 年 0.18μm 工艺的 FIT 数据

工艺	总季度数	样本数量	burn in 温度下的工作总时长/h	55℃下的工作总时长/h	Q3 和 Q4 的失效数	总失效数	FIT 数（60%可信）	FIT 数（90%可信）	工作条件
28nm	15	787	787 000	2.58×10^9	0	4	2.03	3.1	B,Vstress=1.08V

注：来自 Microsemi 官网。

这里的 FIT 数据出自芯片公司自己的实验估算，而在客户实际运用中，客户自己的质量部门可能根据自己的实际运行情况，如每天的实际工作时长、具体环境温度等来估算产品的 FIT 数。回到澡盆模型，在产品使用很久，临近"用坏"的阶段，失效率又急剧上升，因此曲线整体呈现澡盆的形状，如果芯片始终工作在正常环境中，"用坏"的阶段应该至少在使用 10 年以后才会出现。芯片公司需要通过后文所述的加速老化试验，来确定产品普遍失效率的情形。

产品质量管理，主要是为了改善澡盆模型的三种失效率。早期失效率和正常工作中的一些随机失效，往往是由于晶圆或封装生产流程控制上的问题，与每次实际生产过程有关。而在疲劳损坏阶段，其长期运行的寿命往往受限于工艺和技术本身，而非生产流程。

澡盆模型的统计学性质也体现在除芯片以外，更广义的其他复杂产品上。一款需要大量零部件的新产品，如汽车、电视、手机刚刚推向市场时，往往由于生产工艺和具体零部件可能尚有未发现的制造瑕疵，在推出早期就出现批量故障，而大规模召回返修。因此，有种说法是不要买刚上市的新款汽车，这有一定的道理，因为总要在生产较长时间以后，生产工艺和零部件的整合才能趋向成熟而使故障率变得极低。在生产年数较长之后，供应链可能发生变化，公司可能对老产品的质量维护不够，而导致故障率又重新上升，这时就需要考虑是否要终止此产品的销售。

与 FIT 相对的常用词，是平均单次故障发生时间（Mean Time To Failure，MTTF），即为 FIT 的倒数。如故障率为 10 FIT，则 MTTF 为 1 亿工作小时。另外一个常用的缩略词，是总共工作时长（Total Device Hours，TDH），100 万颗芯片各工作了 1 万小时，则 TDH 为 100 亿工作小时。自然这两个数据都是越高越好。

题外话，EDA 大厂 Synopsys 有一类很有趣的产品——芯片生命周期管理（Silicon Lifecycle Management，SLM）平台，是在芯片设计中加入传感器，以分析芯片在实际运行中的数据。如果具体应用中不需要更长的使用寿命（如消费类产品),则至少可以预测芯片损坏的时刻;否则可调整工作状态以延长实际工作寿命。此类技术被归类为可靠性设计(Design For Reliability),有心的读者可进一步搜寻相关资料。

5.2.2 加速老化

芯片的具体工作时间往往以年为单位,如汽车、工业等应用场合,正常的客户需求是 10~20 年的终端产品寿命(包括不工作的待机时间)。当全新芯片推向市场时,显然不可能做持续几年的寿命测试来估计其工作寿命,因此在具体实践中,往往需要采用加速老化的实验。通过施加比实际工作状况更高的温度、湿度、幅度更大的高低温循环和其他环境因素,使芯片的工作寿命缩短,而推算芯片在正常工作环境中的使用寿命和失效率。在做加速老化以估计寿命的实验同时,也验证了芯片的可靠性。

加速老化的衡量因素为 AF(Acceleration Factor),由实验测得,AF 乘以芯片在某温度下的工作寿命,再取倒数,即为芯片在某温度下的失效率。如果在较高的温度下测得累计失效的分布如图 5.2 所示,则可根据 AF 因素来推算在正常工作温度下相应的出现失效的频率。

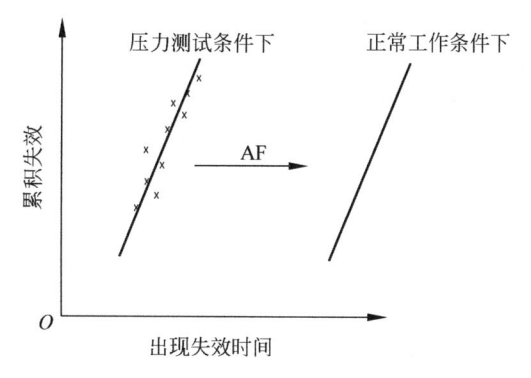

图 5.2 由 AF 来推导正常工作寿命

AF 本身的计算公式可以由著名的热力学 Arrhenius 模型而得出,读者可自行检索。Arrhenius 模型只考虑老化温度,而实际上芯片公司还有其他的老化模型可以使用。如果考虑额外的非热因素,比如更高的电压、机械压力等,则可以使用 Eyring 模型(如果使用环境的电压比较接近芯片的极限,则可以用 Eyring 模型估计其对寿命的影响);如果考虑额外的湿度,则可以考虑使用 Peck 模型;如果考虑实际应用中可能有非常频繁的温度循环,则需要使用 Coffin-Manson 模型。

Coffin-Manson 模型的一个应用实例是电动车主逆变器里的大功率半导体

器件。考虑到电动车经常启停,有非常多的从停止到全速前进的工作循环,而环境温度又变化较大,一般电动车公司会要求芯片公司给出 Coffin-Manson 模型下的寿命分析(失效模式多为封装的绑线断裂等应力问题)。为给出此寿命估计,芯片公司也会要求电动车公司给出其具体的工作环境的估计(比如每年有 10 天的电控系统内部温度高达 100℃,10 天低至 −20℃ 等)。

对于这些不同模型下的计算公式和示例,读者如有兴趣,可进一步参考相应的专业书籍。

5.2.3 可靠性测试

与老化测试类似的测试可以验证芯片在各种恶劣环境下的长期运行可靠性,对于全新设计的芯片产品,在宣布量产以前,必须经过一系列的可靠性测试,来确保芯片能够完成工作寿命的目标,客户在采购芯片以前,常常会要求此类的测试报告。为统一应对电子业界的质量标准需求,芯片业界按照国家、具体应用等成立了各类质量委员会,制定了各种芯片可靠性测试的标准。这样客户只要简单地提出芯片产品必须满足的某类标准,芯片公司就可以容易地参考此类测试标准的所有细节来做相关工作。常见的芯片可靠性质量标准比如:

(1) 美国联合电子产品工程委员会(Joint Electron Device Engineering Council,JEDEC)发布的典型的可靠性验证标准如 JESD47I,此标准适合一般的工业级芯片。JEDEC 覆盖的应用相当广泛。

(2) 美国汽车电子委员会(Automotive Electronics Council,AEC)发布的典型的可靠性验证标准如 AEC-Q100(仅针对集成电路),后文讲到汽车级产品质量时有对 AEC-Q 进一步的解释。AEC 的标准几乎是全世界汽车芯片的公认质量标准。

(3) 中国国家标准总局发布的 GB 2689、GB/T 34986—2017 等。读者可参考工标网:L 电子元器件与信息技术:L00/09 电子元器件与信息技术综合:L05 可靠性和可维护性下的各类可靠性标准细节。

各类可靠性测试的大致种类区别不大,而细节上要求的严苛程度主要与芯片产品的应用有关。宇航级产品的可靠性要求远比汽车级产品的高,汽车级又比工业级高,工业级又比普通消费类要高。不同国家标准的区别一般来说并没有按照应用的区别大,因为芯片有大量进出口的需求,因而不同国家的可靠性标准总是尽量趋同。

可靠性测试主要的实验对象可描述为 DUT(Devices Under Test),一般在设计极为可靠的环境测试电路板上,插有或焊好具体的实验芯片,一般至少几十颗同时一起测试。测试在一个较大的环境测试箱中进行,与外界除了电源以外基本完全隔绝。测试箱中自带有加热或另有制冷的设备,另外有接口可输入较高湿度的空气。环境测试箱自带有可编程操作的用户界面(注:环境测试箱国内完全可以自给,不需要进口设备)。

下面对一些较为普适性的可靠性测试的术语和其测试的本质做一些简单介绍,附有中英文对比以供读者参考,后文多用英文缩写以使行文简单。(部分测试如 MSL、ESD 等其实不能算是可靠性测试,应该算是广泛意义上的质量测试。)

(1) 湿气等级(Moisture Sensitivity Level,MSL)。

(2) 预处理测试(Preconditioning,PC)。

(3) 高温储存寿命测试(High Temperature Storage Life,HTSL)。

(4) 温度循环测试(Temperature Cycling,TC)。

(5) 加偏压、高温、高湿测试(Temperature Humidity Bias,THB)。

(6) 高压测试(Autoclave,AC)。

(7) (无偏压)高加速应力测试((Unbiased) Highly Accelerated Stress Test,(U)HAST)。

(8) 高温运营寿命测试(High Temperature Operating Life,HTOL)。

(9) 高温反向偏压测试(High Temperature Reverse Bias,HTRB)。

(10) 高温高湿反向偏压测试(High Humidity High Temperature Reverse Bias,H3TRB)。

(11) 高温栅偏测试(High Temperature Gate Bias,HTGB)。

(12) 静电放电测试(Electrostatic Discharge,ESD)。

(13) 闩锁效应测试(Latch up)。

(14) 电磁干扰测试(Electromagnetic Interference,EMI)。

(15) 电磁相容性测试(Electromagnetic Compatibility,EMC)。

1. 湿气等级(Moisture Sensitivity Level,MSL)

通常封装完的芯片在一般的保存环境下会吸收湿气,最终造成芯片在电路板上进行回流焊时,因湿气瞬间受热而将芯片爆破的状况。MSL 被用来定义芯片吸湿及保存期限的等级,若芯片的储存时间超过 MSL 规定的保存期限,则在进行焊接前先要进行烘烤处理,去除湿气。MSL 分级有 8 级,以作者的认知,大部分常用芯片为 1～3 级。

2. 预处理测试(Preconditioning,PC)

PC 测试的目的是模仿客户将芯片回流焊接到电路板上以后,受到环境的影响。具体做法是验证初期性能后,可能先做 5 次温度循环,再烤干 24 小时,浸入 60% 相对湿度的湿气 192 小时,再根据不同芯片要求的回流焊进行 3 次焊接循环,最后用溶剂将其弄干净以后,重新检测其机械和电气性能,与初期的性能指标做对比。如果芯片的制造环节有缺陷的话，湿气更容易进入芯片，也更容易因为高温焊接而离开芯片，可能更容易对芯片造成损坏。

3．高温储存寿命测试（High Temperature Storage Life，HTSL）

如前所述，高温是使芯片加速老化的常见方法，因此根据不同芯片材料和特性，使用不同等级的温度，可提前发现可能的失效现象。例如普通塑封芯片，可使用125℃、150℃、175℃高温，而陶瓷器件等则可适用更高温度。JEDEC/IPC等标准中覆盖了其他HTSL的测试细节。

4．温度循环测试（Temperature Cycling，TC）

高低温循环测试会造成热胀冷缩现象，最明显的影响就是对封装的可靠性提出了挑战，绑线、基板、焊料等的膨胀收缩可能造成绑线脱落，以及钝化层、封装材料或晶粒的破碎。温度循环的高低限制由各工业标准给出，一般每小时1~3个循环，持续若干小时。

其衍生出的又一类测试是加电温度循环（Power Temperature Cycle），可顾名思义。

5．加偏压、高温、高湿测试（Temperature Humidity Bias，THB）

这项测试主要用于验证芯片在潮湿环境下受影响的程度。当芯片加上偏置电压和高温以后，湿气更容易进入芯片内部。这里常用的温度值（单位为℃）和湿度值（相对湿度）各为85（国内俗称双85测试）。由于湿气影响，最后芯片常见更高的漏电、金属层分层（Delamination）等失效现象。

6．高压测试（Autoclave，AC）

此项测试为考验芯片在高温、高湿和高大气压环境下的可靠性。据JESD22-A102-C的标准，典型测试环境为121℃，100％相对湿度，205 kPa大气压，需测试96小时。一般汽车级产品需要做AC测试，工业级产品则未必。

7．（无偏压）高加速应力测试[（Unbiased）Highly Accelerated Stress Test，(U)HAST]

UHAST的测试环境和THB较为类似，同样的85％相对湿度，只是温度更高，可替换AC测试。常见的测试条件一般为A：130℃、85％相对湿度、230 kPa大气压，或B：110℃、85％湿度、122 kPa大气压。如果加偏置电压，则芯片的可靠性就要经受更高的考验。

8．高温运营寿命测试（High Temperature Operating Life，HTOL）

此项测试是将芯片置于具体运营的环境中，一般基于实际的参考板，再加以较高的环境温度，在实验前后观测其重要参数的变化情况。例如塑封芯片，可使用 125℃,150℃,甚至于 175℃。陶瓷封装则可能到 250℃。

以下的 3 项测试一般以半导体离散器件为主要对象,半导体芯片则不用做。

9. 高温反向偏压测试(High Temperature Reverse Bias,HTRB)

测试条件是在高温下(100℃以上),持续提供 80% 最大规格的反向电压,在 48 小时以上的长时间工作下,观测半导体器件的反向漏电流。

10. 高温高湿反向偏压测试(High Humidity High Temperature Reverse Bias,H3TRB)

类似于 HTRB,只是再加上 85% 相对湿度的湿气。

11. 高温栅偏测试(High Temperature Gate Bias,HTGB)

在高温条件下,将栅极与发射极短接,在集电极与发射极之间加上设定的直流电压,验证栅极漏电流的稳定性。

12. 静电放电测试(Electrostatic Discharge,ESD)

静电虽然能量不大,但是瞬间电压非常高(大于几千伏),如果直接作用到芯片本身,可能造成瞬间不可逆的过度应力(Electrical Over Stress,EOS),进而对芯片造成破坏。虽然一般芯片在焊到电路板上以后就不容易受到 ESD 的影响,但是在之前的测试、物流等环节上还是可能遇到静电。因此在芯片设计时,需要加入防静电损伤的设计,晶圆厂的工艺部门也会对 ESD 有专门的制程设计,而在芯片的可靠性测试环节,公司则需要加入 ESD 测试的部分。这里根据不同的静电产生方式及对电路的损伤模式,通常使用人体放电模式(Human-Body Model,HBM)或者机器放电模式(Machine Model)。在芯片的数据手册中,一般会标有两种模式下芯片能够耐受的 ESD 的电压值,如果没有的话,一般芯片公司网站有质量标准的网页,会说明公司生产所有芯片所应用的统一 ESD 标准。

人体放电的典型工业标准如 JESD22-A114-A,机器放电的标准如 JESD22-A115-A。

13. 闩锁效应测试(Latch up)

闩锁效应测试很有必要,我曾经遇到多次因为 Latch up 测试没过而耽误产品量产的情况。解释此半导体故障的机理需要较多篇幅,不能在本书中覆盖。

14. 电磁干扰测试(Electromagnetic Interference,EMI)

电磁干扰是指芯片和系统在自身工作过程中产生的电磁波对外发射,从而对系统的其他部分或外部设备造成的干扰,一般需要测试传导和辐射两类干扰。

15. 电磁兼容性测试(Electromagnetic Compatibility,EMC)

电磁兼容,是指芯片和其组装成的终端系统抵抗外界电磁干扰性的能力。

虽然电磁测试是终端产品需要通过的规格,主要应由电子产品公司自己完成,但实质上电磁干扰主要由产品中的芯片产生,可能由不良的产品电路设计而变得更严重,因此芯片厂商往往需要帮助客户改善电磁干扰的程度。如果某些芯片的EMI较竞争对手更好,也可以作为主要卖点,我们可以用自己的标准参考板和对手的标准参考板作EMI比较,展示给客户。

综上,最后再提及一些其他重要方面。

(1) 如TC、THB、AC、UHAST等多项测试,都在较短时间内给芯片施加了远超实际应用的外界应力,可称为是破坏性测试。即使实验样品在测试完成以后仍然能够通过电气测试,这些样品也应该被认为已经有了长期可靠性的隐患,是被禁止寄给客户使用的。

(2) 部分可靠性测试需要长达1000小时以上的持续测试时间,而芯片公司可能允许在测试结束之前,寄出少部分工程样品给客户用于验证。比如在测试开始的168小时后(一周),可以拿出来一些样品测试其性能,如果没有问题的话,即可寄给客户验证。同时,要告知客户此类芯片尚未完全通过可靠性验证,因此不能用于量产项目。

(3) 并非所有的新产品都需要完全通过所有的可靠性测试项目,而是视客户和应用需求而定。比如有客户曾经对某芯片型号感兴趣,该型号出厂时100%可通过高低温测试,然而测试成本较高;经沟通后对方发现自己并不需要如此高标准的产品。

(4) 一般来说,对于如下的一些情形,必须经过全部的测试项目。

① 全新的掩膜设计;

② 采用的晶圆工艺有任何较重要的改动;

③ 更换晶圆厂或封装厂;

④ 全新的封装;

⑤ 工业级产品需要经过汽车级验证。

(5) 对于以下风险较小的情形,可以选择性地少做一部分测试项目,以更早宣布量产。

① 基于已通过测试而量产的芯片,需要做极少的金属层改动;

② 基于已通过测试而量产的芯片,只有软件和OTP/MTP上的改动;

③ 基于已通过测试而量产的芯片,封装上的些许材料调整。

(6) 芯片产品往往还需要附加对封装工艺的可靠性测试,包括封装打线的剪切应力测试（Wire Bond Shear Test）、拉伸测试（Pull Test）、焊接性测试（Solderability Test）和焊球剪切应力测试（Solder Ball Shear Test），汽车级产品还要求坠落测试，等等。在后文讨论汽车级产品时对其还有部分说明。

5.2.4　系统功能安全

　　以上的内容主要关于芯片元器件本身的可靠性和质量问题。元器件本身当然与终端电子产品的性能表现有密切关系，如果从系统角度出发，考虑到个别的元器件不管如何可靠，总有一定的长期失效率，而当复杂系统中有几百几千颗不同芯片以后，系统运行中出现失效的可能性就大幅提高。如果某公司生产了100万台某种复杂设备，每台设备装有一颗芯片A，且A芯片的失效率为10 FIT，那么在持续运行1年以后（约1万小时），可计算出约有100颗A芯片在此期间会失效。如果此设备需要使用1000种芯片各一颗，每颗如果失效率都是10FIT，那么一年后出现某种芯片失效的可能性就有10%。当然，某种芯片失效未必代表整台设备会出现故障，但是往往会带来某种性能上的问题。（读者会觉得10%的设备可能会出现问题显得不可思议，但是考虑到一部智能手机往往只需要几十颗芯片，而且一般三四年就会换新，可市面上却需要这么多的手机维修点，就说明当数量级达到一定程度，产品失效需要返修的绝对数字是非常大的。例如汽车的大部分子系统在运行寿命内都可能出现电子故障，许多工业自动化设备也有庞大的维修团队）。

　　电子厂商当然有各种办法来尽量规避芯片失效对于总体系统的影响。比如对于使用芯片数量很大的自动化测试仪器，厂商就会把许多测量电路模块化，这样失效时，只要替换掉个别模块即可，不至于需要更换整台设备。对于某些关键器件，系统设计师往往需要在选择时留足余量，或者在设计时增加安全保护的功能。

　　我们知道任何电子产品中都有部分芯片起到非常关键的作用，而这些芯片在长期运行以后，会出现一定失效的风险，使整体产品出现问题。例如对与人身安全相关的具体应用，我们知道无论如何设计，其总有一定的概率会失效，而且可能造成人命事故。因此我们需要一定的产品设计方法，使这些芯片即使有朝一日会失效，但仍然能够使整体系统以一种安全的形式来失效。比如，如果汽车的行驶、转向等关键性的控制系统芯片失效，我们要求最好有冗余设备使系统能够继续正常工作，或者能够向乘客和系统控制器报警，并使汽车缓慢停止，最坏的情况是出问题以后系统处于未知的状态，甚至胡乱动作或者加速，造成更大的危险。这些系统设计问题与芯片本身的设计和制造密切相关。

对于与生命安全有关的应用，各国际组织联合出台了多种相关系统功能安全的标准。其中最为权威的可能是国际电子技术委员会（International Electrotechnical Commission）发表的 IEC 61508 标准，全名是《电子/电气/可编程电子安全系统的功能安全》标准，在国内的同类标准应该是 GB/T 20438。IEC 61508 是应用于所有工业的最基本的安全标准，而其他关于具体应用的安全标准都由此迭代而来。其最基本的概念是，任何与安全相关的系统，一旦出现失效，其失效形式必须是不需外力干预、可预测而安全的。

IEC 委员会的观点是，对于安全相关的应用，产品要实现完全零失效和零风险是不现实的，只能尽量降低失效发生的可能性。然而，对于任意一种失效，如果其后果不能忍受（比如会死人），则需要在设计中防止出现此类问题。最后，应该在成本可控的范围内，在整个研发和生产循环中都贯彻安全思想。标准的核心内容规定了每种安全相关功能可能的风险等级，它们与风险的严重程度和可能发生的频率有关。电子厂商应该使用电子、电气、机械装置等各种方式来将严重风险降低到可以接受的程度。IEC 61508 还解释了在产品全周期：概念、风险评估、制定规格、设计、安装、维护和销毁等流程中应该使用的安全举措。

IEC 61508 对风险发生频率的规定如表 5.3 所示。

表 5.3　风险类别与频率

类别	定义	每年发生频率
经常发生	产品生命周期内会发生许多次	$>10^{-3}$
可能发生	产品生命周期内只会发生数次	$10^{-4} \sim 10^{-3}$
很有限发生	产品生命周期内只会发生一次	$10^{-5} \sim 10^{-4}$
不太可能发生	产品生命周期内不太可能出现	$10^{-6} \sim 10^{-5}$
非常不可能	非常不可能	$10^{-7} \sim 10^{-6}$
惊人事件	难以相信居然会发生	$<10^{-7}$

而失效后果的分类则如表 5.4 所示。

表 5.4　失效后果

类别	定义
灾难性的	许多人命的损失
严重的	单一生命的损失
边缘性的	一人或数人重伤
可忽略的	最多轻伤

绘制判断各风险事件严重程度的表格,如表 5.5 所示。

表 5.5 风险严重程度表

可能性	灾难性的	严重的	边缘性的	可忽略的
经常发生	I	I	I	II
可能发生	I	I	II	III
很有限发生	I	II	III	III
不太可能发生	II	III	III	IV
非常不可能	III	III	IV	IV
惊人事件	IV	IV	IV	IV

这里的各类风险被区别为:

Ⅰ级:任何情况下都不能接受的高危害。电子厂商必须规避此类风险。

Ⅱ级:不希望发生的情况。电子厂商只能在完全无法降低此类风险的影响,或者在即使增加大量成本也只能少许改善风险的情况下,才可以接受量产时存在此风险。

Ⅲ级:如果降低风险带来的成本,较风险本身的危害更高,则可考虑接受此风险。

Ⅳ级:可接受的风险。但电子厂商仍应该关注可能发生的变化。

世界上有一些公司可以提供 IEC 61508 相关的认证、咨询、审计等服务,如 Intertek、SGS-TÜV Saar、TÜV Nord、TÜV Rheinland、TÜV SÜD 和 UL 等。联想到我们之前讨论的咖啡机 SoC 芯片,如果出现系统故障可能有烫伤顾客的风险,因此可能会需要 IEC 61508 的认证。

而从 IEC 61508 衍生开去,又有更适合各具体应用分支的系统功能安全标准,如图 5.3 所示,比如适合工业的 IEC 61511,核电的 IEC 61513,机械的 IEC 62061、ISO 3849,铁路的 IEC 62279,医疗相关的 IEC 62304,航空的 DO-178 和适用汽车行业的 ISO 26262 等,这些都大量借用了 IEC 61508 的框架,并因具体应用而做了变化。受篇幅所限,这里仅简单地介绍汽车行业的 ISO 26262 系统安全标准与芯片可靠性之间的联系,这样在后文提到汽车芯片认证问题时,就不需要再重复提到。Vector、Exida、LHP 等多家公司也能够提供 ISO 26262 认证,同时如果芯片公司本身有较大的汽车业务,那么其公司内部的质量部门很可能同样具有 ISO 26262 认证能力。

今天仅是略高端的内燃机汽车就可能有 100~300 个微控制器,几十套复杂的电子控制系统,上千颗各类芯片,数千万行的软件代码和几公里长的各种电子线束,而电动车则可能需要加倍的芯片数量。其中的部分零部件对于行驶安全非常重要(如喷油、转向、电子刹车等),而部分则只有相对低的风险(如照

图 5.3 由 IEC 61508 引申开去的系统功能安全标准

明、电动座椅、影音系统），其设计需求只有遵守一系列全球普适的标准，才有一定程度的道路安全可言。因此汽车行业的共识是需要对风险、失效后果、设计理念等问题做出全面评估和分类，并规定相应的安全标准，这样全球的汽车厂商才能推出满足安全共识的产品，同时又得以控制成本。

近年来，如特斯拉、通用、福特、奔驰、蔚来等国际车厂 OEM 大幅增加了在汽车智能化上的投入，虽然 L4 或 L5 级的自动驾驶暂时难有曙光，但是一定程度的先进驾驶辅助系统（ADAS）基本已成为新车型的标配。当更多的毫米波雷达、传感器、摄像头被装到车上并且可以左右汽车的具体决策时，显然这些车型需要更多的各类芯片，同时对安全的需求与日俱增。

从前，安全主要是车厂和电子厂家需要关心的问题，但是今天，整个汽车产业链都关心安全问题。芯片公司需要从芯片本身的设计和制造中加入安全设计理念，才有望获得电子厂商的青睐。对于老旧的车型和子系统，也许只提供单一功能的 MCU 芯片也能被接受，但是今天的智能芯片，除了微处理器以外，还需加上内存、电源、模拟前端等各种 IP 模块，成为系统级的解决方案，才能满足先进车型的需求。如前所述，读者可能已经了解了一些关于 SoC 开发的基础流程，但是如果要放在车上，如何才能证明此芯片能够满足车辆的功能安全，如何才能总结出相应的系统风险并制定出应对方案呢？

根据 IEC 61508 衍生而来的 ISO 26262《道路车辆功能安全》标准，就是业界试图为大型复杂的车用系统制定设计标准的诸多尝试之一。其除产品定义和开发以外，对公司管理流程也做出了指导，主要章节如下：

(1) 各专用名词；

(2) 功能安全的管理；

(3) 概念和定义；

(4) 系统级产品开发；

(5) 硬件级产品开发；

(6) 软件级产品开发；

(7) 生产、运营、服务和停产；

(8) 支持流程；

(9) ASIL 安全等级；

(10) ISO 26262 指导；

(11) ISO 26262 应用于半导体之指导。

对于大多数不涉及软件方面的模拟芯片产品，其主要应参考的是第 5 章和第 11 章，然而如果需要开发较复杂、数模混合型的车用 SoC 产品，则应对此标准的全部章节都了解吸收，并提取其关键部分来作为公司开发芯片的准则。ISO 26262 的内容丰富到如果其全部打印出来，比本书要厚得多，本小节只能观其大概。

对于汽车系统的功能安全，ISO 26262 的定义是："因电子系统失效而导致的风险是可理解而可控的"。对于相关芯片，有两大类的失效问题必须考虑：

(1) 系统失效：此类问题与芯片和电子产品本身的设计开发和制造有关，在车辆的设计和生产中需要避免此类"天生的"瑕疵带来的风险。

(2) 随机失效：此类问题有关汽车运行中因随机变量而造成的影响，如环境影响（温度、湿度、气压、辐射等），随机芯片发生失效，等等。降低此类风险需要分析失效带来的问题，然后在芯片和系统中需要集成额外的保护机制。

在芯片行业，如果对其基础功能的设计和验证工作做得足够出色，那么系统失效的问题基本可以避免。但随机失效有较大的不确定性，需要芯片公司对终端系统有足够多的了解，来增加更多的保护功能。

承接 IEC 61508、ISO 26262 又引申开来的风险评价体系，称为汽车安全完整性等级 ASIL(Automotive Safety Integrity Level)，分为 A 到 D 4 挡，其中以 D 为风险最高。评价这些风险有几个重要维度：

(1) 危害的严重程度（对驾驶员和乘客造成的伤害类型）；

(2) 遇见概率（车辆是否经常遇到此类风险）；

(3) 可控性(驾驶员能够自主控制此风险的程度)。

鉴于确定 ASIL 危害涉及的不确定性,美国汽车工程师学会(SAE)起草了《J2980:ISO 26262 ASIL 危害分类的考虑因素》。J2980 为评估特定危害的接触概率、严重程度和可控性提供了更明确的指导。上述 3 个维度的一些评价标准如表 5.6 所示。

表 5.6 ASIL 风险的维度

成员接触危害的概率		严重程度		可控程度	
E1	可能性极低	S1	无伤害	C1	轻松可控
E2	可能性小于 1%	S2	轻伤	C2	普通可控
E3	1%~10%的可能	S3	威胁生命	C3	无法控制
E4	>10%的可能	—	—	—	—

综合,如表 5.7 所示。

表 5.7 ASIL 举例

等级	S1				S2				S3			
	E1	E2	E3	E4	E1	E2	E3	E4	E1	E2	E3	E4
C1	QM	QM	QM	QM	QM	QM	QM	A	QM	QM	A	B
C2	QM	QM	QM	A	QM	QM	A	B	QM	A	B	C
C3	QM	QM	A	B	QM	A	B	C	A	B	C	D

例如安全气囊如果失效则司机无法掌控,为 C3 级;安全气囊直接接触乘员,为 E4 级;最后其与司机生命密切相关,为 S3 级,因此安全气囊系统必须达到 ASIL D 级,这是应用于安全保障的最严苛等级,因为其失效带来的风险最高。

如果是车辆娱乐系统,则其与生命安全无关,为 S1 级;司机可直接接触,为 E4 级;司机可以轻松关掉,因此为 C1 级,综合看可能最多只需要 ASIL A 级或满足工业规范即可。

如果是座椅加热系统,基本可以忽视 ASIL 的要求,只需工业级芯片。

由此,我们可推算出汽车中一部分系统的推荐 ASIL 分级如图 5.4 所示。注意,具体 ASIL 分级还因车厂的具体要求而发生变化,而且客户总是接受更安全的方案。对于芯片公司,能够支持更高 ASIL 等级的芯片方案自然更具吸引力,比如某欧洲芯片公司的前代胎压报警芯片方案只支持 ASILQM,而较新方案则支持 ASIL B。

芯片可能面对多种来自本身的失效或来自整体系统的故障,有些失效即使出现,也可能只是短暂现象,不会引起真正的危险;而有些失效却会发生在司机

图 5.4　汽车中 ASIL 评级的应用举例

可感知的范围,因此需要对种种的失效起因有所认知,在必要的时候加入可降低风险的设计措施。举例说明:

(1) 在数据输入和输出内存时,增加编码和解码的环节。
(2) 双重或三重冗余设计。
(3) 自我检测(Built-in Self-Test)。
(4) 循环多重检测(Cyclic Redundancy Checking,CRC)。

判断系统故障是不可逆的还是暂时而可迅速恢复的,也是故障分析的重点。其次,故障出现的时序也很重要。

ISO 26262 对各种系统故障做出了区分,如图 5.5 所示,有以下几大类。

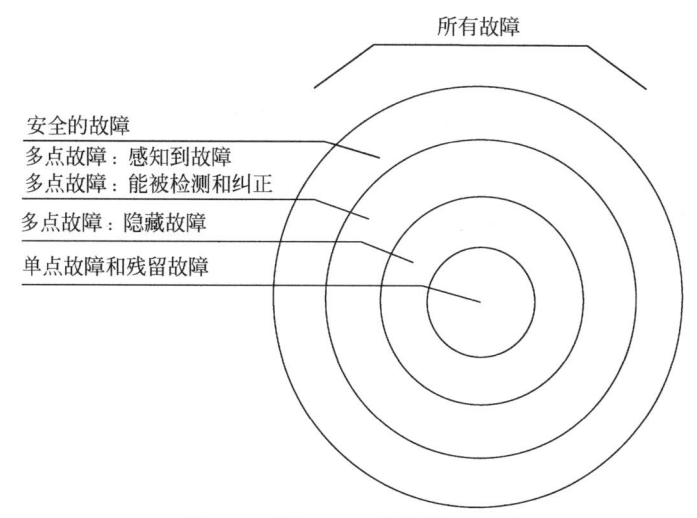

图 5.5　ISO 26262 的故障判别图

（1）安全的故障：与系统的安全组件完全无关，即使在安全组件内也不影响安全功能。

（2）单点故障：影响系统的安全，而且没有安全响应机制，这种较为危险，ASIL C/D 不能容忍此类故障，必须要有相关机制。

（3）残留故障：系统里有多种组件，每个组件如果可能影响安全目标，则其故障危险被叠加起来，但不能高于整体风险的目标。与单点故障同样危险。

（4）多点故障：能够被安全响应机制观测或处理。又分为：

① 能被检测和纠正（Detected）。

② 隐藏故障（Latent）：能被自动纠正，但没有故障记录。

③ 感知到故障（Perceived）。

对于比较关键的单点和残留故障，ISO 26262 建议了 ASIL 各等级能够接受的 FIT 数，以及单点/残留故障允许出现的比例，不再详述。

本节总结了故障的类型和分级。下面一节介绍的是具体故障的分析和诊断，以德州仪器某颗能够满足 ISO 26262 的具体芯片作为案例，来解释其面临 ASIL 要求下的产品定义的具体思维流程。

5.2.5　FMEA

故障分析总是两大类情况：要么是在客户使用芯片出事以后再来研究发生了什么，对此英文有个可怕的词"autopsy"（尸检），要么是在故障发生之前就主动判别出可能发生的不同故障的形式，并判断其危险。芯片问题就像医学一样，能预防总是比得了病再治疗要好。

列出所有潜在的故障，分析其重要性，并制定具体的诊断和对应的应急处理措施，对于汽车电子这样的系统，是非常复杂的过程。此过程称为失效模式和影响分析（Failure Mode Effect Analysis，FMEA），如果有时再加上诊断，就称为失效模式、影响及其诊断分析（Failure Mode Effect and Diagnostic Analysis，FMEDA）。FMEA 可能是定性的，确认故障和相应影响，并描述对应措施；也可能是定量的，计算相应失效和故障带来的具体损耗。不同的芯片厂、车厂和电子厂商一般有自己的 FMEA 方法论，对于不同类别的产品列举可能的风险和应对措施。

FMEA 的意义体现在以下几方面。

（1）将故障率在研发、生产和在客户处生产这 3 个阶段中均大幅降低。

一般来说，这 3 个阶段中出现的故障如果不经解决就进行到下一阶段，则造成的损失是在上一阶段的 10 倍以上。在研发中发现的芯片问题，通过再版设计或者增加测试环节即可解决，而如果客户出现大批故障，造成的损失则不可估量。

(2) 为公司整体能够通过 ISO 9001 或 IATF 16949 这样的国际质量管理体系标准做准备。

ISO 9001 并未特别指明 FMEA 的具体需求,然而 FMEA 可以作为公司满足 ISO 对于产品风险管控、验证开发过程、制定生产流程的需求之一。汽车芯片公司需要满足的 IATF 16949 质量体系则规定 FMEA 必须在设计和生产中作为标准流程的一部分。

(3) 促进信息分享和深度合作。

FMEA 需要芯片公司的多个研发部门、销售组织和客户的多重沟通。客户从开始就在芯片定义上有诸多要求,在试用时有大量的测试反馈,在量产后也会将实际运行中的问题反馈给芯片公司,这样的深度合作和机密共享将双方绑定得非常紧密。对芯片公司来讲,这就很难遇到竞争对手。

从另外的角度,FMEA 的设计和进程完全与客户共享,即使在客户产品量产后遇到无法预计的故障而要与芯片公司对簿公堂的情况下,所有的交流过程和证据也都在芯片公司手上。

FMEA 一般又分为产品设计相关和生产相关两大类。产品 FMEA 与芯片具体的定义、设计有关,而生产 FMEA 则与量产时的工艺和制造步骤有关。

产品设计方面的 FMEA 需要在定义和设计早期就确定可导致产品失效的各类风险。

生产方面的 FMEA 则包括生产过程上的缺陷、检验和测试计划的改进、生产维护的改进、生产计划变动时的风险评估等。

对于复杂度截然不同的各类芯片产品,FMEA 的方法论和细节有极大的差别,然而其流程则比较类似。仍然以 ISO 26262 为例,推荐的流程包括:

(1) 结构分析(功能方框图)。

(2) 功能分析。

(3) 故障分析。

(4) 相关失效分析(Dependent Failure Analysis)。

(5) 响应机制(Corrective Actions)。

在结构分析和功能分析中,主要使用功能方框图来简化系统的复杂度,确保每个子系统有其特定功能而不致重复并明确其互相的关联,使客户或认证机构可以一目了然,如图 5.6 所示。

在故障分析和相关失效分析中,首先考虑的是"什么可能出错"——如著名的墨菲定律所说的那样,"任何可能出错的地方最后一定会出错"。一般来说,每个子系统/子组件都可能有不止一种出错机制,这里设计师和质量经理就需

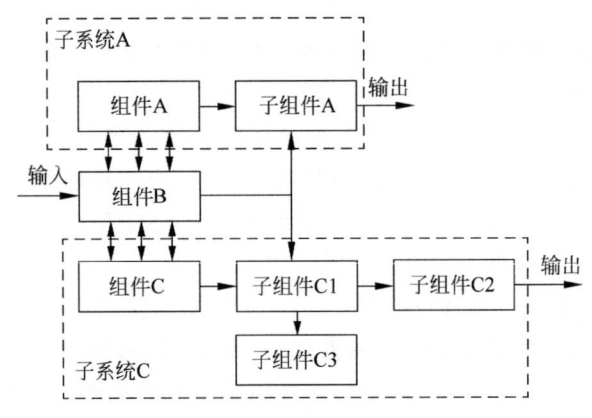

图 5.6　功能方框图举例

要考虑可能出现的故障及其失效机理和失效的现象。在总结出这些问题后，需要回答的是"如果失效在客户处发生，那么相关的风险如何衡量"——这里可以使用上节介绍的 ASIL 分类方法。

其次，各类故障有可能有相关性，因此需要相关失效分析（DFA），其分为共性失效（Common Cause Failure），即单一原因造成多重元件的失效（比如系统整体遇到高温），以及级联失效（Cascading Failure），即某种元件的失效造成又一元件的失效（比如电源芯片输出电压超过下一级的限定输入）。

ISO 26262 的另外两个定义：一是独立性（Independence），在此条件下，不管是共性或级联失效都不影响达到安全目标；二是干扰（Interference），在此条件下，低级的 ASIL 风险可能在级联失效下导致高级别的 ASIL 风险。

DFA 的目标，是使元件或者达到独立性，或者免受其他元件的干扰，将风险控制在某元件本身而不干扰周边元件。

最后是针对各种失效风险的响应机制。此机制可能从根源上解决芯片的失效，比如重新设计芯片和改善生产过程；或者增加检测能力以杜绝客户收到有风险芯片的可能，比如可能进行视觉检查、额外的出厂测试、可靠性测试等。

一个简单的 FMEA 表格的模板如表 5.8 所示。其首先列出潜在的故障模式，其次是故障带来的后果、可能的原因、目前的预防措施和检查措施，最后可能是推荐的未来工作。这里的 S 代表故障严重程度，O 代表故障出现的可能性，而 D 代表故障能在出厂前检查到的可能性。公司可以内部使用评分机制，比如 ATE 测试几乎一定能测到，那么 D 栏给 1 分，而如果没有相关测试，无法在出厂时查到相关问题，则 D 栏可能给 10 分。最后将所有分数相乘，就可以得到风险管控和整改的优先级。

表 5.8　FMEA 表格模板

#	功能	潜在故障	故障影响	S	潜在原因	O	目前控制方法	D	总分	推荐下一步行动	负责人和时间点
1											
2											

对某些引脚间距较接近的模拟和数模芯片，许多终端电子厂商会要求增加一类"引脚 FMEA"(pin FMEA)，以防在焊接到电路板时由于误操作或污染，而出现破坏性的问题。一般需对所有相邻引脚在开路、短路到电源、短路接地、相邻短路、位置旋转等状态下进行测试。测试时需要记录芯片各引脚在遇到这些情况下的反应，芯片这时可以不工作，但是不应发生爆炸、起火等严重问题。如果严重问题有可能发生，则必须在系统上加以保护。

最后，为了更具体地描述 FMEA，这里使用德州仪器(TI)的一颗芯片 TPS65919-Q1 来介绍其对故障的描述和安全措施的设计思路(资料引用自 TI 官网)。这颗芯片是电源管理系统芯片，可以用于汽车影音、数字仪表、工业传感器等应用，然而其集成的安全功能又使其可以满足自动驾驶和雷达传感器的 ASIL B 等级需求。TI 明确强调了这颗芯片并非为个别客户的安全需求而特别打造，其对安全需求的理解基于 TI 本身对具体应用的综合分析和理解，并对未来的其他芯片进行具体安全定义，TI 可以与感兴趣的客户进一步讨论修改。

对于此电源管理芯片，如果做一个简单的 FMEA 分析，可总结出其常见的故障风险是供电电压(V_{cc})本身的问题，为此可以增加冗余设计来保障供电；其次的故障风险是反馈环路带来的问题，为此可引入独立的过压过流等保护机制；最后如果模拟电路整体还有未知隐患，可以从集成的数字设计电路中增加额外的保护、监控，以及与负责安全功能的 MCU 通信等功能。

为应对随机故障，外部控制器可以随时接管该芯片的运行。TPS65919 集成了不同功能模块来回应外部控制信号并将芯片本身恢复至安全的初始状态。这些模块包括了电源控制器、可编程重启机制、外部控制和紧急关断自动柔和重启。简单说明如下：

(1) 电源控制器：该芯片使用 I^{2}C 或 SPI 总线来监控芯片状态，当外部控制器监控到正常或异常状态，从而需要该芯片进入启动、关断、唤醒、睡眠 4 类状态时，其就根据温度、电流等实时情形来选择使用预设的 5 种时序控制，以确保启动和关断的安全性。

(2) 可编程重启机制：如遇到系统性失效和随机失效，该芯片需要确保重启至系统默认状态。为此芯片的 10 条输出电源轨全部可由外部信号进入 4 类状态之一。对于各类内部寄存器，该芯片有三种重启等级：全芯片重启、仅硬件部分重启、仅开关部分重启，以应对不同严重程度的失效情形。

（3）自动柔和重启：当遇到芯片状态位置锁定，但是严重程度不需要切断电源，或系统规定不可以切断电源时，可重启来恢复默认设置。

另外，TPS65919存在以下的内部安全机制：

（1）如内部遇到中断事件，则汇报给外部处理器。

（2）OTP内存自检。

（3）供给电压自检。

（4）看门狗监控（Watchdog Timer），防止内部处理器的异常状态。

（5）输出电流监控。

（6）输出电压监控（Powergood）。

（7）附加精确模拟信号监控。

（8）各输出轨的短路监控。

（9）温度监控。

（10）省电模式监控。

最后，制定某具体项目中FMEA各项规范的工作虽然应该由电子公司来做而非芯片公司来负责，由产品规划来决定最后需要和能够达到的ASIL水准，芯片公司代做此类分析，当然对产品推广大有益处。德州仪器还举了一些FMEA的具体案例，仅举3例如下：

（1）外部时钟信号丢失/锁相环同步不工作。

影响：整颗电源芯片输出全部受影响，可能没有输出电压。

安全措施：重置工作频率到默认2.2MHz。

（2）I^2C/SPI总线短路或开环。

影响：负责系统安全的MCU无法与电源芯片通信。

安全措施：I^2C/SPI自动重启查错，看门狗电路发现异常，使整体芯片进入安全模式。

（3）电源输出短路。

影响：负载无法正常工作。

安全措施：电源正常或模拟信号监控发现输出电压低，输出过流检测信号会把短路的部分电路关断，输出中断信号给负责监控的MCU，将此短路事件记录在寄存器中。

总之，对于该芯片的安全设计，宗旨是总结出在正常环境条件下，对于任何可能出现的芯片问题或系统级别的故障，都有相应的风险应对措施，并杜绝芯片遇到广泛性的共性失效和风险累积的级联失效。在遇到随机失效时，芯片可以退回到安全模式、关断模式，或向外界汇报此失效，而不能长时间停留在未知状态或输出错误结果。

综上是FMEA的简单介绍及其应用到芯片中的示例。在具体芯片设计中,需要硬件、软件、系统、工艺等多方面的FMEA,感兴趣的读者可进一步寻求相关参考书和具体国际质量标准。

5.3 公司质量管理初探

追求产品质量的重要性,比较容易理解,然而产品质量并非衡量公司质量的唯一因素。实际上因为客户要到长期合作以后,才能够具体掌握长期生产中的统计数据而对芯片公司产生良好印象,所以在芯片公司初次接触某客户时,有必要提供公司整体质量管理的流程、标准等给客户参考,同时也需要满足某些国际通行的质量标准。刚成立的芯片公司往往没有特别地对质量和可靠性建立监控和保持的机制。然而这方面应该从芯片研发早期就开始重视。谁都不希望看到辛苦开发出来的芯片功能已经完善,却因为没有准备质量文件,验证不够严格,忽视可靠性测试结果,甚至在客户验证时发现质量问题,而永远错过与大客户合作的机会。实际上,国际大客户对于供应商的质量、品牌、长期合作、供应链完善度等方面的重视甚至超过产品特性和价格。

芯片公司不妨制定面向客户的质量宣言,这里引用东芝电子官网与存储芯片部门的相关文件。

(1) 设计方面:本公司整合质量和可靠性管理。采用的措施包括设计审查、验证和分析先进技术。

(2) 生产过程:本公司整合质量和可靠性管理,采用的措施包括累积生产经验、改进工艺、用统计分析来提升质量、用故障分析来对工艺做出反馈。

(3) 使用故障检查和分析来不断提升质量。包括监控工艺数据、阶段性重复可靠性实验、提升分析能力以提升判断故障原因的能力。

(4) 全面的客户服务。满足市场对质量的需求,提升客户满意度。

以此出发,公司质量管理,大致分为产品开发、供应管理、生产管理、客户服务等方面,以下分别简述。

5.3.1 产品开发中的质量管理

芯片公司在批准产品计划时,总是默认研发成本的投入必不可少,而在量产以后,也愿意投入资金来降低成本(如提升良率,引入新供应商、新工艺、新厂),但是在质量管理这样预防性的成本花费上,却往往惜于投入。如图5.7所示,当产品仍在设计和验证阶段时,修改错误的成本还比较低,当开始量产以后再发现问题,解决问题的成本就要达到上一阶段的十倍,而当终端客户的产品已经投入使用,发现问题再去召回的时候,成本就要达到设计和验证阶段的百倍或更高的指数级增长,还要开始追责是哪方的问题,而客户与芯片公司打此类赔偿官司并不少见。举例来说,如果某颗成本一美元的芯片有设计问题,在设计阶段如果是简单金属层修改的成本,可能连人工都加上也只有 10 万美元;如果量产了 100 万颗以后发现设计问题而不能继续销售,则沉没成本至少会达到 100 万美元;如果该芯片用于 ASIL D 等级的汽车电子产品,而车厂需要因安全设计问题而召回 100 万辆汽车的话,那么损失则不可估量,可能远远高于设计阶段的百倍。大型芯片公司的法务部门,往往有专业团队处理此类潜在纠纷问题,甚至可以采用第三方的保险业务。而有些公司对自己的质量管理不够自信的话,甚至不敢投入某些要求严格的市场。

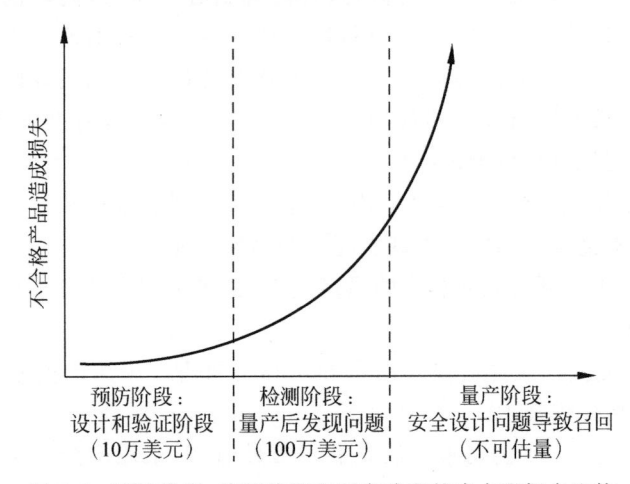

图 5.7 预防阶段、检测阶段和量产阶段的成本和损失比较

所以,在产品研发的时候,就需要对质量管理特别重视,并且贯彻到整个生产和客户支持的过程中去。具体来说,有了 ISO、AEC 等机构推荐的质量标准,开发流程、设计准则、质量测试、良率提升、文档和流程记录等一些细节还需要考虑。

1. 质量标准

ISO 9001 基本上是所有芯片公司都需要遵守和取得认证的国际通行的质量管理系统。同时,如果芯片公司需要卖产品给汽车客户,那么还需要遵守 IATF 16949 标准(芯片公司与其主要供应商均应该达到此标准)。这两个标准与产品开发的相关概览包括了以下内容。

(1) 计划阶段。

ISO 9001 要求项目开发必须分阶段进行,每阶段必须完成之前规定完成的部分。计划时需要明确各工种在此项目上的具体负责人及其职责,包括每阶段结果的正式记录。

IATF 16949 额外的规定是 FMEA 必须在计划阶段引入。

(2) 需求。

ISO 9001 认为项目开发至少需要明确:产品功能、性能表现、需满足的工业标准、需要的开发资源、可能的故障现象、客户对开发日程的需求。

IATF 16949 则推荐提供以下内容:客户技术需求报告,竞争者产品分析;质量目标如工作寿命、可靠性等;生产目标如产能、成本、良率等。芯片产品线经理应该在商业计划书中详细记录这些需求。

(3) 开发过程控制。

ISO 9001 要求开发过程的各项结果需要被严密而准确地规定并有严密的验证过程。在芯片领域,收到首次流片的工程样片之前,就应该已经制定好极其详尽、覆盖所有可能工作状态的芯片验证计划模板,在收到样片以后再根据模板逐一进行验证测试。此内部测试报告往往有数百页以上,需要多位验证工程师合作完成。

IATF 16949 则额外要求各项流程有指定的时间线和开发成本,除此之外还要求公司有给客户寄送工程样片用来验证的标准流程。

(4) 结果输出。

ISO 9001 规定公司在产品量产时需要制定可接受的产品规格和出厂质量检查标准,产品能够保证在目标场合安全和合理地使用。

IATF 16949 则进一步规定了产品量产时需要:设计和工艺的 FMEA、可靠性和质量记录、合规记录、产品生产流程记录、操作流程等。这些是产品和测试工程师的工作范畴。

(5) 开发中更改。

ISO 9001 指明在开发中任何关于项目输出和目标的内容如果需要改动,必须被及时记录和审批。IATF 16949 则无特别规定。

以下是芯片公司的合规做法。

对于寄给客户的第一版免费工程样片,如已知有瑕疵,则需要同步附上瑕疵列表(Errata Sheet),告知客户这些问题可能在后续版得以修改。如果在此基础上做第二版工程样片,对于做出的更改,一般应该告知收到过第一版的客户,而不需要告诉其他未收到过第一版的客户。

芯片公司在芯片量产以前,有权利对芯片设计和生产规格做出任意改动而不需要正式通知客户,一切以量产时的数据手册为准(通俗的说法是:只要还没有收钱,就在法理上不负责)。一旦宣布量产芯片,或者在收到货款而出货以后,对芯片做出任何设计、制造、规格等修改,即使没有任何潜在风险,也都必须书面通知客户(包括芯片改版、更换供应商、规格书的细节限制有所放松或收紧等)。

项目开发中遵守这些标准并能做到良好记录,在遇到年度审计时就能有备无患了。同时,如果遇到人事变化,也能较容易地找到项目的历史渊源。

2. 开发流程

在计划产品时,最基本的目标是:

(1)芯片能够正常工作,其实际表现与目标规格书一致。

(2)芯片能够在预计寿命内可靠工作。

(3)芯片能够在高良率和可接受的成本的前提下,大批量且稳定地生产。

一般来说,芯片开发有两条主线:技术研发和产品开发。技术研发需要先进行,包括全新的生产工艺,或者更小尺寸的器件、更先进的封装,等等。在技术研发得到验证以后,可以基于其开发新的产品。这时技术研发需要提供的有:

(1)工艺产出的 PDK 和其他库元件、IP 等。

(2)工艺控制方法。

(3)FMEA。

(4)供应商及供应细节等。

显然,使用全新开发还是非常成熟的技术,项目的风险和管理难度有所不同,如表 5.9 所示。首先,全新技术(工艺)加上目标规格要求极高的产品,复杂度和风险最高,而成熟度最低。然后,对于较新但被验证过的技术,加上规格上跟随业界的先进产品,则复杂度风险次之,而成熟度较低。次之,则是技术上有新的功能定义,产品有新意,且使用成熟工艺;再次,则是产品也属于跟随型。最后,可能是一些迭代、降规格等无风险的产品。

表 5.9 技术和产品的先进度与风险和成熟度比较

技术	产品	复杂度/成熟度
全新	先驱	++/--
较新	跟随	+/-
新功能	先驱	+/-
新功能	跟随	+/0
已知	跟随	0/0

第 4 章的图 4.2、图 4.7 和图 4.8 展示了芯片产品开发的一些重要节点。对于表 5.9 中复杂度和风险较高的前 3 类,各开发节点需要审批的人员如表 5.10

所示。M0 是项目批准节点，这时需要第 4 章所述的完整商业计划书，由各部门审核签字；M1 是产品规格节点；M2 是电路设计完成节点；M3 是版图完成和流片节点；M4 是 ATE 测试硬件完成节点；M5 则是环境测试硬件完成节点；M6 是最终量产决定节点。而对于表 5.9 中最后两类，需要审批的过程可适量放宽。

在表 5.10 中项目经理需要在每个节点签字，质量管理需要在定义时就介入而且贯彻始终，其人员包括产品可靠性工程师和产品质量工程师两部分，后续继续介绍。

表 5.10 质量管理的审批过程

质量管理人员	M0	M1	M2	M3	M4	M5	M6
总经理或事业部副总	X						X
财务经理	X						
设计经理	X	X	X	X			
封测经理				X	X		X
市场经理	X						X
质量经理	X	X	X	X	X	X	
产品项目经理	X	X	X	X	X	X	X
生产经理							X

注：X 表示签字批准。

3. 设计准则

芯片设计公司一般需要制定公司内部的设计准则，从芯片设计阶段就尽量确保产品的可靠性，比如 IP 验证、信号完整性、ESD、Latch up 等问题需要被考虑。设计中与质量相关的还有可测性设计（DFT）和可制造性设计（DFM）的步骤。详情可参考相关教科书。

除 DFT 和 DFM，设计和验证工程师还有很多根据设计准则检查的工作（Design Rule check）会做，但是难以在设计和生产方面面面俱到。因此为了确保设计质量，在设计完成并将流片前出现芯片性能和质量问题时，需要有设计审核（Design Review，DR）的阶段。

设计审核的参与者包括设计部门、生产部门、应用工程、质量部门等。

在设计审查后，才可以流片，拿到样片查验目标性能规格与实际芯片是否有出入，做各类可靠性测试。此后，芯片可以小批量试产以检验良率、调整具体电气性能的上下限，此时公司可能会召开量产前的质量审核会议（Quality Review，QR），最后才可以大规模量产。

读者可以想见在新技术、新工艺、新设计被采用时，DR 和 QR 是必需的。

设计只做迭代性改进时，则只需要较简单的 DR；而在设计不需更改的情况下，如更换同一工艺的不同代工厂时，则只需要 QR。

4. 质量测试

5.2.3 节列举了许多重要的环境测试项目。设计公司根据不同应用客户的需求，一般可将质量需求分为消费类、工业类、汽车类三大类，其对环境测试的要求递增（军工宇航类要求更高，本书不作讨论）。汽车类芯片需要满足 AEC-Q100 标准，汽车离散元件则需要 AEC-Q101，汽车被动元件则需要 AEC-Q200，而工业类常用的是 JESD 47I 标准。

以 AEC-Q100 为例，简单地说明在芯片流片以后需要做的不同类别的质量和环境测试，如图 5.8 所示。

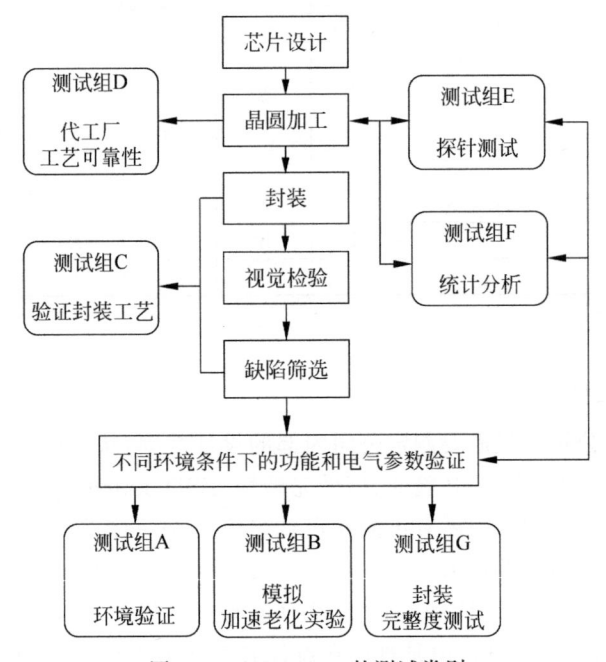

图 5.8 AEC-Q100 的测试类别

这里从流片开始，需要连续生产 3 批次（Lot），每批次各 25 片晶圆，其中一部分晶圆作为测试组 D，被用于测试代工厂工艺的可靠性。一部分作为测试组 E 和测试组 F 用于探针测试和统计分析。在封装过后，一部分作为测试组 C，验证封装工艺，在全部 Burn-in 以后，测试组 A 用于环境验证（一般 3 组各 77 颗封好的芯片），细节见 5.2.3 节。除此以外测试组 B 模拟加速老化实验，测试组 G 用于封装完整度测试。具体细节可见 Jurgen Wittmann 所著 *Introduction to Quality Management in the Semiconductor Industry* 和 AECouncil 官网。

对 AEC-Q、JESD 测试,其测试较为标准化,而对于消费类或特殊客户,其测试要求因公司而异。比如消费类产品可能需要更少的 HTOL、HTGB、THB 时长和温度循环,也可能不需要 Autoclave 和(U)HAST,具体测试细则可以由公司自行决定。这比较好理解,因为高海拔和高湿度的工作环境,不是大多数消费类电子产品的应用场景,但是如户外 GPS 产品则可能有相关要求,这里由企业自行把握比较适当。日常生活中我们经常遇到一用就坏或者经久耐用的消费类产品,这与具体产品的质量控制密切相关。

对于某些较特殊的芯片,如 TOF 传感器、图像传感器等,以及某些晶圆级封装产品,客户有时会要求我方执行在特定工作条件下的质量测试,这里不再详述细节。

5. 良率提升

新产品在完成质量测试以后,送样片给终端客户,这时我们的目标是尽早、尽可能多地将满足客户要求的芯片交付给客户。然而即使是通过了性能和质量测试,芯片的生产工艺或许仍未完善,芯片设计仍有瑕疵或者所留余量不够,芯片测试覆盖范围不够完整,这些问题在最后量产时都应该得到修正。然而也有在量产以后再发现这些问题的情况,因此有后续良率提升等质量任务。

常见的一些相关问题及应对方式如下。

(1) 某指标在试产后未达到目标。

此类问题多数应由设计师与代工厂共同解决,研究是设计本身还是工艺器件本身的问题。比如作者团队曾经试用过某种工艺,对方可能夸口说已经非常成熟,而后来才了解到其实刚刚量产,客户较少。其器件的某种特性较为发散而不能达到预期。于是作者团队花了很长时间催对方微调工艺参数,多生产了好几批晶圆才终于达标。

(2) 某指标的分布太过发散。

如果某种器件或某芯片的设计未做优化,则其某参数的初期分布可能十分发散,对芯片性能有影响。如果这种情况得到重视,可能随时间推移,参数在分布上可以优化。

当没有更好的优化办法时,还可以做的是:

① 干脆在数据手册上不要列出此参数的最大值和最小值。芯片公司最终是对数据手册的一切细节负责。如果只有典型值,客户可能关心最大值、最小值及参数分布,那只能实话实说,但也很有可能客户对此参数并不重视。

一般来说,我们比较来自不同厂家的相似芯片时,如果某家的参数表有较多的最大最小值和更多的高低温参数分布,那么这家公司的工艺和设计管控应该是做得更好的。如果我们是做得更好的那家,那么很有必要将这样的比较放在宣传材料上。

② 以不同料号等方法将产品分级。比如存储厂家有时将质量最好的产品卖给服务器和手机厂商,其次的卖给一般工业类客户,最次的卖给低端消费类客户(读者是否曾坏过几个移动硬盘?)。

③ 以参数分级的方法卖给同一客户或不同客户。比如在电动汽车上需要并联大量功率芯片且某些规格极其地统一。但是如果用筛选的办法,那么损耗太大,淘汰的芯片卖不出去。那么常见的办法是将两三种重要的参数各自平均分成两个或三个级别,整个料号可能有多种组合,这样某台电动车只需要使用来自同一组合的芯片,分布就可以大致得到保证,同时芯片公司也能将所有芯片都卖出去。

(3) 某指标的测试设置没有覆盖完全。

作者近来遇到这样的问题:某客户使用某芯片量产以后有些客户退货,后来在高温下发现了性能指标的异常,但该指标在数据手册上只标注了常温下的典型值,而没有列举高低温下的最大、最小值(事实上工业界其他竞争对手也不会列举这些值)。客户没有办法因此而打官司——毕竟终端产品的性能验证是客户自己的工作,但是为了服务客户,我们还是为其做了一些后续工作。

对于汽车应用,很难作任何亡羊补牢的措施。汽车电子公司需要更好地对参数分布和相关风险加以控制,因此汽车芯片在试产前往往有相应的安全初始计划(Safe Launch Plan)。一般包括:

① 更多的内部抽样检查。

② 更严格的参数分布控制。

③ 测试更多参数,测试更多高低温分布。

④ 更多可靠性测试。

6. 文档和流程记录

对于初创公司,其应该逐渐建立一些文档记录以备内部控制、日后查询和各质量认证机构的抽检。

(1) 质量手册:包括公司的价值和使命、质量规章、组织架构、文档控制、商务流程、质量监控流程和持续改进计划。

(2) 产品可靠性验证文件:产品版本控制、验证计划、具体标准和验证报告。

(3) 设计和制造。

① 选择、认证和审计供应商的流程。

② 各代工厂、封测厂各批次的生产记录。

③ 良率改善项目。

④ 材料进出的质量规范：AOQL 和 IQL 的目标和监控流程。
⑤ 工艺、材料和流程切换的流程管理和通知。
⑥ EFR 和 FIT 的记录。

(4) 客户反馈：客户拜访、客户打分卡、客户热线、网上论坛、退货流程、故障分析 FA 流程、功能安全和 FMEA 报告、ASIL 分析报告等。

具体模板需要各公司自行制定。

5.3.2 生产质量管理

芯片设计公司的品牌基于自己的产品，产品与公司兴亡与共，而产品质量是所有代工伙伴的生产质量的乘积（如果任意一个步骤的生产良率为零，那么无法销售该产品），所以设计公司也必须关注并参与到生产中去，不能等到出了质量问题，再向客户两手一摊说都是代工厂的责任。

质量部门一般有常设的产品可靠性工程师（product reliability engineer，PRE），又称新产品可靠性工程师（New Product Reliability Engineer，NRE）和产品质量工程师（Product Quality Engineer，PQE）。PRE 和 PQE 从产品开发到产品退市都需要全程跟进，其职责有一定区别。

PRE 专注于量产之前，在安排进行各类可靠性和质量测试的同时，还关注可能出风险的生产流程，并根据生产数据等来确认工艺的设计余量，制定未来的工艺设计准则，等等。在封装的层面，PRE 需要对封装建模制定如机械应力、热分布等科学的预判。对于芯片所用整体 BOM，需根据各种工作状况来判断其风险。比如，可以对模块产品中使用的被动器件进行 FMEA，确认在高低温时其性能变化对整体模块产品造成的影响。PQE 可以在进行可靠性测试前更科学，更有把握地预判得到的结果，大大缩短产品上市量产的时间。

PQE 则更多专注于量产之后的故障分析、PCN/EOL、代工厂迁移和良率提高。在公司规模较大以后可能有全球的客户质量工程师。

如表 5.10 所示，产品研发和量产的每个步骤都应有相对的流程负责人，当然他们可身兼多职。其职责包括定义流程和规范、FMEA、制定设计准则、故障诊断分析、持续改进计划、流程改变、应对客户需求、应对质量审计等，如图 5.9 所示。这些负责人未必是各步骤的技术专家，但是能够影响和调配相关资源并与供应商建立沟通渠道和关系，使彼此的连接可以较为容易且直接，他们还能够迅速参与到质量管理、价格谈判、客户服务中去。

对设计公司来说，其与代工厂质量管理方面的联系可能包括：
(1) 定期检查工艺的稳定性和良率变化情况并给出相关的改进计划。
(2) 产能的满足率，代工厂是否有增加或丢失其他大客户的情况。

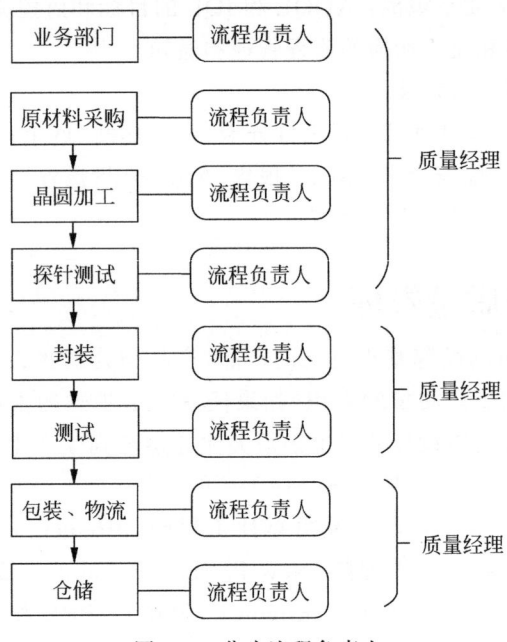

图 5.9　分步流程负责人

（3）新器件的研发情况和路线图。
（4）最近产品的环境测试结果。
（5）交期情况，是否有错过预计交货时间的情况。
（6）故障分析情况。

设计公司应该定期与各代工厂开季度性或半年度的季度业务审查（QBR），来审查以上指标，并且沟通下一周期的产能需求和保障、进行价格谈判。如果与代工厂有长期而广泛的合作，设计公司也可设有驻厂的工艺和质量经理来实地管理和支持相应生产，毕竟在几千千米之外要长期高效沟通，不是那么容易的事情。设计公司同样应该时刻关注晶圆厂的工艺稳定性和晶圆加工的可靠性（Wafer Level Reliability），前者主要由探针测试实行，后者的常见做法是在晶圆上各晶粒的分隔带（Sawing Street）之间加简单的测试电路，可以由此检查在环境测试前后，每张晶圆上各区域的参数变化、晶圆到晶圆间变化、批次到批次间变化。

对于封装厂而言，并不是前几个批次都顺利通过环境测试，芯片量产以后就可以高枕无忧的，设计公司也需定期（季度性或半年度）抽查部分批次，重做环境测试，以保证质量没有变化。

5.3.3　故障分析

无论质量管理如何科学有效,每家芯片公司都时不时地会收到来自客户的芯片故障报告。这可能发生在收货检查时、测试时、小规模量产时,最严重的是已经售出大量终端产品而突然出现大面积失效时。芯片公司有义务对这些故障做出分析,称为 FA(Failure Analysis)。在大部分的情况下,芯片公司处理和解决故障的反映和态度,比起故障本身要重要得多。多数芯片客户是理性的,他们知道电子产品的故障总是以一个较小比例发生,如果芯片公司对故障处理及时,并且认真负责,反而可以增进客户与芯片公司的关系。即使在最严重的情况下,比如因芯片质量问题而导致客户大面积召回终端产品(如汽车),良好的支持态度也可减少后期的法律或索赔影响。

而芯片公司如果过于官僚主义、互相推诿,即使不是公司的责任,也可能对声誉造成重大影响。电子界其实是个很小的圈子,某公司的声誉好坏很快就会扩散到所有潜在的市场(特别对于中国台湾、韩国等很封闭的市场)。

芯片故障可能通过多种渠道汇报。大型芯片公司有各地域的客户质量团队,偶尔会收到来自网络或者销售团队的 FA 需求。一旦收到,就会正式地记录在案,并且由 PQE 来检查。较正式的客户常常要求芯片公司出具对故障问题的 8D(Eight Disciplines)报告,包括分析原因、快速行动和修正计划。PQE 会先尝试自行解决问题,如果较为严重,值得注意或无法轻易解决,就需要决定是否要汇报到管理层(作者日常工作的一小部分时间就是召集团队,讨论处理客户遇到的失效问题如何应对)。

8D 报告分为 8 个主要步骤。

1. 召集不同分工的团队

如遇到重要客户抱怨失效问题而 PQE 无法解决的,管理者需召集不限于芯片设计师、应用工程师、测试工程师、工艺工程师等团队成员共同讨论应对步骤。

2. 问题描述

客户描述具体失效状况(时间、应用、频率,什么情况下失效或不失效,以及切换芯片后是否问题仍然存在),芯片型号和生产日期/批次,X 射线分析,开盖分析。

3. 问题控制

取决于严重程度,可能在找出根本原因前,先要快速采取行动来减少客户的进一步风险。比如,暂停发货;请客户退回一部分未使用的芯片;正在出厂的芯片紧急增加 100％ Burn-in；额外筛选；等等。这取决于是否能从故障现象判断出一些可能的问题。

8D 报告的核心之一是全部的生产程序能否追踪所有细节。为了找到故障原因，需要能够追踪具体的晶圆出厂日期、批次、晶圆号码、封装批次、测试程序、具体良率等制造细节。而且芯片公司又必须能向前追溯，如果明确哪批晶圆有质量问题，应该能够通知到所有曾经购买这批晶圆的芯片客户，才能够将问题控制在一定范围。

4．分析原因

一般需要用 X 射线分析和开盖分析来检查芯片内部是否发生物理损坏，如果是的话在晶粒的什么位置。如无具体损坏，应用工程师应尽量在客户的电路板和内部的参考板上复现客户的故障现象，如故障可以复现，则应用工程师和设计工程师可用头脑风暴和鱼骨图的方式来共同分析，必要时与客户进一步讨论。进一步的分析可能由设计、应用、软件、工艺和封装团队联合进行。列举几个作者在不同公司时遇到的故障案例，可见，故障可能是出自芯片公司和客户双方面的。

（1）封装厂封装时发生 180°转向（不知为何最终测试没有查出来）。

（2）客户电路板上因环境污染造成芯片短路。

（3）客户在实际设计中，瞬态时超出芯片标称电压而造成损坏。

（4）芯片在低温工作时某性能不理想造成终端产品无法满足要求（虽然仍然在数据手册范围内）。

（5）在高温工作时一部分芯片某参数温漂严重（不在最终测试范围内）。

5．决定永久解决该问题的方法

永久解决方法可能包括芯片改版、额外的筛选测试、客户改善产品设计等。此时视问题严重程度，应先做团队内部的决定，再与客户沟通。

6．部署永久解决该问题的方法

在得到客户书面同意以后，部署可永久解决该问题的方法。可能包括新的料号或 PCN 等。

7．预防措施

举例：

（1）如果数据手册的描述不够清晰造成客户误解，则应该修正。

（2）暂时部署额外的筛选测试可以满足客户要求，但会造成良率损失，芯片应该随后改版。

（3）额外的客户和 FAE 培训。

8. 最终报告

应准备好 8D 报告发给客户，同时通知公司内部相关人士。在故障原因达成共识以后，如果确属芯片公司的责任而客户完全无责任，客户有可能会要求一定赔偿，因此事先需要做好预案，如果较严重时，在发 8D 报告前，产品线和质量部门应该先咨询公司法务部门。

5.4 "车规认证"是怎么回事

很多读者可能早已了解到用在车辆上的芯片相对比较先进，质量较好，毛利率也高，因此是芯片公司很好的投资方向。但是对什么样的芯片能够被用在车上，或者说车厂的准入门槛到底是怎样的，可能缺乏非常全面的认识。很多媒体和朋友可能把车规认证想得过于简单，认为只要通过 AEC-Q 的相关测试即可视为通过车规，然而却往往困惑于为什么车厂还是没有表示兴趣。

其实芯片上车，不只与芯片本身的性能特色相关，而且与公司本身的资质、质量管控流程、芯片的制造流程管控、车厂客户本身的质量要求等都密切相关。而汽车市场视具体应用场合又有极大的区别，从广义上来说，低端低速电动车对于芯片的要求，与工业类芯片毫无分别；而特斯拉、奔驰等先进车型的主控芯片要求，可以严格到远远超过 AEC-Q 的一般规定。

本节讲述芯片用于车辆应用的一般要求。

5.4.1 公司认证

对车规芯片，最为重要的公司级认证是 ISO 9001、IATF 16949、ISO 26262 三大类标准。其中，5.2.4 节讨论系统功能安全时已经对 ISO 26262 有过简略的介绍。本节将对 ISO 9001 和 IATF 16949 作简单说明。基本上想要进入大型车厂供应链，公司的质量管理和产品开发就应该得到全部认证。

1. ISO 9001

ISO(International Organization for Standardization)是国际标准化组织的缩写，包括了 167 个成员国和组织，发布了超过 24 500 个国际性的技术和生产标准。在芯片通过车规认证之前，公司本身先要满足质量和生产相关的资质。首先是要满足 ISO 9001：2015 标准，即使公司较少，尚无质量专职人员时，也同样应该申请。ISO 可以帮助公司建立较专业的公司框架、管理、计划、客户支持、运营、评估等多类职能，其一般的要求如下：

(1) 公司框架。

① 芯片公司应该确定内部和外部影响产品和服务质量的因素。

② 确认公司业务中重要的内部职位：一级、二级供应商和其他利益团体。

③ 了解客户及其需求。

(2) 管理。

① 创建质量管理系统。

② 建立质量政策和目标。

③ 与雇员沟通质量相关细节。

④ 阶段性回顾总结。

(3) 计划。

① FMEA 等质量风险考评。

② 相关对应措施。

(4) 客户支持。

① 有效率的工作环境。

② 有弹性的公司组织。

③ 有效的人力资源管理。

(5) 运营。

① 新产品研发的流程、文档和资源。

② 产品生产的验证、测试和监控。

(6) 评估。

① 证明全流程符合 ISO 9001 的需求。

② 证明能够执行质量管理系统的所有方面。

③ 持续在质量和服务上进步。

④ 更好地满足客户需求和提升客户满意度。

2. IATF 16949

IATF(International Automotive Task Force)是国际汽车特别工作组的缩写，其标准与 ISO 组织共同研讨颁发。ISO 9001 相当于公司质量体系的基础，其广泛适用于各种行业。而 IATF 16949 是以 ISO 9001 为基础，增加了对汽车行业的特定要求，属于更加进阶的要求。因此，满足 ISO 9001 可以作为研发销售一般消费类和工业类芯片的基础条件，而满足 IATF 16949 标准才是进入汽车芯片行业的敲门砖，其最近的版本是 2016 年发布的。

IATF 16949 偏重的是产品的研发、生产、服务、制造的持续进步、排除失效、改善产品数据的一致性和减小损耗等方面。与 ISO 9001 相比，IATF 16949 更偏向于技术层面，有 16 个汽车领域的要求，它们确保与汽车顾客需求保持一致,其认证较为严格。

此 16 个要求包括:

(1) 顾客特定要求(CSR)。

(2) 产品安全——汽车行业对安全的要求毫无疑问高于普通工业。

(3) 风险分析——用于分析和策划,降低风险,如前述的 FMEA。

(4) 工厂、设施和设备策划。

(5) 测量可追溯性——包括优化测量设备及其在汽车行业内使用和校准的要求。

(6) 能力——汽车行业需要特定的技能来制造产品并满足顾客要求。

(7) 文件信息的控制——汽车行业需要特定的指导书、记录等文件。

(8) 组织制造的可行性——需要特定流程和工艺来确保制造能力。

(9) 设计和开发——汽车行业使用的设计方法往往在细节上因 OEM 而异,综合所有重要 OEM 的要求,定义了所有零部件制造企业,如芯片公司必须要完成的共同要素。

(10) 供应商管理——需要特定的管理流程来确保整个供应链的质量和交付。

(11) 生产控制——加强对制造过程的控制。

(12) 产品批准——对所有汽车产品实行彻底和精确的产品和制造工艺批准过程。

(13) 监控、测量、分析和评估。

(14) 内部审核和管理评审。

(15) 纠正措施——遵循结构化的问题解决方法,防止问题再次发生。

(16) 持续改进——在制造企业的整个质量管理体系中,关注任何对产品和质量的改进机会。

可以帮助芯片公司取得 IATF 16949 认证的机构包括 Encona、TÜV、BSI group、DQS、Eagle Certification Group 等。其中,TÜV 在中国有分支机构。

值得注意的是:纯粹的芯片设计公司只需要有适当的质量管理系统可以满足 IATF 16949 就行,但是因为其没有生产工厂(即使自己有测试工厂),所以其不需要,也不符合 IATF 16949 认证的条件。但是,所有外包加工的工厂——晶圆厂和封测厂,都需要通过 IATF 16949。TÜV 出示相对应的证明报告后,则芯片设计公司可以由代工厂的旁证,来证明自己的质量可靠。因此在进军汽车芯片领域之前,有必要先确保供应商的资质。

在机构审核认证以外,公司也应准备客户审计和内部审计的流程。

5.4.2 芯片认证

在公司资质得到认可以后,下面的问题就是各类具体的芯片产品需要符合"车规"的标准。业界常参考的如 AEC-QXXX 标准,汽车工业行动组的 AIAG PPAP 标准,固态电路技术协会(JEDEC)的多项标准如 JESD-22、J-STD-020,汽车工程协会的 SAE-J1879 标准,在欧洲则需要德国的 ZVEI、VDA 等标准,而国标也即将推出。在半导体器件环境测试方面,AEC-QXXX 系列标准相当权威并涉及更多细节。对其他标准,芯片设计公司也应做相应了解,而 PPAP 在后文还要讲到。

AEC(Automotive Electronics Council)是汽车电子理事会的简称。最早在 20 世纪 90 年代由几家最大的北美车企如通用、福特和克莱斯勒共同建立的质量和验证标准,其分为系统质量和元器件质量两大委员会。目前,AEC 光是正式的公司成员就有上百家之多,加上其他从技术、服务等方面参与起来的成员更是难以计数。除了 AEC-Q 以外,很少有其他公开的质量标准会对芯片提出较为严谨的质量和可靠性的具体要求,对于车用芯片(对于要求略高的应用),AEC-Q 是绕不过去的标准。

AEC-Q 标准主要覆盖了以下车用元器件。

AEC-Q100:集成电路;AEC-Q101:离散元件(如功率器件);AEC-Q102:光电器件;AEC-Q103:传感器;AEC-Q104:多芯片模块;AEC-Q200:被动器件。

此外,AEC 还从 Q001 到 Q006 规定了测试和分析的常用方法。

面向集成电路的 AEC-Q100 标准的全名是《基于损坏机制的集成电路应力测试标准》,其目的是通过一系列比实际运行状况更严苛的环境测试来加速任何可能的损坏的发生,如果某芯片能够通过所有测试,则在具体运用中应该有相当程度的质量和可靠性保证。

AEC 的全部资料都可免费在网上获得,其标准较为明确清晰,因此不必照搬其详细内容。其测试组要求和环境测试条件已在图 5.8 和 5.2.3 节中展示。

值得注意的是,AEC 是由各大公司组织起来的非营利机构,并非像著名的 UL、TÜV 等有自设的权威测试机构,AEC 不出具任何具体芯片的认证报告,而且除了不定期组织讨论会以外,其都没有线下的办公地点。虽然各国都有一些测试公司能够根据任意芯片做基于 AEC 的测试报告,有规模的芯片公司也能自己出具相应报告,但是这些报告的结果能否为具体车厂所接受,进而采购这些芯片,还要看芯片公司的具体资质、内部管控等其他细节。车厂则往往自有一套认证体系,如德国、日本的车厂标准往往比 AEC 规范更加严格,涉及更多芯片种类，而国际著名的汽车芯片供应商往往会综合 AEC 和 JEDEC 等标准而生成内部的验证机制。只有 AEC 测试报告是芯片上车的条件之一，而且可算是万里长征的第一步，初创公司如果认为只要有 AEC 验证报告就能敲开著名车厂的大门，那就是低估了门槛。

国内能够出具 AEC 测试报告的公司应当有不少，作者不能一一了解并介绍其能力和资质。作者所熟悉的有上海交大校友创办的上海季丰电子，除车规测试以外，季丰电子在芯片测试行业积累良多，感兴趣的读者可自行接洽。

5.4.3 内部管控

在多颗芯片已经通过 AEC-Q100 的可靠性测试并得到报告之后，设计公司需要注意的是汽车芯片类的内部管控过程。AEC 曾明确说过，通过相关测试并不能使任何成员单位免于内部的管控过程。

因为汽车产品的独特性，较大的芯片公司一般都将其内部的汽车相关团队划分成为独立的业务部门，其团队、产品、设计、生产、流程等都与其他部门有所不同。对于汽车芯片的内部管控，可以从产品开发、晶圆加工、量产测试、项目管理、产品达标、产品量产、生产支持等角度来举例说明，与工业等级有较大区别，如表 5.11 所示。其中晶圆加工和封装的部分在代工厂完成，其应有自己的符合 IATF 16949 的特殊流程控制。

表 5.11 汽车芯片的内部管控

公司内部管控	工业部门	汽车部门
产品开发	标准	增加汽车设计准则
		特殊料号
		FMEA
		汽车级参数表
晶圆加工	标准	汽车级加工流程
封测	标准	汽车级封测流程
		增加 PAT、GDBN 等分布控制
项目管理	标准	增加汽车量产流程
制造工艺	标准	汽车级 BOM
产品验证	标准	增加 AEC-Q 环境测试项目
		增加车厂客户的特殊测试要求
产品量产	标准	增加 PPAP 和安全量产计划 SLP
量产支持	ISO 9001	ISO 9001＋IATF 16949
		增加 8D 报告
		提高故障诊断优先级

对表中的 PAT、GDBN、SLP、PPAP 等其他方面的说明详见后文。

1. 产品开发

芯片公司应准备自己的详细的车用芯片开发计划,以下只是启发性的举例,不可能概括所有内容。

（1）调研和定义阶段。

市场：因汽车市场的特殊性,无法像工业类或消费类芯片那样针对广泛市场定义,汽车芯片的定义必须由大客户或某些中等客户背书才有希望成功,因此必须明确重点目标客户,一切后续动作以满足大客户要求为先。

应用需求：对大客户来说,需要的温度范围是多少？是否有湿度、振动等其他的特殊环境要求？应用是在发动机内部、座舱内、还是在车盖下？安全需求 ASIL 等级是什么？在故障时的响应动作应该是什么？芯片的参数和功能要求是什么？需要芯片至少有多少年的生命周期？

验证需求：AEC-Q100 足够吗？客户是否有特殊的验证需求？

客户现在使用的是什么方案？是否有痛点是我们提升的机会？

（2）设计阶段。

FMEA：客户需求是什么？是否需要特殊的芯片设计或测试？

代工厂：其工艺之前是否曾用于汽车应用？该代工厂是否已被目标客户所认可？

DFT、ESD、设计余量、电路仿真、热仿真、信号完整性、仿真和验证计划等问题是否有认真设计？

（3）评估阶段。

性能和功能与目标数据手册中的进行对比,各外界条件和温度都要验证最大和最小值,如需要的话可以在客户终端产品中验证。其他测试包括 ESD、Latch up、EMI、环境测试等,需要出具验证报告。

2. 量产测试

车用芯片比起普通工业和消费类芯片多了两道量产测试程序,它们都是车厂必定提出的要求,主要在晶圆上以探针测试的形式来做。

① 产品平均测试（Part Average Testing,PAT）,又称越界者控制（Maverick Control）,以下称 PAT。

② 好晶粒坏邻居（Good Die in Bad Neighborhood,GDBN）。

（1）PAT。

读者应该了解没有两颗芯片在所有细节上一模一样的,在同一张晶圆上的任意两颗晶粒,都会因为极微小的扰动而造成某些参数不太一致,而这些扰动会按照正态分布,在大部分情况下都不至于影响具体应用。对于某些重要参数,大部分晶粒应该有相对集中的分布(否则所用的工艺可能有较大问题),而极少部分可能会落在较偏移的区间,很多场合下量产测试的限制条件并非很紧凑,因此这极少部分还是可以通过测试的。从半导体可靠性的角度看,这极少的晶粒更容易出现性能问题,甚至是长期的质量和可靠性问题。对于汽车应用,车厂可能会要求对某些参数做参数平均分布的分析,并要求芯片公司将少部分"越界者"淘汰掉,也就是所谓的 PAT 测试(对某些非车用场合,也可能要求 PAT)。虽然 PAT 测试会带来一点额外的损耗,但是总比客户出了问题以后弥补的花费少得多,芯片公司也应谨慎地设置做此分析,以防止不必要的良率损失,而要得到较可观的统计分布数据,一般要至少跑三个批次,生产数十张以上的晶圆。

多数情况下,PAT 在探针测试下进行,针对供应电流、漏电流、关断电流等进行测试,这些参数对长期可靠性关系较大。此外,也可能应客户要求在封装以后对其他参数做 PAT 分析(在模拟和电源业界较为常见)。PAT 可以与晶圆代工厂和封测厂联合进行。

参数分布的例子如图 5.10 所示,可由大规模生产数据得到正态分布,然后决定用四西格玛对应的希腊字母或六西格玛对应的希腊字母做 PAT 淘汰,具体过程是较基础的统计计算,不再详述。

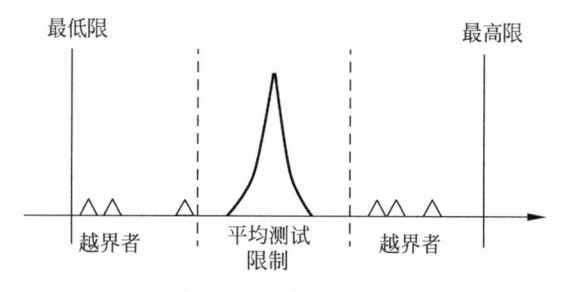

图 5.10 参数分布举例

(2) GDBN。

因为整张晶圆在加工时的微小制造误差,一张晶圆上不可能所有的晶粒都能通过测试,总有一小部分是坏晶粒,这也是所谓良率的由来。这些坏晶粒的分布并不一致,它们可能四散在整张晶圆上。即使某晶粒在探针测试做下来结果是好的,但是如果其附近的晶粒都是坏的,那么就要考虑此好晶粒是否受坏晶粒影响,是否本身存在某种瑕疵,是否可能造成长期可靠性问题,因此最好将此好晶粒也一并淘汰掉,这个控制措施即是 GDBN。此好晶粒也许是冤枉的!但是和 PAT 测试同理,这一点点损失总比在汽车上运行一段时间后出现故障要合算得多,某些汽车厂商会要求芯片公司一定要采取 GDBN。

GDBN 的具体做法是要求晶圆代工厂出示探针测试后的坏晶粒分布图 (Wafer Map)，然后芯片公司可以自己建立一个规范，比如我们需要判断某好晶粒 X，其最近的一圈芯片有 8 颗晶粒，出现坏晶粒的影响权重为 1，而再向外一圈有 16 颗，权重可以为 0.5，然后按出现次数各自相乘，最后如果达到某一预定分数，即认为好晶粒 X 风险较高，因而将其淘汰掉而不进入封装步骤。可以较容易地写一个程序来遍历所有的晶粒。例子如图 5.11 所示。

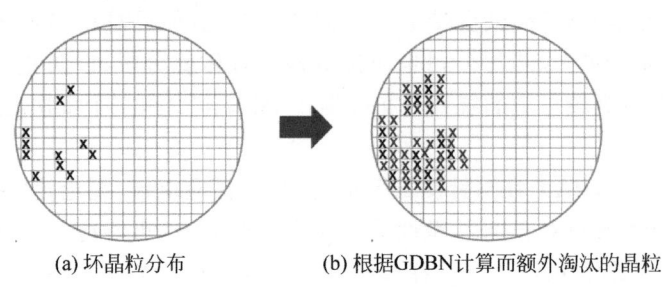

(a) 坏晶粒分布　　　　(b) 根据GDBN计算而额外淘汰的晶粒

图 5.11　GDBN 示例

PAT 和 GDBN 并无业界的详细规范，只有一些参考做法，具体还要芯片公司与客户讨论来确定，能使车厂客户满意即可（部分工业类和消费类大厂也可能有类似要求——特别是单一客户的 ASIC）。考虑到并非所有车厂的质量人员都有相应知识，芯片公司可能将 PAT 和 GDBN 作为默认项，以说明自己的严格质量控制。

3. 产品达标

产品的验证一般包括性能验证、功能验证、环境测试等，一般在通过验证并试产 3 个批次以后，就可以针对普通应用的芯片量产。但是对于车用芯片，除了特殊环境测试，还需要增加以下的达标措施：从车用芯片开始设计以后，项目经理和测试经理需要协同设计一份安全（预）量产计划（Safe Launch Plan，SLP）。

SLP 的意图是在芯片小批量试产时，先尽可能多地增加测试和控制步骤，将产品的质量和可靠性提升到可能的最高层次，这样当目标大客户拿到第一批能够试产检验的芯片时，其失效率基本为 0。而在以后多年的量产过程中，芯片公司可以通过不断地实验，看能否减少测试和控制步骤来降低运营成本，同时又不影响质量（这也是 PQE 的部分工作）。

SLP 需要根据产品的性质来决定增加哪些步骤是合理的，还需要根据预先生产晶圆的数量来决定参数的上下限制，如下。

(1) 全新工艺、全新平台、全新设计。

此类产品的 SLP 的规定最少也需要跑 3 个批次，测试程序最好能跑遍高低温，可能所有芯片都需要经过 Burn-in，再加上其他必要措施。总之对此类高风险产品,如果客户极其重要,则应该不惜测试的成本,即使增加成本也要先将风险降到最小,然后在以后长期的生产过程中逐步看能否节约步骤以降低成本。

(2) 衍生设计。

如果是根据已有量产的汽车芯片而衍生出来的全新设计,但工艺等没有区别;或者是某芯片已按照工业类标准量产,而且又通过了 AEC-Q100 测试,因而想向汽车市场推广。在这两种情况下,可审慎制定 SLP 计划,一般不需要太多批次的预生产。

(3) PCN。

在量产产品因设计或生产工序发生变动时需要通知客户,称为产品变更通知(Product Change Notification,PCN)。PCN 时的 SLP 计划应按实际情况而变化。

常见的 SLP 计划可能在晶圆加工、探针测试、封装、ATE 测试、故障分析等步骤涉及。具体可选的措施如下。

(1) 晶圆加工时可增加 PAT 和 GDBN 计划。

(2) 增加关键参数的探针检查。

(3) 增加 100% 高低温测试。

(4) 增加 100% Burn-in。

(5) 增加可靠性测试项目和经历时间。

(6) 考虑数据手册上的某些参数范围进一步收窄。

(7) 考虑增加数据手册上某些参数的余量。

总之,SLP 计划的备选措施可能有非常多的选择,视各公司不同政策和具体芯片种类而定,车厂或 Tier1 供应商可能也会给出建议(Tier1 供应商给车厂的第一批新产品,也许有自己的安全(预)量产计划)。

4. 产品发布

汽车芯片在产品发布上有别于普通工业类产品,经常会增加量产批准流程(Production Part Approval Process,PPAP),在 PPAP 报告完成后才能正式发布产品。其目的是总结所有的产品细节、验证结果、目前量产结果等,方便客户查询,以满足客户要求。

PPAP 最新的行业标准包括汽车工业行动组 AIAG PPAP 工作手册第 4 版,以及德国汽车工业协会 VDA 发布的 VDA 2:2020 第 6 版。VDA 对 PPAP 有不同的名称,称为 PPF(Production Process and Product Approval)。

PPAP 的要求一般由客户发起,而且细节各异。因为 PPAP 花较多时间准备,因此产品线会根据具体客户来确定是否要准备 PPAP。

大致总结 PPAP 的一般报告格式如下（摘录自 AIAG Production Part Approval process PPAP 4th Edition）。

第一部分：设计记录，包括所用原材料、数据手册、封装图、功能方框图、表面标记等。

第二部分：PCN 变更记录。

第三部分：客户批准记录（如果有）。

第四部分：芯片设计的 FMEA。

第五部分：生产步骤。

第六部分：生产流程的 FMEA。

第七部分：生产控制计划，包括 5.4.3 节中覆盖的内容。

第八部分：测试和生产结果的可重复性（Gage R&R），晶圆厂和封装厂可提供此报告。

第九部分：封装尺寸外观。

第十部分：性能验证报告。

第十一部分：试产的良率和稳定程度。

第十二部分：各供应商工厂的 TS 16949 报告（研发中心、晶圆厂、探针测试、封装、最后测试）。

第十三部分：外观批准报告，对芯片一般不需要。

第十四部分：工程样片记录。

第十五部分：芯片公司应保留一定数量的、不同版本的最终芯片样片。

第十六部分：检测工具的清单。

第十七部分：客户特殊需求。

第十八部分：对满足客户所有需求的总结。

PPAP 由产品工程部门准备，最后由生产、封装、可靠性、质量、产品线等多部门共同批准。

车厂未必遵循标准的 AIAG 或 VDA，网上可找到一些公开的汽车公司自行制定的 PPAP 需求。

在产品最后发布前，应当检查产品是否已满足量产车规芯片的一般准则。在晶圆厂方面，对方应有车规生产的相应工艺流程和管理；应做好 ATE 和探针测试准备，就汽车客户可能的特殊要求增加所有晶粒的某项目测试；在封装厂方面，同样对方应使用车规级封装材料和流程；在可靠性方面，车规可靠性报告应已完备；在质量方面，安全量产计划和 PPAP 也应准备好。

5. 售后支持

PPAP 和 PCN 等都是客户支持的一部分，对汽车客户来说，还希望在有突发事件时(如故障)能够得到比普通客户更及时、更精确的服务。更多细节的客户服务内容,如客户经常会要求的 8D 报告,其已在 5.3.3 节描述。

5.4.4 应用场景

关于汽车的具体应用及相应的芯片市场会在 8.1 节中详述,一部分的 ASIL 需求在图 5.4 中已经展示。本节更具体地介绍对于不同的汽车子系统,需要应用怎样的 ASIL 安全标准,以及所用芯片是否需要满足 AEC-Q 标准。

安全需求最高的应用是发动机喷油系统、电动车三电系统、变速箱控制、气囊控制、辅助转向、刹车、ABS 防抱死、气囊等这些与行车安全直接挂钩的应用,等级为 ASIL D。在可能的情况下,所用芯片都必须通过 AEC 标准。

然后是自动驾驶和相关雷达及传感器、主动悬挂、变速箱控制、点火、喷油控制、各阀门控制、自动巡航等较为间接与行车安全有关的应用。安全等级可从 ASIL C 到 ASIL D 不等。只要是可能的情况下,所用芯片都必须通过 AEC 标准。

车身控制相关应用,如仪表、冷暖空调、网关、倒车雷达和摄像头、防盗系统、中控锁、刹车灯、前大灯等。这些应用的失效也可能间接与安全相关,视不同车厂要求,安全等级可能从 ASIL A 到 ASIL C 不等。这里的部分芯片(特别是应用于后装的产品)可以不通过 AEC 标准。

接下来是 USB、GPS、电动车窗、雨刷、尾灯等,安全等级一般从 ASIL A 到 ASIL B,可以不要求 AEC。

最后,是 ASIL QM 等级。QM 是 Quality Managed 的缩写,车厂只需要应用满足普通工业级质量规范即可,如氛围灯、车内照明、收音机、车载影音等,完全与安全无关,对 AEC 不作要求。

另外,对于比较知名,质量要求较高的车厂,一般对子系统的 ASIL 要求更高,甚至对与安全无关的应用,也要求至少通过 AEC。

对于乘用车,一般 ASIL 和 AEC 的要求也相对更高,卡车和商用车的要求相对略低。

此外,对于具体应用,我们也需要了解其环境要求、温度范围、湿度范围、是否需要安全功能,项目运行年数等具体条件。

对于新能源车,有些应用的芯片暂时没有车规版本(如大功率充电器上的部分芯片),车厂和 Tier1 厂商可以选用工业类芯片(但是可能要求更高的质量控制以满足要求)。

某些看似不需要车规的终端产品（如低速电动车），在某些关键零部件（如主电机逆变器）上也可能选用车规芯片，因其一致性等各种参数的控制要优于工业芯片。

有时芯片客户自己也不明确对芯片质量等级的要求，因此我们也需要给出合理建议。总体来说，汽车客户不愿因小失大承担召回的风险，还是愿意付出高一点的代价来换取更高（也许不是必需）的质量。

5.4.5　客户规格

对很多要求严格的汽车客户，AEC-Q 的环境测试抽查的芯片数量实在太少（3个批次，每批77颗），即使这231颗全部通过测试，在统计学上也只能表示有90%的信心这些芯片只有不到1%的失效率，显然对在量产以后的失效率没有太大的指导意义。如果要生产一百万辆车，实在难以根据 AEC 的结果来预测多少辆车可能提前会出现故障。

另外，汽车客户非常在意产品寿命，如 8000 小时、15 000 小时、20 年的持续运行。实际中当然无法先测试寿命为 20 年的样车再来正式生产，因此都会制定适合自己质量需求的加速老化模型，而 AEC 标准的加速老化环境可能与车企要求不同。

而且，车厂希望能够尽量模仿不同整车实际运行状态的验证测试。

因为这些原因，大型车厂和 Tier1 厂商往往有一套超过 AEC 的验证标准，并且用此标准同时对半导体元器件和电子系统做验证。

这些标准的案例包括大众汽车的 VW 8000（与奥迪、宝马、奔驰、保时捷互认此标准）、福特汽车的 CETP 00.00-E-412、Stellantis 汽车集团的 CS.00056、通用汽车的 GMW3172 等（作者不清楚国内车企是否有类似对芯片质量的标准规定，它们对电子系统当然会有测试标准）。

车企对芯片的标准比起 AEC 来说，最大的区别在于将具体电子系统置入整车的环境考虑，其具体环境测试并非基于芯片公司的标准参考板，而是基于实际可能用于车辆的电子零部件。车企测试的具体项目一般比 AEC 多，如车辆的跨接启动、抛负载、电池反接、绝缘强度、漏电、热冲击、防水等 AEC 没有涉及的项目在这些车企的测试标准中都会被覆盖到。因各车厂的设计标准不同，且基本只对供应商开放，因而无法公开在本书中对这些车企标准做进一步说明。好在还有像 TÜV 这样的机构在中国设点，对这些车厂标准已有研究，并能提供相应的测试和咨询服务。读者有兴趣不妨咨询。

5.5 本章总结

芯片要打入汽车市场并非只需要产品，还需要产品线、公司、供应链整体的组织和运营都能满足车厂要求。海外的著名芯片公司往往采取逐步进取的模式。

（1）先在工业领域有大量的积累，包括产品、客户、生意和良好声誉。

（2）将一部分适合汽车应用的工业产品做 AEC 和其他环境测试，验证。

这时销售和 FAE 提出需要 AEC 验证的客户案例和需求，然后再由封装、质量、运营等部门等联合决定某些工业产品能否通过 AEC 测试，再根据客户反馈决定是否要启动此流程。

（3）建立全新的汽车事业部、产品线，继承之前通过汽车验证的产品，整个组织要求建立在汽车质量标准下，开始拓展市场。

（4）开始定义和设计专用于汽车市场的芯片。

当然对一些全新的汽车应用，如新能源车的三电系统、自动驾驶的处理器和传感器等，不一定有现成的工业级产品，而这些应用往往需要特制的车用芯片，因此在这些应用里跳过工业领域，直接进军车规产品是完全可能的。

总之，在考虑进入汽车芯片市场前，以下是需要考虑清楚的问题。

（1）公司方面：能否满足工业标准，能否提供客户所需质量，投入 ROI 是否值得。

（2）产品问题：是否对功能安全有深刻了解，是否有可靠的环境测试认证，能否引导而非跟随市场，产品是否适合目标客户，是否有足够的创新点来吸引客户。

（3）客户问题：如果是已量产的芯片，能否保障产能；如果为客户定制开发，能否得到客户的承诺。

（4）销售问题：如通用、福特等公司，需要在资质和质量方面批准芯片供应商，但是具体的选型由 Tier1 供应商做出，因此芯片公司需要两线作战；而如特斯拉等新兴公司希望自己掌握大多数的电子系统设计，因此是芯片设计公司的直接销售对象。

对于未来的汽车市场，其趋势为拥有更多的车联网、电动化系统和智能驾驶。要意识到的是芯片公司往往需要影响整体的生态系统而与其深度绑定，其中包括了汽车 OEM、电信基础设施公司、超大规模云服务公司，甚至政府的配合。比如谷歌和苹果都有自己的汽车生态配合团队，这里就不继续展开了。

作为本章的结尾，下面讲述一个 ADI 公司进军汽车市场的著名案例，说明汽车市场的巨大潜力和成功的艰辛。

在20世纪80年代，ADI公司已经在工业领域的模拟、数据采集和信号处理端领域得到了极大的芯片市场份额，其在汽车市场看到了极多的机会，但是因为客户已经有很多满足其需求的供应商，ADI一时难以打入已经建立密切联盟的车厂供应链。

转机发生在美国规定所有汽车必须配备安全气囊以后，当时如博世、德尔福、电装等公司的解决方案是机械式的传感器加上电路等封装在真空包装内，一个传感器单独售价25美元。ADI认为有更好的解决方案，可以在传感器芯片的小封装内做一个小的微机电系统，其可以感应在车祸发生时的加速度，估计做出来以后售价只要5美元。德尔福公司当时就表示感兴趣，甚至愿意投资此项目。

但是ADI当时预估做此传感器难度很大，每年需要投资数百万美元，而且可能要十年才能盈利，公司上下颇有疑虑，CEO也不看好，后来是创始人Ray Stata力排众议，甚至有好几年的时间自己来做此项目的总经理，引用他的话"那些年我要自己挡在门口，他们才不会冲进房里把婴儿杀掉"。

最终，公司上下的坚持和天才设计师们使此项目获得极大的商业成功，不光是赢在汽车方面，而且进入了游戏机、农业、医疗和其他行业，在2005年，该加速度传感器芯片的销售额已达到一亿多美元。在智能手机市场井喷以后，现代的智能手机里都有加速度传感器芯片，加速度传感器芯片成为一个数十亿美元的大市场，又是当年无法预料的了。

第6章

流程和运营

芯片公司初创时,往往只有几个人,最初的产品还在研发中,市场和销售团队可能都没有建立起来,这时候流程和运营管理显然不是重点,最要紧的是要先有一些东西可以拿来推广和销售,公司才能得以生存。而当公司逐步走上正轨,有了较多处于概念到量产等不同阶段的产品、多家供应商、众多客户以后,就应该建立合规而适合公司整体运营的流程。

美国最著名的橄榄球教练之一 Nick Saban 说:"制定目标固然重要,但不如流程重要。带来成功的流程是唯一可以控制、执行和贯彻的。最终的结果往往无法控制。"建立流程使得公司上下有所参照,提升效率,提升质量,管理供应链,有一致的服务客户的准则,并且对一切变化都有所记录。这并非"大公司病",而是要确保公司可以自动地按照统一的标准进化,而且新人可以自发学习这些流程,公司可以基本不受人事变动的影响。成熟的公司即使整个业务部门一起离职,新招来的团队仍然可以按照相同的规章制度完成任务。比如,今天如果根据台积电某现成工艺和公司自己的工艺改进制定了公司的内部设计准则,那么不管我们招来哪位新设计师,都可以按图索骥,更快速地上手。今天客户可以在德州仪器或 ADI 的网站上看到数万种不同的芯片,其数据手册、技术支持、购买信息、采购流程等全部按照统一格式管理,公司必须要有完善的对内和对外的整体流程,才能做到支持如此大规模的产品种类而不引起混乱。

运营流程虽然千头万绪,但是总体来说,总是先"来自客户",最后"输出给客户"(见图 6.1)。来自客户的有销售回款、产品线索、市场信息等。我们输出给客户的是芯片和相关的服务。中间实现产品的流程,主要是产品研发、供应链、生产和服务 4 部分。从规划到产品,我们需要的是产品战略研讨、商务计划和运营及人事管理。而帮助实现这些流程的工具,主要是 IT 系统、各流程文档记录、质量控制、客服系统等。运营流程的管理即确认每步的具体管理事项、信息沟通途径、流程管理者、如何追踪和评价各流程完成效率等。

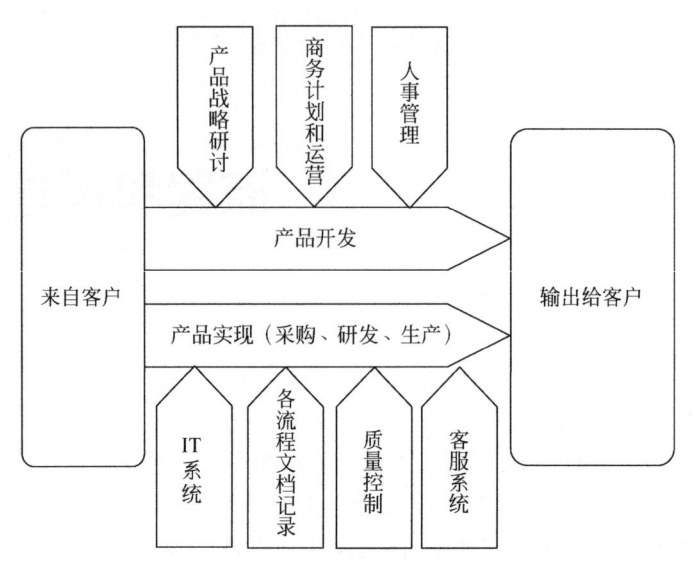

图 6.1 运营流程从"来自客户"到"输出给客户"

本章来讨论一些仅限于芯片行业内部、较为特殊的一些流程,如生产、商务、客户支持、销售等。至于其他运营方面如人事、财会等方面作者并非行家,因此本书并未涉及。IT 部门如服务器和云存储建设也不包括在本书之中。

6.1 流程和运营简述

我们首先来看随着公司成长,各类资源的需求如何跟着增长。为简单起见,假设一家纯设计公司,没有任何自己经营的生产或测试工厂,只有一颗芯片产品,且管理其生产和销售。

在芯片设计之前,需要较多资源,分别是调研市场、芯片定义、可行性分析、供应链谈判等;在开始设计之后,需要设计、版图、软件、应用等工程师资源。

在设计完成且流片之后,拿到工程样片之前的几个月,需要较少资源,只需要安排生产和测试人员提前做计划,此时原来的工程人员应该开始计划和设计第二颗芯片。

在拿到样片,开始验证、测试后,需要较多人员,包括应用、测试、项目经理等人员。

在量产开始后,需要生产、管理等资源。

而在第一颗芯片的销售额急剧上升后,需要配备更多人力,举例如下。

假设该芯片为每片晶圆上有 1000 颗晶粒,价格为 10 美元一颗,则 100 万美元销售额为100片晶圆,以25片晶圆为一生产批次,则对应4批次/年,此时约需要两位身兼数职的运营人员,负责管理产品、项目、供应链、生产计划、商务管理、客户服务,其成本占销售额的比例可能高达30%(此时公司仍然是亏损的);而1000万美元的销售额则对应40批次/年,此时估计需要4~6位运营人员;而1亿美元销售额则可能对应8~12位运营人员,此时运营的人力成本只占销售额的1%~2%,公司已经较为成功,如表6.1所示。

表6.1 销售额与运营成本的举例

年销售额/美元	100万	1000万	1亿
销售芯片数(10美元/颗)	10万	100万	1000万
晶圆数(1000晶粒/晶圆)	100	1000	10 000
批次	4	40	400
运营人员/位	2	4~6	8~12
运营成本占销售额比例	10%~30%	5%~7%	1%~2%

客户可不会管供应商是否有自己的工厂。客户最为在意的是经由代理商下订单以后,能否及时收到质量过关、数量准确的芯片。芯片设计公司必须能够向上游供应商和代工厂采购产品和服务、斡旋合同、监督生产和测试,最后在合理成本的前提下交付给客户。芯片设计公司的运营团队应该是供应商和客户之间看不见的中坚力量。

下面列举一些流程和运营方面的工作,主要由三大部分构成:生产、质量和商务。对于初创公司,其重点应该在生产,而质量和商务相对简单;在销售规模达千万级美元以上时,3部分同等重要。

1. 生产运营

生产运营部门有一系列的技术和商务职责,该部门还需要将这些职责落实为流程文档。具体而言,这些职责包括但不限于以下的内容。

(1) 新产品文档归纳(目标数据手册、仿真文件、软件、设计文件、BOM等),从研发到量产的流程和时间点管理。

(2) 控制产品的成本、稳定产品的性能。

(3) 生产排期。

(4) 供应链管理(洽谈产能、价格及引入新的供应商)。

(5) 产品生命周期管理。

(6) 客户退货、故障分析及其他问题的排除(产品、设计、工艺、测试)。

(7) 良率管理和监督,包括每批、每张晶圆的参数变化。

(8) 提高良率。

(9) 降低成本(供应链价格洽谈、缩短测试时间等)。

2. 质量管理

优秀的质量管理是初创公司和成熟公司的分水岭。有太多初创公司能够拿较少的工程样片出去推广,但是能够销售给数十家客户、出货几千万颗以上而没有显著质量问题的公司,才算走上正轨的成熟公司。质量管理团队可能隶属于运营部门,也可能独立,包括以下职责。

(1) 验证和审计供应商的质量体系。

(2) 建立质量体系,包括质量手册、政策、系统、流程。

(3) 协调、布置和执行质量和可靠性测试。

(4) 解决质量问题和可靠性故障,提供客户支持。

(5) 检查并确认新产品的设计和制造满足质量标准。

(6) 撰写面向客户的质量说明文档。

(7) 控制工艺,提高良率。

3. 商务运营

芯片初创公司在研发出第一颗芯片前后,就必须建立最基本的商务销售流程,以此为基础,建立整体面向客户的运营流程,主要分为三方面。

(1) 与生产运营部门共同制订生产和控制计划(Production Planning and Control,PP&C)。

(2) 财务流程。

(3) 客户服务。

因为质量管理部分之前已经详述,以下章节主要描述生产运营和商务运营的部分细则。

6.2 生产运营

生产运营团队负责的内容包罗万象,这里仅就供应链管理、生产排期管理和产品生命周期管理内容进一步展开。

6.2.1 供应链管理

自己有厂的 IDM 公司需要管理大量与生产相关的供应商,而芯片设计公司同样也需要成立采购部门来对各类供应商做科学管理(比 IDM 更为简单)。

对于刚成立的芯片公司,可能短期内只有一家代工厂和一家封测厂愿意合作,但是在成本和风险上没有回旋余地。比如这两年代工厂产能紧缺时,许多代工厂因为本身能买到的裸晶圆有限,为确保利润最大化,拒绝了很多使用成熟工艺、层数少的芯片公司,结果使得这些公司难以满足终端客户要求。所以,多元化的供应体系,一定是芯片公司走上一定规模以后需要投入的方向。

然而,不光是初创公司,即使是国际知名的芯片公司,也很有可能因为选错供应商而造成大量的损耗。因此质量或采购部门都有专门负责挑选、谈判、审核供应商的团队。

芯片设计公司需要采购的内容至少包括以下内容。

(1) 材料和器件。如代工厂加工好的晶圆或晶粒,芯片模块中集成来自第三方的器件。又比如公司如果深度介入与封装厂合作,那么也需要绑定相关的框架、树脂、引线等供应商。

(2) 服务。如封装服务、探针测试服务、ATE 测试设计、EMI 实验室等。

(3) 软件和 IP。如设计和仿真等 EDA 软件、处理器和其他 IP、设计咨询服务。

(4) 设备。许多设计公司希望整合测试能力,因此需要 ATE 设备、测试工具、测试板供应商等。

在芯片开始定义时,首先需要寻找所有满足性能和 IP 要求的晶圆代工厂,然后通过进一步接触了解对方的产能利用情况,着重于那些对我方业务有兴趣的代工厂,需要确认对方的报价可以令在定义中的芯片未来有利可图。如无现成工艺,应首先判断哪些代工厂可能有兴趣联合开发。

在决定封装时,需要寻找那些有产能和实力来制造我们目标封装的工厂。同时对方也应有相当的兴趣提供工程支持。

在流片时,所有供应商应当都已确认,包括测试端的仪器、板卡、环境验证实验室等信息。

1. 供应商引入流程

芯片公司采购的目标可总结为三点。

① 充足的供应。

② 尽可能低的成本。

③ 持续的高质量。

为达到这些目标和采购相应内容,公司需要制定如图 6.2 所示的供应商引入流程,分为采购计划、供应商选择、供应商评估、正式合作和平时维护。

公司发展战略 → 采购计划 → 供应商选择 → 供应商评估 → 正式合作 → 平时维护

图 6.2 芯片公司的供应商引入流程

(1) 采购计划。

此步骤为确定需要采购的材料、供应商的范围和需要合作的途径。比如,要确定接触和采用多少供应商为宜,是否需要深度合作,是否签订供货合同,等等。

芯片公司的短期和长期发展战略需要和供应商达成一致。道理非常简单,比如我方正在追求产能的急剧扩张,而晶圆厂本身并无扩张的打算,其产能又不愿倾斜给我方,那么双方就很难达成一致。

其余的问题,包括技术发展途径(比如封装厂是否愿意研发我方所需的封装)、市场分析(供应商的市场占有率和口碑),供应商的质量、价格、产能,合作诚意,等等,可以列出表 6.2 这样的打分表。芯片公司可自行设定不同的比重,给潜在的供应商 A、B、C 分别打分并合并讨论,以避免供应商的选择只是出于某人的好恶或熟人介绍。

表 6.2 供应商打分表

项目	打分比重(公司自行设定)	供应商 A 得分	供应商 A 加权总分	供应商 B 得分	供应商 B 加权总分	供应商 C 得分	供应商 C 加权总分
技术能力	15%	7	105	6	90	10	150
足够产能	15%	5	75	8	120	3	45
财务健康程度(销售额、净利润)	5%	3	15	4	20	5	25
市场占比	5%	5	25	3	15	5	25
生态环境(EDA、IP、客户群)	20%	8	160	10	200	8	160
产品质量(良率、性能)	20%	3	60	5	100	10	200
价格	10%	8	80	1	10	1	10
客户支持(响应速度、物流、当地团队)	10%	8	80	5	50	3	30
总分			600		605		645

要留意的是,芯片公司多数需要双供应商甚至三供应商的策略。比如大型芯片公司往往使用自己开发的特殊芯片工艺,而分配给多家晶圆厂的合作伙伴共同生产。这时 C 厂作为首选,对芯片公司的销售额影响最大,当然合作也更紧密,而 B 厂知道自己只是后备,因此技术支持等未必上心。

(2) 供应商选择。

当需要新技术,或者需要更低价格,或现有供应商发生严重问题时,需要提前请质量和采购部门协同我方寻找新供应商。在供应商被正式被纳入采购系统之前,根据其对公司业务的重要性,获取不同的批准等级。

批准等级1:临时供应商,与公司生产和销售系统无关。仅需要基本信息,不需要纳入采购体系。

批准等级2:可能会影响公司的产品和销售,典型如ATE设备。

批准等级3:对公司产品的质量、生产、技术、销售等有重大影响,比如晶圆厂和封装厂、IP、模块产品中集成的其他第三方器件。

成为批准等级2和批准等级3的供应商时,可能需要双方签订NDA协议,查看对方的ISO 9001、IATF 16949资质,先做一些测试芯片等的先验工作,另外需要公司高层批准。

(3)供应商评估。

评估的目的是建立批准供应商清单(Approved Vendor List,AVL),明确其需要达到的相关标准。AVL过多则增加了管理难度,过少则增加了供应链风险,因此对于需要多少供应商必须谨慎判断。选定供应商后,一般以半年到一年为期,应有定期的审计、回顾和其他阶段性评估AVL的会议,如果供应商的表现有所下滑,芯片公司应有进一步的行动。

评估的标准大致有质量、技术、价格、服务和承诺、供应安全等几项。

技术的范畴,包括其生产工艺的良率、参数分布、能否及时达到要求、技术支持和响应时间、技术路线图和时间线。这些公司都可以制定自己的审计标准。

(4)正式合作和平时维护。

在签订正式合作意向前后,有一些重要事项需要在合同中说明。

① 协定价格在近期和长期的浮动范围。

② 协定产能的需求。

③ 协定交期限制。

④ 规定所提供产品和服务等的质量要求,如故障率。

⑤ 规定生产数据应可回溯。

⑥ 协定故障分析的流程和应对措施。

⑦ 供应商引入新材料、新工艺时的PCN流程。

⑧ 协定供应商和芯片公司各自的责任和义务。

⑨ 出现突发事件的应对措施。

比如,封装厂A打算卖掉某条生产线,会影响B芯片公司的某芯片产品。根据合同规定,A厂在面临任何切换生产或完全停产时,必须至少提前6个月通知B公司,并且B公司的客户可以在得到通知后6个月之内的截止期内下最后订单，并且得到保证——在一年之内获得所订购产品。

芯片公司与供应商打交道最多的时刻是生产的预测和管理，这部分内容在6.2.2节详细介绍。

2. 如何引起供应商兴趣

以上谈到的供应商引入流程可能更适用于大公司，供应商对大公司总是更有兴趣一点。如果我们的芯片公司规模实在很小，许多供应商还根本看不上眼，那么比起选择供应商，引起供应商的兴趣显然更加重要。

话说回来，甚至大公司也经常需要引起供应商的兴趣。比如某国内上市公司销售额已经超过数亿，其CEO曾经告诉我，因为受限于晶圆厂产能，其只能满足几家头部大客户的数量要求。因为晶圆厂在短缺时每月能拿到的裸晶圆有限，因此比起做层数少、价格低的成熟工艺，晶圆厂更愿做层数多、价格高的先进工艺，所以不愿多给这位CEO额外的产能。

如何引起供应商的兴趣，笔者有以下的一些想法。

（1）如何表现自己的公司。

在初次接触时，领导者应该展示公司的管理层、产品、目标市场、深度合作的客户、融资情况、未来计划等。如果能遇到对相同市场感兴趣的供应商，则合作机会较大。比如，笔者曾经提到有望应用于英伟达的项目，那么可想而知，晶圆厂会非常感兴趣。

（2）了解供应商的需求。

应当通过接触，了解供应商可能的兴趣点和其薄弱环节。比如，作者曾经接触某晶圆代工厂，发现其某种工艺刚研发完毕，亟须寻找客户，而公司整体产能利用率也不足，因此我与运营团队一起拿到了很好的报价，价格低到我们愿意继续花时间来了解对方为什么产能利用不足，以及是否有技术和工艺的缺陷。

（3）如何表现专业形象。

① 应当决定什么层级的人来对谈：CEO对CEO、质量对质量、采购对商务、运营对运营等，了解谁是做决定的人。对于采购合同、生产计划、物流、商务谈判、技术支持等方面，都需要指定具体人员。

② 及时通知供应商我方目标客户的验证结果和预期。

③ 给供应商按月的生产预估。

④ 定期召开供应商QBR，包括高层会谈、质量回顾、未来技术蓝图等。

（4）谈判问题。

下面是某些可使用的技巧。

① 产品还在研发，但已知很有市场前景时，不必急于确定晶圆价格和交期，

可以只签订一些意向合同。在产品雏形验证通过,大客户有兴趣采用时,可以拿到更好的条件(如果某芯片最终卖给苹果,利用后者旁敲侧击地影响一下,交期一定不成问题)。

② 试着谈一下产量上升,长久合作以后,未来能拿到的较好价格。

③ 当良率有些波动时,试着谈只买测好晶粒(Known Good Die)的价格,而不是晶圆价格,这样可促成代工厂控制其良率。

④ 如果代工厂产能未满,试着做一些市场毛利低而需求量大的产品,从而压缩代工厂的价格。

6.2.2 生产排期管理

芯片从研发成功以后就要开始推广给客户,而在赢得客户以后需要继续面临计划生产、封装、测试,到最终交付给客户等一系列漫长的流程。

从 2020 年开始的两三年来,芯片产业的各项产能和供应链的产能都排得满满的,很多芯片厂商给出的芯片交期已经长达一年以上,意思是客户就算今天付款,也要一年以后才能拿到所需芯片,因此许多客户遍寻各类代理商甚至黑市,而真正需求紧迫时连价格、性能都不重要了。有些客户因为无法及时拿到所需的芯片而面临生产线停滞,无法交付产品的问题。比如,曾经有半导体测试设备的客户芯片紧缺,造不出足够的芯片测试设备,芯片公司来不及测试,也就没法造出足够的芯片给设备公司!这个死循环总会解套,只是问题要交给时间。

增加产能并非一朝一夕之功,我们已经知道有晶圆加工、封装和测试三大主要工序。当晶圆厂和封装厂产能排满时,如果芯片设计公司希望增加自己的产能份额,就只能满足一些苛刻条款,比如未来数年采购的最低金额(即使没有使用)、增加晶圆价格、接受极长排期,等等。即使最后一步测试工序掌握在自己手里,需要增产时设计公司也需要增加生产管理、技术员和测试工程师(人力成本),增加仪器设备(设备成本)等额外开支,这些人手和设备也不是召之即来的。

举例说明芯片排期和市场需求的问题。有朋友问我为什么连最著名的汽车厂商都经常拿不到足够多的芯片而导致汽车减产?对此有几种可能的原因:第一,为控制成本,很多客户不愿保有大量库存;第二,市场需求突然增加,而采购部门没有提前下订单;第三,汽车上用的芯片实在太多,可能有上千种,其中相当比例并没有可以替换的型号,关键芯片的缺货可能导致停产;第四,汽车厂以下还有 Tier1 和 Tier2 供应商,分别又有芯片排期问题,变化的产量需求很难迅速下达;第五,比如世界销量第十的车厂是宝马,年销售 200 万辆,如果其每辆车都使用一颗简单的、售价 0.5 美元的模拟芯片，而这块芯片又同时卖给某家老百姓不熟悉的工业类大客户，但是售价 1 美元，可以卖 1000 万颗，那么芯片公司当然给出价高的客户更高的生产优先级（实际情况会更复杂一些）。

总之，我们有必要非常有效率地制定生产计划，有效地利用产能而尽快交付给客户。从 2020 年到 2022 年，基本全世界每家较成功的芯片公司拿到的订单都远超实际产能，因此每多制造出一颗芯片，就直接贡献到销售额，而每少加工一片晶圆，就可能流失一个客户。

与生产大部分工业品一样，芯片的生产管理有这样的基本原则。

在预估的时间范围内，以可接受的质量水平，以最低的成本，来生产和交付客户需要的产品。

如果公司只生产少数几种芯片或只服务少数几个大客户，那么生产排期调整相对是比较简单的。而对于有极多芯片种类和极多客户的芯片公司，生产排期的难度极大，有以下原因。

（1）在产能紧缺时，无法在没有订单时就先做一批芯片进库存，但是等到订单来了也许又来不及生产。

（2）公司希望更多地服务体量大、毛利高的客户，但是又不愿得罪中小型客户（中小型客户的工程师以后可能跳槽去大公司，业界口碑非常重要）。

（3）客户不了解任何芯片的交期、生产周期和库存情况。

（4）公司随时可能赢得或者丢失客户。

（5）随着市场变化，客户可能突然需要增加或减少自己的库存。

（6）有些客户愿意下不能退不能取消的 NCNR 订单（Non-cancelable, Non-returnable），而芯片公司更愿意照顾他们。但有些骄傲的大客户不愿意先下订单，而是先给一个生产预估（Forecast），如果按照预估生产了而实际订单不足，就比较被动了。

（7）经常有大客户要求插队。

（8）工厂生产可能随时出现变数（如新冠疫情导致停产）。

（9）晶圆加工、封装、测试等环节较多，可能因为某一细节限制而导致产能吃紧（比如，我曾经看到某引线框架的生产排期高达一年）。

总之，有很多需要考虑的现实问题和突发情况。

我们来看如图 6.3 所示的生产排期的三种方法。

最理想的情况是第一类：生产方面不断产出，芯片进入库存，同时客户下订单，正好凑齐，将库存寄给客户。但是如之前提到的各类问题，首先，没有订单就建立库存，本身就有极大风险，如果一直都没有订单呢？做好的芯片不能无限期地放在仓库里。而就算客户确实会用，如何知道应该在什么时候生产多少

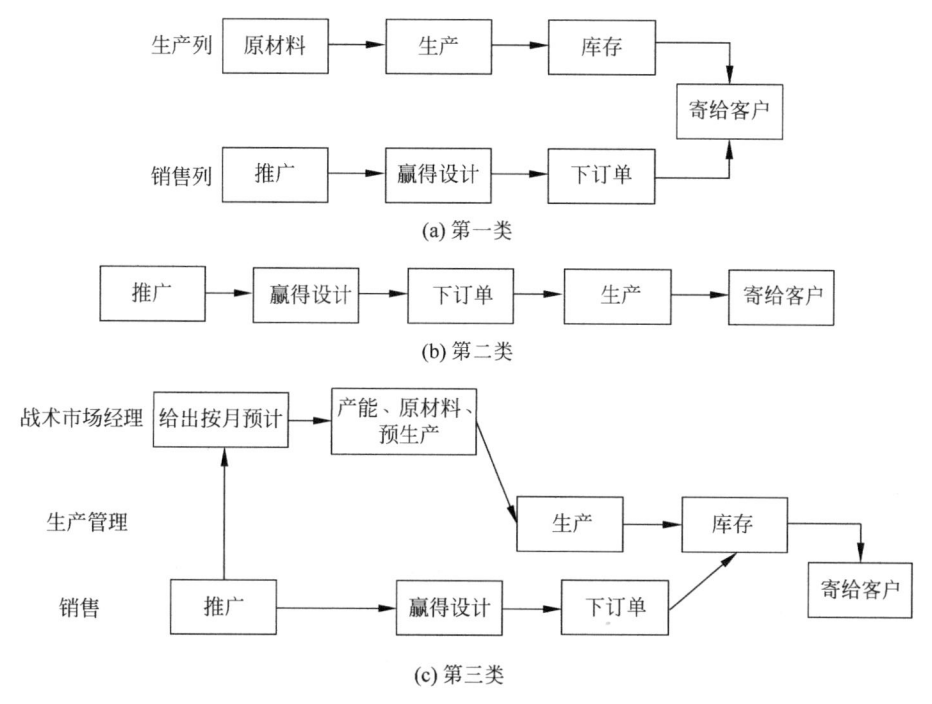

图 6.3 生产排期的三种方法

呢？鉴于生产资源和资金不可能是无限的，芯片公司不太可能按照这种办法来做计划。对于制造业的任何环节，以防不测，任何公司都尽量不要备太多库存。

第二类是最保守的做法：直到拿到订单才开始生产，这样的响应速度显然最慢。但是，在产能最为紧缺的年头，全世界大部分客户都默认很长的交货时间是可以接受的，这种做法反而是唯一可行的。在第二类做法下，芯片公司只为下真实订单的客户服务，我称这种为"按订单生产"。这里收到的订单在系统里自动成为待完成订单(Backlog)，等待发货。

第三类是在正常的、不太紧缺的年景下较为科学的做法：在销售人员推广芯片时，如果认为成功的可能性较大，则应该从客户处了解到其量产时每月渐进的需求数量和CRD，通知产品线的市场经理或输入销售系统。如果该订单可能很庞大时，市场经理应通知生产管理部门加以准备(额外的产能、联系封装、安排测试设备等)。在销售确认赢得设计，客户再过一段时间会下真实订单时，生产部门可以开始做一部分"风险生产"(Risk Build)，随后芯片生产测试好以后可以入库。这种做法下，交货时间相对较短，芯片公司风险也较小，是各方面都可以接受的做法。这种笔者称为"按预测(Forecast)生产"。当然，这里我们要求非常有经验、有责任心的销售团队。

进一步讨论在"按预测生产"中的一些话题。

芯片在晶圆厂需要一定时间制造，加上封装测试和物流的时间，一般从开始排期生产到成品出厂，至少有几个月的时间；而终端客户不想压着大量的库存，却又希望芯片厂有随时调节生产的配合能力，比如，一款手机的实际销售数字可能远好于或低于预计，如果大卖了就希望赶快能多买些芯片，如果卖不好则希望积压的库存少一点。这里芯片销售员需要客户提供类似于这样的生产预测信息给产品线参考：3月需要100颗芯片做样机；6月需要5000颗芯片做小规模试产；全部验证无误后，从12月开始，每个月需要10万颗芯片；从第二年3月开始，每个月需要100万颗芯片。

当然这仍是比较理想的状况，而实际上客户总是偏向把自己的生产预测有意无意地报高（反正没下订单），以得到更好的价格和支持。而且客户如果是OEM，自己往往也在竞标中，而未必已经得到最后的合同，所以产品线应该做自己合理的判断，而不能完全看销售员的信息。比如，曾经有某医疗客户告知我们其用量是每年2000万颗某芯片，意外之余，我就去看其网站，研究一下这款产品是否真的可能卖得那么好，这样的判断非常重要。在确认以后，可能联系生产部门先安排一部分晶圆进入"风险生产"。

从预测开始计划生产是两列同时进行的过程，每列有自己的时间点。

生产列是从原材料发展到完成的芯片，而同时销售员也需要同时推动客户和代理商最后下订单，理想情况下，这两列最好同时推进到最后将芯片寄送到客户的阶段。如果这两列过程衔接不好，就可能造成客户的订单无法及时交付（积压），或者造出的产品找不到客户（积压库存），理想中我们希望能够很完美地无缝衔接这两列过程。然而生产上总不可能完美，或者客户也会改变心意，中途切换方案，我们就需要为最重要的客户增加些余量，而额外的库存就是余量。

库存代表了额外的成本，因此需要精确的计划，**我们希望尽量将库存保持在其价值最低的部分**。比如，为了对某种芯片做额外的库存，而这种芯片有多种封装，trim选项或烧录程序的版本，那我们在可能的情况下，应该将芯片制造好以后，尽量以裸晶圆（Die Bank）的形式多保存一段时间，直到明确客户的需求以后，再进行下一步的后端制造（当公司规模极大时，这样的安排并不容易）。

从预测到生产的主要步骤如下。

（1）确认各部门的职责和流程。

（2）收到来自销售的客户需求和市场预测信息。

（3）市场部门确认未来的预测需求。

(4) 生产运营部门和质量部门联系供应商和组织内部会议,确认客户要求芯片的数量、交期、质量可以保证。

(5) 生产运营部门通知供应商具体生产日期。

(6) 协调产能。

生产排期有两个日期最为重要,一是客户要求交货时间(Customer Requested Date,CRD),二是初次承诺日期(First Committed Date,FCD)。芯片公司的任务是尽量使 FCD 满足 CRD,如不能则需要尽量减小 CRD 和 FCD 的差值。

基本上,没有最优的处理生产排期的方法,只能尽量做妥协(如果排期非常容易做的话,只能说明公司生意太差),这也是很多 SaaS 公司的市场机会。也许未来我们可以写一个人工智能的程序来做生产排期(目前芯片行业用的 CRM 系统的算法仍然较为直观,见 6.4 节)。然而,如果某销售传达说:某某客户说如果公司能保证在未来 6 个月内交付,则愿意下 1000 万美元的订单,那么计算机程序会不会相信这件事呢?也许这位销售知道,除非拿到最高优先级,否则无论如何也来不及做,而最后订单下不来也总能找到借口,那么就能掩饰他惨淡的销售业绩。当然,这个机会也许确实是真的。我推荐的做法是:每个新接触的销售或 FAE 有三次机会来赢得信任,意指所需的支持需要见到确定的生意。但是,如果是支持苹果等超大客户的销售,又另当别论。

有这样一些明显的指标可以用来衡量生产计划团队的功绩,假设之前给所有客户的交期预计是 52 周,但是对某些大客户的排期为 36 周或更少时间。

(1) 在 52 周内及时交付的合同比例。

(2) 平均交付时间是否显著缩短。

(3) 延期交付的比例是否显著缩短。

(4) 重点项目的交期追踪(销售人员可标明重点客户的重点项目,而市场人员必须把它作为优先级安排)。

(5) 突发的交期延迟合同比例(Last Minute Postpone)。意指因为计划失误或突然状况,导致在将要交期前突然通知客户延期交付,使客户毫无准备时间。突然延期往往可能导致客户停产,会造成非常坏的影响。因此,此类状况不宜高于总合同数的 1%。

以上内容是介绍生产排期的重要性和一般的准则。而在 6.4.1 节介绍 ERP 系统的内容中,就生产排期的需求,来介绍需要引进哪些变量,引进哪些优先级等更具体的措施。

1. 工程样片

芯片的质量和口碑,从某种程度上可体现为"性能是否与数据手册相符"。

一颗芯片可能性能并不出色，然而如果数据手册完全实现其性能而没有偏差的地方，那么客户仍然可以接受此产品。芯片在设计时需要有目标数据手册，然而对于第一版流片回来的工程样片，其测出的实际性能可能与目标相去甚远。而在最后量产时，我们可能改动芯片以符合目标数据手册，也可能做出妥协，修改数据手册而满足芯片的实际表现，视具体情况而定。

在某些情况下，客户可能在芯片量产之前就已经将外围电路设计好，只等芯片到来试用。因而在验证第一版工程样片时，我们希望能够尽快寄给客户去测试。然而，因这时的芯片尚未量产，极易造成客户在性能上的误解。一般来说，在芯片正式量产之前，应该将样片分为两个等级：工程样片和预量产样片，并且明确通知客户其合理的性能。

工程样片的特质是：其具体功能、性能参数的上下限制，甚至物理尺寸，都未必与最终的量产版本相符，而且后续做出修改时，理论上不需要发正式通知书。而预量产样片则应与数据手册完全相符，与量产版本一致。

工程样片只能满足客户部分功能测试的需求，而预量产样片则能够满足客户所有的功能测试需求，但是该样片未必已经通过公司的环境测试，公司未必准备好 ATE 最终测试，也不推荐客户进行环境测试。

工程样片一般是免费的，预量产样片则可能收费。

工程样片没有生产上的控制，而预量产样片则有较可靠的工艺和生产控制，并能够追踪其生产日期和批次。

工程样片的数据手册较为简单，而预量产样片的数据手册则包括了参数表和所有需要的细节。

如客户坚持要使用工程样片来设计和发售产品，则芯片公司不对其性能、质量和可靠性负责，而预量产样片则有相当的保证。

以上是一些主要的区别，列成表 6.3 供读者参考。工程样片和相关参考电路板的申求，一般由各地的销售或 FAE 发起，而最终可能由产品线的应用工程师或者产品工程部门寄出。如果芯片不能满足某些数据手册的说明或客户的要求，但是将来量产版本的芯片可以修正此问题，应由工程师出具专门的勘误表(Errata Sheet)说明该芯片已发现存在的问题。

一般情况下，在发出工程样片之前，应该要求客户签订免责协议(Waiver)，主要内容是客户应当了解芯片公司对这批样片的功能和各项参数无法做出质量保证。客户不应在和生命安全相关或其他重要的产品中直接使用此样片，而且应该明确了解相关风险。

（据来自德州仪器的同事说，公司一年用在邮寄免费工程样片上的花费就达 2000 万美元之多，可见其运营规模之庞大。）

表 6.3　工程样片和预量产样片的区别

标　　准	工 程 样 片	预量产样片
产品成熟度	工程开发中：功能、性能、引脚、尺寸等与量产版本未必一致	功能、性能与未来量产版本基本一致
基本描述	可能在开发的任何阶段提供，仅限于客户试验的部分性能	可供客户验证全部性能，但质量和可靠性测试尚未完成
费用	一般免费	免费或收费
量产控制	无特别控制	倾向使用量产版本 BOM，ATE 自动测试，参数上下限控制，量产工艺流程
PCN 通知	不需要	不需要
免责	需要	量产版本性能可能发生变化，则需要
数据手册	简单目标数据手册	与最终版本非常接近
功能安全	初级功能安全概念手册	详细功能安全说明
勘误表	一般需要	不必要
可追溯	不可追溯	可找到原 lot 代码
故障诊断	不可退货，诊断视各情况而定	与量产产品一致

2. PCN

在芯片量产以后，所有的工序、材料和供应链都应该冻结而不能再发生变化，以保证客户收到特性不变的产品。然而在量产以后，芯片公司仍然需要主动地提高质量和可靠性，提升产能，降低成本。在被动的情况下可以更换供应商，防止发生其他主动或被动的变化。看似矛盾的背后，是芯片公司需要在量产后对产品做出可改动的流程。整体的产品变动管理称为 PCM(Product Change Management)，而给客户发出的产品变动通知，称为 PCN(Product Change Notification)。PCM 的根本宗旨是，在产品需要变动时，从性能、质量和可靠性上尽量不影响现有客户的使用，其流程大致分为以下几步。

（1）提议产品变动（可能涉及工艺、器件、设计、版图、封装、供应商、测试、流程等多种构成产品的内容）。

（2）审核评估。

（3）判断是否是重大改变。

（4）测试、验证和批准。

（5）最后通知客户。

1）提议产品变动

产品变动可能出于多种内因或外因，比如，降低成本、切换供应商、提升良率、改善性能、改进质量、纠正芯片的设计和制造缺陷、代工厂的收购兼并、测试仪器调整等；比如，曾经有封装厂通知我方某条产线将要在一年后停止生产，因此必须切换封装厂；又比如，曾经发现某款量产芯片在低温下的某指标对某功能造成较大影响，因此需要改版，这些都是变动产品的典型原因。

发起变动的人可能是产品线经理、应用工程师、质量工程师等，但最初可能由更靠近客户的销售、FAE 来发现具体问题。在提交给更多团队成员评估时，应该备好对此变动的背景说明、初期实验数据、可行性分析、风险分析、更换成本等资料。

2）审核评估

公司层面应该指明某具体产品线的产品变动审批团队，应根据此变动需求选择产品市场、设计、应用、产品工程、测试、工艺、质量等高级别经理和工程师加入评估团队。需要评估此变动的影响，批准、否决或提议其他更改。

3）判断是否是重大改变

对于重大改变，ISO 9001 标准规定了需要经由客户的书面同意以后才能做具体改变，如未经客户同意而造成其商业损失，可能面临法律问题，因此必须严肃对待。此类重大改变可能影响芯片的外观、尺寸、功能、参数、质量和可靠性等，重大改变的一些案例如表 6.4 所示。

表 6.4 芯片的重大改版举例

项目	案例
产品	设计改变，版图改变，增大或缩小晶粒尺寸，功能改变，参数范围放宽
前端制造	增加或改变晶圆厂，改变工艺，改变金属层数，改变 IP 或具体器件
后端制造	增加或改变封装厂，改变工艺或材料（引线框架、打线、塑封、黏结材料等）
测试	减少测试工序，改变测试设备，改变测试的上下限制范围

而不太重要、甚至可能提升性能等改变，不需要客户同意的可能包括表 6.5 的内容。

表 6.5 芯片的轻微改版举例

项目	案例
产品	数据手册上的改错和其他描述的修改
前端	同一晶圆厂的产能扩建，工艺不变
后端	同一封装厂的产能扩建，工艺不变
测试	参数的最大最小范围变窄，或增加测试工序

比如，作者曾遇到针对某芯片改版的提议，此类对芯片设计的修改必然属于重大改变。而团队评估后认为在最终测试时加一道筛选的工序是更好的解决方法，虽然牺牲一点良率和成本，但是投入和风险却更容易接受，而且不需要发 PCN 通知客户。PCN 容易惊扰客户，对于大客户最好避免，试试对苹果公司

发 PCN 看看！可能有三位数的人要来问问题。

4）测试、验证和批准

针对重大改变，特别是产品和前端的更改，一般需要跑完产品量产的全过程，包括性能验证和环境测试，并记录其全过程。最后由审批团队批准通过。

5）最后通知客户

以网络公开资料 PCN 21_0035 来举例说明 PCN 的一般格式，这里的案例是 Analog Devices 公司增加安靠科技公司（Amkor）的菲律宾厂来做 TSSOP 封装。比较重要的是最早生效日期说明、变动描述、变动原因、变动的影响、如何辨别和受影响的芯片料号总结。对于任何重大改变，芯片公司应该给客户留出足够时间余量来具体调整，比如改动电路板设计、重新做验证等。如果大客户要求原芯片应保持继续量产更长时间，应就具体案例与之讨论。

值得注意的是，即使涉及重大变化，并不是所有的客户都需要 PCN。一般较有规模的客户会在接触芯片公司时就要求签署供应协议，比如这样的条款非常普遍："任何涉及芯片设计和制造的改变必须发 PCN 通知。"许多小客户、学校、研究机构等并无此协议需求，不过如果产品变化使得电路板上零部件都要发生变化，或具体应用受到限制，必须通知所有客户，以遵守 ISO 9001 避免不必要的纠纷。

3. EOL

除 PCN 外，芯片公司经常遇到的问题是需要终止某些产品的生产（End Of Life，EOL），而且需要通知相关客户。近来比较知名的案例是英特尔作为减少成本战略的一部分行动，终止了 Enpirion 事业部的运营，进而停止生产其全部产品，而颁发了 PDN2133，造成在数据中心和电信行业的一定影响。

对于拥有数千种到数万种产品的大型芯片公司，产品经常在更新。基本上每季度或半年都会汇总一次需要 EOL 终止的清单。EOL 时总要给客户一定的缓冲时间，让代理商和客户能够下足够的订单，预定好未来所需的数量，让客户工程师来得及采用新方案来做设计。此缓冲至少需要一到两年的时间，才不至于过于得罪客户，如果给的时间足够，客户多数还能够理解。很多大客户如苹果、华为等，为保供应链安全，对芯片改动生产方案和生命终止都有一定的要求，许多工业类客户在采用某芯片前，更是需要芯片公司作出 10 年以上不停止生产某芯片的保证。

为了平衡客户对长期购买的预期和芯片公司对产品周期调节的需求，需要与客户有一定的承诺和约定。如果满足以下两个条件之一，可以在网站上公开承诺不会终止芯片生产。

（1）两年内这款芯片必须有订单（对于汽车、宇航产品等，可放宽限定为

5~10年）。

（2）此芯片初次量产在 10 年之内。

因此，大型公司如果要停产某芯片，除非是整体退出该产品市场，正常情况下总是要量产了十几年以上、市场已经萎缩、大客户几近消失、替代产品早已出现的情况下才会考虑。

芯片公司终止芯片的销售有多重原因，可能是主动或被动的，一般包括以下原因。

（1）淘汰陈旧的产品，打算使用成本更低、性能更好的产品来取代，这样的情况占多数，客户接受度也比较高。最好给客户容易替代的方案。

（2）某些特定的工业类或消费类芯片，随着标准和潮流变化，已经没有客户再生产相关产品，如 IPOD、便携式 CD 机等。

（3）某些老产品的性能已经毫无竞争力，不值得推广，公司也没有新产品生产计划。这种情况一般产品仍然会放在网站上，等到只留下少数不重要的客户以后即可终止生产。

（4）某些产品种类的市场整体毛利率已经非常低，不值得继续销售从而拉低公司整体形象。欧美上市公司的此类产品线一般可能整体剥离而销售给其他实体公司。

（5）因供应商发生变化（如退出市场）而不得不终止某些产品的销售。这种属于突发情况，该芯片如果有重要客户，那么就需要芯片公司在短期内更换供应商和推出新产品，造成很大压力。曾经作者遇到有供应商因为切换全部产能去支持某大型手机客户，而被告知数年里不再接其他客户订单，造成很大的麻烦。

（6）某些产品长期销售量极小。如果此类产品的生产和技术支持需要较多人力，造成公司的净亏损，那么就应该纳入生产终止计划。

（7）工艺或其他制造细节有严重性能或质量问题而无法解决。

即使要终止生产，然而芯片公司为满足国际公司的质量标准和维护品牌形象，需要对客户负责，应尽力弥补损失而减少影响。如果只是纯粹因为销售和市场的原因，那么公司可以先给一个"不推荐客户在新产品上使用"（Not Recommended For New Design，NRFND）的通知，而推荐取代的芯片。这样客户只要不在新产品里使用该芯片，那么老产品的销售数字会慢慢下降，逐渐该芯片也就不再销售，那时再发 EOL 通知，客户受到的影响就非常有限。这样是比较理想的"软着陆"情况。

EOL 通知称为生产终止通知（Product Discontinuance Notification，PDN），公司一般需要提供以下信息。

(1) 描述 EOL 的原因。
(2) 尽可能推荐可取代的产品。
(3) 给客户最后可下订单的截止日期,此订单一般不可取消或退货。
(4) 工厂最后寄出芯片的日期。
(5) 受影响的产品料号。
(6) 公司支持团队的联系方式。

所有大型客户都希望与能够保持芯片长期供应的公司合作,因而经常见到客户要求产品至少能够持续生产 10 年以上。许多老牌芯片公司如凌特科技,往往有已经销售 30 多年的产品,但只要有客户购买,不管生意再小都坚持生产,因而建立了良好的口碑(当然对生产运营也是极大的挑战,要维持历史悠久的工艺和测试运营并不容易)。

题外话:芯片公司发布产品寿命终止的信件是对一级代理商群发的,消息经常会流传出去而促成了一类极少见的代理商类型,即淘汰产品代理商,在 7.5 节关于芯片销售渠道的介绍中会具体介绍。

6.2.3 产品生命周期管理

承接 PCN 及 EOL 的问题,下面谈谈芯片产品生命周期。

像可乐、烟酒这样的消费品,一般来说没有太大的市场波动,每年销量比较稳定。而芯片市场随经济周期而上升下滑,又因终端市场的变化而造成具体芯片需求的波动,要预测某具体芯片的年销量走势,不是容易的事。

除了一些较为特殊、不在公开市场上竞争的应用,电子产品总是在不断更新的,而多数情况下的更新都需要更加先进的芯片方案。如图 6.4 所示,任何再成功的芯片,其销售情况总有引入期、增长期、成熟期和最后的萎缩期。芯片公司的目标是让增长期来得更快,势头更猛,尽量拖延萎缩期的到来,在萎缩期到来前,在适当的时间点及时推出更新换代的产品。从产品引入到最后销售萎

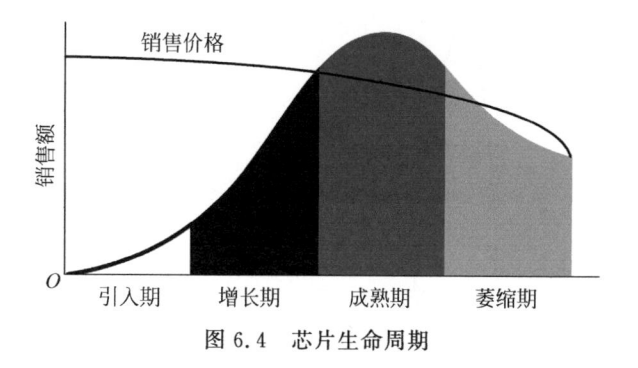

图 6.4 芯片生命周期

缩以至 EOL，我们称为一个完整的芯片生命周期。或许许多芯片永远都有客户购买极少的数量，但是在萎缩期，完全可以向客户推荐更好的芯片，从而完全终止老芯片的生命周期。

进入销售渠道的芯片，其产品周期主要有如下的 6 个阶段。

（1）预发布：处在此阶段的芯片一般通过了大多数的验证测试，确保工作正常。可能还有可靠性测试没有跑完，规格书上的参数限制尚未最后制定，产品发布的各类文档尚未最后完成。此时的芯片可以赠送给客户样品，但是不宜正式销售（如果收钱了就存在一定风险，但是免费样品则没有关系）。预发布下的芯片数量一般较少，在最终量产时部分规格可能有所改变。

（2）全新发布（New Release）：对客户的全新产品设计，建议先验证此类芯片。

（3）量产（Production）：正常量产的芯片，也许有更先进的替代品。

（4）不推荐新设计采用 NRFND：可能因为采用过时的技术，或成本太高，或有质量隐患，而公司希望客户采用替代品。也许有大客户仍在采购此芯片，贸然发 PDN 会引起客户的意见，因此发 NRFND 通知是个较好的缓冲方法。比较理想的情况是一段时间以后不再有客户对 NRFND 产品下订单，可以自然过渡到下一阶段。

（5）最后采购通知（Last Time Buy）：在此周期内的产品已经在 EOL 阶段。客户在最后期限内仍有最后下单的权利，而此时的订单公司仍能保证未来的生产交付。在此期限以后则不再接受订单。

（6）淘汰（Obsolete）：淘汰产品已不再生产，可能仍有最后一点存货。

伴随不同的应用，芯片的生命周期又有极大的区别。如图 6.5 所示，工业类产品一般周期极长。如果我们以典型测量仪器为例，其设计时间就较长，往往要 3～4 年才能基本完成一代设计，数量又不是很多，但是，一旦该仪器设备投入规模生产，其生命周期又极长，往往能延续到 15～20 年之后，需求量才可

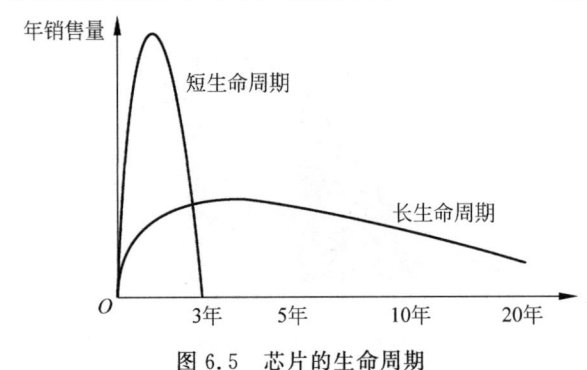

图 6.5 芯片的生命周期

能下降,长期的回报十分可观。有些芯片公司甚至 30 年以前研发的产品仍然在以相当可观的毛利在此类市场销售,许多客户也无意更换。

反之,消费类市场则截然不同。假如我们合作的手机大客户,在一两年内其销售量增长就非常迅猛,可能个别客户每年就要采购几千万颗芯片,销售额远高于工业类。然而,随着下一代手机开发,如果其规格要求不同,采用不同技术路线,或者我方输给竞争对手,那么该芯片的用量就完全有可能在两年之内戛然而止,完全归零。所以投资消费类芯片基本追逐的都是短期的快速回报。

工业芯片的市场虽然增长较慢,但较易防守。比如,某芯片项目的开发成本是 200 万美元,今天有 100 家小客户,每家只采购 10 万美元。如果竞争对手想进入该市场,不可能找到所有 100 家小客户,也不可能都能取代,那么竞争对手投资此方向就不合算。而消费类市场则完全相反。汽车电子市场则居于两者之间,其设计和衰退周期较消费类更长,但是因成本和性能需要经常改善,因而其市场变化又比工业类更快。汽车芯片市场取决于对安全的具体要求而攻守形势不同,比如 ASILD 的市场很难进入,而一旦赢得客户则很难被取代,而汽车后装市场则与工业类无异。

投资工业类或消费类的两种市场策略并无优劣之分,取决于公司的基因、市场和产品策略。许多公司的产品只适用于消费类产品,而其他很多公司不喜欢消费类市场的短期波动。比如,英国 Dialog 公司和中国的歌尔股份有限公司,其主要的大客户就是苹果,在享受极高回报的同时,也需要承担一旦被逐出苹果供应链而带来的极大后果。而作者所知的某公司,在成立的早期就拿到某大客户的意向订单而需要其全部产能,但此公司的目标是广泛的工业市场,因而干脆拒绝此订单。

对于长周期的工业市场,其运营上注重以下几点。
(1) 多种芯片类别,系统级的解决方案,从成熟工艺到先进工艺都有涉猎。
(2) 长期的质量监督和管理,多数拥有自己的测试工厂或干脆成为 IDM。
(3) 长期的供应链保障,与供应商签订长期供应协议。
(4) 全球广泛的销售网络,通过大量代理商来寻找中小型客户。
(5) 以普适性产品为主,不太愿意做定制化开发。

而如果偏重消费类市场,其管理策略如下。
(1) 公司以某细分类别的芯片闻名,比如指纹识别、音效、无线通信等,很难在多种类上成功。
(2) 灵活的供应链管理,比如同时可使用两三家代工厂的相似工艺。
(3) 以大客户销售为主,不在意代理商和其他销售网络。
(4) 一切运营目标以满足大客户为准。

(5) 对小客户的支持比较有限。

6.3 节讨论的是芯片行业一些普适性的商务运营法则。

6.3 商务运营

商务运营的主要构成部分是销售运营、财务运营、客户支持和智慧产权管理。本节对销售和财务运营的大致流程只做简要介绍,在第 7 章再继续深入讲芯片营销方面的细节。

6.3.1 销售运营

这里我们将销售运营的流程分为两大主要板块,分别是"赢得客户之前"和"赢得客户之后"。

"赢得客户之前"如图 6.6 所示,又分为 4 个阶段。

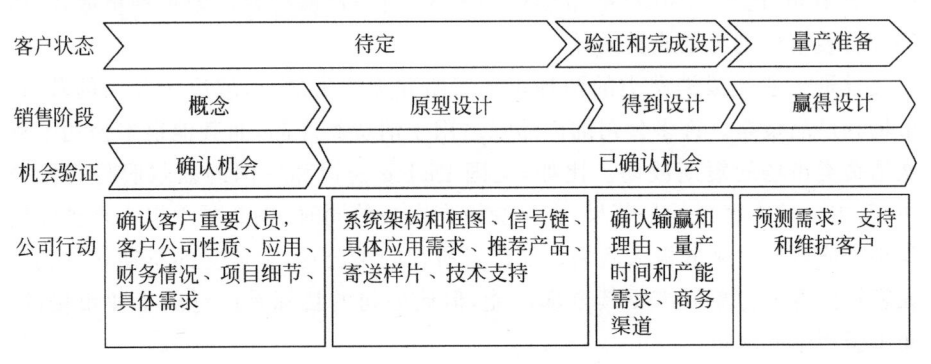

客户状态	待定	验证和完成设计	量产准备
销售阶段	概念	原型设计	得到设计	赢得设计
机会验证	确认机会	已确认机会
公司行动	确认客户重要人员、客户公司性质、应用、财务情况、项目细节、具体需求	系统架构和框图、信号链、具体应用需求、推荐产品、寄送样片、技术支持	确认输赢和理由、量产时间和产能需求、商务渠道	预测需求,支持和维护客户

图 6.6 "赢得客户之前"的各阶段

1. 概念阶段

首先,芯片公司在某地招聘销售和 FAE,在当地通过各类销售渠道和实地走访来寻找潜在的芯片客户。在此阶段,销售和 FAE 都需要了解客户是否可能用到本公司销售的芯片,客户在设计、采购、质量体系等方面能够做决定的人,客户的公司性质和销售情况,客户的项目情况,包括设计、预量产、正式量产时间和需求。将这些细节输入芯片公司的 CRM 类系统(见 6.4.4 节),供产品和市场人员查询。

2. 原型阶段

这时销售和 FAE 应该了解到客户的系统架构和框图、信号链、具体应用需求,从而推荐合适的芯片、寄送样片和参考板等。经过与芯片公司内部的应用工程师和客户的三方会议和协作，客户得以在一段时间后成功设计出满足需求的终端产品原型。这里样片和参考板可能由产品线应用工程师或产品工程部负责寄出。

3. 验证阶段

在此阶段，销售和FAE需要了解客户愿意/不愿意使用我方芯片的原因。如果客户确认此项目会使用我方芯片，则我们将此项目称为"得到设计"（Design In），需要了解其具体量产的时间点，确认采购信息和渠道。将此机会输入公司的相关运营系统。在得到设计以后，客户仍有可能因项目取消等各种原因而没有下订单。

4. 赢得设计阶段

最后，当客户准备量产，同意报价，开始下订单时，我们称为"赢得设计"（Design Win），销售应配合产品线和生产计划部门做好预测产量的工作。同时应注意后期支持和维护客户，进入"赢得客户之后"的板块。

当客户准备在新的量产项目中使用我方芯片时，销售应配合对方向产品线报价（Request For Quote，RFQ）。这时应了解客户具体使用的芯片料号和封装，是否有特殊要求，是否有目标价格，是否有来自竞争对手的参考报价，从未来何时开始，每月和每年需要的芯片数量，以及是否需要根据不同采购量的阶梯报价等信息。

产品线的商务经理或者报价团队会根据此芯片的市场价格、产品本身的竞争力、之前报价的历史、芯片成本这四方面来综合考虑，批准销售提出的目标价格，或者要求重新谈判价格。

在报价批准之后，销售应给出未来6个月至3年之内的销量预估和客户需要我方交货的时间（CRD），生产运营部门则在接单的同时给出公司的初次承诺发货日期FCD。比较理想的情况下，FCD正好与CRD吻合，否则如遇到产能吃紧，FCD可能大幅晚于CRD。要注意的是，芯片公司可能在后续的生产过程中因各种因素而推迟发货日期，因此提前通知客户新的交货日期非常有必要。FCD减去接到订单的时间称为交货时间（Lead Time）。在2020—2022年全球产能吃紧的时间段，各大芯片公司的普遍交货时间可能要52周甚至更长。

最后将近生产完成时，运营部门会给出正式发货日期GID并记录，这是最终测试完成的货物进入物流系统发送给客户的日期。

在价格、发货期等与客户沟通完成以后，芯片公司会要求终端客户或者代理商能够尽快下正式订单，由此生产运营部门将此项目列入生产计划，由各代工厂陆续加工，最后寄给客户。

以上"赢得客户之后"的流程如图 6.7 所示。

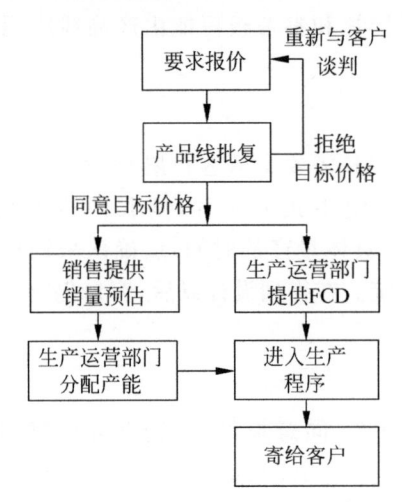

图 6.7 "赢得客户之后"的流程

图 6.8 总结了从生产运营到销售运营的循环过程。这里从接到订单开始，销售运营团队需要客户给出 CRD，反馈 FCD 日期，同时订单进入待完成订单，开始生产计划。同时在制造过程中，各代工厂不断反馈产品的实时良率、生产时间、产能利用情况给生产运营团队。与此同时，产品线团队有必要给出整体业务部门每季度或每半年的市场预期，由运营团队与各代工厂协调未来的产能需求情况。

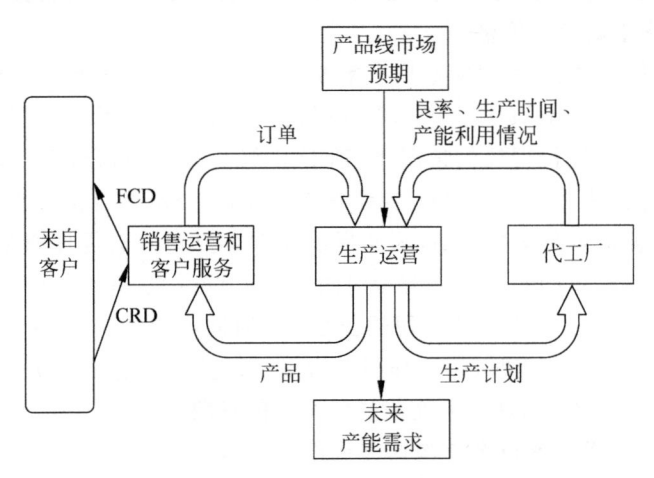

图 6.8 从生产运营到销售运营的循环过程

当芯片公司有了遍及各地的销售网络以后,应该在总部设立中央级的销售运营部门,其职责诸如:规范如图 6.8 所示的各流程和报告格式;销售和代理商奖金和毛利点的批准;设立销售目标;特殊销售合同的订立(如 NRE 费用);组织大规模营销活动;大客户管理;常规报价;制定价格参考列表;代理商批准和管理;代理商毛利协调;成立网上商城;等等。

销售运营部门的另一职能是建立覆盖销售区域的仓储中心。对于全球性的芯片公司,往往在多个国家都有此类站点,往往建立在区域分部附近。封测完毕的产品根据主要客户的分部被安排运到各仓储中心,预备发货。

销售运营还涉及代理渠道等细节,留待第 7 章再详细介绍。

6.3.2 财务运营

以下是芯片公司财务运营方面的一些主要职责,其重要性不分先后,或有遗漏。

1. 面向客户

(1) 订单签发和完成订单。

(2) 财务流程。

(3) 会计核算和单据管理。

(4) 退货管理。

(5) 批准发货。

(6) 确认发货时间。

(7) 物流协调。

2. 面向供应商

(1) 通知生产预测(可归为生产运营部门负责)。

(2) 下订单和订单追踪。

(3) 仓储管理。

(4) 供应商资质审查(可归为生产运营部门负责)。

3. 管理与报告

(1) 成本追踪,谈判和协调。

(2) 毛利和净利分析。

(3) 提供产品线及各类财务和销售报告。

(4) 订单和生产预测的平衡。

对于财务运营的部分,芯片公司和其他制造业公司区别不大,这方面专家甚多,作者不再展开介绍。

6.3.3 客户支持

客户支持、销售运营、财务运营、质量管理这四大部门都属于更大的公司整体运营组织，其职责又有一些可能重合的部分，都共同向上汇报给COO，也可能平行汇报给CFO。这四大部门因公司不同可能有相互隶属的关系。

一般来说，客户能够直接对接的只有公司销售和FAE，而销售和FAE可与公司产品线和客户支持部门，加上第三方代理商直接交流。客户支持部门主要与质量和生产部门对接以服务客户，但在事关重大的情形下需要通知到产品线（如严重质量问题），而产品线在运营方面则直接与销售和财务部门对接，如图6.9所示。虽然程序看似有些繁杂，但是当芯片公司的客户规模和销售额达到一定规模以后，必须有这样专业分工的配合才行，如果所有人都能任意交流，那么交流的频率更高，会导致工作效率更低。

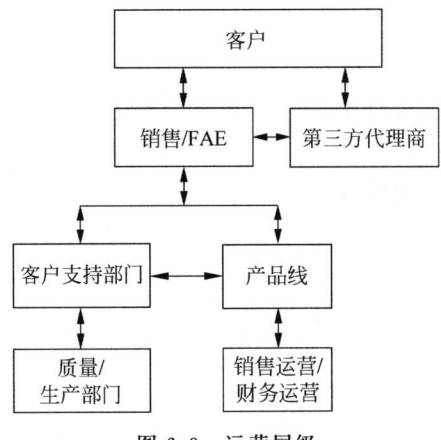

图 6.9　运营层级

大型芯片公司一般在各国家各地域都有独立于销售团队以外的客户服务团队。客户服务团队一般有以下的任务。

(1) 客户送样。

(2) 沟通 PCN 和 EOL，以及处理相关事宜。

(3) 了解和反馈客户对质量与可靠性的要求。

(4) 订单和物流管理。

(5) 客户满意度的衡量和反馈，设法进入客户偏好的供应商列表（Preferred Vendor List）。

(6) 退货、换货的处理，包括质保期的确认、退换原因、签字认可。

(7) 订单的取消和延期，经常和销售人员共同签字确认。

(8) 最后也是最为重要的部分——故障诊断和处理,这是客户支持体系的主要任务。此部分包括客户在测试或生产中遇到的技术问题(客户认为是由于我方生产的芯片导致)。故障的原因可能多种多样,在某些情况下确实由芯片本身的质量或设计问题而导致,而作者遇到的客户故障多数还是由芯片以外的问题造成的。

6.3.4 智慧产权管理

大型公司的法务涉及甚广,这里只对初创公司关于智慧产权方面的法务需求做一些简单推荐。

(1) 对供应商和客户,注意使用双向和三方 NDA,尤其对 IP、客户信息等的使用。

(2) 从开始就要申请专利,因审批周期可能很长,需要两年甚至更久。有时芯片送样了,可能专利还在检查阶段。好在按照专利法律,只要专利已经递交上去,则已经有相关保护。如果产品可能在全球销售,要注意同时申请中国、日本、欧洲国家、美国的相关专利。

(3) 在申请专利前,应先检查专利库中是否已经有相关专利,要检查到较细节的各专例的权利要求。作者自己曾经因检查前人专利不够仔细而导致两次美国专利的申请被拒绝。专利律师可以帮助检查,但是并不如发明人自己检查来得有效。

(4) 如果公司可能使用第三方的设计服务,在合同中必须写清楚其产品设计的拥有权、使用权和销售权。

(5) 公司需要与熟悉和理解本公司技术和业务的专利律所提早建立联系。在硅谷拥有大量专业的知识产权的律所,其雇用的专利律师多为各类工程师出身,其工程背景对他们接到科技公司的客户订单很有帮助。

(6) 与公司律师协定公司的员工章程,包括保密协议、著作权等法务相关内容。

(7) 限定公司内部不同员工能够接触到的技术内容和权限,包括设计、IP、PDK、软件、客户市场信息等。对设计师的计算机应使用最高安全等级,限制对外邮件、USB 等沟通方式。国内芯片公司往往在这方面不够重视,导致大量公开和未公开侵犯智慧产权案例的发生。

法律并不能完全阻止对智慧产权的侵犯。事实上,阻挠中国科技创新发展的一大障碍,是对智慧产权的保护只限于纸面,很少有真正的敬畏之心。正确的态度是,如作者从前老板说过的:"我们招人是需要他们在专业领域的'经验',而非他们对前雇主的'知识'。"

另一类法务需求是当公司规模较大以后,还需要安全、财务、财产、风险等方面的保险服务，有些大型保险公司提供相关的定制化保险业务。这里不再深入展开。

6.4 运营 IT 系统

当芯片公司稍具规模以后，无法再用普适的办公软件进行一切经营活动，必须使用各类正式的 IT 运营系统。本节就一些芯片公司必备的专门系统加以说明。芯片设计公司虽然并无制造工厂，其实质仍然属于制造业，因此基本的生产预测、采购、供应链、生产、销售等环节与机械加工、汽车制造、化工等制造业较为相似，但芯片行业的本质需要对这些运营系统有特殊要求。

比如，传统制造业往往是"由多到一"。比如造车首先由各供应商采购数千种零部件，然后组装成较大的一系列子系统，最后再由车厂组装成整车，这是汽车行业"从多到一"的运营特色；然而芯片行业却是"从一到多"：从同一张晶圆上分割下的晶粒，首先因各种配置成为不同型号，其次被封装成不同形式，最后因测试和筛选程序而成为多种型号，这些特色在运营管理时会造成与传统制造业相当大的区别，增加很大的管理难度。

客户在多数情况下并不在乎芯片是从公司自有工厂还是从代工厂产出的，客户在意的是：能否准时收货、物料成本、质量，以及是否能够保证持续而大量的供应，因此不少大客户会对芯片公司的供应链和运营管理能力非常关心。比如，最近有一家新的大客户因为遇到竞争对手不能及时交付而主动来和我方产品线接洽，在下了一些小订单以后，询问公司能否在所有关键制造环节都有至少两家厂商备份，而且需要公司层面出具产能的保证书。在我方向该客户展示自己的制造和管理能力以后，未来有可能拿到对方每年相当庞大的订单。

本节仅简单介绍四类主要的芯片公司必备的运营系统，分别是运营管理相关的 ERP 类系统、生产执行方面的 MES 类系统、市场营销相关的 SFA 类系统和客户关系管理 CRM 类系统（对于大型运营系统，可能总称为 ERP 系统，大型制造类 IT 公司可以提供所有的解决方案）。在这四类系统之下，又有承担不同细分功能的具体软件。某些大型系统的整合程度较高，可以定制自己所需的功能模块，可以增加在生态环境下的各类 App，以形成较为定制化的专属系统。而有些运营软件则专精某些细分功能而提供与其他大型系统的接口。较现代的这些运营系统基本都是基于云端存储的 SaaS 大型软件。

在公司使用多类系统的情况下，应该经过内部评估来使用某些大型系统的一部分功能，而与其他软件互相补充。在公司兼并收购时，往往有专业团队负责这些系统和软件的整合工作。

值得提醒的是，IT运营系统的更换对于公司来说是非常伤筋动骨的事，因此如果是初创公司，应该在财力能够负担的情况下尽量一步到位，以免将来因业务扩张而不能及时升级带来麻烦。另外，初创公司可能需要尽早决定选择加入微软、谷歌、腾讯、百度等不同生态环境，因为大部分运营系统如今需要使用大量的云服务，而在不同生态中切换和分享信息不是容易的事，即使是芯片巨头公司，也很少会使用来自不同生态的解决方案。另外，对于未来可能有出海雄心，可能在多个国家设立研发和销售分部，或者可能被外资收购兼并的公司，应该不嫌麻烦，及早使用全英文环境的运营系统。

6.4.1　ERP类系统

在无厂的芯片设计领域要想取得成功，需要提供多种多样的产品，能够不断优化供应商，能够影响和管理多样的代工厂和供应商形成"虚拟生产链"——即通过一系列的协定和工具形成多家公司的合作形式。成功的合作形式可以体现为：

（1）代工厂产能的长期约定。

（2）持续地按时交货。

（3）能够追踪产品和供应商的质量、交期、成本。

（4）对全生产流程的把控。

（5）能够应对按月甚至按周变化的市场需求。

显然，当公司发展颇具规模以后，一定有海量的生产信息需要被管理，而且必须是能够双向通信、监控和影响的实时管理系统。一般普适性的本地办公室操作系统完全无法提供芯片设计公司对于生产管理方面的全面、实时需求。传统的制造业全部在自己的工厂制造，数据都在本地，相对还方便交流；然而芯片设计公司将晶圆加工、探针、长凸块、封装、测试等工序全部外包，而公司需要管理自己"虚拟的生产系统"直至最后的交付，这样的"虚拟管理系统"一般称为ERP系统。

ERP系统的全名是Enterprise Resource Planning，即公司资源计划系统。其范围颇为宽泛，包括了每天公司运营的大部分内容，将客户订单、产品、项目、供应链、财务数据等内容整合到一起，并提供多种解决方案。本节陆续会提到的MES、SFA、CRM等系统，其实都可以算作ERP系统的分支或额外可购买的服务模块。

ERP系统的规模不一，从包罗万象的大型系统如微软的Dynamics365、甲骨文公司的Fusion Cloud到德国SAP公司的S/4HANA Cloud，这些系统可以提供绝大部分的ERP需求（包括后面谈到的其他系统），以及很多中小公司提供的小而美软件（只提供部分子系统方案的特别软件）。大型ERP系统往往可以支持但不限于下面的内容，每项都可能是该系统中可提供的子模块，视客户需要可定制相关内容。

(1) 原材料需求计划。

(2) 文档记录。

(3) 生产计划。

(4) 产能规划。

(5) 财务管理。

(6) 生产排期管理(见 6.2.2 节)。

(7) 生命周期管理(见 6.2.5 节)。

(8) 客户订单管理。

(9) 客户关系管理 CRM。

(10) 成本管理和优化。

(11) 质量管理。

(12) 产品发布。

(13) 采购和仓储管理。

(14) 项目流程管理。

(15) 制造管理(BOM 记录、管理和批准、项目进度、资源需求等)。

(16) 人事管理 HRM。

由于篇幅所限,不可能将这些 ERP 系统的功能都做详细比较和具体说明。本节仅举一个例子对 ERP 系统的需求加以详解,即生产排期管理 ERP 产品模块(针对芯片行业而特殊设计)。

对于生产排期,主要适用的 ERP 软件类型有生产排期软件类(Master Production Schedule,MPS)和材料需求计划(Material Requirements Planning,MRP),此两类软件互相配合,自动协调后续的生产。

MPS 类软件的目标是生成生产计划表(生产哪些产品、生产的数量和具体生产日期)。在客户需求快速变化的环境下,能够快速做出调整,避免生产延误(事实上,芯片业界这几年流失客户的最大原因就是无法及时供货),避免缺货和改善交货时间。除制定生产计划外,MPS 类软件还可以选择替代方案,计算一段时间内的产能需求,根据优先级别自动调整等。MPS 类软件一般每周更新一次。

MRP 类软件的目标则是:以最小的成本,在生产流程正好需要时,保证仓库和代工厂留有所需的原材料。在芯片业界,MRP 软件需要的三大变量是 BOM 物料清单、仓储信息和生产计划表,以此三大变量来计算所需原材料的数量和入库时间。

BOM 是生产任意芯片所需的原材料(其中包括芯片公司自己购买和代工厂需要购买的材料),经常构成树状结构图,先满足最下层的原材料供应,逐渐过渡到最上层即最终的产品。如果我们需要生产模块类产品,最下层的是基板、芯片和离散器件，上层有封装、打线，再上层有环氧树脂灌胶，加上编程和测试环节，最后才是完整的模块产品。在 MRP 软件中必须能够对 BOM 的需求做出区分，此案例里的离散器件和芯片往往由公司自行采购，而基板和封装等则由后道工序中的封装厂提供。

仓储信息又分为独立需求和非独立需求。独立需求是指客户直接下单购买的最终产品，直接进入预测和生产计划。而非独立需求是指构成其他最终产品的原材料或组件，需求由最终产品而定（比如，我们常常可能使用同样设计的晶圆，经过不同的后道工序而生成不同型号的芯片，那么刚加工好的晶圆即为非独立的原材料）。

生产排期管理 ERP 产品模块要和下面提到的 SFA 系统对接，首先要了解的是市场需求问题。需求是带动生产计划和物料需求计划的唯一驱动力。从 SFA 系统我们可以得到客户的订单细节和后续需要的预测数据，然后根据各种变量，由 MPS 类软件做出生产计划表，如图 6.10 所示。

根据该生产计划表，以及生产所有芯片型号的物料清单和仓储数据，由 MRP 类软件自动计算对各物料的需求报告，生成将通知客户的初次承诺交货日期 FCD，并进入下一步的 ERP 模块（如 6.4.2 节介绍的 MES 生产计划系统），尽早进入生产程序，如图 6.11 所示。

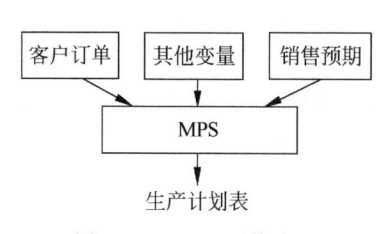

图 6.10　MPS 系统应用

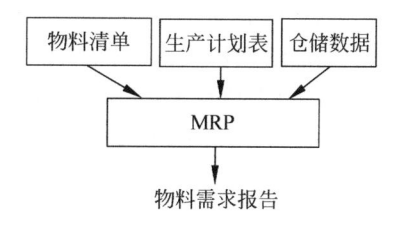

图 6.11　MRP 系统应用

这里就图 6.10 中提到的其他变量做进一步说明。芯片公司并不是接到任何订单都直接进入处理程序的，在生产较为紧张时，大客户能够得到最高优先级，而极小的客户如果订购的芯片没有现货，可能等待的时间更遥遥无期。MPS 系统需要收到的其他变量信息包括以下内容。

（1）客户要求的 CRD 日期。
（2）已经在生产的序列。
（3）制造完成的仓储清单(Finished Goods Stock)。
（4）晶圆仓储清单(Die Bank)。
（5）产能限制。
（6）产品加工良率。

（7）产品销售毛利信息，一般尽量保证生产高毛利产品。

（8）客户优先级信息，以下为一些建议的优先级排序。

① 核心客户，已付加急费。

② 公司将要错过事先承诺的交货时间，或客户将要因芯片缺货而停产，应销售或产品线要求而人为调整的优先级（即使客户规模相对较小）。

③ 核心客户，不支付加急费。

④ 第二档公司直接客户。

⑤ 第三档公司直接客户。

⑥ 代理商负责，或不明确最终用户的广泛市场订单。

（9）订单类型，以下为一些建议的优先级排序。

① 已付款的客户订单。

② 公司内部部门的订单。

③ 样片订单（多为免费）。

④ 生产预测（未付款）：MPS 和 MRP 系统应具备一定"削峰填谷"的计算能力：当 backlog 付款订单足够多时，则自动减少按照预测而生产的份额；反之亦然。

⑤ 产量需求较小的订单。

⑥ 因产能和出口限制等原因而需要拒绝的订单。

因为系统计算出的市场需求代表了芯片公司与代工厂将要达成的财务合约，因此产品线有必要至少季度性地回顾和批准未来的产能要求和生产安排计划。

生产管理类 ERP 的另一形式是"可用量承诺"工具 ATP（Available to Promise）。其用处是客户或者销售可以实时地了解某具体芯片在某具体日期上能够交付多少数量。此工具必须能够实时查看仓储水平和生产能力。开发此工具的算法倒还不算太难，但是能够实时从数据库或云端检索到所需数据并实时计算却很不容易，非常考验公司的 IT 能力。如德州仪器的 API 平台即是典型的 ATP 工具，对这样具备数万种以上不同产品的大型芯片公司更为重要。

在欧美较为流行的 ERP 系统供应商包括 Oracle、SAP、微软（Dynamics 365）、Salesforce、IFS、Servicenow、Workday 等。国内较专注于制造业 ERP 的有鼎捷软件、西华升腾、智邦国际等。作者因未接触过中文的 ERP 系统，故不便作出推荐。

6.4.2　MES 类系统

MES 的一般定义是晶圆厂本身用于生产管理的自动化系统，与工厂复杂的加工流程相契合，加以实时的追踪、记录、分析、报告，并用数据对其进行指导和处理。MES系统本身作为生产执行的平台，将制造工厂发生的所有步骤集中于一身来管理，汇集了设置、产出时间、良率等多重信息，管理者可以了解到生产中的瓶颈、产能利用情况及其他的高阶信息。

晶圆厂自动化管理的困难之处是如何以每天甚至每小时为单位，追踪并了解每个制造项目的实时加工情况。其整体制造流程中需要大量的实时数据交换、制造数据追踪、供应商管理、突发状况应对等，因此需要较特别的运营系统，例如附加在 ERP 总体系统之上的生产执行系统（Manufacturing Execution System，MES）软件。

MES 系统的客户主要来自晶圆厂，然而设计公司也可能购买其服务。对于设计公司来说，不需要如设备管理、操作流程、光刻板管理等与晶圆生产相关的服务，设计公司有所需求的功能包括以下的部分，不一定是传统 ERP 系统能够覆盖的。

(1) 生产进程（Work In Progress，WIP）追踪。
(2) 突发事件管理。
(3) 拆散、汇总和筛选。
(4) 供应链动态切换。
(5) 交期承诺与追踪。
(6) 工艺及流程管理。
(7) 工程数据的收集。
(8) 基于统计数据的工艺优化。
(9) 良率和废料管理。

这里仅选前 5 条略加详述。如果设计公司使用与晶圆厂相同的 MES 系统，则数据交流较为方便。

(1) MES 类软件需要追踪晶圆的加工情况、封装和测试进度，与 ERP 系统中固有的仓储情况、客户订单和客户交付等信息互相联系起来。ERP 与 MES 的互相结合，使得芯片公司可以更有效率地管理供应商和代工厂。比如，芯片公司可能要求代工厂提供量产批次的生产情况，需要定期收到工作进程汇报，包括良率、加工时间、参数分布等数据。

(2) 在虚拟生产系统中，经常会遇到突发事件，比如客户突然调整需求，或者代工厂突发质量和工艺方面的问题，因此 MES 系统需要能够管理时刻在发生动态变化的生产环境。比如，某产品在测试阶段发现某参数的分布有异常，MES 系统应该及时对管理者给予反馈以检查上游的环节。芯片公司在理想情况下应该可以及早介入改善的过程。

(3) 芯片生产并非是非常直接的晶圆—封装—测试的流程，中间可能会多次加入额外步骤，比如拆散和汇总、筛选等。

① 拆散和汇总：经常某生产批次（比如 25 张晶圆）可能需要动态地分别交付给几个客户，或汇聚起来给某个大客户，所用封装和测试程序可能不同。有时在客户的要求尚不明确的情况下，MES 系统应可以在人为设置下，将生产停在某个步骤以等候进一步指示。比如，作者曾经多次请生产部门先准备一些晶圆，等客户做出决定以后再判断后续的处理，以节约一部分制造时间。这样的人为动作就在 MES 系统中执行。

② 筛选：可能某生产批次根据某参数的分布，筛选成不同料号。或在最终测试时经过 Trimming 等途径分成不同料号，或因为芯片设计的缺陷而增加额外的筛选工序。

（4）供应链动态切换：对于规模较大的芯片公司，往往能够在不同的内部工厂和外部代工厂使用相同的生产工艺（如 TI 和 ADI 的大量产品），以及在多家封测厂使用相同的设备和技术来完成最后的加工步骤，因此芯片公司自有的 MES 系统需要能够动态地在多家工厂中切换。其判断依据可能来自成本的变化、良率的变化、大客户指定的加工厂、产能使用情况等。甚至在遇到新冠疫情时，多家工厂还曾经暂停生产，这时再下订单毫无意义，因此管理层面上的及时响应就非常重要。

（5）交期承诺与追踪：6.4.1 节提到的 MRP、MPS 工具，其生成的需求数据被发送到工厂所用的 MES 工具中，计算出具体的生产交期。

MES 系统的供应商数量极多，大型制造业公司很多都提供相关服务，在芯片行业的 MES 市场占有率最高的应该是 IBM 公司和应用材料公司，其他还有 Oracle、微软、西门子、SAP、霍尼韦尔、ABB、Rockwell Automation 等，多少都有涉及芯片制造方面。也有专精于此领域的较小公司如 Tensoft、E2open、Plex、Infor、ECI 等。制造业的巨头一般不断收购小公司以生成全产业链的解决方案，如应用材料公司，经过多年来一路收购和整合才形成今天的规模。国内也有如上扬软件、芯享科技、赛美特、哥瑞利这些公司提供专用于芯片或泛电子生产方面的 MES 解决方案，这些公司相对还在发展的较早期，然而在中美关系发生摩擦的形势下，这些公司的市场潜力相当大。

6.4.3　SFA 类系统

无厂芯片设计公司的另一运营挑战是在销售和财务管理方面。从外行看来，无非是处理销售收入（Revenue）和销货成本（Cost of Goods Sold，COGS）。但是实际上的环境却非常复杂。

（1）与各代工厂的采购合同每年甚至每几个月会发生变化，而又有各种临时的制造费用。

(2) 采购成本又因代工厂的良率,供应链上转嫁的成本等发生变化。

(3) 有时为冲业绩,销售可能要求代理商过多囤货而缺乏相应市场需求。

(4) 只有芯片寄到客户手中时才能算作真实的销售额,而实际不易统计。

(5) 报价视客户采购量变化而变,因此单价和合同都在变化。

(6) 订单需要被检查和批准。

(7) 芯片设计公司大量使用代理商和其他中间环节来销售芯片,各类代理商的客户注册、返点、退货等事宜都有不同。

(8) 灰色市场等的不良交易较难把控。

这样的问题还能列出很多,所以统计销售和财务数据很难用普适的办公软件,芯片设计公司需要使用较专业且定制化的财务/销售自动化(Sales Force Automation,SFA)软件。其往往与 6.4.4 节提到的客户关系管理(Customer Relationship Management,CRM)系统集成在同一系统。

SFA 软件的任务是管理整个芯片销售的流程。芯片公司无论号称自己设计的芯片是多么先进,如果不能大批量地销售,那么仍然难言成功。销售团队代表公司与客户建立起良好的关系,推广产品,解决疑难,直至最后接到订单。我们希望销售团队可以花更多的时间学习产品知识和在外面推广产品,需要减轻他们在内部销售流程中的额外工作(据作者的非官方调查,芯片销售人员大约有三分之一的时间要花在公司内部的案头工作上,但他们真实的战场应该是在客户的公司里)。SFA 软件就是为提高销售流程的效率而设计的。

在芯片行业中,SFA 软件需要处理的主要内容如下。

1. 从客户(代理商)来/到客户(代理商)去

(1) 代理商注册其所发现和在跟进的客户机会。

(2) 阶梯报价和毛利目标。

(3) 向客户报价。

(4) 订单批准。

(5) 订单完成确认。

(6) 开票、收款、回执。

(7) 报价明细。

2. 商务条款

(1) 付款途径和货币。

(2) 送货条款。

(3) 订单取消流程。

(4) 税收。

(5) 质量保证。

(6) PCN 和 EOL。

(7) RMA（退货条款）。

(8) 有限责任。

(9) 进出口协议。

3. 报告整理

(1) 芯片生产成本。

(2) 资金流、销售额、毛利率。

(3) 客户订单与实际交付数据。

(4) 各类历史数据。

很简单的一个 SFA 系统应用实例：每颗芯片都应该有从只卖 1 颗，到 100 颗、1000 颗，直至 100 万颗以上的价格阶梯列表。系统可自动执行以下操作。

(1) 如果客户没有目标价格，系统自动批准列表价格。

(2) 如果客户的目标价格高于列表价，则系统自动批准客户的目标价格。

(3) 如果客户指定的目标价格低于列表价，则此询价被发送到产品线以人工决定是否批准。

这样公司一定可以达到毛利率的目标，而且全流程节约了不少人力。

设计有影响力的 SFA 系统的公司包括 Salesforce Sales Cloud、微软 Dynamics 365、SAP、Oracle、AgileCRM、ModelN 等。国内也有华微、芯之家、销售易、纷享销客等许多公司，以中国市场的基数之大，总会有这些公司的用武之地。

在第 7 章专门介绍芯片销售中，还要就销售流程有进一步的分析。

6.4.4 CRM 类系统

CRM 客户关系管理系统和 SFA 类系统都是面向客户的，往往集成于一体，很多功能往往难以划清界限。作者自己的认识是：SFA 系统主要专注于"流程"，而 CRM 主要专注于"信息和数据"。

CRM 系统主要由各类数据库组成，对于芯片公司来说，其必要的组件包括以下部分。

(1) 客户信息。包括客户的具体应用和产品、芯片机会、所用竞争对手的产品、联系方式、客户组织架构、具体做决定者、以往采购过的芯片型号。

需要了解客户信息的包括销售人员、FAE、产品线管理者、客户服务人员，等等。了解客户信息以后，对定义新产品有所帮助，可以推广合适的芯片产品，提醒客户关于产品变动的信息，等等。

(2) 待定/打入/赢得客户的各类机会的汇总和追踪。使产品线市场人员更好地了解市场动态,提炼重点客户,管理市场宣传,产生全新产品的想法。

公司层面,应该在定期的 QBR 商务审查会议中检查过去数月公司各类客户机会的增加情况。

(3) 客户和代理商与芯片公司的直接沟通渠道。其包括技术支持、故障报告、样片支持、参考设计、质量报告、编程服务等双向交流(参考 6.3.3 节)。

(4) 市场推广资料、参考板和技术文档等与客户和代理商的共享。

(5) 提供快速的技术方案和系统方案的查询。

举一个 CRM 应用的实例:当某位刚加入公司的销售人员决定初次去拜访某客户时,CRM 系统会给出该客户过去的芯片采购历史、目前的订单生产进度、过往的客户服务历史、具体做决定的重要工程师和采购人员名字等信息。该销售人员应至少先做功课以了解该客户的主营业务,CRM 系统还能够提供针对此应用的具体产品和解决方案介绍、竞争对手分析、具体产品销售指南(fighting guide)等资料。这些都是以往的销售和产品线人员必须输入的信息,久而久之,形成公司庞大的无形资产。

网上有人说中国的 CRM 系统就是茅台,这显然是开玩笑了。任何成功的芯片公司,都不可以因为任何销售人员的离职把关系带走,而对公司业绩有明显的影响(对任何严肃的客户,也不可能因为某芯片销售的离职而中断与这家公司的联系)。建立 CRM 系统的本义之一就是信息的共享和继承,像 ADI 这样的公司从 20 世纪 60 年代就成立,与大量客户共同走过了几十年的共同发展路径,客户关系的传承至为重要。

关于芯片销售的更多细节,在第 7 章详述。

6.5 本章总结

关于芯片行业的流程和运营,其核心是两部分。

一是需要更好地管理生产,主要的挑战在于如何扩充公司能得到的产能,如何扩张自己的虚拟供应链以增加生产的灵活性和减少地缘政治带来的影响,以及如何通过更好的管理来大幅缩短交货时间和提升产品质量。这些需求随着公司的成长,边际也在扩张,因而是无穷尽的。

二是需要创立先进的商务和销售系统。这需要从多维度上增加系统的自动化程度,建设快速响应的商务运营机制,尽量减少人工的参与程度,保证信息能够共享和传承。

第7章

芯片营销简介

芯片行业与任何商业行为一样,不管技术多么高深玄奥,团队多么背景深厚,如果设计出来的芯片找不到理想客户,不能以相当理想的毛利卖出去,那么公司就难言成功。本章主要介绍芯片的市场开发和销售,做一些综述并拓展相关话题。

不得不承认,作者自己并没有从事过具体的销售工作,不过从工程师到产品线管理者这一路走来,打过交道的全球销售人员、FAE和代理商,总有几百人的规模。曾经与各路同行、同事在夏天探访过新加坡客户,也在冬天拜访过芬兰客户,在苹果的硅谷总部和华为深圳总部参加过一些高级别的会议,也曾经在乡镇企业周边的农家乐边吃边谈。接触多了以后,对于如何衡量优秀的销售人才,怎样做好芯片的营销工作,还是有一些浅显的认识。

比较惊奇的是,在中国每年进口和销售的芯片以千亿美元计算的情况下,居然没有芯片销售的相关图书,希望这一章能够抛砖引玉,让更多的前辈高人能够分享自己的经验。

7.1 芯片营销的名词梳理

在开始本章之前,因为全球芯片行业都大量使用英文缩写来简化交流成本(比如BD显然比"商务拓展经理"说起来要方便),因此对本章将要出现的一些重要缩写词先进行解释。某些概念本身可能有不同含义,不同公司的叫法和其定义也有区别,有必要先行解释以免引发歧义。缩写词以字母排序。

客户经理(Account Manager,AM),也经常被称为Sales。如果专看某大客户,则可称为核心客户经理(Key Account Manager,KAM),对庞大的全球性客户甚至可能设立多个KAM和全球客户经理(Global Account Manager,GAM)。

平均销售价格(Average Selling Price,ASP),一般针对某颗或某一类别的芯片在市场上的平均售价。

Backlog：在芯片行业中特指积压订单，意指客户通过代理商下了订单，但是还没有交货，因此不能算作销售收入（Revenue）。在某些特殊条件下，积压订单可能会被客户要求取消。

BD：商务拓展经理（Business Development Manager），归属于产品线或区域销售组织，目的是在广泛领域推广产品，不对具体某一客户的业绩负责。

COGS：产品的成本（Cost of Good Sales），有时也简称为 Cost。

CRD：客户要求交货时间（Customer Requested Date）。

DBC：代理商直销/拿货价（Disti Booking Price），在 7.8 节详述。

DC：代理商价格（Disti Cost），在 7.8 节详述，与 DBC 不同。

DI/DWP：可翻译为"客户采用"或"得到设计"（Design In/Design Win Pending），经常与 DW 和 Pending 放在一起讨论。DI 和 DWP 二者含义类似，都是指客户已经自己设计了加入我方芯片的电路板，而决定在此项目中使用该芯片（不同公司对于 DI 的定义可能有区别）。

Disti(Distributor)：在芯片行业里为方便起见，基本将代理商简称为 Disti。在 7.5 节对各类代理商有进一步解释。

Double/Multi booking：多重订单。客户为避免供应链风险，向不止一家公司下单购买类似的芯片，往往多于自己所需要的。

DW：赢得设计（Design Win）。经常与 DI/DWP 和 Pending 放在一起讨论。DW 意指客户在通过技术和商务环节以后，已经下了采购订单（不同公司对于 DW 的定义可能有区别，但是一般来说，要看到真金白银才算是 DW）。

FAE：现场工程师（Field Application Engineer），是芯片销售人员的好搭档。一般来说销售主要负责商务流程、梳理客户组织关系等，而 FAE 更多负责的是产品推广和技术支持。

FCD：初次承诺日期（First Committed Date）公司初次承诺产品寄给客户的时间。

FCST：客户意向订单（Forecast），未付款。

GAM：全球客户经理（Global Account Manager），意指负责某大客户在全球所有区域的商务事宜的人员。

GID(Goods Issue Date)：完成最后生产测试的货物离开公司，进入物流而抵达客户端的日期。

IDH：独立设计公司（Independent Design House）是芯片公司生态中的重要一环，IDH 可以帮助芯片公司设计具体终端产品，将方案推广给芯片公司的客户，等于间接帮助芯片公司推广。较大代理商一般也同时开展 IDH 业务。

数字芯片类的公司对 IDH 的需求很大。

Marcom：营销宣传团队(Marketing & Communications)。

Margin：营业利润率。计算方式是(DC－COGS)/DC×100%，即使成本1元而售价100元，其利润是99%，利润不可能超过100%。如网上说："为了100%的利润，资本就敢践踏一切人间法律。"这句话如果是指成本一元而净赚一元的话，那么这里的利润应该是 50% 而非 100%。对于芯片公司，50% 的营业利润只能算是尚可接受，而且完全不触犯法律！

MP：(客户)大规模生产(Mass Production)。注意，芯片公司开始大规模生产某芯片一般不称为 MP，而称为 Release。

NRE：一次性工程费用(Non-Recurring Engineering Cost)。有时如果是特别为某客户开发的专用芯片，也许用量不大，则芯片公司会收取 NRE 以覆盖自身的开发费用。

Pending：设计待定。与 DI/DWP 和 DW 经常放在一起讨论。可能只是推给客户看看，客户并未花时间，或者客户项目尚未开工。

PLM：产品线经理(Product Line Manager)。产品线的管理者，有时为了方便，产品线总监也叫 PLM。

PM：产品经理(Product Manager)，产品线管理者之一。

PME：产品市场工程师(Product Marketing Engineer)，产品线协助管理者之一。

POA：接收时间点(Point of Acquisition)，收到代理商货款，寄出产品时。

POS：销售时间点(Point of Sales)，代理商寄出芯片到终端客户时。

QBR：季度业务审查(Quarterly Business Review)，在 7.10 节详述。

Resale：代理商转售价(Resale Price)，在 7.8 节详述。

Revenue：销售收入。

RFQ：寻求报价(Request For Quote)。

ROI：投资回报率(Return on Investment)。

7.2　芯片公司的客户

在谈营销之前，需要明确对这些基础问题的答案：我们的芯片将要卖给谁，最后要寄给谁，谁是拍板决定使用我们芯片的公司，谁又是最终为这些芯片付款的公司，我们的生意到底要和哪些公司发生关系，而我们公司内部又应该由谁来负责哪些客户。这些都是在公司建立销售组织时需要好好搞清楚的问题。

1. 客户业务类型

我们回到 2.5 节"从芯片到终端——电子产品的生产流程"的相关讨论,本书将电子厂商一般分类为 OBM、OEM、EMS、CEM、ODM。对芯片设计公司而言,其销售对象一般为 OBM 和 OEM 类型的公司。

我们可能去苹果、三星、华为、思科等公司推广芯片,如果对方的工程师决定采用,其芯片的最终采购往往并非来自这些公司本身,而是来自其所用的代工厂 CEM、EMS 等类别的公司,比如鸿海、捷普、伟创力等公司。苹果等公司会设计自己的电路原型,确定其工作流程,做性能验证、系统整合,谈判芯片合同等。然后与这些 CEM、EMS 公司签订合同,这些公司会自己采购苹果等公司规定使用的元器件,完成一系列焊接、程序烧录、装配、贴牌、测试等工作,而苹果等公司再来购买一站式成型的成品。如果这些代工厂出于各种原因(比如缺货、价格、质量等)需要替换所用的各类芯片,需要先提出请求,再由苹果等公司审批。这样的场合下,我们虽然向 OBM 推广,但具体采购的客户却是代工厂。

对其他某些场合(特别是中低端电子产品),很多代工厂的技术能力较强,产品基本是这些工厂设计的,然后 OBM 客户为节约运营成本只负责经营自己的品牌,没有多少研发人员,也不对具体设计深度参与,只需就同样的产品规格向所有的代工厂询价。比如,电子产品很多都需要配备充电器,但电子公司未必需要养一个充电器团队,很多人并不在乎充电器里使用什么芯片,每年只要到亚洲来转一圈了解所有供应商能够提供的方案,然后就公司内部的采购标准给各供应商不同的生产份额即可。这样的场合下,我们推广的客户和最终付款的客户都是代工厂(这些产品往往对价格非常敏感,显然成本稍微高一些代工厂就无利可图了)。

题外话:我们经常向美国和欧洲国家的客户推广芯片,最终下订单的却是其在亚洲的代工厂(欧美的电子公司主要以设计为主,其制造方面严重空心化),那么作为美国和欧洲的销售经理如何才能拿到自己的销售奖金呢?答案是他们需要证明做出最终决定的就是自己的客户,而自己是赢得客户的关键人物。这里亚洲的销售经理因为也可能做一些商务支持的工作而拿到一部分奖励。当然如果是亚洲自己的 OBM 品牌如小米和联想,公司则没有这样的烦恼。

(由海关统计,中国 2021 年进口芯片为 4000 多亿美元之巨,其中相当多的部分是由代工厂采购的,而代工厂客户使用哪些芯片的决定不一定是从中国本土做出的。因此带来的问题是:完全由中国本土电子公司做出决定,进而由中国代工厂向海外进口的芯片比例是多少?可能没有合理的统计办法——这部分市场是国产芯片公司在出海之前主要的目标。)

在消费类产品以外的工业、汽车、航空航天类市场,因为其终端产品可能更为庞大复杂,需要更加细分的系统集成步骤,生产环节上经常会加上 Tier1、Tier2 的分级供应商。比如,Tier2 厂商可能只做发动机控制电路设计,Tier1 厂商做整体发动机设计和制造,再由汽车整车厂商进行最后的集成制造。作为想要打入汽车市场的芯片公司,可能需要与 Tier2、Tier1 和整车厂商同时做芯片推广。对于整车厂商,芯片公司需要在质量和品牌上进入其供应体系,而对负责具体的电子系统设计和生产的 Tier1、Tier2 公司,芯片公司需要辅助其做具体的性能验证和其他支持。因而打入汽车等高端市场更为复杂(像特斯拉这样的新势力车厂几乎完全跳过 Tier1,自行研发子系统而与芯片公司直接打交道,传统车厂也有这样的趋势,需要与芯片厂商直接建立战略合作关系,以提前把握趋势和了解最新技术,如奥迪的渐进半导体项目 Progressive Semiconductor Program)。

2. 客户公司中谁是对我们最重要的人

在一般情况下,较为关键的是客户某项目的硬件设计工程师或者其上级领导。一般由其选型、设计电路、测试、确定使用并提交到公司的采购和质量等部门进行后续流程。芯片公司的市场、销售、FAE 等人员一般拜访最多的就是客户的硬件工程师。

然而,对规模较大的客户,并非是技术团队就能掌控更多的话语权,比如以下几种情形。

(1) 采购团队。

对于采购量很大,而所用芯片同质性较高的产品,如家电类。那么客户的采购部门就有很大话语权,一般客户对相似的芯片会规定至少验证使用 2~3 家供应商,每年按照价格等因素给予一定的采购比例。对于某些高端应用中较为常见的芯片使用,也会采取多供应商政策。由于中美的贸易摩擦原因,很多中国客户的采购部门这几年非常忙碌,不断地寻求国产可以替代欧美芯片的机会。

(2) 供应商验证团队。

对于很多国际品牌,首先关注的是供应商的质量体系、业界声誉、可靠供应链等因素。在推广任何芯片之前,首先需要接触对方的质量团队,提交各类报告,争取成为对方的资格供应商(Qualified Supplier),这样才能与对方的工程师团队有后续的接触。而再进一步,与我方有深度合作以后,我方成为首选供应商(Preferred Supplier)以后,那么对方的工程师一旦有新项目,就会优先从我方的产品目录里挑选。

成为资格供应商较快的途径是拥有对方现有供应商无法提供的芯片方案,或者其他显著的优势,了解这种信息的前提是与对方的供应商验证团队先行接触,对方可能会提供这样切入的机会。另一途径是在行业普遍缺货的前提下,设法了解对方可能在寻求备份供应商的情况,以自己的产能保证作为切入点。

因为种种的限制,初创公司要成为国际大客户的供应商,往往比芯片设计本身还要花更久的时间。

(3) 高层联系。

对于体量庞大的工业类客户,比如 GE、施耐德、西门子等,或者像大型汽车类客户如奔驰、宝马、丰田等,一般不随便从供应商产品目录里找可能适用的元器件,其产品设计不是任由设计师一颗颗挑选芯片来做的。此类客户一般采取与供应商深度合作的方法来优化整体系统设计,甚至包括一定数量的芯片定制。在这样的情况下,供应商的选择匹配就成为战略级别的决定,需要更多的高层联系和战略合作,因此销售周期比较漫长而复杂。芯片公司在尝试获取此类客户时,介绍一颗颗具体芯片的技术资料并无太大意义,更多地要从上层介绍我方的技术、实力、供应链、希望合作的决心等。从前作者的团队在深圳接触某大客户时,就是直接与对方 CTO 对接,交流的都是较前沿,甚至国际上尚无解决方法的案例,但是当该 CTO 认为我方是唯一有潜力提供此类方案的供应商时,自然会介绍工程团队做更细节的对接。

在建立高层联系后,应该促成与对方的高层合作和不具法律牵绊的合作协议。

图 7.1 展示了电子公司客户从上到下的决策机构。

CEO 和事业部副总、研发副总是芯片公司需要通过高层接触,进而对下属机构施加影响的对象。

产品经理和具体的项目开发部门是我们需要一颗颗介绍最新量产芯片的对象。

CTO 办公室和系统设计部门是我们需要介绍前瞻芯片架构和整体系统解决方案的对象。

采购部门是我们需要打通联系,成为资格供应商的对象。

图 7.1 电子公司客户从上到下的决策机构

3. 客户应用类型

较有规模的芯片公司会对目标客户做出细分市场归属的划分。

一般来说，我们可以较粗略地划分，比如消费类、汽车类、通信类、工业自动化类、能源类、云基础设施类、医疗类、宇航军工类等。

就任意大类，我们又可以进一步细分，比如在汽车大类里就可以划分出12V电池、48V电池、电动车高压电池管理、电动车三电系统、雷达、视觉、传感器、座舱影音、座舱连接、底盘安全、车辆ECU、前灯照明、氛围照明、电动配件等十几种细分市场的客户。

消费类和工业类的细分市场比汽车还要庞杂得多。

在积累了较多客户信息以后，对客户具体产品和应用做出细分是非常有意义的。数据可以告诉我们该细分市场对某类芯片的平均价格，分享成功的案例，掌握客户具体设计的相同点，开发适用于此细分市场且可销售到全球客户的芯片。

客户不能只是一个名字和某一个具体销售数字，再小的客户都一定有一些有意思的故事和我们能够学习到的细节。

4. 客户地域影响

在作者第一本书里有对海外芯片地域市场的一些综述。在远程工作非常盛行的今天，海外芯片地域市场仍然对于某些细分应用、地域有很大的影响。当公司开始发展，不确定在哪里招募销售人员的时候，要首先了解公司的目标应用在哪些地区有较为集中的客户。

比如，洛杉矶地区是在特斯拉横空出世之前，美国电动车研发相对集中的地域；底特律则是传统车厂的领地，机械方面非常领先；而硅谷是自动驾驶等先进概念的孵化地。那么作为某新进的电动车初创公司，其很自然的选择就是在洛杉矶研发机电控制，在底特律研究底盘和架构，在硅谷设计自动驾驶部分。那么在这三地都有销售团队的芯片公司就很有优势。

又比如，国内著名的上市企业晶丰明源在广东中山地区有不小的销售和客服团队规模，但是其他芯片公司好像很少听说会在中山设点。其原因是晶丰公司深耕于半导体照明的细分市场，而中山恰巧又是全国照明企业的集聚地之一。把服务做到客户家门口，当然海外企业就难以与其竞争了。

很多大客户的研发部门遍及全球，其可能合作起来开发某大型产品，也有可能设置全球采购部门，这时销售部门往往会设置GAM一职来掌管全局的商务事宜。

5. 客户规模分类

芯片客户往往需要一定的技术和商务支持，而事实上公司不可能对年销售

1万美元和1000万美元的客户都给予同样的支持等级,因此有必要在接触新客户时就对其进行优先级的划分(有时我们面试时发现来自小公司的人技术水平更高,而且什么方面都懂,因为他们平时就很难得到全方位的支持!大公司的人往往背景不错,却在多年后被供应商惯坏了)。

高优先级的客户能得到更好的报价支持、故障检查支持、技术咨询服务、直接与产品线交流等更好的条件。对体量较大的客户,如果芯片公司本身资金充沛,可以绕过代理商,将此客户发展为直接客户而不用支付额外的代理商费用。

一般客户分类如下。

- 联盟客户:自己往往不直接买芯片,但是用量很大,对供应商也有决定权,如苹果、谷歌、联想、通用汽车等。与此类客户宜结为战略联盟。
- 战略客户:如该客户每年采购芯片数千万美元以上,需要高层定期互访和全面的客户对接计划。
- 重要客户:比如每年采购芯片1000万美元以上,需要全职的大客户经理和FAE只与该客户对接。
- 优先客户:每年采购100万美元以上,可直接与公司负责该区域的销售和FAE联系。
- 广泛的市场客户:采购金额偏少,全部由代理商覆盖,获得支持较少,未来业界应该是以更多的电商形式来覆盖此类客户。

7.3 市场开发的概述

芯片市场开发是作者图书《我在硅谷管芯片:芯片产品线经理生存指南》较核心的内容,读者可以参考其第2章,本书的4.1节也已经深度介绍了一些市场战略的问题,这里不再重复介绍。基本来说,在我们创业之初,应该就所研发的芯片将适合什么市场有一定的认识。即使是做非常普适的产品,也应该确定优先开拓的市场。为了了解更多市场信息,常用的途径有以下几种。

1. 参加潜在客户会去的行业展会

如果做消费类芯片,每年拉斯维加斯的CES展还是值得去的;如果做工业类芯片,应该去德国汉诺威工业博览会;做电源芯片的总会去PCIM和APEC;如果做MCU,必去的是Embedded World;做AI芯片的会去nVidia的GTC;做微波和通信芯片的会去IMS;做照明芯片的会去广州光亚展……最后,不管做任何芯片,都可以去全世界有多个分支展会的Electronica慕尼黑电子展。这样的展会机会非常多,芯片公司应该了解一下自己目标市场最有影响力的两三个展会,参加这些展会的客户工程师和研究人员往往心情非常放松,因此比平时交流要容易得多。

2. 市场报告

市场报告是快速对全局有所了解的好方法,然而其数据收集途径也未必全部可靠,需要互相印证。这些报告的具体数据不能全信,要靠产品线自身的判断。

3. 做调研

如果芯片公司已经有一定规模,在市场上有影响力,那么业务部门的产品线人员应该先了解公司的重要销售人员和有经验的 FAE,然后请对方给一些意见。

比如,近期作者希望在某类工业传感器的细分市场上有所发力,做一颗集成度较高的特殊混合信号芯片,且已经知道公司在这方面的市场卖了一些功能简单的芯片,因此一旦产品概念形成,首先咨询的就是相关的销售和 FAE 人员,看是否有潜在的市场。

4. 与客户的深度合作

对某些在行业里有领头作用的大客户,如苹果之于手机,华为之于 5G 通信,海尔之于家电,特斯拉之于电动车,台达之于电源,等等,其新产品的设计往往反映业界的潮流和最先进水平,而竞争对手和产业链合作伙伴往往紧盯任何新动向的发生。比如,业界一直对碳化硅器件能否用于电动车行业心怀疑虑,直到特斯拉在 Model 3 的主逆变器里使用了来自意法微电子的碳化硅器件,突然间全球的碳化硅投资就迅猛发展了。

想到好些年前,作者工作的产品线通过数次迭代,新产品终于赢得国产某较知名品牌的合同,后来该品牌的各种竞争对手都来拆机,等于做了免费宣传,很快就被整个东亚地区的大多数知名厂商认可。

作者又想到在最近 ADI 的全球技术大会上,负责销售的全球副总裁请到了几家世界上最大的精密仪器、医疗设备和工业自动化公司的高管来发言,这些公司都是 ADI 的长期战略合作伙伴,共同走过了几十年发展的道路,因此愿意与 ADI 共同定义和开发芯片。对于这样的合作,几乎没有竞争对手,没有价格之争,是长期共荣共损的关系。

当我方将要研发某种新产品,投资某种新技术时,不妨首先开发这个领域最先进的客户,从而判断应该继续投入,还是应该早早收手(但是,要向苹果了解点东西,还是趁早打消主意,苹果可不会轻易告诉我们任何事!)。

5. 做深和做广

(1) 公司或业务部门可着重于在纵向的高速发展的市场做深,需要对具体应用深入了解，与目标客户结成战略合作关系，研发引领行业的技术，开发专属ASIC，提供完善的系统方案，等等。

（2）公司也可发力做广。此时的市场战略是尽力扩张遍及全国或全球的销售网络，提升用户体验，改善网站内容，将相同的方案尽力卖给更多的新客户，同时也要关注目标市场里非常有前景的初创公司，而尽早与之结成合作伙伴。

7.4 内部销售的组织

在3.2.4节中介绍了较高阶的企业内部销售组织。以下就较基层的销售组织成员介绍其一般职能。

1. 客户经理

我们一般说的销售，其正式称呼是客户经理（Account Manager）。客户经理专门负责某大客户，或者负责一个地域的整体业务，或者专门负责与某代理商对接。这取决于公司和客户的业务规模，可能有较为细分的具体职责划分。比如，如果在华东市场，我们可能有专门负责工业的销售团队，还有负责自动化、测量测试、安防、仪器仪表等广泛市场的细分个人销售和团队。

客户经理最重要的两个评价标准如下。

（1）每年在某大客户或某区域的整体销售额及增长趋势。

（2）每年新发现和注册的新客户或新市场机会。

并非所有客户和区域都有类似的发展潜力，因此评价的具体细节也需要做相应调整。有些区域可能只是战略性地在开拓，因此新的市场机会就比销售额更加重要。

还有一些其他指标对评价客户经理十分有意义。比如拜访客户的频率、了解客户的程度（其主要市场、具体负责人、系统需求、商业潜力等），这些在QBR会上都可能得到反映。比如，近来，作者了解到美国东部的某客户经理已经跟进了一家医疗仪器方面的初创公司长达14年，该客户在创办近10年后终于成功量产，而近几年已经成为我方相当重要的客户之一。如果我们以非常短视的态度对待此客户经理，早几年就放弃，也许不能得到今天这样牢固的合作关系。优秀的客户经理应该得到公司长期的信任才可能出成绩。比如，作者熟悉的上海某负责汽车市场的客户经理，在某大客户处暂时还没有销售业绩，但是我看到他在过年前还能将客户的主要工程师都请来一起吃火锅，就知道他必然离成功相当接近了。

在对接客户的管理层时，客户经理一般需要介绍的是公司历程、业绩情况、主打产品范围、以往成功案例等。与客户工程师接触时，需要了解最近项目的需求和状态。与客户采购接触时，需要厘清对方所有的商务程序。优秀的客户经理能够了解客户从上到下的具体负责人员，许多时候客户经理销售芯片的同时也是在销售自己的形象和服务。当芯片的性能与价格和竞争对手差别不大时，客户总是愿意选择与自己关系更密切的供应商。我有个房地产开发商的老朋友，有天我们驱车经过某地国土局，他说自己在该处从局长到清洁工全部都认识，做芯片销售如果也能做到这个程度，客户不给很多生意也难。相反，我了解到某些高傲的外企公司，整天催促代理商，自己甚至不去跑客户。

2. 现场工程师

芯片公司一般都设有现场工程师（Field Application Engineer，FAE）的职位，汇报给 FAE 经理或者销售经理。从职务介绍上来说，FAE 主要是从技术方面来介绍和推广产品，帮助客户选型芯片，将客户需求反馈给公司内部工程团队来处理和支持，在客户现场帮助解决设计和生产中的问题。不过其实际的覆盖范围不止这么简单，优秀 FAE 和平庸 FAE 的区别也极大。

以微处理器芯片来举例，较复杂的版本有动辄上千页的数据手册和使用说明，FAE 如果要帮助客户，必须要掌握几百种功能特色、专属架构、指令集和开发工具。如果客户使用的是竞争者的微处理器，那还得了解竞争者的产品才行，而且微处理器每过一两年就有新的版本上市。如果不是只负责某类产品的FAE，还需要熟悉公司的其他芯片，比如 ASIC、内存、通信、模拟、电源等，不一而足。优秀的 FAE 都是技术方面的多面手。掌握芯片的知识固然重要，优秀的 FAE 还需要熟悉客户的应用环境。同时，FAE 还需要对芯片工业有一定了解，包括晶圆厂和封装厂的制造流程、质量管控、一些半导体物理知识等。

然而，了解大量知识也未必一定能做好 FAE 的工作。优秀的 FAE 性格里甚至有一点矛盾，因为 FAE 和客户工程师基本都是电子工程专业毕业，而工科的培养往往使得培养对象对机器比对人感觉更加亲切，社恐是我们的天性，然而要求 FAE 必须对人和对技术具有同样的热情（可称为"能够社交的书呆子"），这不是容易做到的。

最好的 FAE，定位是"暂时借给客户使用的 AE"。这是因为对于简单的芯片，FAE 不需要花多少精力支持，一般客户自己就能搞定；而对于复杂的芯片，即使数据手册再详尽，都可能需要一个调试优化的过程。对一些非常爱"偷懒"的大客户，类似功能芯片的供应商选择有好几家，没有太多时间精力去把每家的芯片都自己来调试优化一下，因而优秀的 FAE 就显得格外重要，如果我方比竞争对手提前把方案调试好，自然占了很大的先机。在一些相对非常透明的市场，几乎是一场 FAE 能力的竞赛，最早跑到终点的团队就能大单通吃。

在一些不是 FAE 能力竞赛的应用场合，FAE 也能起到极其关键的作用。

想象一下自己是客户工程师,有时已经在实验室里度过了漫长而枯燥的大半天,如果经常有芯片公司的某 FAE 过来聊聊,使我暂时有借口离开实验室一小时,他会介绍某些尚未量产的芯片,希望我说说想法,然后解答一些疑惑,关心一下我正在做什么事情。那说实在的,不管其他部门怎么抱怨价格或者交期,我还是想用这位最熟悉的 FAE 推荐的芯片。水平高超的 FAE 甚至对客户工程师是真正的关心,能给予心灵上的关照。一些优秀的 FAE 离职以后,即使客户信息还在,我们却看到他原来负责的生意慢慢就没有了,因为客户已经觉得和这家供应商只剩下纯粹的生意往来,缺少了人情的部分。

在作者之前的图书和网文里,曾经介绍过在大型的芯片公司,往往对 FAE 有 5 种不成文的分类:包括产品导向、客户导向、应用导向、普适型导向和代理商导向。比如,对于某些特殊而复杂的数字芯片,可能有专精此类芯片的专家成为 FAE;对于大型客户如苹果和谷歌,应该有指定负责该客户的专属 FAE;对于某些特殊应用如医疗设备,可能有更多具有细分行业经验的工程师出任 FAE;普适型和代理商 FAE 则不论产品类型,负责某一区域的所有客户。

FAE 又有 10 种以上的责任,包括赢得设计,贡献新产品想法,做竞争者分析,协助产品的推广和引入,新产品调研,现场出现工程问题的联系,组织技术培训,芯片的实地验证,给客户以最优的系统解决方案,给产品线以来自客户端的反馈,为客户争取技术支持资源。具体细节在《我在硅谷管芯片:芯片产品线经理生存指南》中已详述。

3. 客户服务专员

在销售和 FAE 以外,比较容易忽视的是客户服务专员。当在一定地理区域内有大量客户存在时,销售和 FAE 有很多商务细节难以全部照管到位。例如,常规报价,催货,寻找某些资料,第一时间接收来自网络的问题咨询,第一时间接受客户的故障分析需求等。一般来说如果某客户前来联系,而之前没有在销售系统中有过备案,则先由客户专员跟进,如确定为有一定规模的潜在客户,再找客户经理来进一步做后续工作。

7.5 外部销售的渠道

芯片行业的复杂性也反映在其所需的外部销售渠道上。当公司较小而市场广阔的时候,需要外部渠道帮我们拓展市场;而当公司太大的时候,又不希望雇用太多全职人员来服务所有客户。芯片行业销售的一些突出难点在于以下 6 点。

(1) 大批量的芯片不是立等可取,往往要等待数月到一年以上的制造过程。

（2）客户也不是马上有现金可以支付（例如，客户想采购手机芯片，但是往往要手机造好卖掉才能回笼资金，这个付款的周期称为账期）。

（3）芯片公司不能负担所有区域的所有客户都有全职人员在照管相关生意的成本。

（4）很多初创芯片公司没有深厚的客户关系，甚至一些大型公司也不能在全球都了解相关市场。

（5）芯片公司对仓储和物流管理不可能非常专业，如果很多小客户要1颗或10颗样片，总共项目需求也不过1000颗，那么物流成本甚至会令公司得不偿失。但是又不愿公开说完全不理小客户，毕竟小客户的工程师有朝一日也可能去大客户的公司上班。

（6）客户无论规模大小，从买10颗的大学生客户到买1000万颗的大客户，可能都希望芯片公司提供技术服务和其他支持（难道能叫学生们都走开吗？要知道学生也是大客户未来的中坚力量，我们可不想得罪学生）。

因为这些问题，芯片销售的中间渠道就成为大多数芯片公司与客户之间不可缺失的桥梁。

假如在芯片设计公司与终端OEM客户（如苹果、华为等）之间直接画一条箭头，我们当然会有直接的双向接触，但是要从陌生到熟悉，从推广到完成销售流程，经常需要通过下面这样的渠道完成。

1. 直接销售

芯片公司当然可以直接销售给OEM或ODM客户，这样省去了中间商的返点，更容易对商业信息保密，方便直接交流。其不利之处是对公司规模和资金流有一定要求，公司有时只能接到客户的FCST而直接进入生产，没有代理商在其中做账期方面的缓冲和平衡风险。而且芯片公司很少有足够的人手来直接销售给大量的中小型客户。

如果与重要大客户接触，对方会指定其所用的OEM/ODM公司直接下单，可能不需要代理商。

有时某客户前期由代理商跟进，而后期芯片公司觉得代理商带来的附加值有限，可能在合同期满后将该客户改为直接客户。有时强势的芯片公司可能直接赶走某代理商，将其客户全部发展为直接客户，或交由其他代理商负责。

2. 授权分销商

我们通常说的代理商是原厂的授权分销商（Authorized Distributor），允许其在指定的范围内（包括区域或者应用）代理和推销原厂的芯片，双方会签署正式的分销协议。授权分销商一般体量较大，国际上著名的分销商有安富利、艾睿、大联大、富昌电子、儒卓力、TTI、Newark、文晔、新晔等。授权分销商有一些原厂给的限制和要求,比如业绩要求、覆盖范围等,但是可以直接与原厂销售和产品线对接,因而拿到的出厂价一般较低,供应和支持上也都受到优待。

代理商在芯片行业中最大的作用是垫款,因为芯片公司希望马上得到销售回款,但客户买了一批芯片以后,要过一段时间把终端产品如手机、计算机等卖掉了才有进账,因此不愿意在采购芯片时就付款给芯片公司,给芯片公司带来很大资金压力,而代理商在这里就起到缓冲的作用。代理商首先打款给芯片公司,然后再慢慢等芯片客户还款,代理商会向客户加收一些毛利点作为自己的盈利,此毛利点一般需要芯片公司和客户共同决定。纯垫款因为没什么技术含量,所以收益很低,只有代理商起到了发掘客户,帮助芯片公司赢得客户的作用时,芯片公司才会酌情多返一些毛利点给代理商。

代理商获得较多盈利的方法是主动挖掘新客户,并负责推广一直到最后的DW,这时原厂可能给予较多的返点以鼓励代理商。要注意的是,如果芯片设计公司规模较小,而签约了大型代理商,那么很容易被其忽视,反而小代理商也许更积极帮着去找客户。但大型代理商一般在众多客户中已经先将商务细则和重要人物摸清楚了,比小代理商要有用得多。所以寻找代理商需要综合进行考虑。

有些小型代理商专注于特殊市场,如宇航、军工;有些专注于大宗市场;有些在某些地理区域深耕;有些代理商兼做IDH因而可推广复杂的先进芯片。芯片设计公司需要了解其特别优势,判断其是否有助于推广自己的产品。

代理商的另一大作用是帮助芯片公司转嫁订单方面的风险。比如,如果某颗芯片在代理商付款后的交货时间长达一年,但是一年时间里可能充满变数,客户也许出于某些原因需要延迟交货,减少采购数量,或干脆取消订单。为了不让代理商单独承担风险,一般芯片公司与代理商会约定一个期限,比如CRD之前的一段期限,在此期限前可以取消或改变订单,否则该订单成为不能取消,不能退货(Non-Cancelable, Non-Returnable, NCNR)的状态。这时的订单必须交付而且不能退款,如果这时客户或代理商有不需要的芯片,可辗转给贸易商。

很多芯片公司在资金充沛,客户众多时,可以承担账期,也可以承担一定风险,因此经常把大客户变成直接客户而绕过代理商;而有些芯片公司如德州仪器,通过庞大的内部销售团队和网上商城,已经极大地削弱了代理商的价值。全球最大的授权代理商之一——艾睿电子,虽然2022年销售额多达370亿美元,但其净利只有3.8%。在借款利息越发高昂的今天,代理商的日子不会太好过。

3. 目录分销商

与授权分销商做良好互补的渠道是目录分销商,就像几十年前的销售人员会携带一本厚厚的产品目录来推销一样,有一类分销商只提供网上的芯片产品目录和现货销售,而无须提供垫款、方案设计之类的服务。此类目录分销商有强大的产品筛选工具、物流和仓储能力作为核心竞争力,其类似于只提供芯片或其他衍生产品的淘宝和亚马逊。

不同于传统分销业务的是,目录分销商专注于选型指南和物流服务,能以较快的速度将小批量的芯片寄给客户。目录分销商很少做几千颗以上的订单,其最多的业务在数量少、毛利高、客户需要迅速设计产品原型的场合。

举例来说,如果某硬件工程师开始选择芯片,与其效率较低地去各家公司的不同官网和联系相熟的 FAE,不如去目录分销商的网站,那里可以同时检索绝大部分著名公司的相关芯片或参考板,再挑选出感兴趣的型号后可以网上直接下单,最快的服务可能在下单后 2~3 天收货。有时手上用于做实验的芯片短缺也可在目录分销商处临时补充。在确定使用某芯片后,再通过授权代理商进行较大数量的报价和采购。读者可以想见这两种业务模式的互补重要性。

国际上最为知名的目录分销商是得捷电子(Digikey)和贸泽电子(Mouser),这些年国内也有许多公司进入此业务,如世强、融创芯城、云汉芯城,等等。许多授权分销商如安富利、艾睿也有自己的网上分销业务,但非其核心主业。

大型的目录分销商规模相当可观。得捷电子可以支持来自 2300 家供应商的约 1500 万种电子元器件和泛电子产品,每年处理 300 万通电话和 600 多万份订单,有 5000 多名雇员和近 50 亿美元的销售额(平均每单不过数百美元)。得捷的盈利一定甚为可观,根本不用融资上市。

对于目录分销方面的国产公司来说,挑战无疑在于数据库管理检索、电子商务支持、供应商管理和物流仓储。而另一发展途径是在服务和生态体系的建设方面,比如应用方案设计、产品选型帮助、供应链梳理、提供技术咨询、开发工具、编程工具、开放实验室、组织论坛和宣讲会等。这些举措有很多想象空间,虽不容易直接盈利,但是可以较好绑定客户。

4. 独立设计公司(IDH)

IDH(Independent Design House)公司是较为独特的存在(IDH 主要做电路板层面的设计咨询,与 1.5.4 节中提到的芯片设计咨询公司不同)。

众所周知,数字芯片的应用因客户而异,基本没有两家客户能使用一模一样的程序,可能同时有大量中小型客户希望得到技术支持,而规模稍大的客户都希望能拿到定制化,可直接照搬的系统设计方案。芯片公司的客户水平又参差不齐,如苹果、华为这样的客户自身水平强大,只要芯片公司提供足够多的技术资料即可自己完成电子设计(当然他们还是会问很多问题),然而也有大量客户即使生产规模不小,其工程团队的资源、时间和经验却很有限,无法完成设计工作。因此客户希望得到一些技术帮助是很普遍的现象。

但问题是,芯片公司不可能有足够的人力、物力、财力,去响应所有的需求,因此,IDH 就能做很好的补充。许多芯片公司也称 IDH 为"合作方"(Partner)。芯片公司与 IDH 合作,减少了一些常设人员的开销,也可服务于最核心的客户。

IDH 公司一般有相关芯片的应用知识和系统设计能力,相当于客户的咨询顾问。读者可以想见,当 IDH 帮助客户做好了设计而成功量产,那客户也不会没事儿就去更换芯片方案。IDH 提供的服务包括软件烧录、编程支持、硬件设计、PCB 版图设计、量产测试方案、焊接、电磁干扰测试等。对于芯片公司来说,IDH 间接推广了产品而且更容易绑定客户,因此总是欢迎 IDH 主动来靠拢。如果有时希望创造某特定应用方案而自己资源缺乏,可以主动找到 IDH,提供相关研发经费。说 IDH 是"编外的"应用工程团队并不为过。

芯片公司应该创造一套引进—验证—背书 IDH 合作伙伴的方法,至少要有足够的工程设计和落地能力,能够熟悉和使用该公司的芯片,如果自带一些客户关系就更好,当然还有一些资质验收的问题,以减少客户的风险。在签约成为芯片公司合作方以后,IDH 公司可以将自己的工程能力、熟悉的软件、工具、以往项目经验等列举出来,由芯片公司代为推广。

根据瑞萨电子的公开资料,其将 IDH 的合作方根据其实力和表现分为联盟、金牌和钛金牌三个层次,每层得到瑞萨的支持不同。如联盟单位基本只能得到列名资格,金牌单位能够出席参加瑞萨区域性的内部活动,联合瑞萨做参考设计,参与有奖励的新业务发现活动,社交媒体推广,等等。而钛金牌单位又可得到进一步的新产品保密信息、与瑞萨联合销售的推广活动、与原厂 FAE 一致的深度培训机会等。

纯粹的 IDH 数量很大(比如,NXP 的合作方网页上列出了遍布全球的 342 家),实际上只需要几个有经验的工程师即可创业,模式非常小而美(作者在美国工作的第一家公司也可算是 IDH,它帮最初的特斯拉设计了一些产品)。

不少 IDH 可兼有其他职能,如兼作 ODM、代理商等。

(1) 许多 IDH 能够兼作 ODM,这些公司可以帮助客户设计,还把生产需求也一并满足了,客户只需要运营自己的品牌即可。授权代理商也能提供 IDH 服务。许多消费电子品牌与 IDH 合作,让后者将设计和生产一站搞定,而本身重于营销,甚至没有工程人员。

(2) IDH 可兼作代理商,与上游芯片原厂和自己的客户分别签署协定,只要是源于自己的设计,则签约客户采购的芯片必须由此 IDH 作为代理商(这时的代理毛利也较高),这样,比起纯粹的大型代理商,IDH与客户绑定得更紧,而且盈利空间随客户体量而上升。这种模式是三方都非常欢迎的。

(3)向客户收取一次性方案买断费,向芯片公司收取项目研发费用,或者按小时收取工程咨询费,或者以上各种形式混合。

比较成功的IDH不会广泛撒网,一般会深耕一个或几个不同应用,研发产品设计的方案推广给相似市场的不同客户。这些客户可能有一定生产规模,但研发实力较弱,因此对这类可以拿来即生产的方案非常青睐。比如,作者熟识的江苏威进智控科技公司,十几年来一直专精于汽车电子方向。很多关于第三代功率半导体及新能源汽车驱动系统的解决方案已经量产,同时建立了系统、硬件、软件、算法等技术团队。这样专精于技术服务的IDH不需要电商网站,也不需要大量销售支持,也能独树一帜而有广阔的市场前景。

国内现在有很多数字芯片公司,在国内内卷的同时,出海建立全球的销售办公室,目前仍然是不容易的事,而靠更广泛的IDH网络似乎较易实现在全球扩张的目标。当然,IDH也不仅限于纯数字芯片的市场。

5. 独立分销商

独立分销商也称贸易商、柜台商,他们在公开市场上出售芯片。与正式代理商不同的是,贸易商一般与原厂没有合作协议,没有支持和退货的可能,甚至产品不能保真,客户需要承担相当大的风险。有些原厂不允许直接与贸易商做生意而必须通过代理商,有些原厂则完全禁止与贸易商的任何业务往来。但也有公司如果做的是被动器件等普适性的产品(如电阻、电容),则可能卖给贸易商,再由后者拆开转卖。深圳的华强北是相当著名的芯片贸易集散地(实际上全球都有贸易商的存在,不过深圳最为出名)。

对于多数从事集成电路设计制造的公司,贸易市场是所谓的"灰色市场",或"现货市场",它影响了公司的利润,扰乱正常的市场秩序,影响其他客户的生产,还可能造成公司内外的腐败盛行。比如,有可能公司的市场、销售人员与客户的采购部门串通,以远高于实际需求的采购量来获得更低的采购价,再由后者去市场上同类型的客户处去兜售。这样芯片公司的利益就被严重损害了。我曾经问前公司的销售人员,能否打入国内某知名客户,他说不太可能,因为据了解,这家公司上下都串通采购某一竞争对手的芯片进而牟私利。因此,芯片公司有必要定期对业务进行随机的内部审计工作。

当然,有时客户和代理商因为市场情况发生变化,产生了额外的芯片库存,也可能流去贸易商以减少损失。然而对来自非授权渠道的芯片,芯片原厂不能对其质量、可靠性做出保证,基本上也不同意做失效分析或其他技术支持。

芯片公司的客户也希望打击灰色市场,因为其会对公司造成资金流的风险。著名芯片买家台达电子的惯例是，任何采购员不得连续两年以上负责同一类型产品的采购，如此切断长期串通的渠道，断绝腐败的根源，读者不妨借鉴。

即使完全没有腐败，贸易商也与目录分销商有本质上的不同。目录分销商专注于小批量，具有无法比拟的仓储和电子商务的运营经验，服务于真实客户，是芯片公司良好的补充；但是贸易商的走量较大，又并非是真实的市场需求，对芯片公司危害较大。举例来说，如果芯片公司产能只有1万颗，有两家客户各下了1万颗的订单，其中一家是贸易商，而另一家是真实客户。如果芯片公司不小心卖给了贸易商而延误了给真实客户的交期，贸易商一定会将芯片囤积起来，等真实客户缺货时再狠狠赚上一笔。如此，则真实客户吃了很大的亏，以后很可能会切换到其他芯片公司，此案例只有贸易商得益。所以芯片公司必须对市场信息严加保密，而且在必要的时候采取法律的途径。

贸易商中有一夜暴富的故事（特别是这几年行业产能紧缺，给了囤积居奇的机会），但是不足为训，因为破产的故事并不会流传。这些暴富的人也知道市场机会是昙花一现的，因此纷纷去买房。如果读者是贸易商这行的新人，我的建议是及早退出，在这一行无任何职业积累可言。

很多自媒体甚至是官方媒体，将贸易市场芯片价格短期炒作造成的波动看作是芯片市场整体价格的晴雨表，而写出种种耸人听闻的标题，这是完全错误的。了解芯片市场整体价格波动唯一合理的途径是头部公司的财务报表。

打击贸易商的另一重要性在于打击假货。如果贸易商得知某些产品是高毛利的或者难以买到，就可能使用如回收、再包装等各类手段创造假货。许多假货看似与正品颇为相似，而其质量和性能却天差地别。据说因假冒芯片造成全球制造业每年有近2000亿美元的损失。

贸易商在某些时候能帮助到客户，有其市场价值。比如，美国的罗彻斯特电子有一大业务是卖已经停产的芯片，在某些原厂宣布停产某些芯片时，一年之内就会停止接单，而小客户可能希望持续购买芯片20年以上但又不想一次全部买齐。这时罗彻斯特就会大量购买，然后放在网上慢慢卖。这其实也是一种官方途径，甚至德州仪器网站上也附有相关链接。

6. 销售代表

最后一类芯片公司之外的销售渠道是销售代表（Sales Representative），等于是公司编外的销售人员。往往芯片公司希望拓展某地的销售工作，但是还有疑虑，不至于要投资建立当地办公室和招聘正式员工时，可以雇用销售代表（类似合同工）。欧美有许多老资格的销售代表深耕于某一地理区域，客户关系是他们最大的竞争力，他们代表多家无利益冲突的芯片公司，其酬劳纯由绩效组成（一般为销售额的2%～6%，取决于很多因素）。我们知道，有时简单的芯片不到一年就可以做出来，但是与客户关系是从零开始培养的，哪怕说服客户去试用芯片，都可能花更多的工夫。芯片公司到某地新开展业务，往往通过当地的销售代表先去敲开潜在客户的门，这样赢得客户就变得比较容易。使销售代表工作最有效的方法，即待其如同自己的雇员，给予同等的支持和培训。

在国内作者似乎没有听说过销售代表，比较接近的也许是"二级代理商"。这些代理商未经授权不能进入原厂的正式代理商体系，然而他们也有自己的客户联系，可能挂靠在授权代理商下面来分成。二级代理商基本不用做什么事情，只在订单上存在，作者从未见过他们。国内很多大型消费电子、家电公司和这些二级代理商有说不清道不明的关系，只能说其存在有现实意义，欧美国家也有少数二级代理商的存在。不过有时客户只想通过某大型授权代理商进行所有的采购，而该代理商未必代理所有该客户需要的芯片，则有一部分业务会挂靠在其他代理商下面。

7.6　芯片销售的步骤

6.3.1节大致介绍了芯片原厂销售的主要流程，但是未涉及代理商的部分。这里以最为普遍，也是销售量最大的方式——通过授权代理商销售来描述芯片销售的步骤及细节。

一般而言，半导体的销售流程会按如下顺序发生：发掘客户，验证机会，调查/策划/执行，DI / DW，保持客户。预设的前提是：我们已经在技术上有竞争力，成本合理，可以大规模生产芯片；同时内部销售团队可以顺利和外部代理商合作；销售团队与产品线经理和工程团队有良好的沟通。

与大多数B2B的销售流程类似，芯片的销售需要从上而下和从下而上两条途径。从上而下需要高层会晤，达成合作意向，主要做决定者能够互相引见，进入对方的采购体系；从下而上需要与客户工程师和采购建立联系和互信，增加产品的曝光率，向客户宣传具体产品等。

1. 发掘客户

发掘客户，或称为寻找机会，或称为产生销售线索，意思很接近。

销售和FAE团队应该先分散撒网，再集中于最重要、最有希望的客户。撒网时应该着重于发掘市场中所有可能的机会。

撒网寻找客户大概有以下方法。

（1）通过代理商介绍。

（2）在行业杂志、自媒体等场合做直接广告。

（3）主持和参加行业的展览会。

(4) 主持和参加线上和线下的技术讲座。

(5) 通过提供线上免费技术资料等方式获得客户联系方式。

(6) 通过 IDH 介绍。

较有规模的授权分销商一般有季度性的供应商大会,届时各芯片公司来宣讲自己的新产品和选型指南,同时与分销商建立联系。如果公司的产品能够引起分销商的兴趣(诸如填补其产品序列的空白、价格优势、国产替代、性能卓越等),公司甚至愿意给分销商更高的返点,那么分销商会倾斜其资源给公司介绍多一些客户。

要注意的是,如果我方的目标市场尚不成熟,那么就不需要撒网,应该竭尽全力与头部客户合作,过程中甚至可以忽略掉其他机会。碳化硅类芯片能否用于量产电动汽车,在业界长期存有疑虑,一直到特斯拉 Model 3 使用了碳化硅,突然间疑虑全无,全行业都开始投资和关注碳化硅,头部客户的示范作用就是如此重要。做尚未成熟的市场相当于风险投资,既然一定会耗费大量资源,何不专注于最大可能的回报?

2. 验证机会

以下内容仅针对规模较大的客户。

在寻找和接触到客户以后,就要了解哪些客户项目是值得跟进的,需要一些 ROI 和风险分析的过程。要支持任何客户的项目,产品线需要投入销售成本、提供免费样品和参考板、花费时间精力。而客户的项目可能早已内定使用竞争者的芯片,或者产量很少,甚至根本就是研究性项目,没有未来投产的计划。

验证机会分为两步:第一是销售、FAE 或者代理商必须认为此机会是值得跟进的;第二是说服产品线给予一定的价格和技术支持,销售团队必须把某个客户机会"推销"给产品线,使后者利用公司资源来帮助获得这个客户。有时销售团队不只是与其他芯片公司竞争,而且还要与公司其他的地域销售争夺一些产品线的技术资源,以及公司的产能。产品线有时需要放弃一些颇为鸡肋但对于某销售自身又是很重要的项目,比如作者就曾经拒绝了不少次某些客户需要特制 ASIC 的需求。

有时与一些世界著名的大客户合作,体验并不美好。客户受限于严格的保密协定,完全不可以给反馈,我方甚至无法验证某些机会的真实性——有时只是某个工程师自己的研究项目,有时是出于政治斗争的需要,甚至该大客户早已选定其他厂商还要我方陪跑。但是如果不跟进有所疑虑的项目,以后说不定再也没有机会。

对客户项目做 ROI 和风险分析可能包括以下内容。

（1）客户的规模，可以以客户年销售额做衡量。

（2）此研发项目的体量和客户所有项目可能的体量。

（3）赢得此设计的可能性。

（4）竞争对手的情况。

（5）此项目是否一定会量产，还是只是研究性项目。

（6）客户的开发能力。

（7）客户对公司整体的重要性。

综合上述内容，销售团队可能写邮件给产品线，要求给予某些支持，代理商也可以在其中发挥积极的作用。

验证机会时，产品线可能会询问但不限于下面的问题。

（1）客户本身的市场策略是怎样的，特别是新产品？

（2）如果客户在开发新产品，是关于全新的市场还是此公司熟悉的市场？

（3）客户规模如何？是初创公司吗？

（4）客户以往与我方是否有业务往来？

（5）客户的生意是否在良好运作？

（6）客户的竞争对手是否过于强大？

（7）预计的采购量是多少？

（8）如果得到合理支持，是否有足够信心拿下这个客户？

（9）客户是否是真心希望替代现有方案，还是骑驴找马？

（10）对方需要怎样的技术支持条件，是只要送数据手册，还是需要纸面设计，甚至到完整测过的实际电路设计、特定的程序，甚至是定制的芯片？

冷冰冰的数字未必能衡量此机会的前景。客户即使是小公司，然而技术先进，市场前景好，可能芯片公司还是很愿意合作，因为也许这家公司以后会做大，或者可以取得经验以后用在和其他大客户合作上。从某种意义上说，选择支持的客户，类似于一种风险投资。在2011—2012年，特斯拉还是名不见经传的小公司，我们做汽车芯片时服务的客户还是丰田、宝马等大厂，然而当时部门副总裁去拜访了特斯拉，回来说认为这家公司非常有前途，半夜还是灯火通明的，要我们大力支持。我们看特斯拉的设计与前人大不相同，各项性能要求和设计难度大幅上升，我们觉得与特斯拉合作非常有价值。结果合作一年，解决了无数问题以后，果然收到成果，2013年特斯拉突然就开始大规模量产，成为当时汽车芯片部门的第一大客户。

对于公司内部销售团队及外部代理商，此时应该在 ERP 系统中注册发掘到的新客户机会。有必要填写此客户的应用市场、需要的芯片类型、具体料号、项目体量、目标价格、竞争者信息等内容。其目的一是便于产品线日后参考；二是追溯项目的进度；三是对代理商而言，如果是自己发掘的新机会，在 DW 以后可以向芯片公司申请更高的返点。

3. 调查/策划/执行

在产品线确认支持以后，在询问具体信息和推广芯片之前，可能需要客户签 NDA。有时对于初创的芯片公司，大客户未必在看到有兴趣的产品前就愿意签 NDA，因此可能要考虑可以在 NDA 前分享给客户多少内容。一般来说，可以给客户看一两页产品简介的 PPT，如果客户有兴趣的话，可以要求签 NDA 后，再分享数据手册等更多细节。

签好 NDA 之后，还有一些具体的调查工作需要做。

（1）应用的具体要求。

（2）客户的试验、试产和量产时间表。

（3）目标价格。

（4）竞争者的产品、价格、客户关系和目前验证情况、量产情况等。

FAE 应该去了解具体应用对不同芯片的要求——对于 MCU、内存、模拟和电源芯片等需要问的问题各有不同。FAE 应有一定的技术背景，能与客户工程师进行专业上的交流（我们称为说客户的"语言"）。

销售应该了解客户项目的时间节点和负责的具体商务洽谈。代理商也可能参与其中。

对于重点客户和重点项目，要赢得设计需要经过一定的策划阶段，不能盲目地要求见面而无意义地推进。在与客户和代理商初次见面以后，销售团队应该写好访问报告，邀请相应的人员出席内部销售会议，来谋划下一步采取什么样的措施来赢得此项目。

执行时需要更多高质量的战术行动，举例如下。

（1）客户的任何问题都需要公司在最短时间内回答或采取行动。

（2）能否提供比竞争对手更好的服务？

（3）告诉客户以往的类似应用和成功案例。

（4）不要等到客户说"不"再采取行动，要永远保持客户的兴趣直到最后说"是"，如果感觉到客户可能要说不，要在这之前就做出回应。

（5）及早提供客户所需要的一切材料：报价、样品、参考板、资料、仿真模型、特色和优势说明。

（6）如果客户机会很好的话，考虑邀请更高级别的领导去共同拜访客户。

（7）如果客户已经在用其他公司的芯片，是否用捆绑式销售来增强吸引力？

（8）有没有系统解决方案全部或大部分采用了公司开发的各种芯片，可以帮助客户缩短开发流程和减少风险？

（9）如果认识了客户做主要决定的人员——研发或采购总监，能否邀请他们到公司总部来参观？

执行的行动必须严密切合客户的时间点。如果客户开始设计产品原型，则必须提前把工程样片和相关材料准备好；而如果客户预计在半年后量产，则务必要保证在那之前芯片也在量产状态。

4．DI/DW/MP/L

当我们进入 DI 阶段，此时客户决心在我方芯片上花最多的时间。客户工程师已经读完了我方产品的数据手册，测试了参考板，代理商帮助客户申请好了免费样片，客户开始设计自己的电路板等。此时销售团队应该隔一段时间跟进关心，看看对方的进度如何，是否需要答疑帮助，客户完全不需要跟进的情况并不多见。

在某个时间点，客户会通知我方已经决定在量产项目中使用该芯片，因此我方可更新此机会的状态为 DW，接下去就是评估 FCST，引入代理商做后续备货等常规商务流程。

当客户准备进入 MP，会通知代理商准备下订单。代理商一般先下订单并付款给芯片公司，后续再等客户在账期内陆续还款。代理商还需处理期间的物流、税收、报关和其他商务问题。客户也可能友好地告诉我们已经丢掉该机会（Lost），此时销售/FAE 应尽快了解丢失的原因，有时及时采取必要的措施如降价，还有望成为第二供应商。

在芯片公司出货给代理商并收到货款时，称为 POA 节点（Point of Acquisition），因为这些货款并非完全代表客户的最终需求，并且允许退款，因此不代表这是真实的销售收入。只有当芯片给到最终的客户，订单完成以后才能计入公司的实际销售收入，称为 POS（Point of Sale）节点，只有 POS 才能真正反映市场需求。

不同公司可能采取使用 POA 或者 POS 数据作为统计销售额的会计准则，一般投行和股民很难区分。问题是采取 POA 的公司很有可能让代理商调整仓储来满足财报的需求，实际上有操纵股价之嫌。作者有朋友就曾经在饭局上听到某司销售老大要求代理商临时买入 100 万美元的库存以满足其销售目标。十多年前，某采用 POS 公司的日本分部为了冲业绩，强迫代理商大量买入存货，最后被公司发现，开除了不少人，在内部搞得沸沸扬扬。这点也是投行和会计事务所在考察准上市公司真实业绩时应该审计的地方，许多应收账款未必是真实的业务。

5．保持客户

在 MP 以后，芯片公司仍应定期跟进，看客户是否有新的设计和需求，或者只是联络感情也很有必要。有些公司在赢得设计后就主要靠代理商来跟进了,代理商对原厂没有,也不应该有任何的忠诚度。代理商能帮助芯片公司赢得某些客户,同样也可以帮助其他原厂取代其生意。有可能竞争者允诺给代理商的返利更高,有可能竞争者的支持力度更大,有可能有其他方面的合作,有可能客户也希望有多个备案,种种原因使得代理商只能是芯片公司不太牢靠的盟友。

7.7 代理商与原厂的爱与恨

从7.6节的描述读者可能看不到代理商的太多作用。本节介绍一些代理商最基层的组织,其在芯片行业的主要功能,为什么某些原厂不再需要代理商,而代理商们又应如何求得更好的生存空间。

7.6节的流程描述主要针对芯片公司的大客户——芯片公司必须主动负责与绝大部分客户的交互,代理商只能起到一些间接辅助的作用。但是在中小型客户处,代理商就更有主动权,一般出面的主要有代理商PM、代理商FAE和代理商的销售。代理商PM同时可能处理多家原厂的产品、协调具体推广的产品、洽谈商务等细节,代理商FAE则可能处理一些客户突发问题、推广系统解决方案等。

代理商的销售主要分为大客户销售经理(Sales)和商务拓展经理(BD)。Sales一般只对某一家或数家大客户负责,持续在这些大客户中发掘新商机。而BD则无特定客户,需要在一定区域内自主开发客户资源,或者只是负责某特定市场的广泛推广。

代理商销售和芯片原厂的销售有以下四个最主要的区别。

(1) 代理商销售一般情况下需要囤货备货。

(2) 代理商不拿销售奖金,而是靠从原厂买芯片再转卖来获得收入。

(3) 与原厂销售不同,代理商一般可以卖来自不同原厂的芯片。

(4) 原厂会把大客户变成直接客户而不通过代理商,因此代理商的客户一般以中小规模为主。

对于芯片原厂来说,最理想的代理商应该满足三个条件。

(1) 每年持续地带来大量新客户机会并有一定的转化成功率。

(2) 非常主动地帮助此原厂推广,客户关系良好。

(3) 在市场机会来临时,先考虑的是帮助销售此原厂的芯片,而不是其他竞争对手。

而对于代理商来说,最理想的原厂也有三个特质。

(1) 芯片容易卖。

(2)原厂提供很多技术支持。

(3)返点条件良好,不随意抛开代理商。

代理商与原厂的合作模式,一般是由代理商先去发现客户,注册客户,提供一定的支持,可能需要原厂跟进。在 DW 以后,如果是代理商自己发现的客户,可以在原厂商务系统中注册此客户,并要求原厂给予更多的返点,而如果是原厂自身的客户,只需要代理商付款和备货,那么返点较少。

(经常会有注册了该客户的代理商未必是客户希望用的代理商的情况,此问题较复杂,本书不做展开。)

原厂和代理商在产品推广时相互辅助,而代理商却可能同时代理多家产品线互相竞争的原厂,因此这样的关系可以说是"爱恨交加"。对于国际排名前列、比较强势的原厂,大量客户会自己找上门来,完全不愁客户渠道,这样的原厂完全可以挑选代理商伙伴,此时在意的是哪家代理商要的返点低,愿意备货压库存,配备专门的 PM 和 FAE,等等,该代理商是否能做更多的推广还在其次。虽然许多大型公司与代理商宣称结为战略合作关系,实际上这样的合作还是没有太多互信的,基本还是看哪家返点更多和产品更好卖。

如果实力不强,初创的芯片公司会特别希望与大型国际性的代理商合作,这些代理商的销售队伍遍及全球。因为规模化的优势、成熟的销售运作和不断增加的销售网点,对初创公司具有天生的吸引力。然而大型代理商如果觉得初创公司的产品吸引力不强,完全可能拒绝合作。这时初创公司可能会愿意让出更高比例的返点,让代理商有更大的积极性去开拓市场,甚至我听说过某产品的毛利空间 40%,其中原厂留有 20%,再给代理商 20% 返点的案例。

代理商并非规模越大越适合我方,可以卖某类芯片的代理商,不代表他们能在所有市场都卖此类芯片,也不代表他们一定能覆盖到我们的目标客户。最适合我们的代理商伙伴可以和原厂的产品与销售一起协作,他们在同样的目标市场有一定的推广经验,只有在目标地域里搜索更多潜在客户,才能达到最好的协作。

代理商最根本的价值,就是不片面地追求客户的数量,而把客户关系和项目细节做到原厂不及的深刻程度。除了极少数的大公司如英特尔、德州仪器等,或是因为客户较为集中,或是因为自有的销售和 FAE 非常多,大部分的芯片原厂总是无法用自有的销售和 FAE 覆盖所有的目标市场。因此,代理商如果给芯片原厂带来新的机会,而且不需要原厂很多的介入就可以自己搞定生意的细节,赢得商单,自然会得到原厂的重视。

对于实力较强的代理商,其覆盖的客户已经非常广泛,再通过增加销售人员拿到更多的市场份额已经很难。这部分代理商通过增加很多服务的方式扩张终端的业务。以安富利为例,其提供了大量的如仓储、物流、报关、保险等供应链解决方案,产品设计和测试服务,云数据存储,一站式生产制造外包服务,初创公司一站式服务,等等。

然而,代理商的未来却有一层迷雾。

近年来,业界较大的震动是德州仪器逐渐与所有的代理商脱钩,逐步进入直销模式,引发了业界的很多思考。德州仪器自营数万种芯片,服务的客户不计其数,基本上任何有电子产品的场合都可以用到德州仪器的芯片,按理说应该需要很多代理商才对。然而,其高层认为,基于大部分的生产资源和客户信息都已经掌握在自己手中,可以通过做电子商务,经营好网站内容,直接管理庞大的客户数据库,让大量年轻的销售和FAE直接服务于客户,这样代理商对自己开拓市场的意义已经不大,最多只有囤货做缓冲的意义。因此德州仪器在与几家大代理商如安富利、新晔、世平等纷纷解约之后,只留下艾睿做商务方面的缓冲,除此之外还与得捷等电商网站,以及EOL支持商罗彻斯特和专业做晶圆分销的Micross继续合作。就业界的普遍看法,艾睿在未来也未必见得就能高枕无忧。

众多授权代理商被德州仪器单方面提出"离婚",让前者非常受伤,因此这些年授权代理商与其他原厂努力洽谈,希望能靠自己的关系让客户将已用的德州仪器芯片替换成自己代理的其他产品。但是因为德州仪器的竞争力,据作者的感受来说,收效不大。在利益和便利面前,代理商与客户的关系很难说有太大意义,这应该是在德州仪器管理层意料之内的事。德州仪器完全有其实力与大部分代理商解约,直销省去了中间环节和差价,让贸易商失去了生存空间,可以与客户直接交流,也有更多的利润空间。

然而,直销并非所有大型原厂都可以适用的。首先,要求原厂已经与绝大部分客户建立了直接联系,拥有其商务信息,这一点就很难做到。其次,客户必须能够自己选方案,获得技术资料,在网站上直接下单。这样一套能够同时处理百亿美元以上销售额、十几万家客户的ERP和CRM系统就需要巨额的投入。最后,代理商原本是原厂和市场之间的缓冲,因此脱钩代理商前可能需要大量的资金储备(德州仪器的长期愿景可能是让客户以亚马逊的方式直接在网上订购大宗芯片)。

本书开头说过,芯片是随经济趋势的周期性产品,且往往领先于经济走势,经济低潮何时到来谁也说不准。过往的许多风险都是代理商承担,不太容易因为市场的变化而随便退货给原厂。一旦原厂采用直销模式,那么也许会出现部分产品有多余存货、部分产品又有缺货的情况。事实上,德州仪器确实就其供应问题近来收到了不少客户的质疑。

因为这些难度，大部分原厂目前还无法全都切换到直销模式。无论如何，随着原厂不断将大客户变为直接客户，电商的进一步兴起和客户信息的进一步透明化，代理商能否继续彰显其在产业链里的价值，我们还有待观望。比如，瑞萨电子作为日本厂商，本来对代理商还都比较客气，没有带来新生意也能继续合作。而在新管理层上任以后，大幅砍掉不少没有贡献的老代理，奖励那些更积极的代理商，于是业务蒸蒸日上。

代理商生活在原厂直销和电商网站的夹击之中，如果没有核心竞争力，不寻求业务模式突破的话，不是被恶劣的市场环境淘汰，就是被其他维度的竞争击倒。

再谈一谈代理商的商务拓展活动，如何能够比原厂做得更深、更广，从而彰显价值。

传统的中小代理商依靠黄页和电话在当地挖掘客户的办法显然已经过时，如果没有客户挖掘能力，单靠囤货备货的毛利点又很难维持企业生存，因此运用电子商务模式来获取客户信息成为一种可行的转型模式。不少代理商现在靠网上提供的附加服务来吸引潜在客户然后再线下跟进的模式得到了很大的发展。

如何吸引客户的流量成为选择这条路线的艰难之处。其关键之处在于，如何让浏览者得到好的体验，获得无法从原厂轻易得到的信息和支持。而投入的资源当然不能只是免费网上论坛，需要阅读浏览者的反馈，通过大数据的分析来寻找真实的客户，进而线下追踪进一步挖掘生意。

比如说作者熟识的融创芯城的创始人，就有打造电子社区的雄心。融创已经建立了全方位吸引电子设计师的接近一站式服务的平台，包括各种资源对接、技术视频讲座、技术交流论坛、项目众包论坛、职场交流和人才招聘服务等。对潜在的真实客户，又能提供PCB定制、芯片代理等其他服务，明显这样的模式有一定附加值。相对于原厂本身的网站只能单向地把信息推送给浏览者，电子社区更能集结来自原厂、渠道、最终客户等各方面的声音，可能是信息的传播者和消费者形成的有机结合。世强也是国内非常出色的硬件电商平台，世强本身已经是数百家硬件厂商的授权代理商，规模已然极大，再把代理的业务放到网上，增加了推广内容的深度和传播特性，增加了产品介绍、目标应用、选型经验、FAQ等原厂以外的内容。再加上自身的关键词运营、网络搜索推广、线上和线下研讨会，除了帮助原厂开发新客户，甚至还能开拓原厂力所不能及的新市场。

在美国，位于麻省的SiliconExpert公司也是这方面的典型。SiliconExpert是基于SaaS的电子行业供应链的平台，其平台可以搜寻各类元器件的具体料号,整理其合规数据,实时通知元器件的供应链风险,实时通知 PCN 和 EoL 风险等,客户可采取会员模式。

国内外还有很多其他电子供应链企业的相关电商网站,侧重点不同,不多赘述。

7.8　芯片的价格

本节介绍如何制定产品参考价格、阶梯价格和代理商价格这三个较关键而容易误解的问题。

1. 如何制定产品参考价格

在产品发布时,往往需要制定一般报价的策略,这里有一些可以参考的数据。

(1) 产品的成本。

(2) 产品性能方面的竞争力。

(3) 产品在市场上的稀缺度、可替代程度(许多罕见芯片难以替代)。

(4) 公司的毛利目标。

(5) 类似产品的市场价格。

要注意的是,晶圆厂或 IDM 可能在年景不好的时候采取薄利多销的方式补足产能。但是芯片设计公司不行,因为一款芯片的市场价格总是在逐渐下降,而且芯片设计公司没有多少抵御供应链风险的能力,因此在刚得到新客户的时候就要制定最高的毛利目标,因为这时是能赚到最多钱的时候。

2. 如何制定阶梯价格

对于消费类产品,我们相对容易理解其价格的区别。比如苹果因为走直销的模式,在不同国家不同渠道买苹果手机的价格区别很有限。其他手机厂商如果走经销商代理模式,那么经销商拿到的价格可能按其不同拿货的数量存在很大区别。

而芯片行业的不确定因素更多,对来自同一原厂,同一成本的同一款芯片,取决于采购数量、历史报价、具体客户、中间渠道、供应链变化等众多原因,不同客户拿到的最终价格可能差距相当大。

当每次宣布芯片量产时,产品线经理需要提供一个阶梯价格参考表,一般最少从 100 颗,到 1000 颗、1 万颗、10 万颗、100 万颗这些数量。当公司客户特别多时,可以设置专门的报价团队,当客户目标价格高于价格参考表时则自动批准,如客户需求量高而目标价格较低,则请产品线人工审阅。

报价团队常问的问题一般有以下几个。
(1) 是否是全新接触的客户？是老客户的新项目，还是老客户的老项目？
(2) 客户的具体应用和系统示意图（如果需要推荐替代芯片）。
(3) 客户的技术参数要求（如果需要推荐替代材料）。
(4) 是否有目标价格？
(5) 竞争对手的料号是多少？竞争对手是否曾报价？
(6) 每年用量及开始量产的时间。

这些问题也许并不都有答案，客户也许拒绝回答，但是试图了解更多的项目信息是团队的责任。

报价过程需要一定的市场经验，产品线和报价团队应该了解此类芯片在某特定区域，特定应用的大致市场价格范围，从而制定符合芯片公司定位的报价策略，下面举例说明。

(1) 有些同质化严重，无特别产品优势的公司现在愿意以极低毛利来抢占市场份额。

(2) 有些公司的市场竞争较为白热化而自身成本较高，能够接受30%以下的毛利。

(3) 有些公司的产品较为特殊，已经占据行业领先位置，而且可能产能有限，因而不接受任何低于60%毛利的订单。

(4) 因中国台湾、深圳等地的价格透明化而其他市场价格相对封闭，则公司对其他市场的目标价格可相对设得更高。

我们以最普遍的、通过授权代理商得到的价格为例。

因为客户项目往往在几年之内有一个生产起量—满产—陆续停产的过程，每年的采购量可能区别很大，因此需要与原厂和代理商约定一系列根据采购量而变化的价格（可以想象，客户只买100颗的话，也许连物流费都不够）。

表7.1的案例展示了给代理商的价格（DC），又称为代理商拿货价。假设我们有一颗芯片的成本是1美元。在客户采购量只有1万颗的时候可能毛利在90%，代理商拿货价是10美元。随着采购量的上升，在客户采购1000万颗的时候我方要求的毛利已经降到了50%。这里要注意的是，随着采购量上升，毛利的下降也有从快到慢的过程，如果不是这样的话，客户总觉得还有很大降价空间。最后下订单时，客户的采购数量可能有所不同，公司可自行制定规则，比如，客户采购数量在45万~55万颗，则可使用50万颗的报价。此外，客户如果先下多个数量较小的订单，如累积到下一区间，则未来其他订单可享受更低价格。

价格随采购量上升而下降的幅度因公司、产品和市场等因素而变化。比如,凌力尔特公司在被 ADI 收购前是业界著名只做高毛利客户生意的公司,因其公司的战略如此,降价幅度非常有限。

表 7.1 根据销售量而调整的价格举例

料号	成本	10万颗报价	50万颗报价	100万颗报价	500万颗报价	1000万颗报价
XX	1.0美元	10.0美元	5.0美元	3.0美元	2.3美元	2.0美元
毛利		90%	80%	67%	56%	50%

报价并不单纯因客户采购量而变,另外极常见的是报价随客户的具体应用而变化。比如在工业自动化领域,客户的产品也许是单价数万元或数十万元的机器人或自动设备,往往很少在意芯片成本,其更多关心的是:如何保证 10 年以上的长期供应、质量、品牌等细节,很少轻易更换供应商,因而常年合作的芯片厂商一般报价偏高。而在较低端的家电等领域,因为客户本身的毛利就很低,所以会更多地给芯片厂商以价格压力,甚至刚接触就先询问报价,许多厂商可能会战略性地放弃这些市场。最后,如苹果和华为这样技术领先的头部客户,虽然也在乎价格,但是他们更在乎自己产品的竞争力,往往需要最先进的芯片定制方案,而不希望因为过度的价格压力导致供应商放弃合作,因此,这些大客户的目标价格相对比较实际。

此外,报价时要注意不能破坏市场价格,进而影响自己公司的长期前景。比如,如果我们赢得华为的某项目,其生态圈周围总有一些中小型公司希望照抄其所用的芯片方案,当然我们很欢迎更多客户加入,然而要注意的是,华为愿意冒风险而采购我方的芯片,起到了市场带头作用,因此我方有必要给他们较低的总体价格。即使那些中小型公司的项目采购量不小,但是如果他们以低价产品来冲击市场,那么对我方和华为都绝无好处。

最后,有些公司可能报出阶梯价格,比如 100 万颗芯片 3 美元,但是如果客户需要 50 颗芯片做样机,可能会报出 20 美元/颗的高价,这样的公司希望从客户身上压榨出最后一点价值,但是会给客户很坏的印象。我推荐的做法是:如果芯片数量在 100 颗以下,而客户规模尚可,可作为免费样片赠送;如果芯片价格较高,则 1000 颗以下可采用同样的价格报价。

3. 如何制定代理商价格

当客户将需求通知给代理商以后,代理商会直接打款给芯片原厂下订单,然后在客户收到芯片之后,等客户的回款。根据客户是否是代理商独自发现的,客户的回款时间,原厂会与代理商商定一个最终的转售(Resale)价格。有时如果客户回款账期较长的话,转售价格需要适当增加,在国内大约是每多一个月的账期则增加 1%。代理商的资金多数来自自筹或银行商业贷款，那么中间至少还有几个点的盈利余地。而如果客户是代理商自己发掘的，做了大多数的 DI 工作，那么多谈 5%～10% 的返点也有可能。

举例说明，假设代理商下每月 1 万颗的订单。我方以协商好的 DC——假设 10 美元/颗，卖给此代理商，该代理商以双方同意的 11 美元转售价与终端客户签销售合同，并等其在大约一年之内的账期内慢慢回款。

有些芯片公司采用另一种销售办法，这里会加上统一直销价格（Direct Book Price，DBC）的概念。假设某芯片的 DBC 是 15 美元，而代理商得到批准的仍是 10 美元的 DC 价和 11 美元的转售价。那么，代理商需要先支付 15 美元/颗的 DBC 价给芯片公司，然后向客户收取 11 美元的转售价，将证明发到芯片公司，再得到 DBC 价后减去 DC 价（15 美元减去 10 美元）的 5 美元，最后同样赚取 1 美元的返利。这种做法的好处是可以在一定程度上避免此代理商成为贸易商，使暗箱操作更为困难，但是有可能因为前期代理商压款太多而打击其积极性。

最后，如果是进口芯片，国内的客户在报价的基础上可能还需要支付 13% 的增值税，具体税率的实施可能有一定区别，税法细则读者当自行查询。此外，还有人民币交易和美元交易两类，如果是美元交易的话，一般芯片需要先发货到代理商的香港仓库，然后转给客户的香港货代，多一道手续，可能有一点报关费用。具体外贸操作流程作者不甚了解。

7.9　大客户管理

之前讲到华为、苹果及类似的大型客户，这节介绍一些赢得和管理此类客户的经验。

大客户的回报自然是惊人的，苹果作为全球最大的芯片买家，在 2022 年，芯片的采购支出达到 670 亿美元之巨，可以说任何一家中小规模的芯片公司如果打入苹果的供应链，业绩的飞速增长自不待言，而对大型芯片公司，苹果也多半是最大的客户之一。当然，欲戴王冠，必承其重，如果公司的客户群不够分散，丢失大客户可能导致灭顶之灾。国内的歌尔股份有限公司和英国 Dialog 公司都曾经因为暂时丢失苹果的市场份额而导致股价快速下跌。

与大客户的交互往往是个非常复杂和让人困惑的过程（就像漂亮女孩总要保持神秘感）。其验证周期经常很长，做决定的流程完全不透明，可能过程中要和遍布几个国家的客户、难以计数的各种团队打交道，大客户可能突然要求很多技术支持，有时又长时间无影无踪，可能今天还在催进度，明天就通知整个项目取消……因为在书里不可能讲任何项目细节，这里作者只能大概谈一些宗旨。

具体来说，与大客户的销售过程分为这样一些方面。

1. 客户管理

（1）公司内部可以有核心客户经理（KAM）和全球客户经理（GAM），需要分清各自的职责和权限。

（2）要对客户的组织结构、具体业务、芯片采购的需求有所分析。

（3）建立逐步进入此客户供应链的计划，往往可能从小项目、小芯片开始。

（4）明确自己赢得该客户的竞争优势（低价、高性能、充分产能等）。

客户战略分析

（1）搜集有意义的信息（来自财报、访问、公开讲演等的信息）。

（2）了解公司文化。

（3）竞争对手的优势及劣势。

（4）了解客户在全球的布局。

（5）建立短期和长期的目标。

2. 客户战术分析

（1）寻找对方能做决定的人。

（2）了解对方能做决定的人及其个人特质（比如，作者认识的某欧洲公司CTO对芯片公司做竞争对手分析非常厌恶）。

（3）了解客户公司的一些动态（包括战略方向、战术投资，甚至政治问题）。

（4）配合所有的人（不要光顾着和客户老大打高尔夫，也许下面最年轻的一个技术员说这款芯片有问题而不愿花时间测试，就失败了）。

（5）客户的决定权限。有些客户的研发部门较强势，有些客户的其他部门更强势。

3. 布开战场

（1）了解客户的决定流程，是先从工程师开始，还是先从采购和质量开始？对很多大客户，选型时只能先在有限的优先供应商中选择，当没有适用型号时，有可能是我们的机会。

（2）收集所有数据（联系工程师，前期了解到的项目信息，任何技术和商务细节）。

（3）约谈会议，要约到重要人物。有次我们去拜访客户，高层到中层加代理商去了一堆人，结果只见到对方一名懒洋洋的年轻工程师，这就是销售人员工作的失误了。双方与会的人员层级应尽量对等。

（4）发掘可以打入客户的机会。

（5）以个人性格来影响客户。在很多情形下，有时热情而积极的销售就能推动客户，而如果消极一点，客户也乐得省事。据说中国台湾的某代理商，雇用的销售都是漂亮女性，目标就是客户的腼腆宅男工程师（这样的手段对苹果和特斯拉可没用）。

（6）销售和产品线需要决定主推的芯片、提供的服务和价格、系统解决方案等。

4. 客户关系

（1）与 OBM、OEM、代理商的多方关系的维持。汽车芯片的从业者要培养与 Tier2、Tier1、车厂之间的多层联系。

（2）定期做高层互访，公司互相背书（包括公开的合作联系）。

（3）战略性的投资（英飞凌之于博世，瑞萨之于丰田，等等）。

在做了那么多工作以后，未必能够赢得目标项目。有的销售人员已经与苹果打交道长达 20 年，还是不能确定某些项目是否是真实的，有时也许只是某个工程师的奇思妙想，就让原厂一堆人跟着花费大半年时光。据更老资格的高层说，如果做 10 个苹果的项目，能够有 3 个量产已经是非常好的成绩。我记得自己丢掉第一个苹果项目的时候非常惶恐，而高层当时却云淡风轻，原来这是颇为常见的事。不过与大客户做的项目多了以后，无论以后的项目成与不成，其战略合作关系不变。追逐大客户和追求女孩的宗旨有点类似——都是一段关系从陌生到紧密，要尽可能地了解对方，要做好充分的计划，留下深刻印象，最后即使不成功，也有下次合作的机会。

当大客户非常认可我方能力时，可能需要我方为其开发专用的特殊芯片，这样的芯片往往体积庞大，开发成本极其高昂，毫无疑问这是高回报而且是高风险的。我们在处理这些专案时需要特别小心，因为客户可不会为我们的职业生涯操心。最佳情况是这些芯片在其他大客户处仍然适用，如果不可能，则需要客户支付 NRE，或签订特别合同，或至少要客户高层来背书，如此来抵抗项目的风险，要尽量让客户没有其他退路。曾有某公司业务部门收到客户的 100 万美元 NRE 做一颗定制的模拟前端，整合多重功能，在一切性能验证过关后，居然客户最后没有用，后来一直不知道为什么。

7.10 内部业务会议

在业务较有起色之后，销售团队需要定期召开内部业务会议，回顾以往的成绩，检讨失误，确定未来一致的方向，做出新的投资决定。这样的会议在业界一般称为季度业务审查 QBR(Quarterly Business Review)。比较重要的是(全球)大客户经理和各区域销售主管与各产品线总监的 QBR 会议。

首先谈一谈区域性的 QBR。

销售网覆盖全国或者全球的公司,必然按区域划分销售的覆盖范围。比如,常见的中国划分的销售区域就是长三角以北(包括西部)、长三角和珠三角三个大区,每个大区一般有区域销售的总经理,其中每个大区内部又细分成北京、杭州、成都、青岛、广州等更小的区域。

出于相似的组织架构,在美国的销售区域一般会分为西部、中部和东部三个大区。其中,西部会分成西北部(华盛顿州、俄勒冈州)、北加州(硅谷)和西南部(洛杉矶、圣地亚哥);中部一般分为五大湖区(芝加哥附近、底特律附近、威斯康星州、印第安纳州等)和中南部(德州为主);东部分为东北部(纽约州、马萨诸塞州等)和东南部(佛罗里达州等),如业务足够庞大,还可以进一步细分。

欧洲的芯片销售按国家分类较为普遍,部分工业和汽车类芯片的消费大国,如德国、法国、意大利会继续细分成几个销售区域,总体团队最为庞大。北欧因为有爱立信和诺基亚的存在,其市场也不可忽视。而东欧、中东等地的机会有限,少数人覆盖全域即可。

日本、韩国、东南亚、印度、南美等地,也可以分别安排销售团队,其重要性视各公司的产品侧重不同。日本芯片市场相当庞大,从前比较故步自封,多使用日本本土厂商产品,现在较为开放。

区域销售回顾的一般介绍格式如下。

(1)当季的销售额比起前一季度和去年同一季度的变化。按照当地的销售额、外部转入(Revenue Transfer)的销售额划分(因为制造业的全球化属性,OEM 客户可能在一国设计而由另一国的 ODM 采购和生产,一般来说,在最初设计的地方,当地销售和 FAE 支持最多,所以在采购地产生的销售额一般称为外部转入,即为设计地的销售业绩。如果采购地的团队也有一定的支持,需 GAM 来决定贡献度)。

(2)预测全年的业绩趋势进行关键客户的总结。

(3)给出未来 3 年的业绩指标。

(4)当地在近 3~5 年的销售额增长趋势。

(5)当地在近 3~5 年的客户数增长趋势。

(6)按照不同的产品线划分当地销售额,进行趋势总结。

(7)创造最多销售额的几颗芯片。

(8)pending/DI/DW 的趋势。

(9)代理商覆盖的客户总结。

(10) 如果各销售区域内有不止一位销售,可分别列出个人的贡献。

(11) 此外可以增加具体客户的细节分析,包括新项目、具体动态、竞争者等信息。

再次谈一谈大客户经理的 QBR。

芯片公司不得不对大客户十分在意,有些公司绝大部分的业务都来自个别消费类客户(比如 RF 类芯片就很典型,与手机或基站的大客户合作就会发达,不然就不行),即使是面向非常广阔的工业类市场公司如德州仪器、ADI 等,总体客户可能有数万家,但是如果细数前 100 名大客户,在整体销售额中会占相当重要的比例。

全球性的大客户往往在全球各有研发基地,可能来自并购的公司、历史传承、产业集群等。(读者是否看过华为专门在俄罗斯招数学家的报道)因此,了解大客户的前提就是对对方的研发布局有所了解。比如,从事工业芯片研发的公司,想必会接触施耐德电气,根据其创新中心的公开资料,可知其创新研发中心的布局是:马萨诸塞州分部负责楼宇和工业自动化、安全能源和微电网;密苏里州分部负责能源和制冷;柏林分部负责智慧城市和交通;伊斯坦布尔分部负责自动化和电力分布;利兹分部负责低压和中压连接产品;巴黎分部负责数字和可持续能源;新加坡分部负责楼宇、医疗、汽油等多方位的创新;德国拉尔分部负责电机技术;等等。除了创新中心,其具体产品的研发分部还包括中国(北京和香港地区)、加拿大、波士顿等,其制造中心也遍布全球。

GAM 应该了解客户业务的布局,负责客户各业务的关键人士,并在各区域布置相关的销售、FAE 或运营支持的资源。GAM 的 QBR 应该向公司高层传达客户的愿景和业务动态、主要增长点和业务面临的挑战。相应地,应该制定公司在此客户处相应的战略和战术。在战术方面可以专注个别芯片的成功,在战略方面可以关注系统方案。

对于工业类或者汽车类大客户的业务增长,往往不取决于个别一两颗芯片的业绩,而在于更高层面的全面合作。诸如联合开发产品平台,行业标准的共同制定,全方位的系统方案,供应链的全面改善,帮助客户达到更宏观的目标(比如碳中和),等等。这些应该是 GAM 请公司管理者给予支持的方面。

GAM 应该报告客户所用的主要芯片产品类型、其每年的采购额、公司占有的 SAM 份额及较有业务增长希望的类型。季度性增加的芯片机会及其 DI 的状态,又应包括竞争对手的份额,其优势和劣势的分析。GAM 应该明确自己公司在客户处的优势,如苹果和英特尔,本身是处理器芯片大厂,同时又是其他芯片公司的大客户,我们如果要卖自己的处理器芯片给这两家,显然不太现实,但是要卖模拟、电源、传感器、通信类的芯片,却是相得益彰。

在QBR会议中,还应该沟通的是客户目前的供应状态、需支持的技术和商业项目、价格和合同问题、产品路线和新产品的推广,协调未来在客户处的技术峰会、推广策略和计划后续的其他会议。

7.11 市场宣传

芯片公司的芯片99%都是以B2B模式直接销售给客户公司的,因而不是电子行业的人很难了解芯片是怎么回事。很多商科毕业生问过我:"你们都是IT行业吧?"或者问:"你们都是写程序的吧?"而关于德州仪器公司的一个著名笑话是:"我听说过TI,不就是那个做考试用的计算器的公司吗。"确实TI现在还有计算器业务,与其主业相比体量早已忽略不计,但其可能是普罗大众唯一了解的TI的业务。

既然我们的芯片行业不是直接面向普通消费者,因而很多公司对市场宣传有点提不起劲来,至少不太确定如何才能精准地将自己的广告投放给潜在的客户。英特尔可能是最早用商业广告来宣传自己的公司,"Intel Inside"这句话从20世纪70年代就开始出现在电视节目里,每个人都耳熟能详,而近年来高通也开始做自己Snapdragon品牌的电视广告,我们平时也能在YouTube等互联网渠道看到根据用户的大数据而定向推送的广告。如果我们观看某个电子爱好者发的视频,大概率能看到某些芯片公司的宣传广告。

芯片推广根据不同的目标市场和应用而定。比如,为苹果定制开发了某颗特殊芯片,本来就应该保密;而如果是某颗针对成百上千个潜在客户的芯片,就需要在电子杂志和其他渠道普遍投放宣传资料。许多芯片公司意识到无法光靠自己和代理商主动出击来寻找客户,需要给客户主动来寻找自己的机会,因此越来越不吝啬投放广告,电子行业的媒体确实在这些年的投放趋势有增无减。

产品推广时,公司的宣传部门会提供不同的选项。这些选项要占用公司不同的资源和成本,所以并非所有芯片都是需要重点推广的,如果较普通的芯片都重点宣传,也会让外界对公司的定位和印象感到模糊,因此我们的推广肯定要有所侧重。

在4.3.5节"发布与推广"中,我们已经介绍了产品发布和宣传时需要准备好的全部技术和商业的资料。对于普通的市场宣传,我们可以与宣传部门联合准备的项目有产品简介、产品宣传演示(Presentation)、新闻稿(Press

Release)、媒体访谈(Media Advisory)、技术类文章、推广视频、网络宣传、新闻发布会、展览会和技术讲座。

其中的细节在《我在硅谷管芯片：芯片产品线经理生存指南》一书中已经提及，本书不再重复。

作者手上有一个深圳大麦创新公司的100 W氮化镓充电器，其外包装上印着作者老东家MPS的标志(如图7.2所示)，该充电器内部有两颗作者原产品线设计的芯片，代表了这两个厂家对品质的互相认可。MPS作为全世界近十年发展最快的芯片公司之一，这些年越来越注重自己品牌的建立。相信以后的电子设备会有更多"某某公司标志"的标签出现，代表芯片公司已更多地走到台前。

图7.2 MPS的标志

7.12 网站建设

有些国内的朋友明明业务已经做得不小，但是看其网站，往往只有非常有限的产品信息。其担心之处还是如果信息过于完整，很有可能竞争对手会来抄袭，因而只好以线下推广为主。(某国产芯片上市公司老总在微信朋友圈呼吁：国内竞争对手能否去抄欧美的芯片，不要抄国内同行的?)国情如此，情极可悯(国内一家专门帮客户做反向抄袭的公司曾经递交材料打算上市，在舆论反对之下才撤销)，然而网站建设还是成为更伟大公司不可缺少的步骤，因为优秀的公司永远领先竞争对手，从来不怕抄袭，而为了价格实惠就能舍弃优秀供应商的客户往往有更多隐患。

比较中规中矩的芯片公司网站，包括这样一些内容。

第一个板块永远是产品分类，方便客户点击进去，理想中应该3~4次点击就能找到需要产品的细分门类，菜单应做得尽量简单以方便客户阅读，要知道客户来阅读网站的耐心并不多。

假设产品较多，在产品分类之下应有具体参数表以作对比。同样地，此参数表应该尽量简明，只标注有所区别、较为重要的参数和性能，而省略没有区别的部分。在建立相应网页前，读者不妨参考德州仪器或ADI网站，这两家能将数万种产品都展示得非常整齐。

如果公司希望新产品尽量对竞争对手保密，不希望提供公开下载，那么可行的做法有两种：一是实行客户注册制，客户必须用自己公司的邮箱来注册，经专人审核为真实客户以后才可以自行下载(然而国内很多客户并没有公司域名,往往还在用 qq 邮箱,因此此条不容易实现);二是只提供 1~2 页的极简易数据手册,联系公司销售以后可提供完整版。

第二个板块可以介绍公司产品的具体应用实例。其意义是许多客户未必先去直接挑选产品,而是先来看公司是否有适合自己终端产品的相应方案,再从方案中查找是否有自己感兴趣的部分。对于大类的应用,如汽车、工业、通信等,应该有进一步细分的系统框图,在每一个零件组上标注自己的推荐产品。

系统框图表现了公司对该具体应用的了解,以及是否有全局的芯片方案。我们经常遇到某客户说"我们不是这样做的",这句话往往导致会议冷场;反之,如果展示的框图细节与客户具体的设计非常接近,会得到客户反馈"你们对我们很了解嘛"。事实上,作者在自己的日常管理中,总是希望从赢得的任意一个客户处获得他们的系统框图和方案细节说明,未来在对相似客户的推广时就相当有益。在第 8 章里作者会对十类电子产品做有限的系统级说明。

第三个板块可以是公司提供给客户的设计资源。这里大致可以包括以下内容。
(1)参考设计的硬件电路和软件下载。
(2)按芯片料号区分的质量和可靠性验证记录。
(3)封装和版图的资源。
(4)仿真工具、仿真模型和计算工具。
(5)技术白皮书、技术文献、培训视频、课程等。

第四个板块一般是客户服务,内容举例如下。
(1)网上商城,包括下单、追踪、查看订单状态、退货等。
(2)免费样片申请。
(3)各地销售办公室的联系方式。
(4)各地代理商的联系方式。
(5)PCN 和 EOL 信息。
(6)客户求助技术中心。

最后一个板块应该是公司的具体介绍。
(1)无论公司规模,都可以介绍创始人和核心成员的教育和工作背景(如果是初创公司而不愿意介绍核心成员的,也许有竞业协定、智慧产权纷争之类的隐忧)。
(2)公司的核心业务介绍既是面向客户,也是面向投资人。
(3)供应链合作伙伴,如果是初创公司且有强大的供应链保障,不妨列出。
(4)新闻和近期活动,有些公司明明仍然存续,公司新闻却几年没有更新,不知为何。

(5) 如果是上市公司,需要提供投资者信息专栏。

(6) 公司的商业行为准则,包括公司文化、公平竞争、员工利益、智慧财产等细节。

(7) 求贤纳士的部分,包括正在招聘的职位链接、工作地点、员工福利(如各类带薪假期、各类保险福利、发表专利和论文奖励、培训和学费报销),招聘流程,等等。

7.13 走向海外市场

如本书前文曾经提到的,很多国产芯片公司已经纷纷到海外设点。原因是需要在海外建销售和客户服务中心,开拓国内缺乏的某些市场,某些国外地区的人力成本可能已低于国内,更易寻找合作和收购兼并的机会,等等。

而对于开拓海外市场,很多公司甚至还没有物理的根据地就已经能发挥影响力。其主要因为中国的电子企业能力的增长,即使在许多场合下作为OEM,也能够影响欧美厂商在芯片使用上的决定。很有可能欧美客户做出了初版设计,但是中国工厂却发现有性价比更好的方案而改动设计。比如,最近作者偶然了解到,在欧洲有家规模尚小的初创企业选择了珠海某公司的处理器芯片,作者非常好奇,感觉这么小的欧洲公司应该没有接触国产芯片的经验和渠道,结果发现是出于国内某OEM的努力。这样的案例多了以后,当然对中国产品的国际形象极有益处。

今天有许多国产的芯片设计厂商已经完全具备了在国际市场上竞争的能力,仅就作者有限的了解,像矽力杰、中芯、华虹、豪威科技、安世半导体、英诺赛科、希荻微、思瑞浦、汇顶科技、芯原、高云等数十家芯片企业,在硅谷等美国多地,已经通过收购当地团队、自行招募等途径设置了从销售到研发规模不等的据点。而台企如台积电、联发科更是在硅谷有大规模的团队。因为近年国内芯片工业投资兴旺而人才奇缺,平均的工资待遇已经超过欧美不少地区,但人才的经验却相对较缺乏,出海又能避开非常内卷的国内市场,因此在海外建立分公司以争取当地市场,吸引海外人才,寻求并购机会就成为必然的趋势。选择具体地点的依据:有时考虑特定的人才市场(比如安世半导体的美国分部放在达拉斯,直接和德州仪器抢人),有时考虑与某些著名的工科学校接壤(比如波士顿、硅谷和北卡三角区),有时考虑当地是否有足够庞大的海外市场,有时考虑收购海外公司的部分业务,然后在当地扩张(比如株洲时代电气在英国伦敦设置了创新中心)。

海外的芯片市场可以简略地概括如下。

(1) 汽车,其中传统燃油车在美国、欧洲、日本的芯片客户较多,中国和韩国的略少。而中国在电动车方面起步和发展较快,仅比亚迪的芯片采购量可能就不低于特斯拉。在自动驾驶方面,全球客户都在努力,产生了大量的芯片商机。基本上未来的汽车或多或少总有一些智能的附加价值。

(2) 新能源,电动车基础设施和智能电网的建设应该是中国市场最大。其次,在电池管理系统和可再生能源方面,美国和中国的市场都较广阔。其他国家的体量不够大。

(3) 物联网,这方面中国在面向消费者的应用上芯片市场最大,而欧美的相关芯片机会主要在工业物联领域。

(4) 手机和计算机,这方面的市场几乎只有中国和美国(以设计为主,有芯片的决定权)。其他国家无法在这么大体量的生产上竞争。

(5) 通信,这里主要是中国和欧洲较有优势,美国的电信产业本来相当庞大,近年来除思科等老公司外,创新不多,相当大的市场都让给了诺基亚、爱立信等欧洲厂商。中国在5G方面一枝独秀,5G的特点是更加的去中心化,因而给更多的小基站带来了更多的芯片机会。

(6) 数据中心,这里最大的芯片客户可能还是美国的一些大型互联网公司和其他提供基础设施的公司。中国也在赶上。

(7) 测试与测量,包括半导体制造和ATE、科学仪器、电子测量和测试仪器、电池测试仪器等。这个市场几乎完全被美国和欧洲占领,日本略有一些。其实仪器行业的芯片市场规模相当惊人,在这个领域的中国公司较为落后。

(8) 工业控制,在所有的制造业大国都有大量商机。

(9) 医疗电子,包括大型医疗仪器设备、便携式检测设备等。这方面的市场几乎被美国、欧洲和日本垄断,国内客户较少,目前高端产品不多。先进医疗电子与仪器设备市场相似,虽然产量不高,但是单台设备里的芯片机会太多了,而且毛利可以很高。

综上来看,至少面向多数市场,建立海外分部还是很有意义的。

前两年,某国产芯片公司曾经向作者询问在美国建分部的事宜,当时作者给了一些浅显的看法,这里将当时建议的海外团队的架构与读者分享,或许对您有所启发。

首先美国分部在未扎牢根基之前,不必迅速招人而烧钱太快,应该分阶段扩张。第一阶段先追求在当地市场建立起的品牌形象,让客户觉得"我们来了",然后开始做一些产品销售和客户支持的工作。第二阶段开始寻求大客户的市场机会,正式建立市场与销售组织。第三阶段就当地的技术资源和市场情况,研发合适的产品以行销全球。其分阶段示意图如图7.3所示。

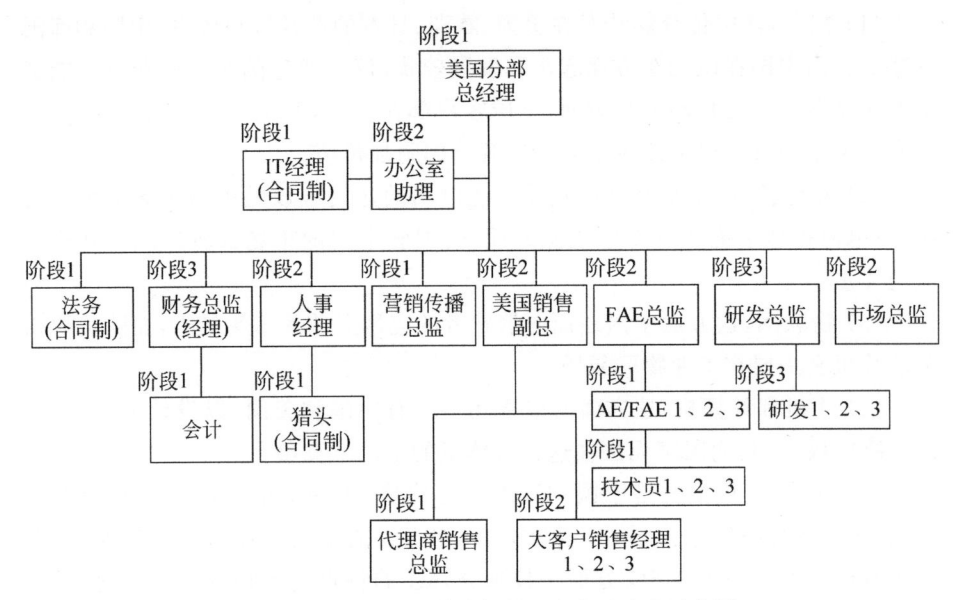

图 7.3　芯片公司海外分部的三个发展阶段示意图

阶段 1：初创之时首先建立的是基础结构，包括 IT、会计、猎头、营销等，这里多个职位可以以合同工的方式招募而完全不必全职。比较关键的是招聘代理商销售总监，先与北美主要的目录分销商洽谈合作，增加到其网上的选型目录上去，同时寻找合适的主要代理商，先利用对方的渠道来开展初步的营销工作。营销总监应与下属配合建立公司在北美地区的品牌形象。这时也有必要建立初步的实验室，招募 AE、FAE、技术员，开始逐渐熟悉公司产品，以及帮助当地客户解决一些技术问题。

阶段 2：在熟悉公司产品，建立起初步组织以后，此阶段需要成立稍有规模的市场和销售组织，如市场总监、FAE 总监，以及大客户销售经理等。随着人员变多，可能需要正式的人事经理和办公室经理。

阶段 3：在形成一定的销售渠道和成果以后，需要财务总监/经理进一步整合和规范销售流程和销售系统。同时公司可以寻求成立研发组织的机会（有时公司新产品的方向可能是根据能找到什么样的人来决定）。有了十几个人初具规模以后，可以思考进一步发展的动向。

近来作者接触了一家从事微波与雷达行业的客户，该客户来自中国，创始团队都是华人，在美国开始发展后，起初还是以 OEM 接单为主，后来干脆成立了海外总部，开始打造自有品牌，在美国的产品和目标客户与中国截然不同，非常有想法。美国的商业体系比较健全而且对外国创业者比较友好，因此仍然是科技企业出海的首选。

第8章

十类电子产品的系统简介和相关芯片市场

现代电子工业如果以半导体器件的发明作为起始点，迄今已经走过了60多年的光阴。这60年里大约每20年为一阶段，每一阶段都给芯片行业带来了大量的新机遇。

这一切最早是源自二战结束以后，由IBM和AT&T在20世纪60年代开始推出的大型主机，这时的芯片行业处于早期阶段，以服务政府、军工、宇航、大企业等为主。大型主机使人们得以储存和处理较多的数据，可以让较简易的终端连接到大型主机，下载和上传资料。

20世纪80—90年代的个人计算机大约是芯片行业真正腾飞的标志，这时为大众熟悉的名字如英特尔、微软、惠普、戴尔等公司，本身就是芯片行业的巨人，或者是芯片的大买家，总之全都与芯片产业有千丝万缕的联系。2000—2020年是移动和云计算腾飞的时代，手机等移动终端每年销售10亿部以上，仅苹果和三星两家公司智能手机的芯片市场就达到千亿美元级别，再加上背后服务的数据中心、电信基站、无线通信等基础设施，本身消耗芯片的数量又非常庞大，因此在短短20年间，全球芯片市场就增加了数倍，达到数千亿美元之多。

2020—2040年应该是智能感知和连接的时代，我们已经看到的趋势是含有大量传感器和相应器件的智能汽车、无人工厂、智能家居、环保节能等应用正在不断涌现，虽然世界经济稍显萎靡，但是制造业和人类生活的智能化趋势却不可遏制。在2030年以后，随着人工智能的不断兴起，也许人类可以进一步解放自己，更多智能化、自动化、个性化的革新会继续出现，也许未来就会有全自动驾驶的汽车和家庭服务机器人，毫无疑问所有这些革新都需要用电，而用电的场合就几乎100%需要芯片。

这几个阶段的示意图如图8.1所示。可以看见，芯片行业的每一次大发展，基本是因为某类电子产品从中心化的较大型设备，到逐渐去中心化、不断分散的处理终端，电子设备越来越贴近人类的生活，因此芯片的用量呈几何级数的增长,这样的趋势还在继续。

电子工业的几次飞跃

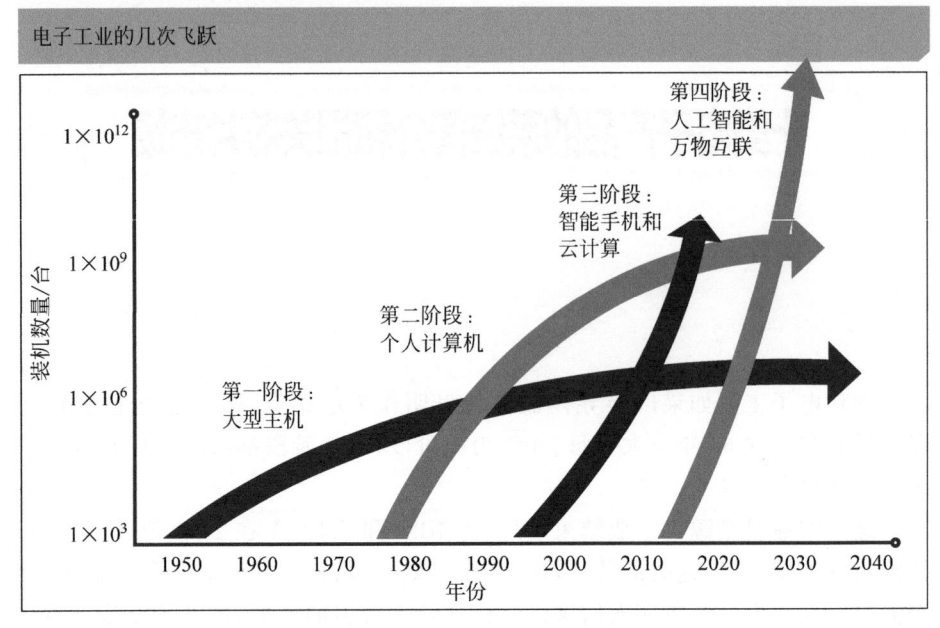

图 8.1 电子工业的每一次飞跃

本书的核心是芯片公司的运营,而制定公司的发展方针和市场战略也是运营的一部分。本章简单介绍世界电子工业较为重要的十大类电子产品的系统应用,分别是汽车、新能源、物联网、手机和计算机、通信、数据中心、测试与测量、工业控制、医疗电子和 AI 应用。这里并没有按重要性或体量来排序,都蕴藏着大量的芯片机会。

没有收录的包括以下两类。

(1) 军工和宇航市场:此市场在所有应用中毛利最高,成长颇为可观,但本书不涉及。

(2) 家电市场:是消耗芯片的大户,但是相关芯片毛利较低,成长有限,因此不特别介绍。

有些读者曾经问过我有关职业选择的问题,希望这部分读者通过本书略微了解芯片的市场机会以后,对未来较有前途的行业选择也能有所认识。

本章介绍的十大类应用,每类大致包括以下细分种类,其他资料的分类法可能有所不同。

① 传统燃油车和电动汽车:包括传统燃油车、电动汽车、自动驾驶、车身和座舱系统。

② 新能源:包括电动车基础设施、智能电网、电池管理和储能、风能、太阳

能和其他可再生能源、电能计量。

③ 物联网：包括智能家居、环境监测、传感器、可穿戴设备。

④ 手机和计算机：包括智慧手机、台式机终端、笔记本和平板计算机。

⑤ 通信设施：包括各种规模的基站和无线设备、路由器、光纤通信等。

⑥ 数据中心：包括服务器和相关基础设施。

⑦ 测试与测量：包括半导体制造和 ATE、科学仪器、电子测量和测试仪器、电池测试仪器等。

⑧ 工业自动化：包括工业自动化、楼宇自动化、家电等。

⑨ 医疗电子：包括医疗仪器、便携式检测设备等。

⑩ AI 应用：就其应用简单介绍。

在这些细分领域里，每类的应用环境和系统架构都不尽相同，而且每个具体产品的设计也千变万化，其中有太多的细节无法面面俱到地介绍。本章只能选取其中 1~2 种典型产品，分析其系统架构，相关的芯片种类，并就作者自身的经验来讨论其中的新兴机遇。在作者经验较少的某些芯片领域，估计有不少谬误，欢迎读者沟通交流。现代的电子工业非常之精细，每个细分应用类别背后都有各种咨询公司做出了数百页的行业分析报告。因此本章的内容是非常浅薄的，希望能起到一点启发作用。

沃顿商学院的教授 Russell L. Ackoff 曾有这样的名句："系统的整体表现更多地依靠各零部件的互相配合，而非各零部件各自工作的情形。"对于芯片行业的管理人士，无论自己专精于哪种芯片的种类，必备的功课是了解客户的系统设计及各种元器件的互相影响。比如，作者自己虽然负责的产品线主要包括模拟、电源和部分混合信号芯片，但是又常常去研究各类数字芯片的规格以寻求新的整合和匹配机会，否则我们无法造出适合客户的产品。而从客户的角度出发，在供应链紧张的今天，许多客户宁愿牺牲一点成本，也希望减少供应商的数量，尽量从少数几家厂商采购，增加自己的影响力而改善供应链风险。芯片公司自然也愿意在有限的客户范围内，尽可能增加能够推销的产品种类，所以我们接触客户的同时，总是希望客户可以分享其整体系统设计的细节。作者到了 40 岁，感觉需要学习的知识比 25 岁时要多得多，这是因为随着知识和经验的外沿不断扩张，作者发现自己无知的领域越来越多。

8.1 传统燃油车和电动汽车

这里把汽车应用放在第一位，是因为在最近的几年，芯片市场增长最快的就是在汽车应用领域。如英飞凌副总裁 Tim Gutheit 近来在全球半导体协会

(GSA)活动上做的演讲："汽车工业在接下去的5年比之前的20年的变化还要大,其变化在于新的技术趋势、新入场的玩家、新的商业和技术联盟,全新的服务模式,数字化和突破性的创新。"

本节首先对汽车市场进行综述,并列举主要的汽车芯片企业,之后概述汽车工业的主要趋势,最后以电动车的主逆变器为例说明其应用系统架构。

8.1.1　市场简述

对于汽车市场的范围,可能先要做个定义。这里的汽车市场包括乘用车、卡车、客车,不包括农用车、军用车、高尔夫球车及低速电动车,客户仅限于OEM和Tier1两类。

汽车半导体市场的规模,在2022年约为550亿美元(来源：Frost & Sullivan),尽管有疫情的影响,比起2021年仍然增长20%,而2021年较之2020年的增长约为30%。

2021年的公开数据显示,全球汽车生态系统各层级的前十位如下。

OEM：丰田、大众、雷诺和尼桑联盟、现代和起亚联盟、通用、Stellantis集团、本田、福特、宝马、奔驰。

Tier1供应商：博世、电装、采埃孚、麦格纳国际、爱信、现代摩比斯、Forvia集团、大陆、巴斯夫、李尔(其中巴斯夫不提供电子产品,并不是芯片公司客户)。

芯片供应商：英飞凌、恩智浦、瑞萨、德州仪器、意法、博世、安森美、美光、ADI、罗姆。

其中,芯片供应商又可以按照其擅长的类别来分类(这里随机排序,因为很多上市公司并未单独列举其汽车市场业务份额)。

SoC/处理器：高通、英特尔、特斯拉、联发科、英伟达、瑞萨、AMD、NXP、ST。

内存：三星、美光、SK海力士、铠侠。

模拟和电源：英飞凌、ADI、德州仪器、瑞萨、NXP、ST、MPS、博通、思佳讯等。

传感器、光学器件、离散器件：英飞凌、NXP、ST、博世、德州仪器、索尼、安森美等。

汽车应用的市场,大致有燃油/电动动力总成、中央控制、驾驶辅助、座舱、底盘及车身这五类。汽车应用大多会用到多种芯片,比如,这五大类应用都需要处理器和电源芯片,只是要求和复杂度可能大相径庭,而某些特殊芯片如LIDAR等,就只用于驾驶辅助。图8.2列举了这五大类应用下的部分芯片需求。

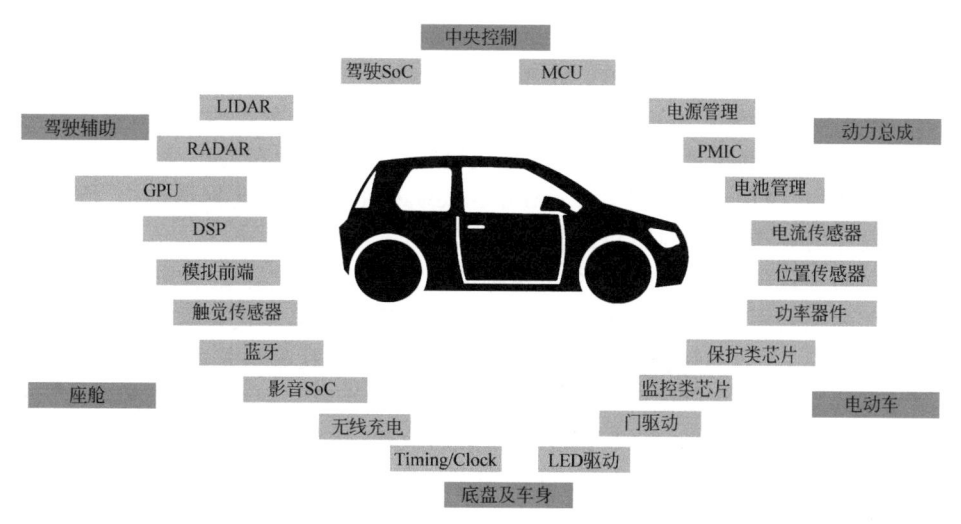

图 8.2 汽车市场应用的五大类别及部分相关芯片

8.1.2 主要趋势

汽车市场在未来 10 年的大趋势，应该是：①进一步的电动化。②对各类传感器有更多的需求，进而智能化。③车联网。大趋势中还包括一些小趋势，如碳化硅在电动车上的进一步采用、V2G 的双向充放电管理、更先进的影音系统、车联网、远程诊断和软件升级等。

对于和这些大趋势相关的芯片机会，介绍如下。

智能汽车：LIDAR、图像传感器、红外传感器、毫米波雷达、AI 处理器、DSP、GPU、RF、SoC 等。这里如传感器、处理器、内存等芯片的市场价值更大。虽然不同车企对智能或自动驾驶汽车的目标和雄心不同，但是更多传感器、更多计算和存储、更多安全性的需求是共通的。据台积电最近在硅谷召开的技术峰会上的说明，估计到 2030 年，90% 以上的新车都会有某种程度上的自动驾驶功能，L1、L2 和 L3 将各占据三成左右的市场份额，应该相当可信。

电动汽车：主逆变器的 DSP、MCU、内存、功率器件（IGBT、碳化硅）及相关模块，模拟器件，专用 PMIC，电源管理芯片，保护芯片，门驱动，隔离芯片等。充电器和大功率 DC-DC 的拓扑不同，所用芯片型号也不同，不过各个种类基本都有需求。电动汽车中功率器件的市场最大（仅一辆车的主逆变器就至少需要几百美元），但如果产品无特色的话则毛利偏低，无特殊战略合作关系也很难进入主流车型。

车联网：V2X 的双向通信（比如车与车的 V2V、车与充电端的 V2G、车与基础设施的 V2I）会产生大量短距和长距通信器件的需求，包括 RF、收发器、以太网、SoC 等，同样需要更多的计算和存储，部分内容可能会传入云端。

未来的汽车可能会在整体架构设计上发生较大变化。如 50 年前的老车，所有的功能都各行其是,没有中央控制的部分,2000年以后的车型有了较多电子设备,因此需要更多的 ECU/MCU,每颗处理器控制一部分的电子功能,互相通过 CAN 总线等有一定交流,这时的控制仍然算是分布式的,每次增加新功能,网络结构就变得更加复杂,从而造成更多延迟。而现在的车型可以称为是第 3 代架构,增加了中央网关(Central Gateway)的功能,简化网络结构,增加了系统设计的灵活度,而且可以改善延迟。

在第 3 代架构下,如果每个子结构的复杂度增加,就需要考虑增加局域更为强大的控制器,于是就有了现在车厂更多在研发的第 4 代架构(局域集成架构),如实现 L3 自动驾驶就需要此架构。未来的第 5 代架构是通过影音设备控制整车的互联结构,以进一步满足对强大计算力、短延迟和快速通信的需求,可以进一步整合对芯片的需求,减少对线束的依赖,特斯拉称其很多设计已经使用了第 5 代的概念。这 5 代的变化如图 8.3 所示。

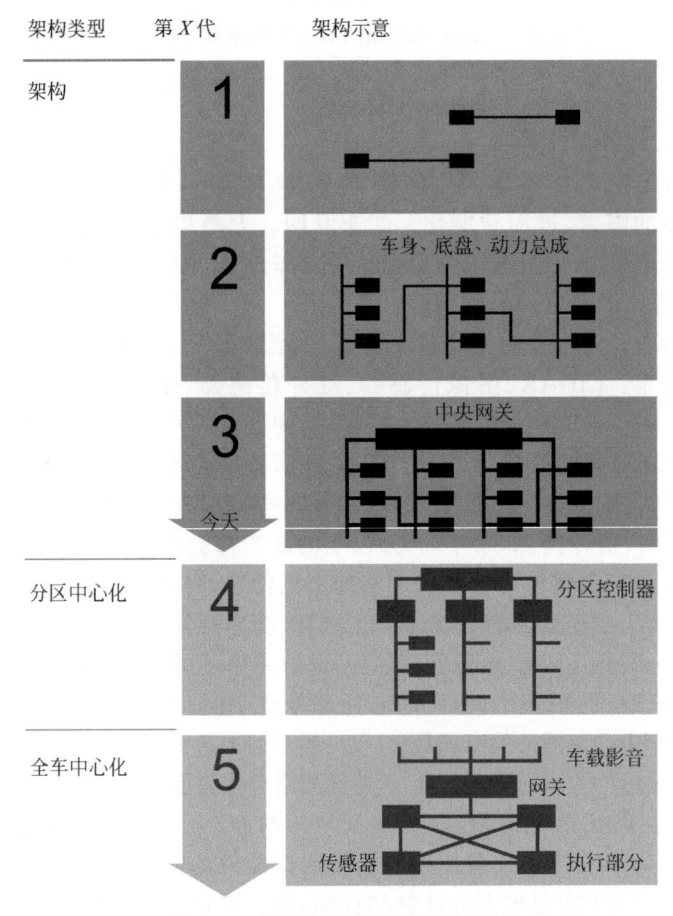

图 8.3 整车电气结构的迭代变化

多数不是从事 ECU、GPU、CPU 等大型芯片设计的公司，或许对参与整车的技术发展有心无力。然而即使我们做的只是一个小组件，也应该先从了解系统开始，将其按功能拆分，进一步到研究如何从芯片的角度对整体系统做优化。博世电子的前管理委员会成员 Harald 在全球半导体协会（GSA）上讲过这样一个案例：超声波传感器在智能停车系统里大量使用，但是往往报警太早或者太迟，其原因是车厂用多个传感器轮流处理其信号，存在信号的死区时间和延迟问题。而博世与车厂合作而设计的集成传感器阵列，可以同时发射、三角定位，与其说是芯片，不如说是设计了一个子系统。博世的芯片团队和智能停车的系统团队紧密配合设计了此产品，最后得到了此市场 95% 以上的份额。

8.1.3 架构举例

下面我们来看一个典型的电动车主逆变器系统如图 8.4 所示。主逆变器的功能是将来自高压锂电池的直流电转换成高速电机能用的三相交流电，同时控制电机转速，进而控制车辆速度。有些更先进的双向逆变器可能增加对电池或电网反向供电的功能。

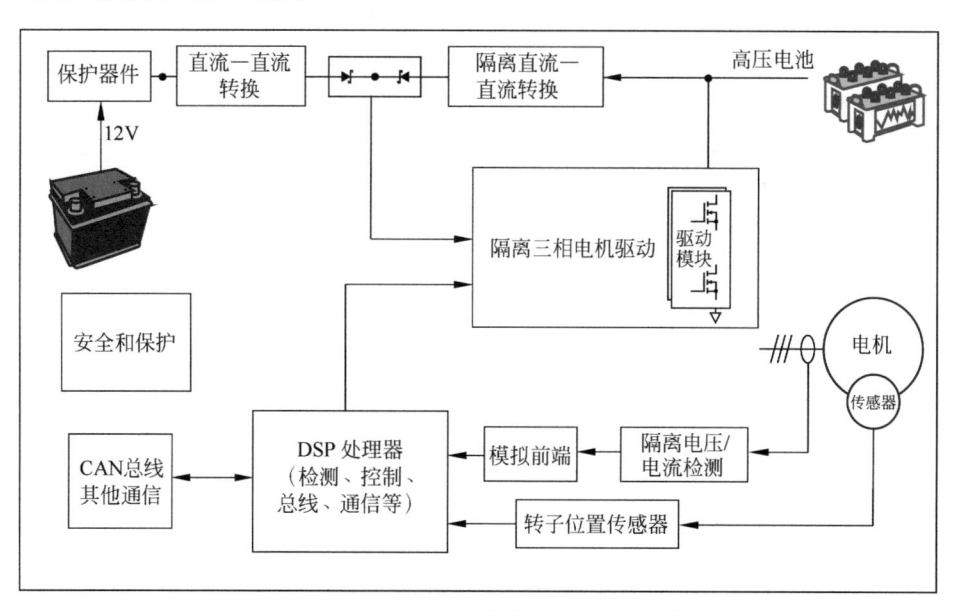

图 8.4 电动车主逆变器使用的主要芯片

纯电动车的主电池一般电压在 200～400V，此等级所需要的功率器件限压在 600～700V，而近来有进一步增加到 800V 左右的趋势（这样可以减少输电线的直径而降低成本），因而功率器件要达到 1200V。许多纯电动车仍保有传统的12V电池,因为很多传统电气配件仍然沿用来自汽油车的设计而使用12V输入,所以需要一个额外的高压12V的大功率DC-DC降压变换器(取代汽油车的皮带及发电机)。高压电池本身也需要额外的大功率车载充电器。

主逆变器包括高压和低压的部分,高压的部分驱动电机以带动汽车,而低压的是控制部分,彼此需要以多种隔离方式来传递信号和保护系统。高压首先输入到功率器件(如IGBT、碳化硅),这些电力器件组合的拓扑一般是三相的逆变形式,共6个开关,每个开关可能由多颗元器件并联组成(如特斯拉Model S设计),或以单个功率模块的形式构成(如宝马i3),各有优势。电机每相的电流和转子位置由传感器感应而传送到控制部分,可能由外部精准的运放、ADC、参考电压源、模拟前端等芯片先做信号滤波、比较、放大、校正等工作,再送到处理器做进一步处理。

数字控制处理器一般是较先进的DSP,包括MCU、CAN、SPI、PMbus等总线,CAN与外界的整车控制器通信、双向沟通,如车速和保护等信号。DSP控制电力开关的隔离门驱动器件以控制其开关速度,进而控制逆变器转速。有时隔离驱动已经集成在功率模块之中。

在主逆变器中,最大的芯片市场在功率器件,每辆车数百美元;其次在隔离器件(比如驱动、电流、转速、辅助供电DC-DC等都需要隔离);DSP本身当然也价值不菲,其他模拟和电源芯片加在一起也有很高的价值。

电动车逆变器的设计难点是如何在更小的体积限制里,设法集成更大的功率,提高产品的工作效率,更好地做热管理,提升系统的长期工作可靠性。这些都是永无止境的改善目标,其难度远非一般工业电机控制可比。读者如有浓厚兴趣,可参考作者公众号里对DW特斯拉Model S的一些解释。特斯拉的整车电控系统经过好几次的迭代,从Roadster时代只是来自AC Propulsion公司的技术授权,到Model S时代完全的自主创新,特斯拉与芯片公司们共同走出了一条非常艰难最后却震撼世界的道路。

8.2 新能源

利用新能源来实现节能减排和碳中和,几乎是所有发展中国家和发达国家的共识。新能源领域有大量的芯片市场机遇,这些客户多从事大型设备或基础设施开发,最看重供应商的品牌影响力、技术能力、产品质量和性能,是芯片公司十分理想的客户群体。鉴于人工智能所需要的极大算力,需要更多能源方面的基础建设,因此进入新能源行业非常有前景。

新能源的主要问题在于能量来源大多是不稳定的(每天至少一半时间缺乏

光照,大风也不是永远刮着),而电网的运营者最头疼的就是无法预判不持续的能源来源,因此唯一的办法就是增加能量媒介来暂时缓存这些不稳定的能量,需要时再发出去。因此马斯克的特斯拉电动车,加上自己的光伏发电公司(SolarCity),加上特斯拉的家用电池公司(PowerWall),可谓是三位一体的碳中和出行解决方案。除了电池以外,还有其他如重力势能、飞轮等大功率的暂存法,但是要应用到家庭这样的极小单位,电池仍然是最佳的供能解决方法。

8.2.1 市场简述

整个新能源(或称可再生能源)行业的芯片机遇分布在以下的细分行业,如图 8.5 所示。

图 8.5 新能源行业的芯片机遇

1. 电动车充电基础设施

电动车充电基础设施的机遇包括交流慢充和直流快充的充电桩设计。其市场机遇在高压功率器件、隔离驱动、电表 AFE、微处理器、DSP、通信器件、电源管理等方面。

2. 新能源发电

新能源发电最典型的有风能发电和太阳能发电,其中太阳能应用需要大量微逆变器,因而对于芯片公司的市场机遇最大。其余如制氢设备、制甲烷设备、燃料电池等也有一些较小市场,但对芯片公司的吸引力不强。值得注意的是,氮化镓公司对新能源市场也有一定兴趣,未来或在太阳能逆变器市场有一定建树。

3. 储能系统

储能系统的市场在微电网、微逆变器和电池组、商用和家用能量存储系统中，特斯拉的 PowerWall 产品在加州因天气原因频繁发生大面积断电的情况下，销路就非常好。这里最大的芯片销量是电池管理芯片 BMS，以及 efuse 等保护芯片。

4. 智能计量

智能计量的市场包括电表、水表和煤气表、三相表、集中器等。现在的智能电表的相关技术已经远远超过了作者小时候电表公司派人来抄表的时代。因为中国和印度每年仍然有数千万级别的各种智能电表的更新换代，相关的芯片市场一直很有规模，而且在全世界各主要国家几乎都有智能电表的生产厂家。这里的机遇在智能电表 AFE、处理器、RF 通信、安全保护、精准电压源、隔离和电源管理器件等领域。前些年矽力杰收购美信的智能电表业务就是较成功的出海收购案例之一。

5. 电力传输和分布

电力传输和分布与电子产品相关的市场包括各种断路器、继电开关、变压器端子、故障指示器等。相关的芯片机遇在电能质量检测、电源管理、磁传感等方面。

8.2.2 主要趋势

各细分行业中，成长最快的是电动车的充电基础设施。美国总统拜登签署了 75 亿美元的充电设施补贴计划，欧洲规划到 2035 年要有 6000 万个以上的充电桩，而中国也计划到 2025 年超过 60% 的高速路段需要建立快充设施。业界的估计是到 2030 年，交流慢充桩的年均复合增长率为 27%，而直流快充桩则达到 30%，增速非常惊人。充电桩有不同的业界标准、充电功率、支持车型等，生态较为复杂而且变化很快，本书无法尽述。

充电桩所用芯片种类繁多而单类芯片使用数量较少。在新能源应用中单类芯片增长最快速的，可能还是电池管理系统芯片 BMS。全世界每天都有很多的锂电池被制造出来，只要是并联且作为较大功率使用的电池，都需要 BMS 类芯片完成各电芯的能量平衡、保护、管理等任务，这方面 ADI 的无线解决方案占据市场领先地位。

储能系统和智能计量的市场仍然有望急剧增长，读者可关注相关公司。

对以上各细分应用，追求的是更精确的检测、更少的延时、更快的通信、更节能的电力转换，因此对各芯片品类都有更高要求。

8.2.3 架构举例

以最简单、不需要变电部分的壁挂式交流充电箱为例,介绍电动车充电基础设施的架构框图。如图8.6所示,壁挂式交流充电箱整体功能并不复杂,在接入电动车后,此充电箱与车载充电器通信,确定对方需要的充电等级,确定正常连接,导通充电开关,并记录所用电量,同时具备保护功能。

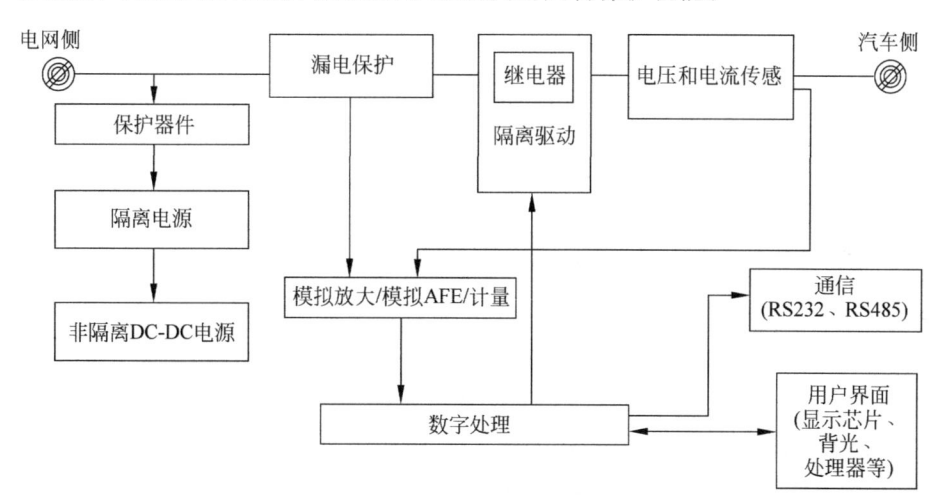

图8.6 壁挂式交流充电箱系统框图

这里的芯片机会包括从单相或三相取电,高压的电源管理芯片对控制部分供电。此外有电流传感器加运放(需要隔离)、高压、大电流的IGBT或继电器开关(有碳化硅或氮化镓的机会)、隔离ADC加计量芯片、隔离门驱动、微处理器、WiFi通信器件、RS232、RS485收发器、其他隔离运放等。

如果是大功率的直流快充充电桩,除保留以上部分外(需要增大部分元件的功率规格),还要增加PFC控制、大功率DC-DC控制、副边通信等芯片,本书不深入展开介绍。

8.3 物联网

为方便描述,先为物联网做个定义:广义上,物联网包括所有可以接入互联网的物理设备,包括手机、计算机和数据中心;而狭义上,物联网指的是那些不需要外界干预,能够自发监测某些现象,能在互联网上通信的设备,包括可穿戴设备、智慧医疗、车互联、工业物联等。后文物联网指狭义上的物联网。

万物互联的概念已经推出了许多年,因为关键技术的不断突破,新的应用在不断涌现。多年来，一些物联网产品极尽宣传，但其产品本身要么只具备简单功能，要么使用不便利，因而并未打开市场，比如用手机控制灯泡颜色的物联网产品，并无多大意义，也没有什么市场反响。然而在工业、医疗、公共事业等领域，物联网早已开始爆发性的增长。

物联网最基础的功能是检测周围的环境、运算，一并沟通。网络的限制使得许多计算必须发生在"边缘"而非数据中心，更进一步促成了物联网的发展。

（1）在今天的芯片行业，我们不再满足于单纯采集环境信号，而需要系统地对采集来的数据做出理解和认识。从1980年到2024年，传感器的增益增加了十万倍以上，使我们能够检测和采集到最微弱的化学或生物信号，收集最微量的环境能源。

（2）比起50年以前，处理器的每秒浮点运算次数大约增加了5000万倍。同理，处理器的尺寸和功耗每年也有较大的改善，今天完全可以用一颗很小的芯片收集环境能量，给具备一定性能的传感器、处理器和射频芯片同时供电，部署在"边缘"，定时检查和传输一些信息给远程的管理人员，再也不需要干预。

（3）虽然通信行业发展迅速，但网络延迟仍然是一些高端应用的发展瓶颈，这也是为什么4G以后我们要推出5G甚至6G，而且需要持续的进步。比如精密的机器人控制和自动驾驶需要小于1 ms的延迟，AR/VR需要小于10 ms，即使是5G网络都还难以满足这些大量数据处理而又需要极短延迟的情况（许多地区并不具备所需的网络条件）。除非通信设施能够更加密集的普及，否则许多类似自动驾驶的处理和运算，来不及发送到大型数据中心或做云端计算。因此要在本地的"边缘"就能做出响应，和局域里的其他装置互相通信和沟通。边缘响应的另一优势是较易处理数据安全与隐私问题。人类的大脑远不及大型服务器的计算和推理能力，但是大脑的优点是部署在"边缘"，能量消耗和信号传递的延迟都极低，因此人类大脑还是可以与远方耗能巨大的数据中心一起比拼下围棋，而数据中心在网速不够快的情况下，下10 s一步的超快棋未必是人类的对手，我们建设物联网的目标就是模仿人类这样的能力。

物联网应用领域非常广泛，公共事业、智慧医疗、城市管理、消费类业务、农业环境、智慧能源、无人工厂、交通管理、无人商店等都有物联网的踪影。不过普通用户无法体验所有应用，而且行业整体还在早期发展阶段，因此有些评价比较幻灭，有些则过分乐观，这都是技术在大发展前夕的正常写照。

物联网的生态较一般消费电子产品更为复杂，牵涉到较多层级。以智能安防产品为例，有提供具体电子产品的OEM和代工的ODM；有负责为政府和商业楼宇等客户做系统集成的服务商；有软件的提供方；负责架设所需不同的局域网络和广域网络的IT公司；提供通信基础设施的电信供应商；最后当然是我们芯片公司的领地。如果我们的产品不涉及软件，那么与 OEM、ODM 对接即可，否则就有更多的事情需要操心，如兼容性、安全性、系统升级支持等。

8.3.1 市场简述

读者在 2024 年已经看到了 ChatGPT 的能力和潜力，未来的城市想必有无数的节点都希望部署这样能够理解自然语言的 AI。比如，任何产品或服务的收费员都可以简单地被 AI 取代，又比如，可穿戴式医疗设备可使用 AI 来现场实施治疗方案，甚至家用智能机器人也不再是幻想。每个接入节点的设计都与计算机或手机不尽相同，而为了快速响应也不可能都连接到遥远的数据中心去计算，显然在每个节点上都需要一套定制化、成本能够接受的物联网芯片方案。无论如何，未来的芯片商机是我们现在还难以想象的。在生育率不断下降的今天，更加需要物联网技术来解放人力。

在物联网应用下，主要分为传感与检测、通信、存储、计算四个方面的芯片机会。

在传感与检测方面，机会包括摄像头、Lidar、化学、图像、陀螺仪等多种传感器和 MEMS 芯片；在通信方面，包括蓝牙、CAN、WiFi、USB、HDMI、Ethernet 等多种网络协议和收发器芯片；在存储方面，包括 HDD、SSD、DDR 等类别；在运算方面，包括 MCU、DSP、CPU、GPU、FPGA、ASIC 等。此外，这四方面都需要各种电源管理芯片，以及各种 ADC、DAC、AFE 等模拟类芯片。物联网应用还可以采取集成度更高的各类模块方案。

大型芯片公司不满足于仅提供单一功能的组件，而是希望提供全面的解决方案。ADI 的 Otosense 系列产品是很好的物联网案例。Otosense 是针对工业电机状态检测的模块型产品，包括硬件和软件部分。许多工业电机当要出现工作异常时，可能出现不正常的振动、过温等现象，而 Otosense 可以做实时监控，并远程通知，及早介入而防止损坏的发生，这样有核心技术的模块产品远远比单颗芯片的售价要高。有人可能质疑芯片公司如果做物联网模块，是否有与客户争利的嫌疑。实际上，公司当然可以灵活选择面向不同客户选择直接卖模块、开源设计、定制设计等不同道路，关键是我们要找到自己的关键价值所在，使客户基于我们的芯片产品而产生自己的附加价值，而并非单纯的内卷。

8.3.2 主要趋势

物联网的趋势可以从通信技术、市场、生态环境等不同角度来诠释。因篇幅有限，这里仅就智慧楼宇的市场趋势略作讨论。

智慧楼宇的概念是各类设备的互联，包括楼宇中控和网关、门禁、空调、照明、电表、水表、恒温器、温湿度传感器、安防预警、火灾预防、入侵检测、广播系统、智能音响、电梯、楼宇广告等。图8.7为相关示例。据Omdia的数据，预测在2023年全年智慧楼宇管理的平台，包括所有被连接的设备和网关，市场规模约230亿美元，而且有11%的年复合增长率，其中智能音响和照明有更快的增长速度。

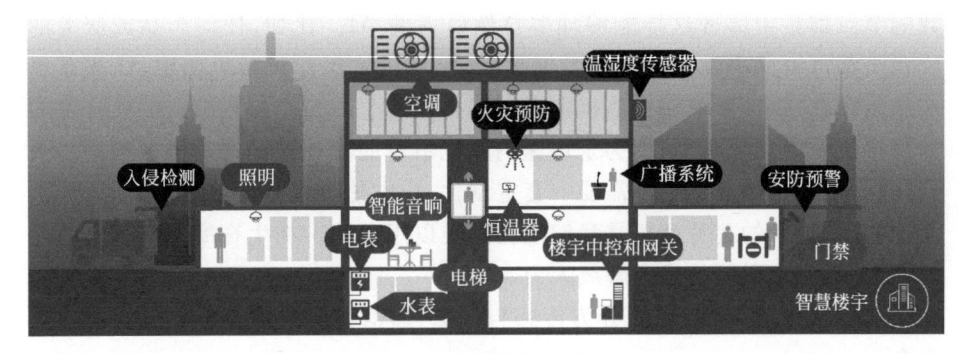

图 8.7 智慧楼宇示例

在美国市场，2019年能源部通过了联邦的智慧楼宇加速法案（Smart Building Acceleration Act）。定义智能楼宇是：①高度自动化，具备一定配置的灵活性；②具备充分的运营监控和通信能力，允许远程的监控和分析；③从系统角度整合能源的产生，消耗和储存；④在合适的情况下与电网和其他商业机构通信；⑤保护人员的健康和安全；⑥保障网络安全。

此法案背后有这样一些驱动力。

（1）新冠疫情以来，学校要改进空气循环，创造更健康的环境，增加数字管理能力，提高安全管理。为此增加了更多监控、更先进的空气循环系统、体温检测、远程视频系统、室内外空气质量检测等一系列智慧学校的设施。在作者小孩读书的学校就陆续开展了这方面的改进工作。可以预料的是，全球的学校都会陆续推进这方面的基础设施建设。

（2）交通和楼宇是温室气体最大的排放来源，所有的民用和商用楼房约消耗了全球1/3的电能，而在商用电的消耗中，有20%~30%几乎是白白浪费的。考虑到地缘因素可能造成能源的紧张情况，欧洲和北美的一些国家已经颁布了法令，强制大型商业楼宇必须报告其用电情况，这基本是强制节电的开始。因此实现节能减排，减少运营开支一定是未来商业楼宇运营者的主要目标之一，特别是在更新换代时一定会加入改造计划。比如，作者的前雇主就曾经在停车场全面铺设了太阳能板，通过逆变器电网发电，大大减少公司的能源使用。由此可见，未来会有更多传感器和环境控制器会被安装在商业楼宇中以测量和管理能源的使用。

（3）疫情可能会永远改变人们的工作习惯。很多欧美员工已经难以接受密集的工作环境而需要雇主做出改变。因为空调、照明、电梯、监控等设备未必一直要保持在开启状态，更多的传感器等数字工具正在被发明出来。其目的并不止节能，而是设法创造更舒适的工作环境。通过数字工具统计实际上班的人数，也可以优化空调、照明的使用。

（4）员工健康问题。最近一段时间如果有到硅谷来的朋友，会惊讶于商用楼的空置率是如此之高，感觉圣何塞地区每三栋办公楼就有一栋是空置的，这主要是疫情时许多公司可以在家办公而导致大量退租。现在有些公司希望员工回到办公室上班，既然有更多商用楼可以选择，那么这些业主如果能够采用令员工身体健康的智能科技，显然更加吸引人。从前如温度、湿度、二氧化碳等传感器及新风系统只在一些重要会议室和办公室能看到，但现在逐渐成为标配。

对于智能楼宇的科技普及，还存在一些技术和商业上的障碍，这些障碍同时也带来了市场机遇。有望在不久的将来出台更加统一的解决方法。比如不同厂商可能使用不同的通信协议，增加了彼此的兼容难度。在楼宇中常用的有线通信协议如 BACnet、DALI、欧洲的 KNX、Echelon 公司的 Lonworks、施耐德电气的 Modbus 等，而无线技术则包括低功耗广域网（NB-IoT、Semtech 公司的 LoRaWAN、SigFox 等）、WiFi、蓝牙、ZigBee。近年来虽有很多标准化和集成化的工作，但是因为协议是不同供应商核心竞争力的组成部分，因此不同协议还有相当长的并存时间。

其他的行业趋势有智能楼宇的 SaaS 服务模式、机器学习和 AI 大数据分析，发生在端侧或云端的计算，本书不再展开。

物联网的生态极为广泛，层级较多，牵涉全球无数厂家，许多咨询机构如麦肯锡等有更加深刻的报告，本书范围内能够覆盖的恐怕不及 1%。

8.3.3 架构举例

这里举的案例是智能楼宇中常见到的人员检测和追踪系统如图 8.8 所示，根据不同需求，设计者可使用不同的传感器和通信器件。

此架构从智能楼宇的 12V 或 24V 总线，或以太网取电，通过一系列的负载开关、PoL 转换器、LDO 和 PMIC 来产生其他芯片所需的各路供电电压。

此系统需要飞行时间图像传感器，用以在图像上区分人形和做简单分析，用毫米波雷达传感器和 PIR 红外传感器做传感器融合，温度传感器用于校正，所有数据发送到 DSP 或 MCU 用于进一步处理和判断，最后可能通过以太网，有线或无线网络传送到中央控制器,也可能有外部的输入和输出设备。此系统的一般要求是能够用距离、速度和角度来判断人、宠物和一般固定物品,而且不受环境、温度和外界光线影响。

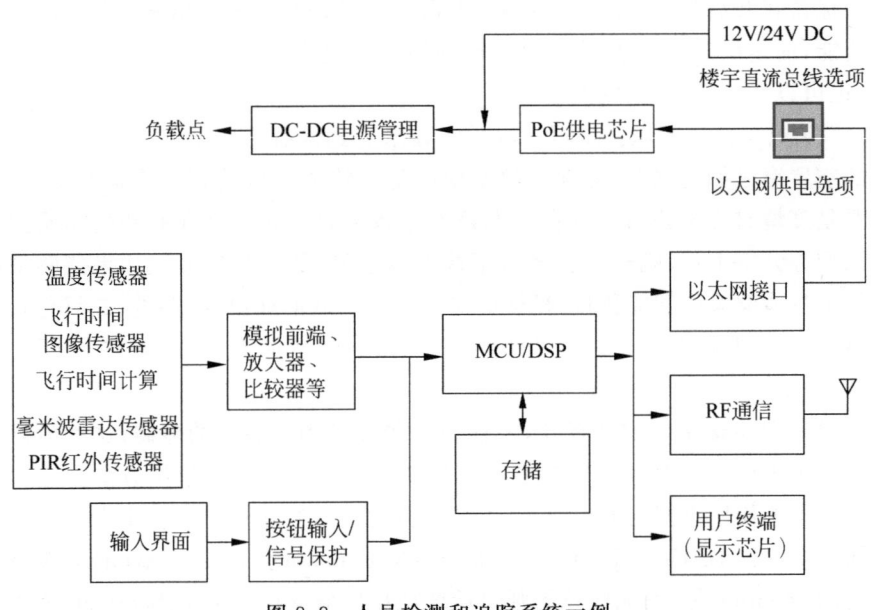

图 8.8 人员检测和追踪系统示例

8.4 手机和计算机

手机和计算机市场太过诱人,但是如果作为公司的唯一目标市场,其相对投入和风险也较大。比如某著名手机芯片公司来找作者团队做定制开发,需求量过亿颗,于是我方将此作为重点项目上报并获批,双方忙忙碌碌了很久,突然对方因为架构改变,不再需要这颗芯片,于是只好搁置。手机市场就是这样,大客户往往能无意间就造就或毁灭一家小型芯片公司。

8.4.1 市场简述

智能手机是最大的芯片市场之一,2022 年全球约出货 12 亿台智能手机,每台手机的处理器芯片平均约 50 美元,那么仅手机处理器市场就达到 600 亿美元。在手机中处理器、内存和其他芯片的成本各约占整体芯片成本的 1/3,造就了相当多的巨型和小型公司。如高通、三星、海力士等全球排名靠前的大公司,其主营业务之一就是智能手机,而规模较小的公司如 Dialog(已被瑞萨收购)、歌尔股份有限公司、汇顶等,主营业务分别是手机里的某个细分功能的小芯片,就能成为上市公司。苹果持续多年都是全球芯片市场的第一买家,2022 年其采购额达到 600 多亿美元,除一部分需求来自计算机、手表等,大部分还是来自 iPhone 的需求。然而,2022 年手机出货量比 2021 年下降了 11%,2023 年预计销量下滑更加严重,这是消费类市场的波动本质所致。

个人计算机和智能平板当然也是芯片消耗的大户。其中笔记本电脑从疫情开始以来,随着移动办公的需求增大,有一定的增长,甚至交货期非常长。虽然全球仍然有近 3 亿台的销售量,但更新换代的短暂需求已经过去,计算机市场较为低迷,2022 年计算机需求下降了 16%。

在 2022 年全球芯片采购的榜单中,前十位有 5 家的主营业务就是手机或计算机(苹果、联想、步步高、小米),其他如戴尔、华为、惠普也有相当比例的此类业务(华为另外的采购重点是在电信基站方面,而戴尔、惠普则已经转型到服务器和数据中心侧,PC 占比较少)。手机和计算机市场不太有小品牌生存的空间,属于大客户集中的市场,与工业类市场大相径庭。在开发此类市场时,需要向品牌商证明实力,进入其供应商名单,证明芯片性能,同时要去 OEM 解决实际的工程问题。举例来说,如果国产公司想要进入戴尔的计算机和服务器供应链,则一般需要在美国德州开展销售推广,并在其位于中国台湾的众多代工厂布置技术团队。

2023 年的今天全球消费电子市场普遍低迷,库存难以清出,不少大客户推迟了研发项目的开展,这些现象或许预示着经济危机的到来。市场目前关注的主要动态包括 5G 手机是否能够兴起,消费电子的低迷状态能否在短期得到逆转,先进工艺的芯片缺货情形能否改善,智能手机市场能否再现新功能和新趋势以刺激消费。

对于芯片公司,开发此类市场的一般战略如图 8.9 所示。横轴从左到右是技术的复杂度,最左边技术难度不大,然而竞争者众多,项目虽多但价值不算大。越往右技术难度极大,开发成本极高,玩家很少,属于高风险和高回报。而纵轴是价格,最下面的单价极低,客户众多而市场风险不大,而越往上则单价很高,客户渐少,市场风险较高。

举例来说,如果是电源管理芯片领域,则左下角为普适型,某些大厂的芯片脚对脚兼容,一般是功能单一的普通芯片,国产厂商往往只能采用低价战术才能与大客户合作;往右上走则可以在某些功能或性能上有所创新和改善,客户要做的改变不多;再往右上走可能是集成度高的电源模块、充电 PMIC、集成模拟功能的 AFE 等,目标客户较少,对性能要求高而对价格较不在意。最后,是

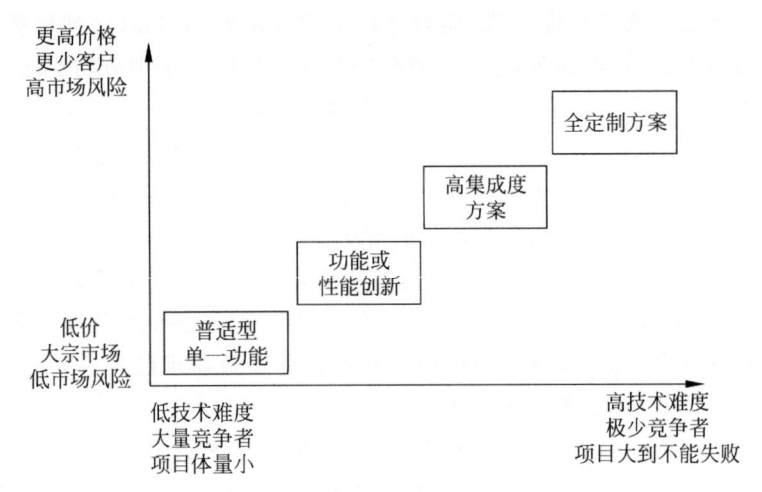

```
更高价格
更少客户
高市场风险                              ┌─────────┐
                                        │ 全定制方案 │
                                        └─────────┘
                              ┌─────────┐
                              │ 高集成度  │
                              │ 方案     │
                              └─────────┘
                    ┌─────────┐
                    │ 功能或   │
                    │ 性能创新 │
                    └─────────┘
低价      ┌─────────┐
大宗市场   │ 普适型   │
低市场风险 │ 单一功能 │
          └─────────┘
          低技术难度                     高技术难度
          大量竞争者                     极少竞争者
          项目体量小                     项目大到不能失败
```

图 8.9　开发手机和计算机芯片的选择

为 CPU、GPU、AI 处理器、特殊 ASIC、大型网络芯片等定制的大型 PMIC，其所用工艺、难度、定义等与左下角的普通产品有天壤之别，这些 PMIC 几乎很难看到公开资料。

采取何种路线没有对错之分，也各有生存空间，取决于公司的基因和愿景。实际上，如果只做左下角的简单产品，公司也可能因体量够大而满足上市标准。

在手机和计算机市场的主要芯片公司如下（不分先后）。

① 各类处理器 xPU：苹果、高通、英特尔、AMD、英伟达、三星、联发科、紫光展锐、海思。

② 存储：三星、美光、海力士、铠侠、西部数据。

③ 模拟、射频、电源和混合信号：Skyworks、Qorvo、ADI、博通、瑞萨、德州仪器、恩智浦。

④ 离散、传感器和光学器件：英飞凌、意法、德州仪器、安森美、Cirrus Logic、索尼。

8.4.2　主要趋势

（1）5G 手机在 2019 年市场占有率还低于 1%，2020 年已达到 20%，在过去的 2022 年，近一半智能手机已具有 5G 的功能（虽然网络基础建设还相对滞后）。5G 手机芯片要求较高，进而平均售价也较高，未来有望在中端机型中也有 5G 功能的部署。

（2）折叠手机（如三星、华为等）增长速度也比较惊人，2022 年有超过 100% 的市场增幅。因为屏幕更大而耗电量增加，所以在先进电源管理方面有一定市场机遇。

（3）更快的处理器和网络速度不能直接被消费者感受到，而更多更优质的摄像头却是显而易见的高端标配，因此摄像模组可能是高端手机的持续卖点之一。更高清的成像、面部识别、成像的稳定性等要求促使厂商继续进步。

（4）移动处理器基本都是最先进的 SoC，技术实力高超的手机公司如苹果、三星、华为、谷歌等都设计自己的处理器以节约向第三方采购的成本，而小米也开始有自己的产品，这个趋势还在继续。对于中端机型的厂家，也能找到设计服务来拥有自己的 SoC 大芯片。高通、联发科等当然也在不断进步，走向 5nm 以下的工艺制程。未来的 SoC 会更多具备 AI/机器学习、先进图像处理、语音识别等各类功能。

（5）未来的手机和计算机显然都需要更大的存储空间，而相应带来的要求是更快的处理速度和更低的功耗。DDR5 和 SSD 等存储技术会有进一步的应用。

（6）欧美在疫情后仍会延续混合工作模式，因此笔记本和平板计算机会进一步取代对台式机的需求。游戏本和游戏台式机的销量也会增加，进而促进 GPU 的市场。

8.4.3 架构举例

图 8.10 是智能手机所用主要芯片的简单示意图。其中最重要、成本也最高的是处理器 SoC（包括 CPU、GPU、NPU、Modem、高速接口等）和 NAND 闪存芯片。与电源相关的首先是电池充电和管理芯片，还可能加入无线充电芯片；其次是为处理器和内存供电的特殊 PMIC 和多颗不同的 DC-DC 芯片用来给整体手机供电，可能包括负载开关芯片。与外界的通信连接包括射频前端模块、射频功放、WiFi、蓝牙、NFC、GPS、UWB 模块、Modem、毫米波等芯片（其中相当多的功能可能集成在不同芯片中而不需要单独的芯片）。与传感器相关的部分包括摄像方面的图像传感器、LiDAR 和闪光灯驱动，定位方面的加速计和陀螺仪芯片，用以激活手机的指纹传感器，可能还有集成的温度传感器、电流传感器、环境光传感器等；接口的部分包括 USB 识别芯片、触屏控制器，与输出相关的有 LCD 驱动、SERDES、背光电源、音频放大器、Codec 芯片。

网上不难找到来自第三方对苹果和三星手机的详尽拆解报告，读者可自行研究其细节。

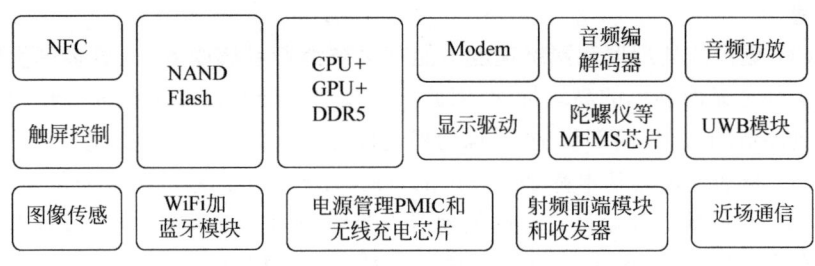

```
┌─────────┐  ┌─────────┐  ┌─────────┐  ┌─────────┐  ┌─────────┐  ┌─────────┐
│   NFC   │  │  NAND   │  │  CPU+   │  │  Modem  │  │ 音频编  │  │音频功放 │
│         │  │  Flash  │  │  GPU+   │  │         │  │ 解码器  │  │         │
└─────────┘  │         │  │  DDR5   │  └─────────┘  └─────────┘  └─────────┘
┌─────────┐  └─────────┘  └─────────┘  ┌─────────┐  ┌─────────┐  ┌─────────┐
│ 触屏控制│                            │ 显示驱动│  │ 陀螺仪等│  │ UWB模块 │
└─────────┘                            └─────────┘  │MEMS芯片 │  └─────────┘
┌─────────┐  ┌─────────┐  ┌─────────┐  ┌─────────┐  └─────────┘  ┌─────────┐
│ 图像传感│  │ WiFi加  │  │电源管理 │  │射频前端 │              │ 近场通信│
│         │  │ 蓝牙模块│  │PMIC和   │  │模块和   │              │         │
│         │  │         │  │无线充电 │  │收发器   │              │         │
│         │  │         │  │芯片     │  │         │              │         │
└─────────┘  └─────────┘  └─────────┘  └─────────┘              └─────────┘
```

图 8.10　智能手机所用主要芯片的简单示意图

8.5　通信设施

谈到通信基础设施，华为和中兴大家再熟悉不过，作为设备厂商，这两家在全球电信设备品牌榜单上常年盘踞前几位，是少有的在最先进且体量庞大的电子产品上极有影响力的中国公司。虽然华为现在因为手机业务而更为消费者熟知，其实在通信领域，华为在全世界也是首屈一指，其核心竞争力和品牌影响力远比其手机品牌更强大。其每年芯片采购额也在一两百亿美元以上，稳居全球前几名，基本上对任何欧美芯片大厂，华为都是非常重要的客户。在中美贸易战的背景下，华为寻求国产芯片用以替代欧美品牌，造就了不少国产公司的成功（甚至有些因为华为而起死回生）。对于国产芯片公司，只恨像华为、中兴这样的优秀客户太少。

通信领域的业界生态非常复杂，作者没有足够的勇气和篇幅来介绍全产业链，仅对芯片公司比较关心的部分作简单描述。传统意义上，我们面向的客户可分为电信（Telecom）和数据通信（Datacom）两部分，如图 8.11 所示。这两部分的定义不同，传统的区分是数据通信仅限于计算机之间通过互联网的数据传输，而电信业务则是除此以外的任何通信介质和内容（如有线通信、手机通话、固话、卫星通信等），但因为大公司业务的多样化，而且往往使用相同的数据中心，现在的界限已经不明显，这两部分业务有许多重合和联系。

较基础的电信组件比如光通信/光模块部分，同时应用于电信和数据通信两大市场。光通信方面，著名的国内和国际厂商包括中际旭创、II-VI（Finnisar）、烽火通信、海信、新易盛、Accelink、住友、博通（Avago）、Lumentum、Neophotonics 等。而设备厂商如华为、中兴、思科等也有相关业务。光通信组件市场每年销售额不到 100 亿美元，此市场的竞争相当激烈，对成本较为敏感，各厂商新开发的产品一般以 800 G 为主，对密度、功耗等有一定挑战，会蚕食部分较低速率产品的市场份额。电源模块也是较重要的电信组件，著名厂商有 Vicor。

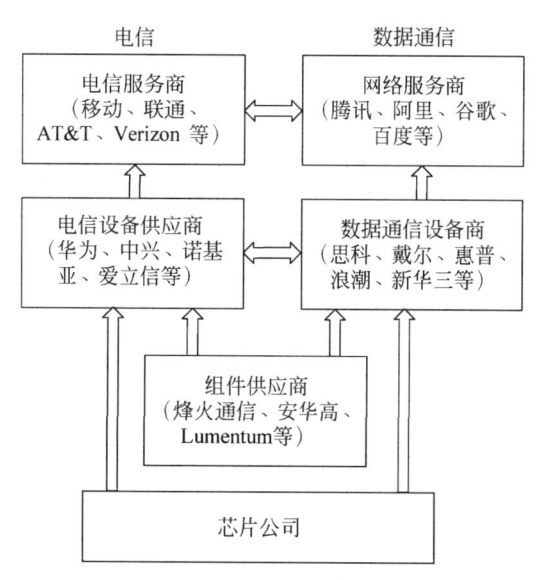

```
                电信              数据通信
            ┌──────────┐      ┌──────────┐
            │ 电信服务商 │      │ 网络服务商 │
            │(移动、联通、│◄────►│(腾讯、阿里、│
            │AT&T、Verizon│     │谷歌、      │
            │等)        │      │百度等)    │
            └──────────┘      └──────────┘
                  ▲                 ▲
                  │                 │
                  ▼                 ▼
            ┌──────────┐      ┌──────────┐
            │电信设备供应商│      │数据通信设备商│
            │(华为、中兴、│◄────►│(思科、戴尔、│
            │诺基亚、爱立信│     │惠普、浪潮、 │
            │等)        │      │新华三等)  │
            └──────────┘      └──────────┘
                  ▲                 ▲
                  │     ┌────────┐  │
                  └────►│组件供应商│◄─┘
                        │(烽火通信、│
                        │安华高、   │
                        │Lumentum等)│
                        └────────┘
                             ▲
                             │
                        ┌────────┐
                        │ 芯片公司 │
                        └────────┘
```

图 8.11 通信市场的芯片客户

我们常谈起的华为、中兴和大唐等,其核心业务属于电信设备供应商,同在此类的公司还有诺基亚、爱立信等,这些都是此应用下全球著名的芯片大买家。诺基亚在很多人的印象里是早已衰亡的手机厂商,而实际上诺基亚早已转型成为全球著名的电信大厂,感兴趣的读者可参考 *Transforming Nokia* 一书,该书细述了其转型的过程。电信设备客户经常采购光通信组件,以及其他集成的电路组件如电源模块、射频功放模块等,同时自己也可以做这些组件的研发。至于某一类组件到底是选择自研还是选择采购,取决于所需技术、研发成本、采购成本、具体项目、启动时间等多重因素。像华为这样的规模,基本上组件都可以自己做,但是不一定值得去培养相关的团队,毕竟很多组件的供应商利润已经非常之薄,没有必要片面地追求上规模而增加运营成本,因此华为的各类组件的供应商非常多。

电信类再往上一层,是提供电信服务的公司,这些公司采购设备、组成网络、提供服务。中国移动和联通、日本 NTT Docomo、美国 AT&T 和 Verizon 等是典型代表。除此以外还有提供基础建设的公司如中国铁塔。不像在做汽车芯片市场时必须与车厂互相熟悉,做通信芯片时基本不需要与更上游的服务公司和建设公司打交道。

至于数据通信的设备,如服务器、交换器、路由器、Modem 等有许多类型,根据其不同的设计和功能,被各自安装在大型数据中心,公司的自建站点和居民住宅里,不论何种通信设备都需要大量芯片。著名的中外数据通信厂商包括思科、戴尔、惠普、浪潮、新华三、IBM、联想、甲骨文、Ciena、Arista 网络、Juniper 网络等，全都是采购芯片的大客户。这些客户的系统往往较为庞杂，从主机、服务器、存储等无所不包，需要的芯片从较小的辅助模拟芯片到极庞大的网络专用 ASIC 芯片，它们也往往涉足多种不同业务，基本上很少只卖硬件设备，往往提供从软件、服务到组网等全方位服务（数通设备厂商往往也涉足电信业务）。

在数据通信的最上层，就是我们熟悉的互联网公司。对于大型互联网公司如谷歌、亚马逊、阿里、Meta、微软等，往往致力于建设自己的数据中心以提升带宽和优化服务，除了大部分设备仍然需要采购以外，也会介入定义和设计自己用的某些大型芯片。互联网公司和车厂一样，往往对自己所用服务器和其他设备里的芯片供应商有很大的发言权，甚至有时自己做完整的定义、设计，再由 OEM 负责代工。大型互联网公司即使不直接采购芯片，也往往是芯片公司的重点大客户。

数据通信的部分，留待下节讨论数据中心市场时再详述，本节主要是关于电信设备市场。

在通信应用的领域，对于处理器、存储和模拟芯片三部分，有竞争力的公司与移动市场比较类似，通信领域同样需要强大的处理器和内存芯片、精确而节能的模拟和电源芯片。某些公司则专精于通信专用芯片，比如 Maxlinear 擅长通信 SoC、无线 WiFi 芯片、通信收发器和接口芯片，Semtech 以低功耗广域网 LoRaWan 知名，Lumentum 除光模块以外，在光电器件和相关芯片市场上占有极大市场份额，而在通信市场以外几乎见不到这几家公司的身影。

8.5.1 市场简述

以下内容主要从麦肯锡和 Lightcounting 咨询公司对 2022 年电信市场的报告中提炼而得。

电信基础设施这些年随着 5G 的部署而稳健的增长，5G 基础设施比起 4G 来说最大的区别是需要更多的小微基站，覆盖更大的范围以满足高频毫米波通信的需求，显然基站数量越庞大，即使功率变小，对芯片的需求总量也是在增长的。

在全世界范围的电信基础设施建设上，华为和爱立信的市场占比非常接近，各自约占 1/4，其次是诺基亚占近 1/5，然后是中兴、三星和其他厂家。因为地缘政治的因素，华为和中兴很遗憾地已经基本被完全排除出欧美客户的 5G 新项目，而被爱立信等取代，但是得益于中国对 5G 基础设施的大力扶持（占到全球总投资的 1/4），虽然失去了欧美市场，但在中国市场却占据了领先地位（华为和中兴在中国 5G 市场占据了 3/4 以上的份额）。华为似乎在 4G 市场中并没有完全被欧美排斥，但由于芯片供应问题，仍然受到一定影响。

2019—2021年，全球5G投资较为频繁，2022年略有回落，有望在2027—2028年因为6G建设而重新兴旺。其中5G的无线接入网（Radio Access Network，RAN）体量最大，而增速目前略慢（RAN市场目前爱立信为第一位、华为第二、诺基亚第三），而5G核心网（Core）体量较小，增速较快，主要由中国驱动（华为和中兴占据世界前两位）。而4G RAN和核心网虽然仍有新项目建设，但是每年都在下降，而2G/3G的投入则微乎其微，很快将被市场淘汰。开放网和虚拟网（Open RAN/vRAN）（Open Radio Access Network and virtual Radio Access Network）则是近年明显的趋势，增幅最大。

对于现存的商业通信设施，全球约有800个LTE（3.5G）的网络，它们会逐渐过渡到LTE-A（4G），再向5G过渡。目前，全球有约350个4G网络，约200个5G网络，但完全不依赖4G的5G独立组网数量较少。可见，全球目前距离完全覆盖5G网络还有很大的差距。根据Lightcounting公司的观点，未来几年全球电信设施的投资幅度可能会降低，直到2028年左右6G可能会掀起新的市场热潮。鉴于LTE网络升级还需要一段时间，因此4G网络也不会在未来几年内就完全消失。

在可见的未来，亚太（中国、印度、日本、韩国）仍然是通信设备领域最大的市场，仅中国就计划在2025年前每年至少建设60万个5G基站，Lightcounting公司估计中国在2023年的市场规模约为280亿美元。北美位居其次，市场规模约为70亿美元，而欧洲则为65亿美元。

8.5.2 主要趋势

1. 5G

在5G网络领域对芯片公司最重要的趋势可能是在5G毫米波应用下的有源天线系统（AAS）方面。

有源天线系统会使用大量的射频、天线、波束赋形芯片等器件来构建大规模MIMO等相关系统，而对这些器件供电和做信号处理的电源、模拟AFE和相关模块产品也有很好的市场前景。毫米波影响下的芯片市场较sub-6GHz频段的建设要更广阔。毫米波应用需要更高密度的基站建设，因此对芯片也有高集成度和高性能的要求，高通以集成度更高的SoC如FSM200XX来抢占市场，包括射频、电源、相控阵、收发器等芯片均可集成于一体。从研究报告来看，sub-6GHz的5G组网比起4G LTE的优势并不大，5G毫米波的表现更为优异，但相对来说成本就较高。

2. 6G 的影响

5G 到 6G 的升级研发早已开始,相关的组件有望在 2026 年实现量产,到 2030 年 6G 的组网开始快速增长。6G 使用远高于 5G 的频段,可能从 95GHz～3THz,带来的是更快的数据速率和极低的延迟,甚至可能比 5G 的速度高出百倍以上。随着频率更高、信号的波长越短,6G 必然需要密度更大、体积更小的微基站,实现更多的边缘 AI、边缘计算,届时物联网的应用会有更大发展。对芯片从业者来说,6G 相关的通信芯片市场可能在十年以后变得极其庞大。作者看到三星出具的某报告说:"从 1G 到 4G 造就人与人的连接;5G 造就人与物的连接;而 6G 可造就物与物的连接,有无限的想象空间。"现在 4G LTE 的建设还有覆盖范围较广的宏基站,然而当未来尺寸极小的皮基站和飞基站普及以后,其供电侧的建设会是个挑战,毕竟很多地方的电网已经不堪重负。未来可能会有更多的新能源、储能和以太网供电的机会。

3. O-RAN

O-RAN 即开放式无线电接入网(Open Radio Access Network)。在 4G 以前,各设备供应商希望独占市场,构建壁垒,推出的都是自己的全套方案,比如中国移动的某项目签约华为,则华为基本会提供全部设备方案,其他厂商无法涉足。但是当网络更为复杂,组网方式、形式多样化以后,电信服务商也希望有更多的供应商选择,小型设备公司希望能抢一些份额,IT 厂商希望能加入电信这个大市场,因此多方都愿意推动通信标准统一,推动技术开放,推动标准的接口和协议,让更多厂商得以加入。比如原来 BBU 中专用的硬件部分,可以换成标准的服务器,而用虚拟化平台实现特需的功能。在 O-RAN 下建设的电信网络可以看作是在标准数据中心的基础上增加射频、天线等专用部分,许多元器件与数据中心可以通用。

根据 Lightcounting 公司的预计,到 2028 年 O-RAN 可能占整个 RAN 市场的 20%,其中美国、日本、韩国等非常积极地发展 O-RAN,因为这些国家并没有强大的传统电信设备商且 IT 业较为强大,欧洲和中国的推动就相对不太积极,因为 O-RAN 对设备大厂的地位有所影响。

虽然在 O-RAN 下可以引进标准设备和多家供应商,前期投资可能较为节省,然而就整体网络的表现,要使用更多普适的而不是特殊设计的设备,在功耗、延时等细节表现上必然有差距,所以运营商也未必全部会欢迎 O-RAN。可能未来全球市场会形成一个平衡态势。

对于芯片公司,我们可以做的工作大致有:①了解在 O-RAN 中新崛起的细分设备公司;②参与相关委员会,介入接口的定义和制定开放的标准,以占领产品定义的先机,或至少扩大在业界的影响;③广泛的合作,可以与其他厂商合作开发参考方案,与测试设备供应商合作等,确保对系统的了解可以直接应用到终端产品中去。

8.5.3 架构举例

这里以无线基站的核心子系统之一,远端射频模块(Remote Radio Heads,RRU)为例做简单的架构介绍。4G 基站的硬件结构是基带处理单元(Base Band Unit,BBU)(BBU 的英文全称)加 RRU 两级,而在 5G 基站的硬件结构则是 RRU 加上天线部分集成为有源天线单元(Active Antenna Unit,AAU)。RRU 系统的主要功能是通过光纤与 BBU 进行通信,与天线阵列相连而完成射频信号的收发,同时在天线和 BBU 之间实现信号双向变换的功能。

RRU 的一般架构如图 8.12 所示,大致可分为五部分:供电、模拟、射频功放、数字存储、通信接口。

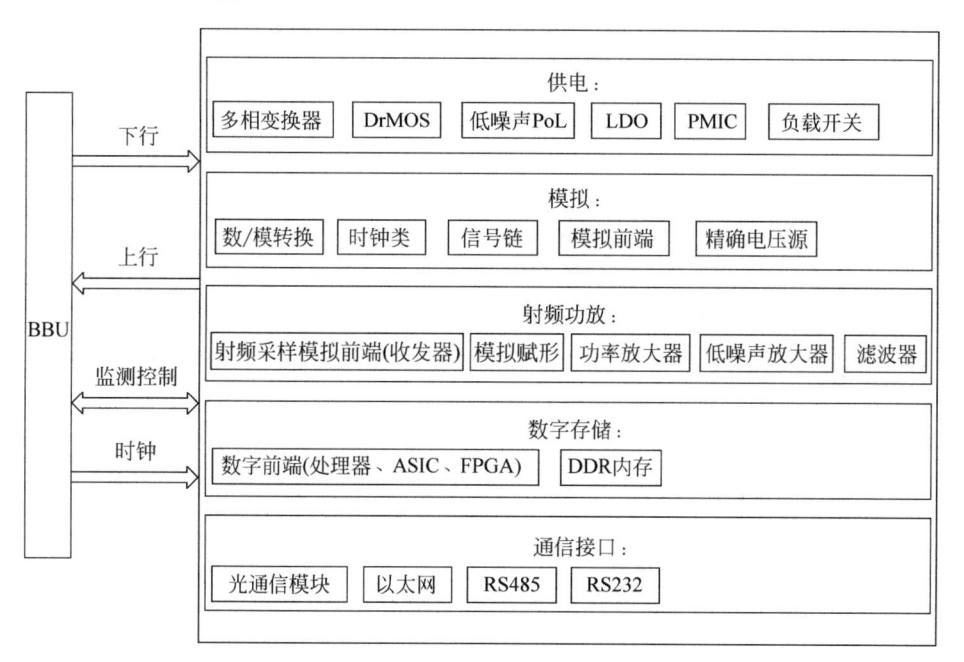

图 8.12 RRU 的系统架构简图

(1) 供电是从 BBU 给的隔离-48V 而来,前端有热插拔和保护电路,经隔离变换以后(包括反激、隔离驱动、功率器件等芯片机会)产生功放电路所需的 28~48V 电压,和其他数字电路的 12V 总线(此部分省略电路示意图)。12V 电压需要继续经过电压变换来驱动一切下行的 CPU、FPGA、ASIC 等数字芯片,需要用到多相变换器、DrMOS、低噪声 PoL 和 LDO、PMIC、负载开关等多种电源芯片和模块。

（2）模拟包括数/模转换、时钟类、信号链、模拟前端、精确电压源等芯片。

（3）射频功放包括射频采样模拟前端（收发器）、模拟赋形、功率放大器、低噪声放大器、滤波器等。射频模拟前端在几年间从只需 90nm 的成熟工艺发展到需要先进工艺 SoC 的程度。功率放大器对效率和功率密度的需求很大，氮化镓功放较有前途。

（4）数字存储包括数字前端（处理器、ASIC、FPGA）、DDR 内存等。这里的 ASIC、FPGA 已经发展到需要 7nm 工艺，包括高速 SERDES、多核 ARM、低功耗等功能。

（5）通信接口包括光通信模块、以太网、RS485、RS232 等。

8.6 数据中心

全球已进入数据爆发式增长的时代。根据 IDC 的统计数据，到 2025 年全球每年产生的数据，将是 2010 年的 146 倍。而 2018—2020 年这 3 年全球产生的数据，比 2018 年以前全人类历史上产生的数据还多。这些数据的来源包括 5G、金融市场、物联网、边缘智能、游戏、在线视频、AR/VR、智能医疗、科研、工业 4.0、企业计算、社交媒体、电子商务、网络安全等，如今前沿的科技发展都必然带来大量的数据。这些数据往往需要经过全球各地的数据中心或在边缘端运行来进行处理、储存、传输和计算。5G、AI、机器学习、游戏、视频等应用几乎无一例外，在处理大量数据的同时，又要求更低的延迟时间，这样数据中心有大量电能需求而很难在局域网内密布建设，因此数据中心需要更分散以贴近实际用户，并且数据中心的数量需要增加更快。除了大量数据的需求以外，在疫情后全球远程工作的趋势仍然在继续，2020—2021 年疫情促成了一波手机和计算机销量的增长，对数据中心的需求会持续更长时间。

8.6.1 市场简述

据 Frost & Sullivan 公司的预测，2022—2030 年，全球数据中心的建设耗费的年复合增长率将有 5.4%，达到 490 亿美元。目前美国有超过 2600 个数据中心，达到全球的 1/3，中国、英国、德国、加拿大、荷兰等跟随其后。

数据中心按照其功用和规模大致可分为 4 类。

（1）超大规模数据中心（Hyperscaler），数千到上百万台服务器同时运行，如大型互联网和云计算公司、超级科学计算中心等，功耗可达 1 MW 以上，往往建设在远离大城市、能源较便宜的地方。

(2) 主机托管数据中心(Co-location)。主机托管数据中心提供场地、网络、能源设备，而租客准备自己的 IT 设备。多家公司可租赁同一家数据主机托管中心的空余设备，并由此数据中心的人员进行维护。一家公司也可能将其设备放置在多家数据中心，这样的好处是离实际办公地点更近一些，可以降低信息延迟。这些略小的数据中心往往建设在城市边缘地带。

(3) 企业自有数据中心(Enterprise)。一般为某些中小型公司自有，一些芯片公司为加快仿真速度，在公司内部自建的服务器网络，就属于这种类型。

(4) 边缘数据中心(Edge)。其包括 AR/VR、智能汽车、边缘计算、安防等应用。

在 10 年前，企业自有服务器和主机托管还是最流行的数据管理模式，随着云服务的逐渐兴起，企业自行购买硬件并不合算，因而超大规模数据中心和主机托管模式正在逐步取代企业自有数据中心模式。而芯片公司的主要客户群，也从传统的标准服务器厂商逐渐过渡到了以大型互联网和 IT 公司为主，后者即使并不从事具体生产，但因为其对性能和功耗的极致追求，可以深度影响服务器芯片的决定权，这些引领业界技术发展的公司包括谷歌、微软、亚马逊、英伟达、戴尔、惠普等。当然，浪潮、超微等传统服务器品牌大厂仍然是我们所争取的对象。这样的联系很像汽车业界里 Tier1 和车厂的关系。

各咨询机构对数据中心的芯片总体量的估计区别较大，可能因为与通信和移动市场有一定交集的关系而不易估准，然而即使是最保守的市场统计也有 100 亿美元左右，并且年增长可能在 10% 以上。大概芯片的成本占到数据中心整体建设成本的 20%，最大的建设成本还是在基建本身。

8.6.2 主要趋势

数据中心的设计追求，是在有限的体积内，尽量放下更多的处理器和存储芯片，同时要追求计算更快的处理器、更多存储单元、更低的能耗、更快的通信速度等。这些目标可能互相矛盾，比如更强大的处理器一般总是耗电更多，然而电子产品的性能就是在各种矛盾的目标中螺旋式地不断发展。

1. CPU

在过去几年里，AMD 和 ARM 在服务器 CPU 市场上一直在追赶英特尔，而且 AMD 正在占据更多的市场份额。AMD 的服务器 CPU 全部由台积电代工，可使用世界最先进的制造工艺，因而性能表现一流，而英特尔坚持 IDM 的路线，在制造能力方面不如台积电。此外，在价格、内核数等其他细节方面，英特尔也并无优势。微软、谷歌、惠普等大品牌如今都是 AMD 的忠实客户。要指出的是，芯片行业也有站队的问题。有些芯片厂商一直与英特尔体系配合，在英特尔实力略衰弱的今天，其成长潜力也受到限制。

2. 边缘计算的流行

除互联网公司通常建设的超大规模数据中心外，分布式的数据中心如今更受关注，当然对芯片规格的要求也会有所变化，这些边缘计算的需求主要来自以下场合。

(1) 大量数据场合：带宽和成本限制导致某些大数据最好在本地处理，比如智慧工厂、智慧城市。

(2) 对延迟时间比较敏感的消费类场合：虽然数据量不大，但需要极快的响应速度、与使用者体验密切相关的场合也适合边缘计算。比如 AR/VR、零售、自然语言处理、AI 应用等。

(3) 机器间互联的工业场合：主要在边缘的机器之间联系的场合，比如安防、储能等。

(4) 生命安全相关场合：来不及到数据中心中转，必须在边缘响应的场合，比如数字医疗、自动驾驶。

3. AI 时代中存储芯片的机遇

ChatGPT 和其他 AI 工具一夜兴起，正在生成大量的数据，许多行业如媒体、医疗、金融业等都已向 AI 兼容升级，许多新兴的服务器可以支持 AI 运算。据美光的估计，比起传统数据中心只对运算优化的服务器，支持 AI 的服务器需要的存储和内存单元多达 6～7 倍，这些增长体现在 GDDR、LPDDR、DDR5、HBM 和 NAND Flash 等不同产品路线上。除了市场体量的增长以外，存储市场还有大量因需求变化而带来的技术革新，当服务器面临大量不同类别的工作负荷以后，比如预测、推荐、计算，有些需要低延迟、高带宽等，数据中心需要向数据存在的地方移动，而不是单纯让所有数据都汇集到遥远的巨型数据中心，因此数据中心的架构和建设正在变得更加灵活，以满足边缘计算的需求。

4. 对能源效率的需求

作者最近参加了 ARM CEO 和 AMD CEO 的演讲，有相当多的时间都在强调能源效率的重要性，即使这两家公司并无任何电源管理芯片的业务，但其对能源的重视程度却是前所罕见。作者又拜访过设计出世界上最大芯片的 Cerebras 公司，其 CTO 说，主要是因为没有更好的电源解决方案，否则他们的芯片性能还有无限提升的空间。英特尔最近也在芯片垂直供电方面做出很多研究。就作者拙见，电源问题是限制处理器等先进芯片市场大发展的主要瓶颈之一。

据 Gartner 公司的估计，目前计算和通信消耗的能源，占全球总发电量的 0.7%，但是在 2030 年就要占到 6.4%，到 2040 年可能飞速达到难以置信的近 67%，人工智能和数据中心是非常耗电的应用。数据中心耗电量颇为惊人，一个超大规模数据中心的耗电与 10 万户居民用电差不多,对电网建设构成较大压力。出于建设成本、环境保护等多方面的需求,可再生能源和储能的需求非常大。同时,各种新器件(如氮化镓)和新拓扑也在不断发明出来以尽可能提高数据中心的电源使用效率,即使改善 1% 也能节约大量建设成本。而电源模块等高集成度解决方案能够使服务器进一步小型化,也是未来的趋势。

8.6.3 架构举例

服务器的架构较为复杂,读者可参考 Meta 联合英特尔、Arista 等公司发起的开源硬件组织开放计算项目(Open Compute Project,OCP)发布的 Yosemite V3 刀片服务器平台。该平台的电路部分主要是一块母板,提供支持 OCP3.0 接口的网卡连接,通过不同信号线与 4 块单插槽服务器连接并支持多种配置。

该平台主要需要的芯片包括 BMC 处理器(多为大型 SoC)、CPLD 逻辑芯片、多相 DC-DC 电源管理芯片或电源模块、热插拔芯片、内存和 BSM 存储模块、加密芯片 TPM 模块、温度和电路传感器等。该服务器平台已有网络公开资料,读者可自行查阅,本书不在此重新绘制。

8.7 测试与测量

测试和测量往往被归于工业大类的应用,没有被各市场报告单独列出其芯片市场的规模,但实际上该应用是消耗芯片的隐藏大户。作者曾经到某 ATE 测试设备公司去拜访,其生产的每台仪器上有很多插槽,插槽上每张板卡上都是密密麻麻的 FPGA、ASIC 等大量芯片,让人印象深刻,一望即知对方一定是大客户。

8.7.1 市场简述

测试和测量应用范围非常广泛。绝大部分的高科技行业、传统制造业和科学研究相关的企业都有相关的采购需求,许多大型 IDM 还会自己研发测试设备。许多个人消费者和政府单位,也可能成为终端产品的客户。

对芯片公司来说,可将开发测试测量产品的目标客户群分为科学仪器、电子测量设备和自动化测试设备三大类,广泛用于通信、半导体、国防、医疗、能源、电子制造等行业,用于科研、制造和现场应用。

科学仪器包括化学和生物仪器、食品安全和生活环境检测设备、数据采集设备、射频测试和分析设备等(不包括综合型的医疗仪器)。

电子测量设备包括示波器、逻辑分析仪、网络分析仪等电子公司需要的数字测量设备。消费者可能用的万用表、热成像仪等也可归在此类。

自动化测试设备以半导体应用为主,如内存ATE、非内存的ATE、前道量测设备等。作为单一产品,ATE是市场最大的测试测量设备,过去几年中国有不少此领域的初创公司。

全球最有影响的一些测试测量设备公司,包括是德科技、爱德万测试、泰瑞达、罗德施瓦茨、国家仪器、横河公司等。这些纯粹制造测试测量设备的公司整体销售规模约200亿美元(出自FrostSullivan),这些设备的成本主要来自芯片,因此仅对半导体芯片的需求,每年30亿~50亿美元(出于不同的统计口径,各公司的市场报告区别非常大,这两个数字是作者本人的最佳估计)。另外,许多大型科技公司会研发适合自己产品的专用测试设备,比如英特尔、美光、苹果,以及EDA公司,而且每年用量很大,这些设备的芯片市场就没有公开的统计方法了。同时,许多大型的医疗器械和科学仪器公司如赛默飞世尔、波士顿科学等也有测量业务,而这些公司的产品本身功能多样,也自带测试测量功能,很难单独统计。总之,全球测试测量市场对芯片的需求在百亿美元以上,让人吃惊的是,此芯片的市场规模甚至与数据中心接近。

测试测量类设备种类繁多,规格区别很大,对于传感器、信号链、信号处理等方案都要求极高的精度。得益于大量高精度的模拟和信号链产品,亚德诺半导体在测试测量芯片市场的占有率稳定占据世界第一,安森美、英飞凌、恩智浦、德州仪器等紧随其后。

比较遗憾的是,这个领域基本上是中国在所有电子工业门类里最为落后的一类,在国际市场上几乎没有有竞争力的公司,相关产品基本也都比较低端。经验能力还在其次,主要问题是欧美的测试测量公司几乎都有悠久历史,几乎与现代电子工业同时成长起来,积累丰富,而且设备公司的客户需要立等即用,很难给初创公司长期试错和验证的机会。只有等到欧美在设备仪器上进一步禁运,才是中国企业成长的好机会。作者遇到某国际知名设备公司的中方总经理自己成立团队创业,未来可期。

8.7.2 主要趋势

测量测试市场的增长主要来自以下一些领域,以15%的年复合成长率飞速成长。

1. 5G通信市场

从3G到4G LTE,再到5G毫米波再到6G,通信频率越来越高,高速和高带宽通信的测试和验证工作更加困难,因此需要更新数据采集、射频测试设备、示波器、噪声分析仪、无线分析仪、基站测试设备等种种设备。

2. 自动驾驶

比起传统汽车，自动驾驶研发需要增加很多数据采集、射频分析、数字测试、传感器信号分析测试等额外的测试测量需求。

3. 电动车和储能

新兴的测试公司，有一类专为锂电池作充放电和安全测试。因为中国在锂电方面的优势，这方面的初创公司有很多机会。此外还有测功机、功率计等领域。

4. 数据中心

因为大量数据的产生，更高速的 WiFi、以太网等标准催生更多对网络测试仪、协议分析仪、误码测试仪等的需求。同时对存储需求的增加使得内存芯片的专属 ATE 市场也有望飞快增长。

8.7.3 架构举例

ATE 设备等系统较为复杂，这里仅举一个较简单的系统示例——手持拉曼光谱仪，如图 8.13 所示。拉曼光谱仪使用激光来检测对象物品的成分组成。

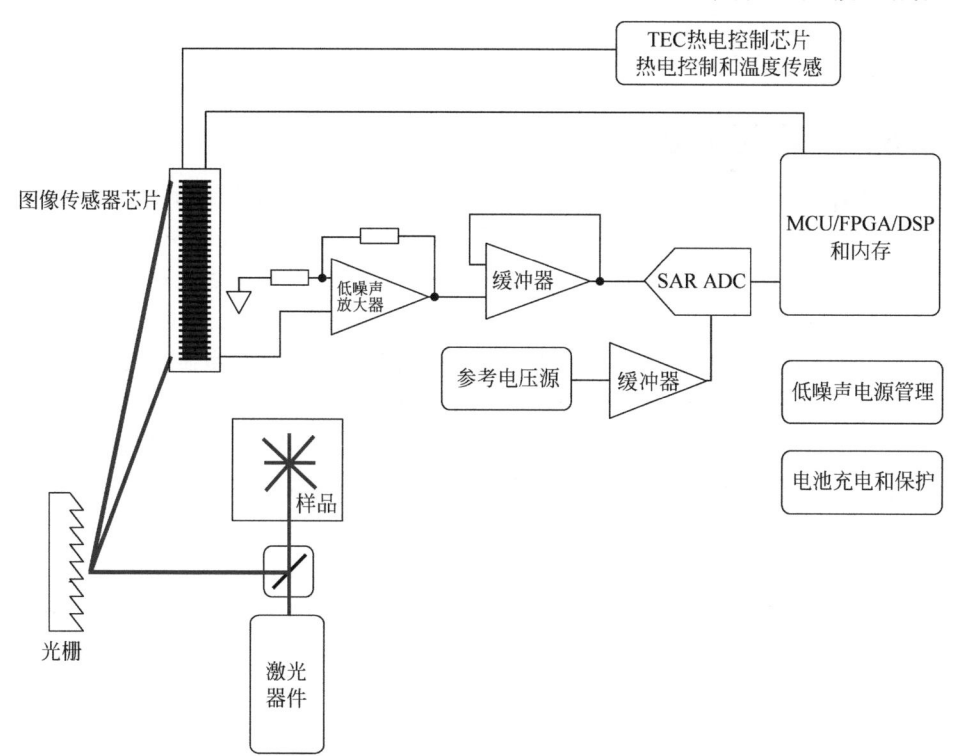

图 8.13 手持拉曼光谱仪系统架构

首先仍然是电源的部分，需要低噪声的电源管理芯片以防止干扰到精密的测量部分。处理器、信号链、激光源、热电控制器等均需要供电。

主要用于检测的是激光器件，反射回来的光束被图像传感器芯片收集而成为模拟信号，放大、缓冲后，再由精准的 SAR ADC 芯片将模拟信号转换为数字信号，同时需要精准的参考电压源。由 TEC 热电控制芯片负责将传感部分保持在一定温度以尽量避免温度差异带来的信号误差。所有信号由 MCU/FPGA/DSP 来处理，并将结果发送到显示屏或与上级控制器交流。

可以想象，此类科学产品的市场不会很大，但也非常稳定，客户一般不会轻易切换供应商，相关芯片的产品生命周期往往长达 20 年以上。

8.8　工业自动化

工业方面的芯片市场相当广泛，只是较粗略的分类，就有工业自动化、楼宇自动化、照明、运输、工业仪表、工业电源、工业电机、PLC、无人工厂及传感器、电网控制、大型设备、机器人、支付终端、打印复印、机器视觉等数十种之多。每个分类的系统复杂度和发展前景区别很大，部分细分市场的发展前景广阔，非常值得细说。本节仅略谈智慧制造的领域（无人工厂、机器人、机器视觉等）。

8.8.1　市场简述

根据 Databeans 公司的统计，在不计算测试测量和医疗电子市场的前提下，工业类的芯片市场约在 330 亿美元。根据 Databeans 和 Omdia 两家公司的统计数据，得益于非常广泛的产品序列，德州仪器的市场占有率为全球第一，与工业相关的芯片销售额约为 60 亿美元，而亚德诺半导体占第二的位置，约 50 亿美元。英飞凌、瑞萨电子、意法微电子、英特尔、美光、恩智浦、微芯科技、安森美等占据第三到第十的位置。国产芯片公司的总体体量较大。

智慧制造的领域近年来成长迅速，受劳动力成本飞涨、全球化趋势的逆转、疫情、人工智能的兴起等影响，造就在全球范围内机器取代人的趋势，这些机器里就充满了芯片的机遇。在智慧制造方面，细分的芯片应用有 PLC 等自动化控制、质量流量控制器、操作界面、电机控制、固定和移动机器人、液压控制、扫描识别、空气调节净化、安防影音等方面。

工业领域的特质是具体项目和客户需求非常广阔，只有在芯片公司的产品目录极其丰富和销售覆盖面非常广的情况下才能服务好此市场。相比消费类的大客户可能只有一个大型项目在开展，买一种芯片就有几千万颗的销售量，许多工业类大客户可能有数十个中小型项目，每个项目的年产数量不过几万到几十万台,所需要的芯片规格也大相径庭,但是加起来的数量仍然非常可观。

工业类大客户的产品一般造价较高,有些大型工业 PLC 和机器人的造价达到数十万元以上,修理过程和费用昂贵,而且不允许耽误客户的生产,因此最重要的是不能因为个别芯片的问题派人去修理返工。这恰恰与消费类产品相反,消费类产品不但可以承受小比例的质量问题,甚至整体的系统寿命都不需要很长,说不定两三年后就开始性能下降,客户就该买新产品了。工业类大客户偏爱与供应商结成长期的合作伙伴,确保其品质过硬,故障率极低,能够提供稳定的产能,能够提供全系统从数字到模拟的整体解决方案。

许多芯片公司偏好工业客户,是因为这些大客户一般对价格不太敏感,很少用其他厂家来压价,同时这些客户的需求量非常稳定,不太受经济周期的影响,每个项目动辄有十年以上的产品周期。而且在长期合作建立信任以后,除非遇到严重质量和交付问题,否则很少有随意切换供应商的情况。

国际上大型的工业自动化公司非常多,著名的包括 ABB、施耐德电气、三菱电气、霍尼韦尔、西门子、洛克威尔、艾默生、欧姆龙。中国这方面较有影响力的公司有和利时、中控技术、汇川、英威腾、麦格米特,如果加上安防的话还有海康、大华等世界著名企业。某些对工业市场的统计还会加上家电和照明市场,这方面体量最大的全球公司基本在中国,都是读者耳熟能详的名字,不再赘述。

8.8.2 主要趋势

智慧制造的趋势众多,仅列举与芯片行业重点相关的几点。

1. 工业 4.0

如前所述,因为多方面的因素,比如需要提高生产效率,降低对人工的需求,希望减少无法预测事件的影响,避免地缘政治冲突,工厂建设者更希望建造需要极少维护的"数字工厂",数字工厂是非常大的增长机会。数字工厂增加了大量的边缘计算和大数据互联的机会,需要从传感器、模拟前端、无线通信到处理器等一系列的芯片方案。作者看到不少客户现在设计的产品方案,包括电压、电流、耗电等指标,结合检测振动、温度、位置等传感器反馈而形成大数据,通过以太网或无线连接传送到云端,以 AI 来分析和安排实际运营,实时降低能耗和排放,以此增加设备寿命,提高生产质量,减少不在计划内的停产时间,减少原材料的浪费,保障生产安全。

2012—2022 年,特斯拉从几乎手工打造的 Roadster 车型到近来的 Model S、Model 3 等,每年生产车辆的总数增长了 130 倍,虽然生产主要在加州弗利蒙工厂,但设施并没有捉襟见肘,这几乎全都归功于自动化建设大大增加了生产效率。

2. 工业机器人

全球约有 350 万台工业机器人正在工作，此市场在 2019 年约为 620 亿美元，有望在 2027 年增长到近 2000 亿美元（来源：Allied Market Research）。机器人曾经只是为了生产而用，固定在台架上的机械臂是主要应用，而如今从扫地机器人到仓储管理的自动驾驶车，已经随处可见。

可以想象，随着发达国家的劳动人口不断下降（全球 65 岁以上人口将在 20 年之内翻倍），以及 AI 时代的到来，机器人领域还会有大的发展。其他可关注的发展方向有人机界面、协作机器人、工厂自动驾驶车等。具体的应用包括验货、装货、卸货、封装、焊接、负重、爬高、清洁、安防等。国内许多具有前瞻性的公司早已布局，如家电大厂美的就投资和收购了多家国内外的机器人公司，包括著名的德国库卡公司，其他机器人大厂包括 ABB、发那科、安川。

对于较广泛的电机领域，全球现存有 4 亿多台电机，每年新装备约有 5000 万台，这包括家电、水泵、风扇等"非智能化"的应用。工业领域消耗了全球 30% 的电能，而所有电机相关应用占据了工业耗能的 70%，因此节能减排是电机方面的主要市场驱动力，比如变速空调就采用更多的半导体器件做控制，更加环保，已经是空调市场的销售主力。

3. 碳中和和环境治理

碳中和与碳排放并非只是政府口号，而是有大量实际经济利益的。碳排放指标的市场与芯片无关，就不展开介绍了。仅就大环境而言，之前介绍的所有应用在长期来看都需要更多电力来处理更多的数据，而能源的增长幅度则远低于数据增长，因此长期来看能源的价格必然继续上涨。

举一个实际案例。读者可能知道菲律宾不但种咖啡豆，自己也是消耗咖啡豆的大国。然而因为种种原因，其全国总产量偏低，同时也浪费了大量资源。ADI 的菲律宾团队认为解决方法应该是在合适的时间，加以合理的灌溉和施肥。为了要做出合理判断，需要对植物图像、光谱、温度、湿度、土壤酸碱度、氮磷钾成分等加以数据收集和科学检验。因此 ADI 设计和生产了一套包括支持边缘计算的微处理器，大量不同的传感器、太阳能、肥料和水泵控制的整体解决方案，创造了相关的神经网络算法，用到 ADI 自己设计的数十款芯片。此系统在实验田的结果是：提高了 120% 的产量，同时节约了 50% 的肥料、14% 的人力，提高了 64% 的经济效益。最后，这套方案获得 ADI 公司内部的"北极星奖"，以奖励其突出的贡献。所以芯片公司也可以在促进环境保护的同时创造更大的经济效益。

8.8.3 架构举例

这里举一例较简单的工业振动传感器的案例,如图 8.14 所示,可广泛用于工厂生产时监护电机的工作情况。

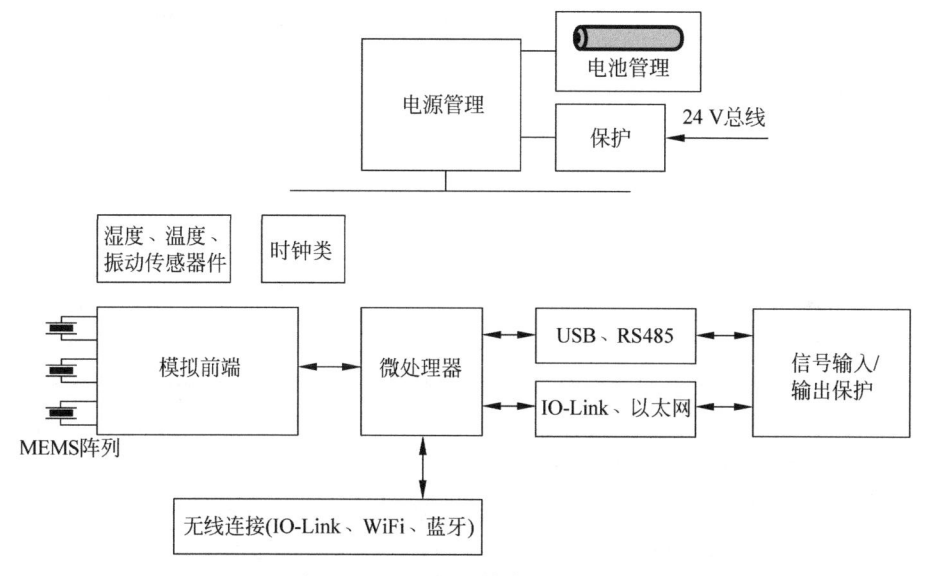

图 8.14 工业振动传感器系统架构

电源的部分主要由 24V 总线输入,也可能结合电池,此系统中可能用到多颗保护芯片和电源管理器件以产生各路需要的下行电压。

传感器的部分包括湿度、温度、振动传感器件。通过模拟前端产生数字信号输入到微处理器中。微处理器又有多种输出端口,如无线连接的 WiFi、蓝牙等;有线连接的以太网、IO-link、USB、RS485 等。以太网也可作为供电来源。

这样的传感器设计难度不大,可使用芯片公司的参考设计。

8.9 医疗电子

疫情虽然已经基本远去,过去的经历使大家对生命更为珍惜,对于医疗电子行业也有永久性的改变。作者看到医疗仪器方面的客户大幅调高了对未来产量的预期,新的项目也不断开展。ADI 目前全公司的芯片销售额约 120 亿美元,其中数字医疗方面的业务目前只占很少的比例。然而医疗部门却是公司四大业务部门之一(其他部门包括工业、汽车/能源、消费类产品),由一位资深副总裁领导,可见ADI对医疗电子领域的未来发展寄予厚望。显然,随着全球人口老龄化的进程和可用于医疗服务的青壮年人口比例的下降,在长期来看,医疗自动化的需求未来必然会增加,这将会给芯片市场带来大量机遇。

8.9.1 市场简述

据2019年Databeans的报告,2019年全球在医疗应用上的芯片销售额约为55亿美元,预计在2027年达到111亿美元,有7%的年复合成长率。其中约有两成是家用设备,两成是影像学设备(如X光、CT机等),其余六成是各类检测和治疗仪器的市场。

在家用设备方面,芯片市场较大的是血糖仪、血压计、体温计、心电检测仪、健身设备、BMI检测仪等。

在影像学方面,X光仪器的芯片市场销量最大,主要原因是X光设备里需要用到大量的光电二极管、图像传感器、模拟前端等芯片,X光单机的价格不算贵,大多数的成本都在芯片方面。其他如核磁共振、CT扫描设备也有一定的芯片市场。

在检测和治疗方面,芯片应用非常之多,市场较大的是植入器械(如起搏器)、血氧仪、多功能病人监护器、心电图仪器、DNA测序设备等,呼吸机在过去几年有较大市场,我们都希望这只是一时的现象。

医疗市场份额较大的芯片供应商多数都拥有广泛的产品线,在数字和模拟方面都有一定市场占有率。如ADI、德州仪器、恩智浦、意法半导体电子、英飞凌、瑞萨、东芝等占据全球的领先地位,互相差距不大。

绝大多数医疗应用都要求性能和集成度极高的芯片方案,能够满足需求的厂商非常少,客户对价格不敏感。其中低噪声、高带宽、高精确度是一些普遍的要求。医疗芯片市场的特质与测试测量仪器的市场较接近。

8.9.2 主要趋势

(1) 医疗设备的网络和数字化转型可能是最重要的趋势。在医疗健康方面,如果应用马斯洛的需求层次则数字安全应该是转型的基石,其上层用来收集信息(数字的影像和病历等),再上层是数据的分享和互动(如远程医疗),以及基于大数据的人工智能分析。最后一层实现更普及、更健康的人类社会。将AI用于医疗诊断方面,谷歌有不少投入。

(2) 医疗物联网(IoMT)近年获得较大发展,有望改变许多提供医疗服务的方法。IoMT设备可能成为个人的应急响应系统,提供实时监控和治疗,减少去医院的次数,远程提供精确数据给医生等。举例来说,作者有朋友糖尿病较为严重,吃饭前先要自己扎一针胰岛素。有一些公司提供便携式设备,在检测血糖水平的同时还可以自动打胰岛素。IoMT 对芯片方案的需求如下:一是小型化,二是节能,三是数据安全,四是精确数据采集和通信,五是长时间监控。这些需求在一定程度上互为矛盾而需要取舍,在系统设计上较有难度。

(3) 随着对全球突发性事件的担忧和对落后地区的医疗支持需求,医疗机器人,远程诊断和远程医疗应当有大发展。虽然与病人的密切接触还是很难避免,但是资历较浅的医疗团队可能通过这些辅助措施提供不亚于大型医院的服务,从而至少改善目前三甲医院人满为患而其他地方缺乏医疗资源的情况。这里对精确的电机控制、通信、处理器、高端模拟芯片等都有需求,可能有一些相关的初创公司会出现。这方面可以关注 Intuitive 公司。

(4) 无线充电的技术在 20 世纪 90 年代已经有一些应用,但是直到 2018 年以后,部分智能手机开始支持无线充电才有较大发展,并推动了工业标准的成立。作者自己在 2007 年曾经为某医疗客户设计过救护车内无线充电的产品(因救护车内可能有血液和其他污染,不适合插座充电,也很难对准充电),市场上其他医疗无线充电的应用包括起搏器等植入设备,许多可穿戴的医疗设备也以无线充电形式较为方便,不需要电池的环境能量采集芯片也可能有一些市场。

很多先进的医院有大量监控、传感器等设备,鉴于医院很难关闭某些区域来升级设备,因此增加无线设备比起增加光纤和以太网等总是更加方便。

8.9.3 架构举例

可穿戴式的 IoMT 设备一般功能比较单一,系统不算太复杂,芯片框图较为类似,如图 8.15 所示。

最为核心的应该是 MEMS 传感器部分,可以检测心跳、血压、血糖等生理指数,因其特殊性,IoMT 方面的初创公司应考虑自研以提供差异化。传感器的信号通过模拟前端芯片发送到处理器端(MCU/ASIC),通过有线与无线方式与外界通信,包括用户界面。

根据 Yole 公司的数据,在 IoMT 设备中的 MEMS 传感器市场规模有较高速的增长,预计到 2025 年全球市场将达到 63 亿美元。具体的产品包括压力传感器、微麦克风、惯性装置、微流体、微分发(包括微泵)、流体计、热电偶、光学器件等数十种。这方面领先的公司包括 Abbott、TE Connectivity、Amphenol、欧姆龙、霍尼韦尔等电子和医疗大厂,也有 ST、NXP、Melexis、ADI 等传统芯片公司。国内似乎没有这方面的创业公司。

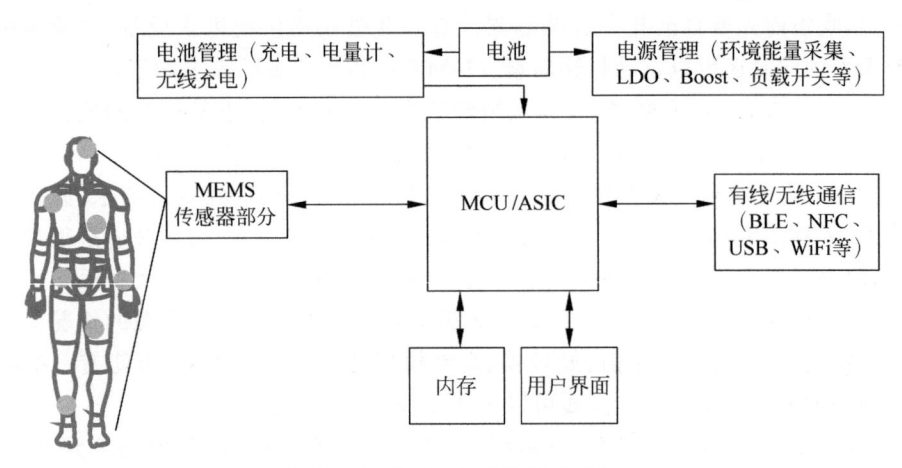

图 8.15 典型 IoMT 设备的结构

8.10 AI 芯片

由以上诸多市场的趋势可见,大多数的电子工业分支都走向智能化和大数据化。AI 甚至可能是自内燃机、飞机、个人计算机以后的第四代工业革命代表,我们看到 AI 具有无限的应用潜力。

随着 5G、AI 和 IoT 等市场的不断成熟,AI 作为创新趋势,推动许多终端产品重新设计。我们看到全球产生的数据从 2017 年到 2025 年有 85% 的年复合增长率(据瑞萨电子在 2023 年 GSA 上的分享),毫无疑问这是数据爆炸的时代。瑞萨电子还预测,基于 AI 应用的半导体增长率将是基于其他应用的 5 倍之多。

当然,我们已经有高端的 AI 和计算需求,比如在庞大的数据中心里,由特制 CPU、GPU、AI 芯片来配合特制的软件,处理规模庞大的数据。但是 AI 更有前景的应用还是在边缘端。对于几乎所有的终端市场,家用、消费类、智能楼宇、智能城市、工业自动化、农业、交通、医疗等领域,其领先的创新者一定会使用更多种类的传感器来收集和处理信息,进行端侧的实时分析,再做快速响应。其中有望得到大力发展的技术包括传感器融合、人机界面、无线通信、云存储、数据安全、先进封装、先进电源模块等。

在 AI 转型中具体所用芯片的分类,可分为感应、移动/存储、计算和响应四大类。

① 感应:包括光学、流体、湿度、气体、温度、位置、触觉、雷达信号等,以及相关的模拟信号处理芯片和模拟前端芯片。

② 移动/存储：包括蓝牙、WiFi、RF、时钟、内存、音效等芯片。

③ 计算：包括 MCU、MPU、SoC、ADAS、AI 处理器、GPU、FPGA、ASIC。

④ 响应：包括电机控制、伺服控制、电源管理、电池管理、无线充电、功率器件。

AI 的应用场景极多，可以支持很多初创公司开发定制化程度较高且适合不同市场的芯片。参考第 4 章如驰公司的案例，完全可以开发人工智能咖啡机的 SoC。如果奇思幻想一下，也许各家咖啡店可以通过训练一些当地的客户数据来优化咖啡配方？也许在老人偏多的社区，顾客不太喜欢酸度高的咖啡口味。总之，这些根据特殊应用开发的芯片，一定比通用的芯片更有市场。

AI 方面的初创公司，应该与众多 EDA 和 IP 公司合作，取得可以重复利用的架构、物理层设计、IP 配置、验证设计等内容，同时自己研究适合某些具体场景的应用规格和特定功能。如此才能在风险较低的情况下早日推出产品。比如在硅谷三星半导体代工峰会上，有提供设计服务的供应商称："请把 AI 的系统架构交给我们，而专注你自己需要创新的部分。"这样的合作方式，有望是百花齐放的。未来一段时间的芯片市场，会非常有趣，也许每家芯片公司都会有自己的 AI 产品。

AI 芯片的需求、类型和细分市场如果详细展开，又可以单独成为一章内容。因本书篇幅所限，建议读者可自行参考更多对 AI 芯片和应用市场的详细报告，如 Omdia 公司的 *AI Chipsets for Edge Forecast Report*。

AI 和机器学习技术在芯片的验证、仿真、版图等领域已开始广泛应用。仿真团队的领导曾开玩笑说："我们在应用 AI 技术方面开发新的仿真模型，目标可能是取代我们自己的工作。"

8.11 从模拟到数字，以及未来

电子产品虽然千变万化，有无数的具体应用。然而究其根本，电子产品的本质是感知人类的输入信号（汽车踏板和方向盘、游戏机里的手势输入和按钮、手机和计算机里的触屏和键盘、工厂里的按钮和屏幕……），将其加以处理和转换并在边缘计算；然后信号在中央处理、通信再反馈。这样的一个流程，每个步骤都需要不同类型芯片的参与，如图 8.16 所示。在前 AI 时代，我们的计算处理程序再如何复杂，也是事先编译好的固定程序，输出结果可以预料。而在 AI 时代，数据和程序需要加入理解、分析、进化等步骤，未来的实际应用场景在今天实难想象。

2030—2040 年，作者的一些预测如下。

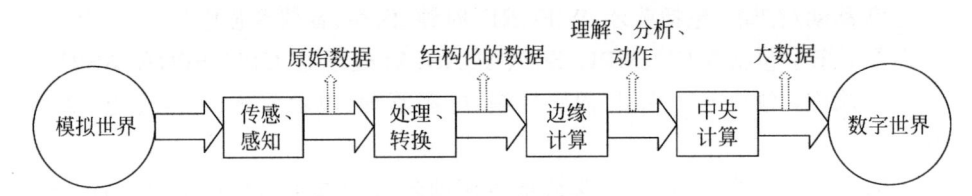

图 8.16 从模拟世界到数字世界的过渡

- 在工业方面,生产效率会提升 30%,机器维护时间会减少 50%,工厂需要维护的人力更少,有更多个性化的产品被生产出来。
- 在出行方面,到 2040 年有望超过 1/4 的车辆使用新能源,遍布的充电桩使出行再无里程烦恼。智能驾驶大幅减少了车祸的发生概率,绝大多数的新车有联网功能。
- 在医疗方面,超过 1/4 的治疗可通过远程进行,通过传感器、微电机和机器人的布置,可远程进行操作而并非只是告警;会有更多通过基因检测而进行的定制化医疗方案。
- 在通信方面,6G 有望实现超低的延迟和超快的传输速度,可能有超过 300 亿个 IoT 联网设备。
- 在能源方面,到 2040 年通过储能,新能源和智能电网有望实现碳中和与稳定的能源供应,可再生能源有望比化石能源更便宜,更先进的电池管理和电池回收使能量供求完全平衡。

所有这一切的可能进展,背后都需要大量的各类芯片支撑。

第9章

芯片设计公司的未来

最后一章,浅显地谈一些业界的大趋势和一些偏向战略方面的内容。偏颇之处恐难避免,还望海涵。

在2020年,芯片工业面临众多的大变局和供应链调整,业界变化之剧烈可能较前数十年更甚。欧美日韩虽然在芯片行业占据先发优势,但是多年以来其政府更多地将芯片工业视为制造业整体的一环,并未形成特别的重视,投资一般以民间机构为主,任由市场自由发展。因此20世纪70年代以后,在芯片行业所需的生产规模非常庞大之后,就像大多数其他制造业一样,开始面临出海以降低营运和产品成本。比如在1980年,International Rectifier(IR)公司要建厂扩大规模时,选择了在加州成本较低的内陆地区Temecula小镇,建设当时算是非常先进的8英寸晶圆厂。但是20年之后,IR公司的原CEO Alex Lidow在成立EPC公司时,就果断选择和台积电合作,而且至今也没有再建厂的打算。如今,美国公司几乎没有在总部办公楼开车可到的距离内建设生产工厂的,要么是选择亚洲的代工厂,要么是在亚洲自建工厂,只有极少数公司如英特尔、德州仪器、美光等还保持在多个大洲建设生产工厂的选项。至于近二三十年欧美新成立的芯片公司,作者所知的除了欧洲的X-fab和从AMD独立出来的格罗方德是独立代工厂,其他几乎都是纯芯片设计公司。这与其他制造型企业成熟以后是一致的:大型公司自建工厂或外包生产,大者恒大,同时又有一些初创公司注重于细分技术的突破。

转到国内来看,在2006年出现汉芯事件之后的几年之内,国家层面上对芯片投资非常谨慎,各地政府一般以提供税收和场地的优惠政策为主,真金白银的投资事件相当少,风险投资更是几乎没有。不同于欧美以纯设计公司为主的潮流,政府比较喜欢直接建厂的公司(有"跑得了和尚跑不了庙"的意思),因此2000—2015年的芯片设计初创公司过得相当艰难,这时虽然有像兆易创新、矽力杰等后来大放光彩的公司已经起步,但总体来说芯片市场尚未获得民间资本的青睐,能上二级市场的更是寥寥无几。在科技领域,不管哪国的资本机构都普遍偏爱可以快速扩张,快速退出的互联网项目,而像芯片这样两三年能出产品就算相当不错的行业,难以得到关注。虽然很多投资人号称要学巴菲特,但是巴菲特只投资优秀成熟的企业,只为享受过程,最后赚的钱全部回馈社会,所以持股数十年都不要紧,而大多数的投资人还是要赶快获利,赶快享受人生,理念根本不同,所以硅谷虽然从20世纪60年代就开始有大量风险投资人进入芯片行业,催生了大量的各类公司。但是当互联网兴起以后,芯片投资在硅谷变得非常落伍,人人避之不及,甚至非常年轻的投资人从未听说过芯片业务。

变化是渐进的。许多国家担心芯片的全球供应链受到影响,因而出台了大量关于本国芯片行业的补贴政策和法案,用以弥补民间投资的不足。这些补贴带来了一些新的问题。

1. 芯片补贴法案无法立竿见影

我们知道芯片制造工厂需要2~3年,甚至更多年数才能有所产出,而且芯片工业每隔几年总是在供给短缺和库存过剩中反复震荡。在芯片短缺时,使用激励资金建设的工厂在数年后开工,也许正好遇到库存过剩的周期而难以利用所有产能,政府可以提供一次性建厂补助,但不可能长期帮企业承担营运损失。

2. 资金补贴计划究竟是需要盈利,还是需要解决"卡脖子"问题

中国在芯片设计上能力很强,如海思公司,再复杂的大芯片都能设计,而先进的设计业也是毛利较高的细分领域。而中国在芯片制造上技术缺口很大,从投资到盈利耗时漫长,风险较大,几乎很难建立领先优势。那么对于大基金的掌舵人,要先盈利,还是要先从无到有,值得深思。如果补贴本国被卡脖子的领域,那么也许只能解决从无到有的难点,要领先国际竞争对手而盈利尚有困难,那么大基金是否要制定盈利的目标?

比较合适的做法是非常审慎地决定被"卡脖子"的一部分领域,批准投放资金给某些有能力研发的企业,可能提供无息或低息贷款,不占股权的投资最能帮助到企业。

美国的芯片法案希望吸引很多私人投资机构加入阵营,那么一定有盈利需求,不可能把钱扔到无底洞里。美国虽然在芯片设计和芯片市场上占据领先地位,但是在先进制造上,中国台湾和韩国却领先于美国的IDM,存储器件也是韩国较为领先,微处理器等领域欧洲和日本公司又各擅胜场,在制造的许多细分环节包括设备方面,美国也未必都有优势,所有这些制造环节如果全部回流到本土,可能无利可图。

3. 国际合作

欧美有需求建厂的公司有限,因此希望其他国家的先进IDM也能来自己国家投资,尽量形成本地的闭环。然而,如台积电在美国设厂,建厂的资源、建设和人力方面的成本由亚利桑那州提供,鉴于各种高昂成本,台积电需要美国政府提供高额的补助才愿意来。那么该厂生产获得的利润,是否需要返还美国呢?如何才能科学审计来确保利润留在美国本土,而不是反哺中国台湾的研发和投资人呢?同样的问题,也反映在英特尔去德国建厂、联电去日本建厂等。如果拿了补贴,如何返还给出资的政府呢?

美国商务部目前的表示是,获得资助的项目若存在非预期的利润,需要与联邦政府分享一部分,以确保公司给出准确的财务预测,不会为了获得更多的经费而夸大成本。同时,经费只会随着企业达到的项目里程来逐步发放,并优先考虑那些承诺不进行股票回购的公司。作者的感觉是,非常难以操作。

中国有很多成功引进外资建厂的实例,比如成都的英特尔工厂、德州仪器系列工厂等,这些工厂直接和间接为中国芯片产业培养了很多优秀的技术人才。欧洲的意法半导体公司在重庆与三安光电一起建厂投资碳化硅,希望顺利。

4. 供应链整合和自主可控

在芯片供应链上能够自主可控,应该是多数芯片强国的希望。然而问题在于芯片制造方面牵涉的需求实在太多,可能需要上百家供应商的数千种原料、器材和设备,目前世界上没有任何国家能够提供所有的细分组件。这也是为什么芯片制造要远比"两弹一星"更难的原因:可以由政府财政支持在短期内制造极少数量的高科技产品,但不可能让政府花费数十年长期托底来支持极大数量的全产业链企业。从曾经的计划经济时代走来,我们知道供应商都要有自负盈亏的压力和动力,才能将大规模量产的产品质量做好,而仅将目标客户限制在本国范围内显然对完成盈利目标非常困难。

举例来说,某公司生产用于测试芯片的某种设备,该设备可能每年需要用某种成本 10 美元的芯片 1000 颗,但是该芯片的研发费用需要 1000 万美元。如果研发这颗芯片只能用于此客户,那么投入无疑亏损得非常厉害。但是这样的案例在芯片制造的全产业链上也许有几万个而且互相影响(还未提到软件、材料等问题),如果在一国范围内完全自产自销,可能造成大量公司长期亏损,鉴于大型芯片公司几乎都是上市公司,那么对全社会的流动资本都是损害。如果把大目标仅仅限定在自主可控,仅仅去替换其他国家的产品,那么还会伤及自己的创新精神。最好的做法还是鼓励和教育创新,目标是在某些极细分的科技领域取得无法替代的全球优势。

5. 人力资源问题

中国的理工科学生比例远高于其他发达国家,由此所带来的工程师红利,是作者对中国芯片工业长期看好的原因。事实上中国芯片设计能力相当发达，只要有教授世界先进电路设计的教科书存在，那么无数寒窗苦读的学子是可以达到电路设计世界先进水平的。而半导体设备、材料、制造等需要大量经验，怎样设计制造芯片等无法写在书里的内容，需要长时间反复试错和积累经验。

欧美公司在资金补贴下大量建厂，其将面临的最大困难是招不到足够的工程师和技术员。芯片制造要培养起一支各职能环节都有经验、磨合完毕的团队，可能比建厂时间还久。以前作者公司在佛罗里达的工厂，面临的最大问题是出生于20世纪60年代的美国工程师们纷纷退休，而没有足够的年轻人可以替代。现在欧美国家的芯片工业，如果没有大量移民的加入，是无法支撑的。根据毕马威咨询分部的一项调查，在150位全球芯片行业高管之中，一致认为人才缺乏是芯片生态链中的最大问题，2/3以上的高管认为人力资源是未来三年的战略重点。晶圆厂一般来说毛利没有芯片设计公司高，更不如互联网公司，因为需要大量水、电、土地等自然资源而往往不易建设在人口稠密区，晶圆加工本身又有很大的工作压力甚至危险性，这些方面对于吸引高科技人才都不具备优势。

9.1　2019—2022年的芯片短缺和短暂繁荣

本书大约是2021年底开始写作的，当时引用的2021年10月全球芯片销售额数据，比往年增长了21%。然而到本书将近收尾之时，2023年2月的全球市场居然衰退了20.7%(WSTS)。

2020年新型冠状病毒感染肆虐，因为上游诸多产业受疫情影响（其实是很多矿业暂停严重影响了芯片制造），又加上对经济的悲观估计，晶圆厂和芯片公司纷纷调低了对产能使用的预期。然而未曾预料的是，在全球随着居家办公成为必然，人们一时间对手机、计算机、平板计算机等个人移动办公必需品的需求大幅上升，各芯片公司虽然拿到大笔的积压订单，却没有足够的产能来支持交付。

晶圆厂在原材料如裸晶圆有限的情况下，会尽量利用有限的晶圆生产更多的先进工艺产品，因加工工序、层数和光罩等因素，同样的8英寸或12英寸晶圆，使用越先进的工艺则售价越高。而所需金属层数、加工步骤较少的成熟工艺产品则优先级较低，甚至可能拒绝生产。手机和计算机芯片相对工艺先进，对晶圆厂的利润更高，因而挤压了其他芯片的产出。比如，国内某芯片设计公司因为产品全部基于成熟的$0.18\mu m$以上工艺，不得不将得到的有限产品用来保障某些大客户，而无奈拒绝一些其他业务。

晶圆厂产能受限，对汽车工业造成的影响最为严重，其主要原因如下。

① 疫情刚发生时,无法线下售车,加上工厂停工,造成产能受限,从而临时调低了对芯片的需求。

② 晶圆厂产能向手机和计算机方向集中。因汽车类芯片需求的绝对数量比不上消费类芯片,而且以成熟工艺为主,对晶圆厂来说利润不大,因而无法被优先安排生产。

③ 由于成本因素,汽车厂商往往对零部件的备货不多,提前备货量不足,一般仅备数月。

这几大原因,造成车企大量缺货,有的也许是因为某颗售价 1 美元的芯片导致 5 万美元的新车无法下线。但是在商言商,晶圆厂有权利安排自己生产的优先级,对服务加价(甚至一度形成拍卖态势),甚至拒绝接单。对停产的焦虑促使各类企业下了更多的订单,于是产能进一步紧张,从而造成恶性循环,这就形成经济学上非常经典的"牛尾效应"。牛尾效应指的是供应链上的需求数据从最终客户端向供应商端逐级传递时,因为数据无法完全透明,使得信息被逐级扭曲和夸大,像牛甩尾巴一样导致了越来越大的波动。很小的终端需求变动就可能导致最上游供应商发生大规模延期的变化。如波士顿咨询公司的估计,10%的终端变化就会对供应链造成至少 2 年以上的影响。牛尾效应对半导体供应的影响如图 9.1 所示。

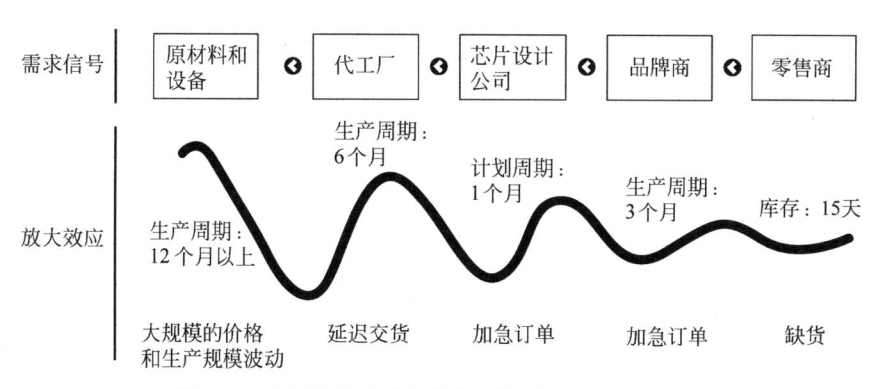

图 9.1 牛尾效应导致芯片从短缺到过剩的不断波动

汽车工业只是消费者较为熟知的行业,而根据波士顿咨询公司的调查数据,能源、宇航军工、数据中心、医疗电子等应用所受的影响并不亚于汽车,芯片短缺覆盖到了整个电子工业。

普遍性芯片短缺还有以下这些原因。

① 工厂因疫情暂停生产。

② 原材料短缺。

③ 地域摩擦升级。

④ 测试和生产芯片的设备短缺（往往还是因为芯片短缺所致）。

⑤ 电动车、5G 和医疗应用等需求兴旺，挤压了其他市场的产能。

因为供给不足，从供应链的上游就开始加价以达到利益最大化，各种成本一路被累加到下游，晶圆厂纷纷加价 20%～50%，因此芯片设计公司也必须向客户转嫁成本，ADI 就在一年中被迫调价两次。这三年以来，除非产品不具备议价条件，芯片公司几乎没有不宣布产品涨价的。全球的通货膨胀也有一定影响。

如果是老百姓使用的日用消费品如此涨价，带来的必然是销售数量的滑坡。然而，采购芯片的客户已经完成了两三年甚至更久的研发周期，电路板无法重新设计，也许早已采购好了其他部件，新品发布会也早已安排好，因此面对突然的加价也只好承受。

由此带来的结果是，2020—2022 年，全球芯片产业销售额突然暴增，据 Omdia 的数据，全球芯片市场 2020 年约为 4400 亿美元，2021 年为 5560 亿美元，到 2022 年已经达到 6200 亿美元，在手机、数据中心、消费电子、工业等类别均有 10% 以上的增长。

可以预料的是，这样快速的增长只是短暂的繁荣。如计算机市场在连续两年增长 10% 以上后，在 2022 年居家办公时的计算机需求热潮已经过去，于是市场销量迅速跌落 15%（来源：Frost & Sullivan），而智能手机市场跌落 12%（来源：Gartner），2023 年的数据想必更为悲观。

2023 年第二季度时，全球普遍的芯片短缺已经减缓，各大公司的交期均有改善。随着英特尔进入代工市场，以及多家代工大厂在政府财政支持下扩产和建设新厂，芯片市场可以恢复到正常的出货速度和增长速度。在 2023 年销售回落以后，如果不发生全球性的经济危机，芯片工业整体销售额每年有一定的增长，毛利率则预期与疫情前持平。

作者看到不止一位国产芯片公司的 CEO 在微信朋友圈里说过类似的话："如果哪家芯片公司在 2022 年还无法在科创板上市，以后就非常困难了。"确实如此，2022 年是所有芯片公司业绩虚高的一年，而潮水退去才能看到谁在裸泳。

9.2　2023 年以后的全球芯片市场长期展望

在短暂繁荣以后，我们迎来短期的悲观市场，但芯片工业可以长期看好。这里展望一下，在 2023 年以后，如果全球经济不发生大的转向（一定程度上的经济下行应该不可避免），芯片工业中行业和市场方面的显著趋势如下。

1. 增量市场

根据毕马威的报告 *2023 KPMG Global Semiconductor Industry Outlook*，

汽车市场应该是 2023 年以后最大的增量市场,主要得益于电动汽车和自动驾驶系统的持续增长。5G 通信基础设施第二,再次是数据中心和云计算市场。不看好的是个人电子消费和 AR/VR 类的云宇宙应用。

根据上述报告,就具体产品种类来说,得益于边缘感知和计算,以及自动驾驶的市场需求,最为看好的是传感器/MEMS 市场,其次被看好的是模拟/RF/混合信号市场,最后的增量来自处理器市场。不看好的是内存和离散器件市场,可能因为库存过于充足。但是如 NVMe SSD、超融合基础架构、3D NAND 等先进存储技术仍有良好的未来前景,存储市场不可能永远不景气,美光即使出现亏损和裁员,其股票市盈率(市价盈利比率)仍然在芯片行业里占据较高水平。

2. 产品线重组

对于产品线非常丰富的大厂,通常的做法是按照具体产品来划分业务组织,比如微处理器部门、模拟部门等,然后再销售到不同的具体应用中去。但是在供应链比较割裂、不同市场的潜力差距很大、客户更需要特制产品的今天,这样的划分法可能略显不足。如 ADI 这样的世界性大公司,现在采取的做法是根据应用来划分,如工业部门、汽车部门、医疗部门等。各部门有诸多深耕具体应用的技术专家和市场经理,可以更具针对性地开发相关产品,目标是尽可能地提供客户可完全移植使用的整体方案。

3. 工业界的继续整合

过去的十年芯片工业有太多的兼并收购案例,仅仅在过去的 2022 年,就有 AMD 收购赛灵思、Allegro 收购 Heyday、英特尔收购 Tower、Maxlinear 收购 Silicon Motion、Navitas 收购 GeneSiC、瑞萨收购 Steradian、威世收购 Maxpower 等十数起案例。从前的收购更多的是消灭同门类的竞争对手,而现在的收购大部分是规模更大的公司为了补充自己产品线的不足,少部分是出于生产制造方面的减负或增产目的。现在中国的初创公司没有必要都去争抢上市,投资人群体应该鼓励产品互补的公司们兼并重组,同样也是非常好的退出机制。实际上美国在纳斯达克上市的芯片公司远远比被收购的公司数量少。

4. 对供应链安全程度的重视远超以往

芯片公司的客户没有太多动力来主动切换在量产产品中的芯片,但是如果遇到缺货,则不得不紧急寻求很快就有现货的替代方案,因而是竞争对手的最好时机。同时,在地域纷争风险更大的今天,很有必要保持来自不同国家和地区的多种供应商选择,因此保持供应链的灵活度,是各大公司以后的侧重战略。许多 IDM 大厂广泛接触各大代工厂,确保自有工艺和后端需求能在全球多家代工厂及自营工厂同时贯彻。事实上很多大客户对芯片公司早有这样的要求，只有一家晶圆代工合作伙伴的厂家甚至不被考虑。而晶圆厂也在不遗余力地进行数字化和 AI 改造，以便提高管理生产效率。

5. 更加开放的产品结构

在处理器发展早期，几乎每家公司都采取独特的结构、指令集和编译器等，希望能够绑定客户。然而在今天全球厂商普遍对供应链的灵活性做出要求，完全封闭的开放环境已不能满足要求。即使像瑞萨这样传统的微处理器大厂，本身与传统的日本车厂绑定很深，并不担心生意，但其仍然顺应时代潮流，在部分产品延续自己独特设计的同时，推出了使用 ARM 和开源 RISC-V 架构的不同产品系列。

Gartner 估计到 2027 年，RISC-V 可能超过 ARM 而应用在全球 1/4 新生产的处理器中。

最近苹果基本是被迫地将自己独特的 Lightning 接口换成全球通用的 USB TypeC 接口。可见，即使是苹果这么强大的生态，用户群体仍然要求更多的兼容和开放。

6. 电动车市场的加速推进

出于对能源依赖等的忧虑，各国政府更努力地在减少对化石能源的消耗，并支持其充电的基础设施建设。全球在 2021 年、2022 年的全球电动车销量均取得 40% 以上的增长。而车主们对里程的忧虑又促进了快充的需求。这里对先进的碳化硅、IGBT 等功率器件，高端电源管理芯片和电池充放电管理芯片等，都是非常利好的增长机会。Gartner 认为到 2026 年，电动车和燃油车的生产数量会持平。

7. 自动驾驶

即使是最乐观的行业专家，也难以想象睡觉的同时汽车就能自动开到终点的 L5 级自动驾驶，然而一定程度上的智能驾驶在可见的未来必将发生，而且会尽可能迭代到更先进的等级，而至于变道提醒、车距警报等简单的功能则早已实现。这些智能驾驶的设备需要大量超声波、图像、雷达、LiDAR 等传感器，车用 AI/机器学习处理器和 SoC、无线通信、电源等多种芯片。这样全新的市场是未来全球芯片重要的增长点。而像智能驾驶、其他智能终端、边缘计算也有良好的增长前景。

8. 人工智能和机器学习方面的投资

在 AI/ML 方面的投资几乎没有受疫情的影响。据 Pitchbook 的统计，2021 年第一季度，风险投资人在支持 AI/ML 功能的芯片方面投入了 17 亿美元,几乎是前面三个季度的总和。而 Gartner 估计全球至少有 50 家公司在开发 AI 专用芯片,相关芯片到 2025 年可能有 760 亿美元的销售额。

总之,全球经济有其盛衰周期,而芯片行业因为是驱动所有电子工业乃至所有制造业的支柱产业,也会随着全球经济而沉浮。随着 5G、人工智能、IoT、电动车等逐渐成为支柱行业,芯片市场在长期来看必然是增量市场,从业者完全不用因个别公司的兴衰和产业的一时起落而对自己的职业生涯太过担心。在技术方面,先进存储、Chiplets、先进封装、碳化硅、嵌入式 AI 和边缘 AI 等,都有望得到大发展。

9.3 如何衡量一家优秀的芯片设计公司

虽然作者是个不太成功的个人投资者,不过平时还是偶尔学习一些投资经验。近来读了但斌先生写的《时间的玫瑰》和姚斌先生写的《在苍茫中传灯》两本书,对他们衡量优秀公司的标准非常认同,同时,价值投资理论的标准也能用于衡量芯片设计公司。能够判断较为优秀的公司,对我们择业和投资都很有帮助。这些标准大致如下。

1. 市场是否足够广阔

在国内芯片行业最流行的词汇之一是"内卷",其实问题在于对市场的认知。比如国内从事电源管理芯片的初创公司接近三位数,但是大部分此类公司关注的都仅仅是消费类市场,而且可能都聚焦在快速充电器(以下简称快充)上。是的,快充是个很大的市场,年出货在 10 亿~20 亿台,所需芯片在 50 亿颗以上,而且苹果已经拥抱基于 USB 的开放充电标准。但问题是,这是个红海市场,终端手机客户不为性能加价,即使芯片性能最为出色的初创公司也不得不接受极低的毛利,并非好的竞技场。同样道理也适用于专注手机市场的 WiFi 芯片公司。

真正广阔而良好的市场,应该需要一定的技术和专利储备作为护城河,同时需要广泛的产品类别来覆盖不同的需求,才能对冲市场风险。比如国内专注于做隔离技术的纳芯微电子,隔离本身可作为基础 IP 被集成到不同类别的芯片中去,以此覆盖广阔市场。虽然也有竞争者,国内如荣湃、川土微等,国外如 Allegro、POWI 等大厂,但此市场尚不致非常内卷,还是攻守自如的赛道。

2. 能够抵御竞争对手

对于很多产品线或初创公司,如果其竞争对手开始降价就能拿到更多市场份额,那么这样的产品线或公司恐怕就不值得长期投资。如果目标市场和客户将价格看得比其他方面都重要得多,那么小公司很难有长期盈利的可能,容易被大型 IDM 公司或不在乎盈利的同行压垮。比如圈内盛传德州仪器的销售经理们说："不管国产芯片什么价格，我们都跟。"这是因为德州仪器近来有数家规模极大的 12 英寸工厂在建设，完工前需要拿到更多的客户订单，而且其确认在任何价格区间都有一定盈利。但是无厂的小公司如果没有产品差异性，选择脚对脚替换某些简单的德州仪器的产品，恐怕会被其在不知情的状况下碾压。读者如果选择创业，要确保产品有特殊功能或差异性，或工艺有独特优势，让客户没有更好的选项，竞争对手难以仿照，毛利才能够令人满意，这样才有竞争力。

3. 能够抵御通货膨胀

大多数的芯片市场价格也在每年下跌，而人力和原料成本却随着通货膨胀在上升，因此必须不断研发做新产品才能维持长期盈利。高科技公司是不进则退的，这是巴菲特等投资者不喜欢此类公司的主要原因之一。

凌力尔特公司（以下简称凌特）却是不受影响的反例之一。在被 ADI 巨资收购以前，凌特长期保持 75％ 以上的毛利，净利润四成以上，考虑到凌特还运营两家美国的自有工厂，成本很高，这简直不可思议。直到作者在 ADI 管理部分原属凌特的产品以后，才发现全球有大量凌特的中小型客户，他们每年以极高的价格购买凌特的芯片，持续多年而且从未要求降价！

理由比较简单，因为作者也曾是凌特的死忠粉。在十多年前作者当硬件设计工程师时，在诸多供应商中发现凌特的产品本身性能优越，其数据手册详细清晰，没有经验的人也能看得懂，其芯片表现与文档完全相符，仿真模型和软件既免费又好用，技术支持也非常便捷。其 FAE 常来拜访，让作者的产品设计非常顺利。如果采购的人抱怨凌特产品价格太高，作者回答只有凌特产品可以用，没有其他选项了（当然作者以前设计的产品并不太在乎成本）。

凌特曾经是苹果公司早期产品的主要供应商，后来苹果发展壮大，凌特却拒绝了与其更多地深入合作。因为凌特的创始人们担心消费电子芯片更换周期太快，价格压力太大，会削弱自己的整体毛利。那些能长期保持芯片市场价格稳定的工业类中小型客户是凌特的最爱。

4. 没有负债

初创企业总是需要一定的风险投资，应该明确地给出从产品研发到盈利的时间节点。比较合理的做法是先从小团队开始，开发面市较快的产品和 IP，创造一些现金流，再寻求下一轮投资，开发更好的产品，创造盈利，这样到上市前（除贷款外），不再使用股权融资。如果某芯片公司刚成立，就要马上建立庞大团队，宣布需要长期大量的研发投入，假设让我来当投资人或职业经理人，可能要敬而远之。想想如果公司刚成立每年就要招数百人，却毫无产品和收入，每天睁开眼就新增债务千万和同事若干，可能谁都无力招架。特斯拉在 Model S 设计完成之前，一直是个非常小的公司，所有电子系统设计师加起来都没有几个人。

作者去拜访过设计出世界上最大人工智能芯片的 Cerebras 公司，流片后已经在服务器上运行了。CTO 很客气地带着看了一圈，其公司就占了半层楼，工程师最多几十人。强将精兵非常重要，给他们 3000 人绝对无法管理，哪里还有心思做产品。

5. 能够长存

Dialog 公司（现被瑞萨电子收购）则与苹果深度合作，苹果占其销售额的五成以上。Dialog 公司销售额比凌特高出很多，毛利也不错，然而其最后被收购时，价格却只是凌特的 1/3。其中原因之一是：一开始每部苹果手机里需要 5 颗 Dialog 的芯片，后来苹果宣布将其中 3 颗芯片切换成自研型号，于是 Dialog 股价马上跌去三成，因此要收购 Dialog 公司，出价只能非常保守。凌特则在销售额每年增长的同时，毛利和净利一直非常稳定地处于高位，如果不是因为股份稀释且董事会要求，则公司不需要出售。

能够不受市场影响，或者市场本身就很少变化，毛利持续在高水平的企业，总是最受欢迎。

6. 净利润足够高

对于已经有一定销售额的公司，外部人员如无专业背景，很难了解其产品竞争力，但如果公司已经上市，财务数据全部公开，则可以从毛利和净利数据做出基本的判断。

毛利关系到公司产品的直接竞争力，净利关系到公司的管理能力，分红代表了公司对股东的重视程度和其发展的能力。如果公司无力分红，利润必须再投入研发，巴菲特和芒格也会有意见。

具体毛利和净利的参考标准根据供应链上的各类环节有所不同，作者不在书里给出建议。总之，不能只看展示的 PPT 而要有一定的个人思考，PPT 的背后可能是淘汰的欧美公司产品线，当然也有可能是真正有前途的优质公司。

当成熟的大型 IDM 公司大举对外投资或转型时，或行业面临周期性波动时，可能短暂地出现净利方面的亏损，如目前的英特尔和美光，这正是买入股票的时机。作者看过英特尔 CEO 写的书，很多曾经灰心的高管都选择重新加入英特尔，作者也愿意相信这家公司。

7. 能否在供应波动时提价

2020—2022 年，芯片公司几乎都因供应波动而提价，然而有些客户迅速开始寻找替代方案，有些客户则马上接受价格。

其中的区别与产品的品质正相关，如 ADI 的大量产品都是隐形的销量冠军,有些产品资料从未对外公开过,竞争对手完全无法了解相关的细分市场无法复刻这些芯片,更不可能与相关客户合作。当这些产品需要提价时,没有风险和阻力。

很多芯片有多种可选厂商,有些甚至连电路板都不用换,这样的芯片就很难提价。

8. 波特五力模型的威胁较小

波特五力模型是:供应商的议价能力、购买者的议价能力、潜在竞争者进入的能力、替代品的替代能力、行业内竞争者现在的竞争能力。当某家芯片公司被认为在波特五力模型上面临极小威胁和风险时,其目标市场、产品组合、研发能力、供应链管理能力都非常良好。

9.4 基业长青

这几年因为设立科创板和国家对芯片领域的扶持,民间资本有了更易退出的渠道,因而对芯片的投资极其火热,几乎没有投资机构不在投资芯片,甚至以往做互联网和娱乐项目的投资人也在转换赛道。

但是到了 2023 年,曾经因缺货导致的短暂繁荣不再延续。国内多数芯片公司都重视消费电子市场,因为经济周期的影响,业绩萎靡不振,许多投资者就开始打退堂鼓了。在互联网时代成长起来的投资人和管理者,对芯片工业的特质缺乏了解,抱着"多招人→迅速出产品→降价抢市场→上市"的想法来打造此产业,对于创新的需求却考虑不周。今天因为 EDA、IP、设计咨询产业等大力发展,如果不需要创新,则绝大部分功能模块不用从头做起,初创公司如果能投入足够多的资金,尽可以站在前人的肩膀上快速做一款大芯片,但是这样设计出的大芯片也只是亦步亦趋,欲速则不达,在市场上没有竞争力。

今天比较成功的芯片公司,不论国内外,当初成立时总是抱着基业长青的目标,争取在极细分市场有竞争力,再慢慢发展。ADI 公司专注于高性能模拟和混合信号芯片,在 2022 年的收入是 120 亿美元,毛利润高达七成,净利润高达五成,在大型芯片公司里独树一帜,甚至可以比肩最成功的部分互联网广告公司。

9.5 写在最后:变化是永远的主题

本书写到最后一小节,思绪万千。已经写了很多内容,但是芯片的种类太多,应用太多,供应链上下游的公司规模和类型也太多,而且这个行业每天都在发生变化，作者所知晓的商业和技术内容，只是沧海一粟。事实上，从业时间越长，掌握资源越多，团队越大，责任越大，作者觉得自己了解的就越少，而且每周能学到的东西也越多。从业十多年来，日常学习的强度往往比求学时更大。

自集成电路发明的几十年以来，芯片产品被不断要求更高的性能、更多的功能，但是价格却随摩尔定律每一到两年就要下降。同样配置的计算机和手机价格每年都在下跌，芯片价格也同步下跌，而芯片制造的成本却因通货膨胀而不断上升。芯片领域的公司就像在泥石流上求生，必须永远保持在泥石流的上面生存，稍微一停顿下来，遇到竞争对手的几个新闻产品发布，大客户和大供应商的几个通知，公司就有可能遭遇灭顶之灾。但是，技术上不断的创新，加上在商业上培养出的敏锐感，使我们能够找到更有创意的解决方案，公司得以不断发展壮大。创新可能来自各种源头，也许是功能创新、性能提升、工艺改进、全新IP、全新封装；也可能采用全新的技术平台；甚或是通过对终端客户的应用深度了解而创新。最近，我们的团队就在研究音频功放、电机振动检测和医学检验的应用，都非常有趣。

哲学家 Eric Hoffer 说过下面这段话："In times of change, learners inherit the earth, while the learned find themselves beautifully equipped to deal with a world that no longer exists."我将其翻译成："在变化的时代里，只有不断学习的人才能接过这个世界，而那些（认为）已经学会的人只能完美地面对那已不复存在的社会。"几十年发展过来的芯片行业，不变的是变化本身。

1. 变化的业务模式

从前的芯片公司只卖芯片器件本身，而今天的芯片公司有各种模式盈利，出售的产品包括器件、模块、子系统、整体系统、软件、算法、服务、IP、晶圆、定制开发、工厂产能等。公司对于自己的品牌定位，运营策略，产品组合都需要重新思考。

2. 变化的销售模式

从前的芯片公司严格通过代理商销售，而今天的芯片公司通过互联网平台和自营电商，直接与客户对接，减少销售环节。

3. 变化的社会环境

如孙文先生讲的"世界潮流，浩浩荡荡，顺之则昌，逆之则亡"，世界潮流对商业、社会、经济、文化和个人生活都在发生潜移默化的作用。就芯片工业而言，对医院环境的不满促进了远程医疗设备的兴起，短视频的兴起促进了对5G基础建设的进一步需求，劳动力的短缺促进了对无人工厂的投资。我们希望投资的芯片是符合世界潮流的。

4. 公司内部的变化

芯片公司如果自己不改变,就在等着竞争者颠覆自己。从工艺、产品、商业模式、业务部门等,可能随时发生变动。ADI 在模拟和混合信号芯片上占据市场领先地位,近年来新任的 CTO 却是来自 AMD 的高管,代表了 ADI 的业务重心向数字转型尝试。

5. 竞争对手的变化

从美国到中国,近年来有大量初创公司兴起(在美国以特殊的通信、处理器和 AI 芯片为主,而在中国则各种类都有),带来前所未有的挑战。许多老牌公司必须重新思考和定位自己的主要竞争力,并重新聚焦。

6. 全球格局的变化

在政治、战争、疫情、社会动荡等多重影响下,全球性的合作早已不像多年前顺畅。对芯片公司供应链管理造成很大的挑战,近年来作者已经多次遇到需要紧急更换供应商的情况,而客户也要求我们的供应源头多元化,并尽量避开从可能发生问题的地区采购。

7. 颠覆性技术的来临

颠覆性技术可能强烈地影响消费者、工业和商业的运营模式。如自动驾驶、数字医疗、工业自动化等,计算和数据可能从云端到边缘来计算和储存,终端产品和相应芯片方案可能全然不同。

对于芯片设计公司来说,唯一不变的是客户、市场、方案、供应链、人才这几样关键要素。

(1) 任何芯片公司的成功,首先都是建立在与客户的互相成就的基础上。如果没有芯片公司的产品创新,就没有今天的特斯拉和苹果,反之,没有客户的进取需求,也没有芯片业界在处理器和电源芯片上的大举投资。我们的创新建立在客户的创新需求上,永远要启发客户产生新的需求。

(2) 成功的第二法门是选择有较大的成长性,客户愿意支付额外成本以获取芯片先进性能,有真实需求的具体市场,并深耕于此。

(3) 今日即使是初创芯片公司,也需要提供系统解决方案。模拟公司需要准备全信号链芯片,处理器公司需要准备核心芯片、软件和开发环境。只提供个别器件的公司,很难有生存的空间。

(4) 供应链是芯片设计公司运营的基础,要建立有弹性的、可扩展的、确保高质量交付的供应体系。

(5) 最后,是公司的人才和文化。公司应尽量吸引世界级的创新者和问题解决者,这些人定义了我们如何互相配合工作,如何适应变化的世界,如何让效率再高一点。

　　站在新时代的风口浪尖上,我们生活的物理世界与虚拟的数字世界的边界更加模糊。基于芯片的感知、计算、通信等功能已经深深地植入了我们的日常生活,从家庭、汽车、办公、工厂一直延续到自身。这些技术的激增,加上人工智能和虚拟/增强现实的协助,也许在不远的将来能够改造和重塑我们的社会,也许有类似智能手机这样的发明还会在下一个十年到二十年出现,帮助我们进一步提升生活质量。而如水、空气、能源这样的重大问题,应该通过芯片能提供更多的解决方案。芯片公司的未来,应该有无穷多的机遇。

书中英文缩写关键词

AE：应用工程师（Application Engineer）
ASIC：供专门应用的集成电路（Application Specific Integrated Circuit）
ASP：预计平均销售价格（Average Selling Price）
ATE：自动测试设备（Automatic Test Equipment）
BD：商务拓展经理（Business Development Manager）
BOM：全物料（Bill of Materials）
BOM-to-BOM：全物料替换（BOM-to-BOM Replacement）
COGS：产品的成本（Cost of Good Sales）
DBC：代理商拿货价（Disti Booking Price）
DC：代理商成本（Disti Cost）
DE：设计工程师（Design Engineer）
DI/DWP：得到设计（Design In/Design Win Pending）
DW：赢得设计（Design Win）
EDA：电子设计自动化，是指利用计算机辅助设计（CAD）软件，来完成芯片的功能设计、综合、验证、物理设计（包括布局、布线、版图、设计规则检查等）等流程的设计方式（Electronic Design Automation）
EVB：参考设计板（Evaluation Board）
Fabless：无晶圆厂的芯片设计公司（Fabless Semiconductor Design Companies）
FAE：现场工程师（Field Application Engineer）
FCF：自由现金流量分析（Free Cash Flow Analysis）
IDH：独立设计公司（Independent Design House）
IDM：自有晶圆厂的芯片公司（Integrated Device Manufacturer）
IoS：（芯片）最初目标规格（Initial Objective Specification）
IP：芯片的知识产权（Intellectual Property）

IRR：内部回报率分析(Internal Rate of Return Analysis)

Marcom：营销宣传团队(Marketing & Communications)

NDA：保密协议(Non-Disclosure Agreement)

NPI：新产品引入(New Product Introduction)

NPV：净现值分析(Net Present Value Analysis)

NRE：一次性工程费用(Non-recurring Engineering Cost)

NRFND：不推荐(客户)新产品使用(Not Recommended for New Designs)

OSAT：外包芯片封测服务(Outsourced Semiconductor Assembly and Test)

PDK：工艺设计套件(Process Design kit)

PE：产品工程师(Product Engineer)

Pending：设计待定

Pin-to-Pin：脚对脚替换(Pin-to-Pin Replacement)

PLM：产品线经理(Product Line Manager)

PM：产品经理(Product Manager)

PME：产品市场工程师(Marketing Engineer)

PR：新闻稿(Press Release)

QBR：季度业务审查(Quarterly Business Review)

RP：代理商转售价(Resale Price)

ROI：投资回报率(Return on Investment)

SAM：可服务市场(Serviceable Available Market)

SIP：半导体知识产权(Semiconductor Intellectual Property)

SoC：片上系统,集成多颗子芯片于一颗芯片,形成系统方案(System-on-Chip)

SOM：可获得服务市场(Serviceable Obtainable Market)

SWOT：强弱危机分析(Strength Weakness Opportunity Threat)

TAM：整体市场范围(Total Available Market)

TE：测试工程师(Testing Engineer)

TME：技术市场工程师(Technical Marketing Engineer)

书中部分英文芯片公司名称

ADI：Analog Device Inc(亚德诺半导体)
LTC：Linear Technology(凌特——现属 ADI)
INF：Infineon Technologies(英飞凌)
IR：International Rectifier(国际整流器——现属英飞凌)
Onsemi：On Semiconductor(安森美半导体)
MPS：Monolithic Power Systems(芯源系统)
Renesas(瑞萨电子)
TI：Texas Instruments(德州仪器)

后 记

著名的侦探小说家劳伦斯布洛克在《小说写作手册》中写道："我们这个可怜的古老星球,绝对不会缺一本新书。写作的唯一理由,是因为你想写。"

有朋友问过我为什么会写书,物质回报很少。这其实和许多搞创作的人一样,他们看到整块大理石的人物雕像,雪白的亚麻布上的人物油画,脑海当中已经有1个关于历史长河的故事,觉得非得把它们提炼出来不可,这本身并不辛苦,是完成自我的过程。第二本书于我也是这样,在写完第一本书以后,我心里觉得不满足,还有很多的话要说而没有记录,动笔只是把这些话写下来而已。有时在深夜一边听爵士乐,一边写几百上千字,这样写作的过程,非常享受。王阳明讲"君子之求以自快其心而已矣"就是形容这样的状态。也许这本书只是我自己野叟献曝,对很多业界前辈来说或许不值一提,但是希望对年轻的朋友能有一定帮助。

从立意要写第二本书开始,到初稿收笔整整20个月。平时太太和我需要照顾两个小女儿,加上上班、做饭、读书,有时还要出差和郊游。在这样的生活状态下,如果要事先订个写书计划,每天必须写多少字,那么这本书一定早已半途而废了。我的做法是不设目标和期限,当有表达欲望时,就打开文档写一段,甚至拿着锅铲在炒菜时,想到有个点应该记下来,就赶快去开计算机。这样的状态下有时一天能写很多,有时忙起来又几周不写一字,逐渐积累下来,完成了一本书。因为这样的片段写作,在最后阅读全书的时候感觉还有很多要提高之处,希望以后再版时改进。

在写第一本书时,疫情已经开始,我的二女儿刚出生不久,我的爸爸妈妈在美国帮助我们照顾家庭;在写第二本书时,疫情刚刚结束,我的岳父岳母赶来帮助我们。这样麻烦长辈,实在是过意不去,这里特地致谢。与孩子在一起,也是让自己成熟的过程,所以也要谢谢孩子们,希望她们的中文以后足够好,能够读懂爸爸的书。我的太太从前是香港和纽约的都市金融女,如今在硅谷大农村和我们相伴，也要谢谢她的付出。此外，要感谢深圳泰德半导体的创始人孙洪涛师兄鼓励我写这本书；我的图片编辑者，南京艺术学院的洪婷女士，帮我做了很多图片的整理和美化工作；芯源系统的肖飞先生，帮我解释了一些代理商的运作细节。另外，还有很多前辈和朋友不断给予关照和鼓励，都铭感于心。

最感谢的还是清华大学出版社的杨迪娜老师，我的两本书的成功出版都离不开她的精心编辑和运作。我还有后续的书在打腹稿，这大概就像跑马拉松一样，跑过一次的人一定会想再跑两次、三次，所以希望在一两年后，与各位读者再续书缘。